Religionsgeschichtliche Versuche und Vorarbeiten

Herausgegeben
von
Walter Burkert und Carsten Colpe

Band XXXVI

Walter de Gruyter · Berlin · New York
1978

Die numinose Mischgestalt

Methodenkritische Untersuchungen
zu tiermenschlichen Erscheinungen Altägyptens,
der Eiszeit und der Aranda in Australien

von

Richard Merz

Walter de Gruyter · Berlin · New York
1978

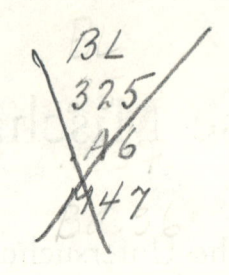

ANDOVER-HARVARD THEOLOGICAL LIBRARY
HARVARD DIVINITY SCHOOL

CIP-Kurztitelaufnahme der Deutschen Bibliothek

Merz, Richard
Die numinose Mischgestalt : methodenkrit. Unters. zu tiermenschl.
Erscheinungen Altägyptens, d. Eiszeit u. d. Aranda in Australien. –
Berlin, New York : de Gruyter, 1978.
(Religionsgeschichtliche Versuche und Vorarbeiten ; Bd. 36)
ISBN 3-11-007443-5

© 1978 by Walter de Gruyter & Co., vormals G. J. Göschen'sche Verlagshandlung
J. Guttentag, Verlagsbuchhandlung · Georg Reimer · Karl J. Trübner Veit & Comp.,
Berlin 30, Genthiner Straße 13. Printed in Germany.

Alle Rechte, insbesondere das der Übersetzung in fremde Sprachen, vorbehalten.
Ohne ausdrückliche Genehmigung des Verlages ist es auch nicht gestattet, dieses
Buch oder Teile daraus auf photomechanischem Wege (Photokopie, Mikrokopie,
Xerokopie) zu vervielfältigen.
Satz und Druck: Walter de Gruyter & Co., Berlin
Einband: Lüderitz & Bauer, Berlin

Vorwort

Eine Arbeit steht nie allein. Neben aller Forschung der Vergangenheit und Gegenwart, welche die Voraussetzung und Grundlage dieser Untersuchung bildete, bin ich vielen Menschen verpflichtet, die mich in meiner Tätigkeit direkt oder indirekt unterstützt und damit diese Arbeit ermöglicht haben.

Ich möchte ihnen allen für ihre Hilfe danken. Einigen aber möchte ich hier meinen besonderen Dank aussprechen. Herr Professor V. Maag, Zürich, hat mich – unter freundlicher Warnung vor den zu gewärtigenden Problemen – zu diesem Thema angeregt. Er hat mich durch alle Schwierigkeiten seiner Bewältigung hindurch begleitet und die Untersuchung als Dissertation angenommen. Herr Professor W. Burkert, Zürich, hat die Arbeit zur Publikation in der Reihe „Religionsgeschichtliche Versuche und Vorarbeiten" angenommen und für die endgültige Fassung des Manuskripts wertvolle Impulse und Anregungen gegeben.

Große Hilfe leistete mir Frau Ursi Herter in Zürich. Sie konsultierte für mich die mir unzugänglichen ägyptischen Wörterbücher und verschaffte mir alle einschlägigen Informationen, die in diese Untersuchung eingegangen sind. Herr Dr. Hans Troxler, Aarau, hat die Literaturliste bearbeitet und bereinigt. Daneben verdanke ich ihm, ebenso wie Herrn Dr. Paul Michel, Zürich, wichtige Anregungen im Laufe der Arbeit und große Unterstützung bei der Fertigstellung des Manuskripts und der Korrektur.

Wie die meisten wissenschaftlichen Arbeiten war auch diese in hohem Maße auf die Mithilfe der Bibliotheken angewiesen. Besonders die Damen und Herren des Ausleihdienstes der Zentralbibliothek in Zürich waren mir unermüdlich bei der Beschaffung der Bücher behilflich, was in diesem Fall oft mit sehr viel Mühe verbunden war.

Zürich, Herbst 1977   R. M.

Inhaltsverzeichnis

Vorwort V
Einleitung XI
Abkürzungsverzeichnis XIX

Erster Teil: Darstellung

1. Ägypten 3
1.1. Das allgemein bekannte Pantheon 3
1.2. Das Pantheon der Pyramidentexte 4
1.3. Theorien zur Entstehung der göttlichen Mischgestalt 6
1.3.1. Rationalistisch konstruierte Deutung 6
1.3.2. Rassische Deutung 6
1.3.3. Soziologische Deutung 7
1.3.4. Historisierend-evolutionistische Deutung 8
1.3.5. Typologische Deutung 11
1.3.6. Zusammenfassung 12

1.4. Offene Fragen der Theorien 14
1.4.1. Zuordnung verschiedener Erscheinungen des Göttlichen an verschiedene Bevölkerungsgruppen 14
1.4.2. Ortsgötter und die Menschengestalt 17
1.4.3. Das Kosmische in der Frühzeit 18

1.5. Die Darstellungen der Vorzeit 21
1.5.1. Tiere 25
1.5.2. Menschen 26
1.5.3. Mischgestalten 26

1.6. Einordnung und Deutung der Darstellungen aus der Vorzeit 28
1.6.1. Darstellungen von Tieren 37
1.6.2. Darstellungen von Menschen 43
1.6.3. Darstellungen von Mischgestalten 46
1.7. Die Entstehung der Mischgestalt 49
1.8. Die Bedeutung der Mischgestalt 59
1.8.1. Die Mischgestalt als Maske 60
1.8.2. Die Mischgestalt als Sinnbild 64
1.8.3. Die Mischgestalt als Realität 66

2. Die Darstellungen der Eiszeit 70
2.1. Die Eiszeitkultur 70
2.2. Die Darstellungen der Eiszeit 73
2.2.1. Die Tiergestalt 73
2.2.2. Die Menschengestalt 73
2.2.3. Die Mischgestalt 80
2.2.4. Zusammenfassung 87

3. Die neuzeitliche archaische Kultur der Aranda 90
3.1. Exkurs: Der Südseeraum 90
3.1.1. Prähistorische und rezente Steinzeit 90
3.1.2. Die Mischgestalt im Südseeraum 90
3.1.3. Vergleichbarkeit des Materials 94
   Kulturunterschiede − Kulturbeeinflussung − Stellung im Kulturganzen − Forschungslage
3.2. Bedingungen und Forschungslage 98
3.2.1. Geographische Lage und materielle Kultur 98
3.2.2. Forschungslage 100
3.2.2.1. Die Erforschung von Zentralaustralien 103
3.2.2.2. Die Forscher und ihre Möglichkeiten 108
3.2.3. Exkurs: Mythen in Pidgin-Englisch 118
3.3. Die Mythen der Aranda 126
3.3.1. Die mythische Tradition 126

3.3.2. Erforschung der mythischen Tradition	127
3.3.2.1. Beurteilung der Eingeborenenkultur	128
3.3.2.2. Die Überlieferung der sakralen Tradition	133
Stufenweise Einweihung – Privatbesitz von Heiligtümern – Verstreute Totemtraditionen	
3.3.2.3. Zusammenfassung	141
3.4. Die tiermenschliche Mischgestalt	142
3.4.1. Altjira	142
3.4.2. Halbmenschliche Vorfahren	149
3.4.3. Die Vorfahren als Mischwesen	151
3.4.3.1. Gemischtes Verhalten	151
3.4.3.2. Gestaltwechsel	156
3.4.3.3. Genealogische Mischungen	159
3.4.4. Das Wesen der Vorfahren	162
3.5. Die Urzeit	164
3.5.1. Verschiedene Darstellungen der Urzeit	165
3.5.2. Die Entwicklungsstufen von Spencer und Gillen	175
3.5.2.1. Stufen der Urzeit	175
3.5.2.2. Stufen bei der Entstehung der Totemvorfahren	176
3.5.2.3. Stufen bei der Entstehung des Menschen	180
3.5.3. Die Herkunft des Bestehenden	183
3.5.4. Die Herkunft des Menschen	185
3.6. Weisen des Vorstellens und Erlebens	188
3.6.1. Totemistische Abstammung	188
3.6.2. Identität mit sakralen Gegenständen	194
3.6.3. Magie	198
3.6.4. Die Urzeit als Traumzeit	200
3.7. Die Mischgestalt in der arandischen Kultur	203

Zweiter Teil: Deutung

1. Verbreitung des Phänomens	213
1.1. Hinweise auf weltweites Vorkommen	214

1.2. Germanen 220
1.3. Werwolfglauben und Schamanentum 232
2. Das Numinose 236
2.1. Das Mächtige 236
2.2. Die Wahrnehmung des Mächtigen 241
3. Die numinose Mischgestalt 246
3.1. Archaische Kulturen 247
3.1.1. Aranda 247
3.1.2. Mythische Welt 249
3.2. Vor- und Frühzeit 254
3.2.1. Die Eiszeit 254
3.2.2. Ägypten 255
3.3. Deutung und Nachleben der numinosen Mischgestalt 266
Liste der benutzten Literatur 277
Register 301

Einleitung

In der Fülle der Darstellungsmöglichkeiten für Göttliches, die vom Gegenständlichen durch alle Formen des organischen Lebens bis zum Menschen reicht, nimmt das mischgestaltige Götterbild eine Sonderstellung ein. Im Gegensatz zu all den Gegenständen und Pflanzen, Menschen und Tieren, die im Laufe der Religionsgeschichte von der Menschheit als Erscheinungen des Göttlichen gesehen worden sind, hat seine Gestalt in unserer sinnlichen Erfahrungswelt keine Entsprechung. Es stellt sich die Frage, wie der Mensch dazukam, das Göttliche in einer Form darzustellen, die unter den realen, naturwissenschaftlich faßbaren Erscheinungen unserer Umwelt nicht vorkommt. Es ist die Frage nach den Bedingungen der Möglichkeit des mischgestaltigen Numinosen. Da das Thema der Arbeit das Problem ist, ob sich erahnend verstehen lasse, wie und unter welchen Umständen dem Menschen das Numinose in Mischgestalt erscheinen konnte, steht nicht die Deutung einzelner Mischfiguren im Vordergrund, sondern die Frage nach der Herkunft des Phänomens an sich und die Bemühung um ein Verständnis der Kultursituation, in welcher die wirkenden Mächte mischgestaltig erlebt werden konnten.

Die Problemstellung erforderte eine Auseinandersetzung mit den bestehenden Theorien über die Mischgestalt, welche sie zum Beispiel als den Übergang vom Tier- zum Menschenbild interpretiert haben, oder als Summierung menschlicher und tierischer Eigenschaften, welche die völlige Andersartigkeit des Göttlichen ausdrücken sollte, mit seinem Aspekt des Schreckenerregenden. Hauptsächlich aber mußte das Phänomen selber betrachtet werden. Dem stellten sich Schwierigkeiten entgegen. In unserer Kultur existiert das mischgestaltige Göttliche nicht mehr. Eine direkte Begegnung mit ihm ist nicht mehr möglich, sie kann nur noch indirekt, über den Kontakt mit einer fremden Kultur erfolgen. Auf diesem indirekten Weg aber ist der Zugang zu dem, was hier in erster Linie gesucht wird, am schwierigsten zu finden, der Zugang nämlich zum Bewußtsein, aus dem heraus und in dem ein Phänomen in seiner Kultur erlebt wird.

Die Frage nach der Bedeutung eines geistesgeschichtlichen Phänomens aus der Vergangenheit oder aus fremder Kulturwelt kann auf zwei grundsätzlich verschiedene Arten gestellt werden. Sie kann aufgrund von Kriterien erfolgen, die aus der Welt des Betrachters stammen oder von solchen, die in der betrachteten Welt lebendig waren oder sind. Wenn eine Erscheinung des sakralen Bereichs als eine archetypische oder eine tiefenpsychologische oder eine soziologische Funktion gesehen wird, können damit in vielen Fällen wichtige anthropologische Wesenszüge klar und grundsätzliche Erkenntnisse über Mensch und Gesellschaft möglich werden, doch wird wohl keiner dieser Aspekte einem Inhalt entsprechen, der in der betrachteten Welt so vorkam, als solcher wahrgenommen und erlebt wurde. Das Interesse dieser Arbeit liegt auf derjenigen Bedeutung, die der numinosen Mischgestalt im Sinngefüge jener Welten zukommt, in denen sie vital in Erscheinung tritt, mit der doppelten Fragestellung, ob die von der fremden Kultur erlebte Bedeutung aufzufinden und nachzuweisen ist und ob sie von uns adäquat verstanden und nachvollzogen werden kann.

Es hätte die Möglichkeit bestanden, über eine Spezialwissenschaft, über die Ägyptologie oder über einen auf eine archaische Kultur konzentrierten Zweig der Ethnologie eine Kultur mit Mischgestalten aufgrund direkten Quellenstudiums kennen zu lernen. Das jedoch hätte eine Beschränkung auf *eine* Kultur bedingt, was mir nicht der richtige Weg für die vorliegende Problemstellung zu sein schien.

Der Entschluß, die Mischgestalt in verschiedenen Kulturen zu betrachten, hatte zur Folge, daß ich ausschließlich mit Sekundärliteratur arbeiten mußte. Ich mußte mich durchgehend auf Materialsammlungen und Deutungen stützen, die ihrerseits – selbst bei größter Bemühung der jeweiligen Autoren um Objektivität – bereits eine Auswahl und Deutung darstellen. Die Fragwürdigkeit wissenschaftlicher Arbeit, die nicht auf direktem Studium der Quellen beruht, ist mir bewußt. Aber beim heutigen Stand der Wissenschaft sind bis in die Quellen fundierte Arbeiten nur noch in Einzelgebieten möglich. Der Versuch einer Verbindung und des Vergleichs muß mit einem Verlust an persönlich geprüften, umfassend bis an die Grundlagen gesicherten Kenntnissen bezahlt werden. Andererseits aber muß es doch — wenn die Fachliteratur nicht ausschließlich der fachinternen Diskussion dienen soll — mit der gebotenen Vorsicht möglich sein, daß der Nichtfachmann die Sekundärliteratur benützen kann und darf, um sich auf ihrer Grundlage eine verläßliche Vorstellung zu bilden.

Der Aufbau der Arbeit spiegelt den Weg wieder, den mich das Problem geführt hat. Der Beginn mit der altägyptischen Kultur lag nahe. Hier findet sich eine Fülle von Mischgestalten, die, wie wohl nirgends sonst in der Religionsgeschichte, vom kleinen Dämon bis zu den höchsten Göttern eines erhabenen Hochpantheons reicht. Und die jahrtausendelange Geschichte dieser Kultur eröffnet seltene Möglichkeiten, die Entwicklung bestimmter Erscheinungen zu verfolgen.

So reich auch die Geschichte der ägyptischen Religion an tiermenschlichen Göttererscheinungen ist, so bietet sie nun aber doch für die Frage nach der Herkunft der Mischgestalt wenig Material. Im historisch einigermaßen gesicherten Bereich steht bereits das ganze Pantheon in seiner Grundstruktur so da, wie es sich durch Jahrtausende erhalten wird, also bereits auch mit der ausgeprägten Mischgestalt. Für das Problem ihrer Entstehung und ihrer frühen Bedeutung wird der Forscher damit in die weit weniger gesicherte Früh- und Vorzeit zurückverwiesen.

Diese Situation führte vom ursprünglichen Plan der Betrachtung einzelner Mischgestalten, wie sie als ausgeprägte Vertreter der tiermenschlichen Göttererscheinung bereits vom historisch faßbaren Anfang an im ägyptischen Pantheon vorkommen, weg zu der Frage nach der Herkunft der ägyptischen Mischgestalt überhaupt, der aufgrund des bildlichen Materials der Früh- und Vorzeit nachgegangen werden muß. Dieses Material aber ist unvollständig und bruchstückhaft und ergibt nicht aus sich selbst heraus ein eindeutiges, zwingend klares Bild. Es bedarf deshalb in hohem Maße der Deutung, die in ganz verschiedenster Weise erfolgt ist.

Bei der Betrachtung des prähistorischen Materials aus Ägypten ging es zu allererst darum, der *Form* der Mischgestalt nachzugehen, unabhängig von irgendwelchen Versuchen der Deutung. Es erwies sich, daß die Mischgestalt als Form – das Phänomen also, daß in einer Gestalt menschliche und tierische Elemente gemischt werden – in der prähistorischen Kulturgeschichte Ägyptens ebenso weit zurückverfolgt werden kann wie die Darstellung von Mensch und Tier. Anhand des entsprechenden bildlichen Materials ließ sich eine Entwicklungslinie vom Tier- zum Menschenbild nicht aufweisen.

Der Tatbestand, daß in der ägyptischen Kulturgeschichte die Mischgestalt vorhanden ist, ein Anfang ihrer Darstellung aber nicht greifbar wird, bestimmte den weiteren Gang der Untersuchung, der über Ägypten hinausführte. Einerseits sollte die *Form* an sich so weit als möglich in der Kulturgeschichte der Menschheit zurückverfolgt werden, im Hinblick auf ihr erstes Auftreten und auf ihre Relation zu den tierischen und menschlichen Darstellungen. Das führte zur Betrachtung der Eiszeitbilder. Andererseits sollte der Frage nachgegangen werden, welche *Bedeutung* die Mischgestalt in frühen Kulturen, in denen sie vital vorkommt, haben konnte und wie sie dort erlebt wurde. Die prähistorischen Zeugnisse sind in dieser Hinsicht stumm. Deshalb sollten Sinn und Bedeutung in einer Kultur erforscht werden, deren Bedingungen wenigstens äußerlich denjenigen der prähistorischen Kulturen, in denen wir bereits auf die Mischgestalt stoßen, vergleichbar scheinen, mit deren Trägern und ihrem Bewußtsein und der Art ihres Erlebens aber die westliche Forschung noch in einen mehr oder weniger direkten, lebendigen Kontakt treten konnte. Das führte zur Beschäftigung mit einer rezent archaischen Kultur, mit den Aranda in Zentralaustralien.

Die Vorteile, welche die Möglichkeit sprachlicher Verständigung und Bezugnahme bietet, sollen in dieser Arbeit nicht nur als Ergänzung und Erklärung zum bildhaften Mischgestaltigen genutzt werden. Das mischgestaltige Numinose soll hier auch in hohem Maße anhand sprachlichen Materials, anhand von sprachlich dargestellten Mischgestalten, betrachtet werden. Dies geschieht vor allem aus folgenden Gründen:

Erstens sind die verbalen Zeugnisse aus den verschiedenen Kulturen viel gleichmäßiger und umfassender überliefert als die bildnerischen. Der Veröffentlichung des Bildmaterials sind engere Grenzen gesetzt: Der Forscher kann – und konnte vor allem in den früheren Forschungsepochen – die bildlichen Darstellungen viel weniger vollständig und weniger wirkungsvoll festhalten als die sprachlichen, ganz abgesehen davon, daß die Illustration von Forschungsberichten aus finanziellen Gründen immer sehr eingeschränkt ist. Was an Bildmaterial durch die Literatur übermittelt wird, stellt deshalb in den meisten Fällen nicht nur bloß einen kleinen Teil der ursprünglichen Fülle, sondern auch einen kleinen Teil dessen dar, was dem Forscher begegnet ist. Natürlich ist es auch nicht möglich, die sprachlichen Zeugnisse vollkommen und lückenlos festzuhalten und zu veröffentlichen. Aber die Erfassung und Vermittlung ist hier zweifelsohne doch viel dichter und umfassender möglich als beim bildlichen Material.

Ein zweiter und weit wesentlicherer Grund dafür, daß die sprachlich vermittelte Mischgestalt hier als gleichwertig betrachtet wird, liegt in der Tatsache, daß Kulturen gefunden wurden, die praktisch kein realistisch bildhaftes Gestalten und Darstellen kennen. Ihr bildnerisches Schaffen äußert sich nur in Dekorativem. Aber es hat sich gezeigt, daß diesem Fehlen von äußeren Bildern kein Mangel an inneren Bildern entspricht. Die Mythen dieser Stämme geben beredte Kunde davon, daß auch hier Vorstellungen von numinosen Kräften lebendig sind, die in ganz konkreter Gestalt gesehen werden. Klare eindeutige Vorstellungen von numinosen Kräften in menschlicher, tierischer oder pflanzlicher Gestalt können also in einer Kultur vorhanden sein, ohne daß sie eine bildnerische Gestaltung zu erfahren brauchen. Diese Erfahrung aus der Begegnung mit neuzeitlichen arachaischen Kulturen mahnt zur Vorsicht bei der Deutung prähistorischer Bilder und bei den daraus gezogenen Schlußfolgerungen auf die Vorstellungswelt der Menschen, die sie gemalt haben. Sie zeigt deutlich, daß der Schluß unzulässig ist, wonach eine Form, die selten erscheint oder gar fehlt, dem Denken und Vorstellen der betreffenden Kultur wenig bedeutungsvoll oder gar fremd gewesen sei. Sie kann ebenso wie bei den bildlosen rezenten archaischen Stämmen vorhanden gewesen sein, ohne eine bildnerische Gestaltung erfahren zu haben.

Die Beschäftigung mit den sprachlich dargestellten Mischwesen führte auch dazu, den Begriff der Mischgestalt weiter zu fassen. Dies schien notwendig, wenn das Phänomen in seiner lebendigen Ganzheit und nicht nur als ikonographisches Problem gesehen werden sollte. Immer wieder finden sich Wesen, die zwar ihrer Erscheinungsform nach rein tierisch oder rein menschlich sind, deren Verhalten aber nicht dem entspricht, was das moderne westliche Kulturbewußtsein unter menschlichem oder tierischem Verhalten versteht. Auch in solchen Phänomenen mischen sich demzufolge menschliche und tierische Elemente. Deshalb sollen im folgenden auch solche Wesen zu den Mischgestalten gezählt werden, die zwar ihrer körperlichen Erscheinung nach ganz menschlich oder ganz tierisch sind, deren Verhalten aber den Rahmen sprengt, der dem Menschen oder dem Tier – zumindest aus unserer Sicht betrachtet – normalerweise zukommt.

Drei Formen von grenzüberschreitender Verbindung von Menschlichem und Tierischem kommen oft und weit verbreitet vor. Im *gemischten Verhalten* stimmen Sein und Handeln nicht mit dem Erscheinungsbild überein, indem Tiere sprechen und menschliche Tätigkeiten verrichten oder Menschen tierische Fähigkeiten besitzen. Im Phänomen des *Gestaltwechsels* zeigt sich die Möglichkeit bestimmter Wesen, wechselnd die Gestalt eines Menschen oder eines Tieres anzunehmen. In den *genealogischen Mischungen* liegen gattungsvermischende Verwandtschaftsverhältnisse vor, bei denen sich menschliche und tierische Partner paaren oder Menschen von Tieren und Tiere von Menschen abstammen.

In all diesen Fällen handelt es sich nicht um mischgestaltige Erscheinungsformen im üblichen Sinne der tiermenschlichen Mischgestalt. Aber Menschen, die Tiere gebären und Tiere, die menschliche Nachkommenschaft zeugen, können wohl kaum als rein tierische oder menschliche Wesen in unserem Sinne angesehen werden. Das gleiche gilt von Wesen, welche die Form ihrer Erscheinung wechseln können und von solchen, die zu ihrem menschlichen oder tierischen Sein noch zusätzlich Eigenschaften und Fähigkeiten des anderen Bereiches des Lebendigen besitzen. Wenn unter ‚Gestalt' nicht nur die äußere Erscheinung oder gar das Abbild, sondern das ganze Wesen verstanden werden soll, dann sind die angeführten Beispiele sicher Mischgestalten im echten Sinn des Wortes und dann kann und muß der Begriff der Mischgestalt mit Recht jedes Wesen umfassen, dessen Ganzheit sich in der Art seines Erscheinens, Seins und Handelns nicht mit einer unserer Gattungskategorien deckt.

Die mischgestaltigen Zeugnisse stammen aus Welten, die zeitlich und geistesgeschichtlich weit entfernt sind von der unseren. Der Zugang zu ihnen ist nur beschränkt möglich. Das gilt selbst für die ganz wenigen Fachspezialisten, die persönlich eine entsprechende Kultur direkt erforschen, besonders aber und in weit höherem Maße für alle die vielen andern, die fremde Erscheinungen über Forschungsberichte kennen lernen. Für diese ist es unumgänglich nötig, auch die Art, wie ein Phänomen von der Wissenschaft gefunden und überliefert wurde, genau zu betrachten. Die Auseinandersetzung mit den verschiedenen Forschungsergebnissen nimmt deshalb in dieser Arbeit einen großen Raum ein. Für den schwierigen Versuch, nicht nur das bloße Vorhandensein eines Phänomens nachzuweisen, sondern auch etwas über das Bewußtsein zu erfahren, in welchem es in seiner Kultur erlebt wird, schien es mir unerläßlich, hier ausführlich und genau zu verfahren, um etwaige fremde Einflüsse so weit als möglich sichtbar zu machen.

Abkürzungsverzeichnis

ANET   Ancient Near Eastern Texts
Relating to the Old Testament, edited by James B. Pritchard
Princeton N. J. 1969³

AOT   Altorientalische Texte zum Alten Testament, hgg. v. Hugo Greßmann
Berlin und Leipzig 1926², 2. Nachdruck 1970

Oceania   Oceania, A Journal devoted to the Study of the Native Peoples of Australia, New Guinea and the Islands of Pacific Ocean, published by the Australian National Research Council
Melbourne 1930 ff.

RGG   Die Religion in Geschichte und Gegenwart
Handwörterbuch für Theologie und Religionswissenschaft
2. Aufl. hgg. v. Hermann Gunkel und Leopold Zscharnak in 5 Bdn. und einem Registerband, Tübingen 1927–1932
3. Aufl. hgg. v. Kurt Galling in 6 Bdn. und einem Registerband, Tübingen 1957–1965

StG   Studium Generale
Zeitschrift für die Einheit der Wissenschaften im Zusammenhang ihrer Begriffsbildungen und Forschungsmethoden
Berlin/Göttingen/Heidelberg 1947 ff.

WdO   Die Welt des Orients
Wissenschaftliche Beiträge zur Kunde des Morgenlandes
Göttingen 1947 ff.

ZÄS   Zeitschrift für Ägyptische Sprache und Altertumskunde
Leipzig/Berlin 1863 ff.

Erster Teil: Darstellung

1. Ägypten

1.1. Das allgemein bekannte Pantheon

Ein reiches Material zum Studium mischgestaltiger Götterfiguren findet sich in der altägyptischen Kultur. In ihr trifft man nicht nur auf eine große Zahl von Mischwesen, sondern sie ist auch die einzige frühe Hochkultur, in welcher nicht nur Dämonen, sondern auch zentrale Gestalten des Pantheons therio-anthropomorph abgebildet werden. Gleichzeitig wird in ihr das Göttliche aber auch in tierischer und in menschlicher Gestalt verehrt. Hier bietet sich deshalb die Möglichkeit, nicht nur die Mischgestalt allein, sondern auch ihre Beziehung zu den andern Erscheinungsweisen des Göttlichen zu betrachten.

Die Götter des alten Ägypten treten uns in den drei Haupttypen lebendiger Erscheinung entgegen: als Mensch, als Tier und als Mischgestalt. Atum, Ptah und Amun werden als Menschen dargestellt, ebenso wie Min und Osiris. Die Stiere Apis, Mnevis, Buchis und der Widder von Mendes werden als göttliche Tiere verehrt. Mischgestaltig, mit einem Tierkopf auf dem Menschenleib, sind der widderköpfige Chnum, der falkenköpfige Horus, der hundsköpfige Anubis[1] und der ibisköpfige Thot.

Auch die weiblichen Gottheiten treten in allen drei Formen auf. Es gibt heilige Kühe, heilige Geier und heilige Schlangen. Die löwenköpfige Sachmet, die katzenköpfige Bastet, die froschköpfige Heket sind Beispiele weiblicher Mischgestalten, während Isis und Neith vorwiegend in menschlicher Gestalt erscheinen.

---

[1] Er wird auch als schakalköpfig bezeichnet, die genaue Zuordnung innerhalb der Caniden scheint nicht möglich zu sein; richtiger, aber nicht üblich, wäre deshalb die Bezeichnung canidenköpfig (Helck, Ägypten S. 334). Vgl. auch Bonnet, Reallexikon S. 41.

Sowohl Götter wie Göttinnen können also als Mensch, als Tier und als Mischwesen auftreten. Auch die Stellung im Pantheon ist nicht eindeutig mit einer bestimmten Gestalt verbunden. An der Spitze führender theologischer Systeme stehen menschlich gesehene Götter wie Atum, Ptah und Amun. Aber auch mischgestaltige Gottheiten wie Thot und Chnum werden als Allherren und Schöpfergottheiten betrachtet und selbst der Stier Apis kann als „König der Götter"[2] bezeichnet werden. Der menschliche Min ist ein Fruchtbarkeitsgott, aber gerade Vegetation und Zeugungskraft finden ihre göttliche Verkörperung leicht und überzeugend auch im Stier und im Widder.

Es zeigt sich also, daß in einer summarischen Zusammenstellung eindeutige Zuordnungen zu einem der drei Typen göttlicher Gestalt nicht möglich sind. Das beweist nicht, daß es kein solches Zuordnungsprinzip gab, es zeigt nur, daß es nicht so dominierend und eindeutig wirksam war, daß es auch noch im zusammenfassenden Überblick feststellbar und sichtbar erhalten bleibt. Die Frage aber, ob es ein solches gab, muß deshalb anhand der frühen Zeugnisse und des Verlaufs der Entwicklung untersucht werden.

1.2. Das Pantheon der Pyramidentexte

Die älteste schriftliche Überlieferung Ägyptens in Form zusammenhängender Texte stellen die „Pyramidentexte" dar. Sie sind die „älteste, seit 2350 v. Chr. aufgezeichnete große Spruchsammlung"[3]. Es handelt sich dabei nicht um systematisierte Aufzeichnungen von religiösen Vorstellungen, sondern gleichsam um angewandte Theologie. „Unter dem Titel Pyramidentexte fassen wir Sprüche zusammen, die für das Begräbnis und den Totenkult der Herrscher des A.R. bestimmt waren und in ihren Pyramiden aufgezeichnet wurden. ... Wie die Sargtexte und das Totenbuch bilden auch die Pyramidentexte kein in sich geschlossenes Ganze, sie stellen vielmehr eine Sammlung von Spruchgut dar"[4]. Die Aufzeichnungen

---

[2] Louvre, Apis-Stele 219, zit. Bonnet, Reallexikon S. 249.
[3] Hornung, Der Eine S. 10.
[4] Bonnet, Reallexikon S. 620f.

stammen aus der Zeit der 5. und 6. Dynastie, doch gelten die Texte selber, mindestens zum Teil, als erheblich älter und dürften sogar bis in die Vorzeit zurückreichen[5].

Diese Zeugnisse, die Bilder und Texte der Pyramiden, schaffen also die religiösen Vorstellungen nicht und begründen sie auch nicht. Sie überliefern sie im Status der konkreten Anwendung. Eigentliche ‚Theologien‘, einzelne mehr oder weniger in sich geschlossene Göttersysteme oder die Geschichte und Darstellung der Gestalt und Wirkungsweise bestimmter Götter sind aus dieser Zeit also nicht direkt überliefert, sondern müssen von moderner interpretierender Forschung erschlossen werden[6].

In den Pyramidentexten spielen bereits die meisten der uns bekannten Götter des ägyptischen Pantheons eine Rolle, wenn auch zum Teil mit anderer, größerer oder geringerer Bedeutung als später. In ihnen und in den bildlichen Darstellungen ihrer Zeit ist das ganze Spektrum der menschlichen, tierischen und gemischten Erscheinungsweisen des Göttlichen bereits ausgeprägt vorhanden, in den frühesten zusammenhängenden Zeugnissen treffen wir also schon die gleichen Verhältnisse an, wie sie grundsätzlich für die ganze Folgezeit weiterbestehen und sich uns heute als ‚allgemein ägyptisch‘ darstellen.

Über die Verhältnisse der frühen historischen Zeit aber und gar der prähistorischen Epochen erhalten wir nur über die frühen geschichtlichen Denkmäler und über das archäologische Material Auskunft. Die Entwicklung von der Vorzeit in die historische Zeit läßt sich nicht gesichert nachweisen. „Die innere Verbindung zwischen den nur archäologisch faßbaren vorgeschichtlichen Kulturen auf

---

[5] „Thus, according to the present generally accepted chronology, these pyramids were constructed, and appearently inscribed, between the years about 2350 to 2175 B. C. It is, however, certain that many of these texts came into existence before the final union of Upper and Lower Egypt, and perhaps long before that date, which is now put at about 3000 B. C." (Mercer, Texts S. 1).

[6] Die Datierung des „Denkmals Memphitischer Theologie", das in der älteren ägyptologischen Literatur meist als alt angesprochen wurde, ist auf Grund neuerer Forschung „in seiner Datierung vom Anfang des Alten Reiches an das Ende dieser Epoche gerückt und spiegelt jedenfalls nicht die Gottesvorstellung der Pyramidenzeit, vielleicht nicht einmal die des Alten Reiches." (Hornung, Der Eine S. 184).

ägyptischem Boden und der dynastischen Zeit herzustellen und damit den eigentlichen Ursprung der ägyptischen Hochkultur zu deuten, gehört nach wie vor zu den ungelösten Problemen der Ägyptologie"[7]. Inhalt und Bedeutung des stummen und zum Teil spärlichen archäologischen Materials und seine Beziehung zum historisch Überlieferten sind nicht direkt faßbar und müssen erschlossen werden. Dies hat zu verschiedenen, zum Teil sehr unterschiedlichen Theorien über die Entwicklung der ägyptischen Göttergestalt geführt.

1.3. Theorien zur Entstehung der göttlichen Mischgestalt

1.3.1. Rationalistisch konstruierte Deutung

Adolf Erman hat einen rein rationalistisch konstruierten Deutungsversuch unternommen. Er nimmt an, daß die Götter zuerst tierisch gesehen worden seien. Man habe aber von ihnen gesagt, daß sie lieben, hassen, beschützen usw. Dies seien nun aber menschliche Verhaltensweisen, die zu einem Tier nicht passen würden. Deshalb habe man den Körper des Gottes menschlich geformt, um ihm menschliches Verhalten zu ermöglichen, den Kopf aber habe man in seiner tierischen Form beibehalten[8].

1.3.2. Rassische Deutung

Alexander Scharff erschließt aus der religiösen Überlieferung der geschichtlichen Zeit für die Vorgeschichte zwei Arten von Gottheiten: Menschengestaltige mit Tierkopf und rein menschlich geformte[9]. Der erste Typ gehöre der urägyptischen Schicht an, die zum nordafrikanisch-hamitischen Kulturkreis, also zu Oberägypten gehöre. Dagegen sollen rein menschliche Gottheiten aus dem Ostdelta stammen und dort gebildet worden sein. Diese zweite Gruppe umfasse die lokal nicht gebundenen Gottheiten, welche Teile des Kosmos (Erde

---

[7] E. Otto, Beitrag S. 431.
[8] Erman, Religion S. 9.
[9] Scharff, Geschichte S. 18f.

usw.) und kosmische Erscheinungen (Überschwemmung, Trockenheit usw.) verkörpern und deren wichtigster Vertreter Osiris sei. Für Scharff ist die Unterscheidung in die beiden Erscheinungsformen von grundsätzlicher Bedeutung: „Im verschiedenen Wesen dieser beiden Göttergruppen dürfte sich auch zum großen Teil die verschiedene geistige Haltung der beiden Völkergruppen widerspiegeln"[10].

1.3.3. Soziologische Deutung

Eberhard Otto deutet das Vorzeitgeschehen als Auseinandersetzung zwischen zwei Bevölkerungsgruppen mit unterschiedlichen soziologischen Strukturen, nämlich zwischen Nomadentum und Fellachentum, die in der „Reichseinigung" mit dem Sieg der nomadischen Schicht geendet habe. „Die von der überlagernden nomadischen Schicht gewaltsam durchgeführte ‚Reichseinigung' führt auf staatlichem Gebiet zur verwaltungsmäßigen Gliederung des Landes in Gaue, auf religionsgeschichtlichem in der hier erst erlebten überragenden Figur des Gottkönigs zur Konzipierung der Menschengestalt als mögliche Gottesgestalt"[11].

Nach Otto ist also die Menschengestalt autochthon aus der ägyptischen Kultur selbst entstanden und stammt sogar aus Oberägypten: „Dagegen scheint mir die anthropomorphe Gottesgestalt im Ganzen doch typisch ägyptisch zu sein, einmal weil sie wohl älter ist als das semitische Element und zudem am frühesten in Oberägypten nachweisbar[12], ferner, weil sie ohne das Vorbild des ägyptisch-nomadischen Gottkönigs nicht denkbar ist"[13]. Die Mischgestalt aber soll der fellachischen Schicht, deren Schwerpunkt in Unterägypten liegt, entstammen. „Und schließlich dürfte – vielleicht zeitlich erst am Ausgang dieser Schicht (gemeint ist die Zeit der Kultur von

---

[10] aaO. S. 19.
[11] E. Otto, Beitrag S. 448f.
[12] In der Anmerkung 87 gibt Otto als Beleg dafür die Minstatuen aus Koptos, „im Herzen von Oberägypten" und die „‚Topfzeichnung des memphitischen Ptah der 1. Dyn." an.
[13] aaO. S. 451.

Negada II) – die Konzeption derjenigen Numina erfolgt sein, die man als Fabelwesen bezeichnen kann, die Welt der unheimlichen, widernatürlichen Wesen, denen nicht mehr die nüchterne Naturbeobachtung und -erkenntnis des Jägers, sondern die Phantasie und Angst der domestizierten Niltalbewohner zugrunde liegt"[14].

1.3.4. Historisierend evolutionistische Deutung

Auch nach der Theorie von Kurt Sethe sind, wie bei Scharff, die zwei verschiedenen Erscheinungsweisen des Göttlichen, die menschliche und die mischgestaltige, im Wesentlichen auf den Unterschied einer kosmischen oder nicht-kosmischen Herkunft zurückzuführen. Sethe stellt aber nicht nur eine typologische Zuordnung auf, er läßt die historischen Formen aus einem großen, von ihm erschlossenen vorgeschichtlichen Entwicklungsgang entstehen, wobei der Mischgestalt eine ganz bestimmte Stelle in der Evolution der Gottesvorstellung und der Götterdarstellung zukommt.

Nach Sethe steht am Anfang eine Zeit der Ortsgötter, die den ganzen damals erfaßten Bereich des Numinosen repräsentieren und die fetischistisch dargestellt wurden. Dabei nimmt Sethe – und mit ihm viele Ägyptologen – abweichend vom sonstigen allgemeinen religionsgeschichtlichen Gebrauch für die ägyptische Frühzeit den Begriff Fetisch auch für lebende, also tierische und pflanzliche Kultobjekte in Anspruch. Bei den Ortsgöttern handelt es sich also um Gottheiten, „die ursprünglich in einem konkreten, sei es lebenden oder leblosen, Gegenstand verkörpert gedacht waren, in dem sie wie Seelen in einem Körper wohnen sollten"[15]. Im vorzeitlichen Ägypten sei in erster Linie das Tier als Fetisch gesehen worden, und zwar als lebendes Exemplar oder als Idol[16]. Daneben habe er aber auch die Gestalt einer Pflanze oder eines Gegenstandes haben können. Für die ursprüngliche Form des Fetisches und damit

---

[14] aaO. S. 438.
[15] Sethe, Urgeschichte § 7.
[16] Sethe setzt die Verehrung des lebenden Tieres als ursprünglich an. Die Bildung und Verehrung eines Kultbildes des betreffenden Tieres, eines Idols, sei auf späterer Kulturstufe erfolgt. (Sethe, Urgeschichte §§ 9–13).

des Ortsgottes kommen also Tiere, Pflanzen und Gegenstände in Frage, aber nicht die menschliche Gestalt.

In einer Zeit, für die als politische Gliederung das Entstehen der Gaue und Gaufürstentümer angenommen wird, sieht dann Sethe auch das Aufkommen anderer Gottheiten, „die selbst nicht fetischistischer Natur und nicht örtlich, sozusagen an die Scholle gebunden waren wie die alten Ortsgottheiten, sondern kosmischer Natur waren: Götter, die ursprünglich wohl an keinem Orte auf Erden eine besondere, von Menschenhand erbaute Kultstätte hatten, sondern eben in dem kosmischen Element selbst verehrt wurden, das sie vertraten oder genauer gesagt personifizierten und dessen Benennung sie statt eines Eigennamens führten, wie bei den Griechen Οὐρανός ‚der Himmel‘, Γαῖα ‚die Erde‘, Ἥλιος ‚die Sonne‘, Σελήνη ‚der Mond‘, Ἀχελῷος ‚der Fluß‘, Ὠκεανός ‚das Meer‘ u. ä."[17].

Nicht nur durch die Kultlosigkeit sollen sich die kosmischen Götter grundsätzlich von den fetischistischen Ortsgöttern unterschieden haben, sondern eben so sehr durch ihre Gestalt. Sie sollen ursprünglich rein menschlich in Erscheinung getreten sein[18], ebenso wie alle Personifikationen, die eine erhebliche Rolle im ägyptischen Pantheon spielen und deren bekannteste die Göttin Maat, die personifizierte Weltordnung sein dürfte. Rein menschlich sollen auch Atum und Amun sein, die „nach Wesen und Erscheinung nicht zu den alten Ortsgottheiten natürlichen Ursprungs" zu

---

[17] aaO. § 69.
[18] Sethe sagt in der „Urgeschichte" nirgends direkt, daß die kosmischen Götter allgemein ursprünglich in reiner Menschengestalt gesehen worden seien. Es heißt zwar: „Wie es sich für solche von der Theologie erdachten kosmischen Götter geziemt, wird Atum rein menschengestaltig . . . dargestellt" (§ 115), doch könnte hier das Kriterium für die Menschengestalt die spekulative Entstehung sein. Aber indirekt geht aus dem Text, besonders aus den Stellen, die über die Vermischung der lokalen und der kosmischen Gottheiten sprechen, hervor, daß für das Kosmische als ursprünglich die reine Menschengestalt angenommen wird, besonders deutlich aus der Stelle: „Auf diese Weise sind dann auch Götter, die von vornherein rein kosmischer Natur waren, zu Gestalten gekommen, die sie wie alte fetischistische Gottheiten aussehen lassen" (§ 27). Da die fetischistischen Ortsgötter jede Gestalt außer der menschlichen haben können, muß das Kosmische demzufolge ursprünglich rein menschlich gewesen sein. Siehe auch Sethes Anm. 2, S. 58.

zählen sind, sondern „ein Erzeugnis theologischer Spekulation"[19] sein sollen.

So setzt Sethe als Ausgangspunkt der Entwicklung der ägyptischen Göttergestalt zwei grundsätzlich verschiedene Gruppen an: Kultisch verehrte, fetischistische Ortsgötter, die in jeder Form, nur nicht menschlich erscheinen können, und die kultlosen kosmischen Götter, die ebenso wie die Personifikationen rein menschlich sind. Diese ursprünglich klare und eindeutige Ordnung der Formen und Bereiche müßte sich noch in prähistorischer Zeit erheblich verändert haben, denn in den geschichtlichen Dokumenten findet sie sich von Anfang an nicht mehr. Besonders an den fetischistischen Gottheiten soll sich ein tiefgreifender und grundlegender Wandlungsprozess vollzogen haben, aus dem dann die Mischgestalten resultierten. „Die augenfälligste Veränderung, die die alten fetischistischen Ortsgottheiten in ihrer Entwicklung erfahren haben, ist ihre Vermenschlichung. Sie hat sich bei allen ohne Ausnahme nach den gleichen Prinzipien, mit geringen Unterschieden in der Ausführung, die durch die verschiedene Natur der einzelnen Gottheiten bedingt war, vollzogen und dürfte wohl das Werk einer großen allgemeinen, das ganze Land erfassenden Bewegung gewesen sein, die jedenfalls spätestens zu Beginn der geschichtlichen Zeit zum Abschluß gelangt sein muß"[20].

In einigen Fällen war das Ergebnis der Vermenschlichung eine rein menschliche Gestalt, so daß nur noch ein Attribut in der Darstellung der betreffenden Gottheit an die tierisch-fetischistische Herkunft erinnert. Die ehemalige Geiergöttin Mut trägt eine Geierhaube auf ihrem menschlichen Haupte, die in Menschengestalt erscheinende frühere Kuhgöttin Hathor ein Hörnerpaar und Kuhohren als Kopfputz. Eine vollständige Menschengestalt erhalten nach Sethe im allgemeinen auch die vermenschlichten Gegenstandsfetische, wobei das alte Kultobjekt meist als unerläßliches Attribut mit der neuen Gestalt verbunden bleibt. Baumgöttinnen erscheinen dann „als Baum dargestellt, aus dem ein Frauenleib und Frauenarme

---

[19] aaO. § 114.
[20] aaO. § 30.

hervorkommen"[21] und „der in einer Lotosblume verehrte Nefer-tem trägt die Blume jetzt auf seinem menschlichen Kopf"[22].

Das auffälligste Resultat des Vorgangs der Vermenschlichung aber sind nun die mischgestaltigen Götterbilder. Im Prozeß der Umwandlung hätten die alten Tiere und Tieridole zwar einen menschlichen Körper erhalten, während der alte Tierkopf noch unverändert beibehalten worden sei. Die Mischfigur wäre damit das Ergebnis einer nicht vollständigen Umwandlung, wäre eine Zwischenstufe auf dem Wege der Entwicklung von der tierischen zur menschlichen Erscheinung der alten Ortsgottheiten.

1.3.5. Typologische Deutung

Auch nach Siegfried Morenz treten die Mischgestalten „am Beginn der ägyptischen Geschichte ins Leben"[23]. Das entspricht der von Sethe festgestellten Vermenschlichungswelle. Aber Morenz ordnet diesen Prozeß dem dominierenden Faktum unter, „daß die ‚Macht'[24] sich in vielerlei Gestalt verkörpern kann und diesbezügliche Unterschiede nicht an Zeitabfolgen gebunden sind — ist doch noch in ganz später Zeit z. B. Thoth gleichzeitig und gar auf demselben Denkmal als Ibis und ibisköpfiger Mensch, außerdem als Pavian dargestellt, also auch vorgestellt worden"[25]. Morenz sieht „die Dinge vom Urgrund der ‚Macht' her, die Mensch und Tier, aber auch Pflanze und Gegenstand von innen her den Rang einer Gottheit geben kann, so daß weder Tier noch sogar Pflanze oder Anorganisches jemals aufhören, potentiell Gott sein zu können. Damit soll wiederum nicht geleugnet werden, daß die Tendenz dahin geht, vor allem Pflanze

---

[21] aaO. § 33.
[22] aaO. § 33.
[23] Morenz, Religion S. 21.
[24] Morenz bezeichnet mit „Macht" das Numinose, das noch nicht personhaft Gestalt geworden ist (S. 16ff.). Macht „steckt als Kern in Dingen und Wesen, die als ihre Träger Ziel von Kultus und Frömmigkeit werden" (S. 18). „Der schlichte Machtbegriff, für den man auch ‚Wirksamkeit' setzen mag, scheint uns als Generalnenner für die enorme Variationsbreite der ägyptischen Kultempfänger trefflich geeignet" (S. 19).
[25] aaO. S. 20.

und Gegenstand zum Attribut der Gottheit umzufunktionieren. So sehen wir . . . in den mischgestaltigen Götterbildern theologisch die für den Ägypter unendlich bezeichnende Darstellung eines Sowohl-als Auch, das den Menschen akzeptiert und das Tier nicht zurückweist"[26].

Auch Morenz unterteilt die ägyptischen Götter in die zwei Gruppen der Ortsgötter und der kosmischen Gottheiten. Die kosmischen Gottheiten stellt er „mindestens typologisch"[27] den Ortsgöttern gegenüber und stellt die Frage: „Verbirgt sich hinter dem typologischen Unterschied zwischen kosmischen und örtlichen Göttern ein solcher der Herkunft? Konkret gesprochen: Stammen die letzteren als ursprüngliche Stammesnumina aus nomadischen, die ersteren aber aus bäuerlichen Schichten, wobei das nomadische Element in der Hauptsache dem Süden, das bäuerliche dem Norden (mit Bindung an Vorderasien) zuzuweisen ist"[28]? Die Frage bleibt offen. „Gewiß bedürfen bäuerliche Lebensverhältnisse in besonderer Weise der kosmischen Mächte, damit gedeihliches Leben möglich sei. Aber kann der schweifende Nomade ihrer entraten oder sich ihrem Eindruck entziehen"[29]?

Ausdrücklich betont auch Morenz, daß die kosmischen Götter grundsätzlich durch volle Menschengestalt ausgezeichnet sind. Allerdings will er „hinter der vollen Menschengestalt nur eine Ursache sehen: die einer kultischen Traditionslosigkeit der kosmischen Götter, so daß eine Bindung an alte Machtträger nicht bestand und folglich in der Gestalt nicht berücksichtigt zu werden brauchte"[30].

1.3.6. Zusammenfassung

Mit den Theorien von Erman, Otto, Scharff und Sethe sind die wichtigsten Versuche genannt, aus neuzeitlicher Sicht die Entstehung der ägyptischen Mischgestalten zu erklären. Das Ziel ist bei allen, das Problem für heutiges Bewußtsein verständlich zu machen und die Frage im Sinnhorizont heutiger Sehensweisen darzustellen

---

[26] aaO. S. 21.   [28] aaO. S. 31.   [30] aaO. S. 32.
[27] aaO. S. 30.   [29] aaO. S. 31.

und zu lösen. Als Erklärungen dienen deshalb abstrakt logische Gedankenkonstruktionen, soziologisch oder rassisch bedingte Unterschiede der Vorstellung oder evolutionistische Theorien der Formentfaltung und -vermischung.

Die Darstellung von Morenz ist ein Beispiel für eine Betrachtensweise, die mit veränderten Gesichtspunkten an das Problem herantritt. Wichtiger als die Frage nach der Herkunft und der geschichtlichen Entwicklung wird nun diejenige nach der Bedeutung, die diese Mischgestalten in ihrem eigenen Kulturzusammenhang hatten. Es kommt weniger darauf an, uns und unseren Vorstellungsweisen die Mischgestalten verständlich und schmackhaft zu machen, als nach einem Verständnis zu suchen für das, was sie für die damaligen Menschen bedeutet haben können und was sie uns über damaliges Bewußtsein und Vorstellen auszusagen vermögen.

Die in so hohem Maße und verwirrend unterschiedlichen Deutungen zeigen, daß sich die numinosen Zustände und Vorgänge im prähistorischen Ägypten offensichtlich selbst mit den Mitteln der modernen Forschung nicht eindeutig erklären und verstehen lassen, obwohl aus der Vorzeit Ägyptens vergleichsweise reiches und vielfältiges Material vorliegt und obwohl die Weiterentwicklung der Kultur durch eine selten lange Zeit mit einer Überfülle historischer Dokumente verfolgt werden kann.

Sicher ist, daß die Mischgestalt bis in die Vorzeit zurückreicht. Aber die Frage nach ihrem Herkommen und ihrer damaligen Bedeutung bleibt offen. Das archäologische Material zeigt nur Formen, bleibt aber stumm. Wenn es befragt wird, fängt es zwar zu sprechen an, aber offenbar weitgehend im Sinne der Frage und des Befragenden. Angesichts dieser Sachlage stellte schon Sethe seine Darstellung ausdrücklich unter das Siegel der Subjektivität: „Was im folgenden geboten wird, ist das, was sich mir persönlich als ein solches Spiegelbild der ägyptischen Urgeschichte . . . in meinen Augen oder, wenn man will, in meiner Phantasie abzeichnet"[31]. Er weiß, „daß dieses Bild wie jede Rekonstruktion, und zumal so weit zurückliegender Dinge, durchaus hypothetischen Charakter hat.

---

[31] Sethe, Urgeschichte § 3 / Hervorhebung von mir.

Es ist ein persönliches Vorstellungsbild, das sich selbstverständlich nicht beweisen, sondern nur wahrscheinlich oder wenigstens glaubhaft machen läßt"[32].

Zu einem Sinnzusammenhang kann der Forscher hier offensichtlich nur gelangen, wenn er die fragmentarischen Elemente der Vorzeit auf Grund seiner Fachkenntnisse mit seiner Einbildungskraft zu einem Sinnganzen verbindet. Deshalb sind wohl auf Grund der gleichen Dokumente so widersprüchliche Deutungen möglich. Deshalb lassen sich aber auch in einzelnen Theorien immer wieder offene Fragen und ungelöste Probleme nachweisen, sobald man sie nämlich nur von einem andern Standpunkt aus, unter andern Voraussetzungen und mit einer andern Einbildungskraft betrachtet. So stellt sich im Zusammenhang mit Scharffs Theorie die Frage, ob die Zuordnung der verschiedenen Formen der Erscheinungsweisen des Göttlichen auf verschiedene Bevölkerungsgruppen je die ganze und ausschließliche Erscheinungsmöglichkeit des jeweiligen Göttlichen darstellte, so daß die andere je fehlte; ob also die Oberägypter in der Vorzeit einen so zentralen Bereich, wie ihn die kosmischen Kräfte darstellen, in keiner Weise numinos wahrgenommen haben sollten und ob die Unterägypter zuerst überhaupt keinen Kult kannten; im Zusammenhang mit der Darstellung Sethes aber tauchen die Fragen auf, wie die fetischistische Frühzeit sich denn zum Kosmischen verhalten habe, warum sich das Kosmische ursprünglich in Menschengestalt gezeigt haben und wieso dem Ortsgott ursprünglich jede Form außer gerade der menschlichen zugekommen sein soll.

1.4. Offene Fragen der Theorien

1.4.1. Zuordnung verschiedener Erscheinungen des Göttlichen an verschiedene Bevölkerungsgruppen

Eine Unterscheidung von lokal verehrten mischgestaltigen Gottheiten in Oberägypten und kultlosen, menschengestaltigen Göttern

---

[32] aaO. § 3.

kosmischer Natur in Unterägypten, wie sie von Scharff getroffen wurde, wirft die Frage auf, ob diese Unterscheidung für diese beiden Volksgruppen konstitutiv gewesen sein soll, ob also alles Kosmische in Oberägypten nicht wahrgenommen und verehrt wurde und ob Unterägypten ursprünglich keine Kulte, sondern nur die Verehrung der lokal nicht fixierten, kultlosen kosmischen Götter kannte. Beide Situationen sind als gelebtes und erlebtes religiöses Verhalten schwer vorstellbar. Eine weitere Schwierigkeit bereitet der Umstand, daß in diesem Zusammenhang die tiergestaltigen Götter nicht erwähnt werden. Es ist aber kaum anzunehmen, daß diese in der Vorzeit keine Rolle spielten. Dadurch, daß sie hier aber aus der Betrachtung ausgeklammert sind, fehlt ein wesentliches Glied im Bezugssystem. Deshalb ist diese Theorie in dieser Form schwer zu deuten und in die großen religionsgeschichtlichen Zusammenhänge Ägyptens einzuordnen.

Auffällig ist, daß aus dem oberägyptischen Raum ein Gott bekannt ist, der schon auf Denkmälern der frühen geschichtlichen Zeit rein menschlich dargestellt wird: Min[33]. Andererseits fehlen auf den prähistorischen Felsbildern aus Oberägypten, die Winkler veröffentlicht hat, Mischfiguren fast völlig. Die Darstellungen des Min scheinen also darauf hinzuweisen, daß auch in der oberägyptischen Bevölkerungsschicht die Möglichkeit menschlicher Erscheinungsform des Göttlichen vorhanden gewesen ist, der Befund der Felsbilder aber, daß eine auffällige Dominanz der Mischgestalt nicht

---

[33] Das Alter der berühmten Kolossalstatuen dieses Gottes aus Koptos ist zwar heute umstritten. Sie werden von neuerer Forschung nicht mehr dem ältesten Kulturgut Ägyptens zugeordnet. „Baumgartel has convincingly shown that the supposedly predynastic statues of the got Min really date from the First Intermediate Period" (Ucko, Figurines S. 413). Doch sind die Statuen nicht die einzigen frühen Darstellungen des Gottes. Lacau und Lauer haben in der Stufenpyramide von Saqqarah acht Alabastervasen mit einem Bild von Min gefunden. „Il est intéressant de voir ce dieu figurer dès cette époque sous sa forme particulière. Les statues de Coptos montraient bien, d'ailleurs, qu'il s'agissait d'un culte très archaïque" (Pyramide, tome V, S. 20). Sie weisen an der gleichen Stelle auf Petries Bericht über Abydos hin und zitieren: „The figure of the god Min ink-drawn on a piece of slate bowl from the tomb of Khasekhemui is the oldest drawn figure of that god" (Pyramide, tome V, S. 19).

festgestellt werden kann[34]. Fast noch weniger Hinweise als für die ausschließlich südliche Herkunft der Mischgestalt gibt es für eine frühe betonte Verehrung menschengestaltiger Gottheiten im Ostdelta. Zwar wird immer wieder auf die Herkunft des Osiris aus dem Delta hingewiesen, ebenso wie auf den Umstand, daß seine Menschengestalt alt sei. Doch sind das Erkenntnisse, die auf dem Wege des Rückschließens gewonnen wurden, denn über Osiris ist vor der 5. Dynastie nichts bekannt[35], und bildliche Darstellungen fehlen sogar bis zur 12. Dynastie[36]. Für die frühe Menschengestalt im Delta kann dieser Gott also kein Zeuge sein. Auf eine besonders ausgeprägte Neigung des Ostdeltas, das Göttliche in Menschengestalt darzustellen, könnten auch die Gauzeichen hinweisen. Unter den Gauzeichen Ägyptens gibt es nur drei, die eine menschliche Gestalt darstellen, und alle drei stammen aus dem Ostdelta. Doch ist das Alter dieser Zeichen umstritten[37], so daß unsicher bleibt, aus welcher Zeit sie stammen und welche Vorstellungen sie vermitteln. Die menschliche Form des Göttlichen läßt sich also nicht zwingend als ursprünglich und früh im Delta belegen, ebenso fehlen Hinweise darauf, ob die Mischgestalt hier ursprünglich fehlte[38].

---

[34] Scharff kann sich zur Stütze seiner These, daß die Mischgestalt dem afrikanisch-hamitischen Kreis zugehöre, auf die prähistorischen Felsbilder berufen, die im Fezzan gefunden wurden. Zwar gibt es dort mischgestaltige Wesen, deren Kopf verblüffend dem des ägyptischen Seth gleicht. Aber auch hier ist ihre Zahl weit geringer als die der dargestellten Menschen und natürlich der überaus zahlreichen Tiere. Daß die Mischgestalt für diese Kultur besonders typisch gewesen sei, läßt sich also auch hier nicht nachweisen. Man kann nur feststellen, daß sie hier vorkam, und zwar in ausgeprägter Form (Frobenius, Ekade, S. 60–63 und Tafeln LIV–LIX).

[35] Baumgartel, Cultures I, S. 4.

[36] Scharff, Ausbreitung S. 22.

[37] Kaiser, Bemerkungen ZÄS 91, S. 120, Anm. 4 / Baumgartel, Cultures I, S. 11 / Vgl. auch hier bei Anm. 84.

[38] Es gibt Anzeichen dafür, daß einer der wichtigsten mischgestaltigen Götter Ägyptens, Thot, aus dem Delta stammen könnte (Sethe, Urgeschichte §§ 43 und 143 / Kees, Götterglaube S. 190). Allerdings ist er in seiner bekannten ibisköpfigen Gestalt historisch zuerst in Mittelägypten, in Hermopolis, nachweisbar. Doch sollte auch der Ibis-Aspekt auf eine Herkunft aus dem Delta hinweisen, so bliebe trotzdem noch ungewiß, ob Thot schon dort in Mischgestalt oder noch ganz tierisch gesehen und erst in Hermopolis mit Menschenleib und Ibiskopf dargestellt wurde.

Erstaunlicherweise gibt es noch eine zweite Theorie — diejenige von E. Otto —, die für die Frühzeit einen Gegensatz zwischen zwei Bevölkerungsgruppen mit unterschiedlichen Vorstellungen von der Erscheinungsweise des Göttlichen annimmt, dabei aber zu Ergebnissen kommt, die denjenigen Scharffs gerade entgegengesetzt sind. Ihr zufolge soll die Menschengestalt aus Ober-, die Mischgestalt aber aus Unterägypten stammen. Abgesehen davon, daß bei der Annahme Ottos die gleichen grundsätzlichen Fragen offen bleiben, wie bei der Theorie von Scharff, ergibt der Vergleich der beiden Darstellungen einen unüberbrückbaren Gegensatz. Er zeigt, daß das vorliegende Material sowohl zum Schluß führen kann, daß die Menschengestalt des Göttlichen semitisch beeinflußt aus Unterägypten, wie auch, daß sie autochthon ägyptisch aus Oberägypten stammen, und daß andererseits die Mischgestalt dem oberägyptisch hamitischen, wie auch daß sie dem unterägyptisch fellachischen Bereich zugehören könnte.

1.4.2. Ortsgötter und die Menschengestalt

Der Begriff Ortsgott spielt — meist im Gegensatz zum kosmischen Gott — in religionsgeschichtlichen Darstellungen des alten Ägypten eine große Rolle. Der Ortsgott soll am Anfang der religiösen Entwicklung stehen und in fetischistischer Gestalt verehrt worden sein: Als Tier, als Pflanze, als lebloser Gegenstand. Jede Erscheinungsform, außer der menschlichen, wäre demnach möglich gewesen[39].

Tiere, Pflanzen und Gegenstände als Formen des Göttlichen müssen für die Frühzeit erschlossen werden, meist auf Grund entsprechender Attribute oder Körperteile der Götterbilder aus der historischen Zeit[40]. Auf diese Weise muß aber die Menschengestalt

---

[39] Vgl. hier I. 1.3.4. / Auch Hornung denkt an ein „ursprüngliches Nebeneinander von Fetischen, Tiermächten und abstrakten Naturmächten" (Hornung, Der Eine S. 74). Die menschliche Gestalt wird ausgeschlossen. Die Erscheinung der Götter soll sogar ausdrücklich erst von der „Vermenschlichung" an menschlich sein können (Hornung, Der Eine S. 98).
[40] Auch nach Sethe ist die Entwicklung der Formen des Göttlichen „natürlich meist rückwärts zu erschließen" (Urgeschichte § 7).

schon grundsätzlich, von der Methode her, für die Frühzeit wegfallen, da sie, selbst wenn sie existiert hätte, direkt in die menschliche Form des geschichtlichen Gottes übergegangen, respektive mit ihr identisch gewesen wäre und keine Spuren eines früheren Zustandes hinterlassen hätte.

Im Zusammenhang mit der Annahme, daß die menschliche Gestalt den Ortsgöttern ursprünglich fremd war, kann man sich auch fragen, wie es sich mit der Gestalt des Häuptlings oder Königs verhält. Wenn er schon in der Vorzeit eine ähnliche Rolle gespielt hat, wie in den kommenden Epochen, besonders aber zu Beginn des Alten Reiches, so läge hier eine zwingende Verbindung der menschlichen Gestalt mit dem Bereich des Numinosen vor, wobei der König, wie immer das Königtum auch Kosmisches repräsentieren mag, wohl in hohem Maße mit dem lokal Göttlichen verbunden gewesen wäre.

Selbst wenn weit besser gesicherte Belege vorlägen, daß die frühe Vorzeit keine kultischen Darstellungen eines menschengestaltigen Göttlichen gekannt hätte, so wäre das kein schlüssiger Beweis dafür, daß ein solches den damaligen Menschen unbekannt gewesen sei. Hier würde sich die allgemeine Frage stellen, ob das Fehlen der bildnerischen Darstellung einer Form auch deren Abwesenheit im Bereich des Bewußtseins und der Vorstellung beweise. Fehlen da, wo anthropomorphe Götterbilder fehlen, auch die anthropomorphen Vorstellungen vom Göttlichen? Diese Frage wird sich dringlich stellen im Zusammenhang mit Kulturen, die überhaupt keine bildlichen Darstellungen oder höchstens abstrakte geometrische Muster kennen. Und dort wird es evident werden, daß die Tatsache, daß die Formen äußerlich nicht nachvollzogen werden, keinen Schluß auf ihr Fehlen in der Vorstellung zuläßt.

1.4.3. Das Kosmische in der Frühzeit

Nach Sethes Darstellung sollen erst in einer fortgeschrittenen Phase der Urgeschichte „höhere, universale Gottheiten" aufgekommen sein, die „nicht fetischistischer ... sondern kosmischer Natur"[41]

---

[41] Sethe, Urgeschichte § 69.

waren. Es wird nicht eindeutig klar, was damit gemeint ist. Das kann heißen, daß das schon früher in einem umfassenden numinosen Ganzen gesehene Kosmische erst in dieser Zeit in eigener göttlicher Gestalt vorgestellt, es kann aber auch bedeuten, daß überhaupt erst in dieser Phase das Kosmische als numinos bedeutungsvoll wahrgenommen und erlebt worden sein soll.

Sollte erst auf dieser zweiten Stufe das Kosmische zum Bereich des Göttlichen gekommen sein, so müßte die vorangegangene Epoche alle kosmischen Erscheinungen entweder noch nicht distinkt als solche wahrgenommen haben, oder dann müßten sie ihr so selbstverständlich gewesen sein, daß sie diese als völlig geheimnislos zu den profanen Erscheinungen der Welt zählte. Nur schwer lassen sich aber Menschen vorstellen, die zwar numinose Kultobjekte verehrt haben sollen, dabei aber alles Kosmische überhaupt nicht oder als profan selbstverständlich erlebten. Wenn alles Kosmische, wozu ganz wesentlich alle schöpferischen, fruchtbarmachenden und ordnenden Funktionen gehören, auf der ersten Stufe dem Bereich des Göttlichen noch ganz fremd gewesen sein soll, dann wird auch die eigentliche Bedeutung und das Wesen der ursprünglichen Ortsgötter sehr unklar und verschwommen, denn was bliebe ihnen ohne alle diese kosmischen Funktionen an Bedeutung und was hätten die damaligen Menschen in diesem Fall in ihnen erleben können?

Wenn mit dem „Aufkommen der kosmischen Götter" auf der zweiten Stufe aber nur das Auftreten des Kosmischen in eigener, selbständiger Gottesgestalt gemeint ist, dann müßten die kosmischen Kräfte und Erscheinungen vorher in irgend einer Weise im ‚System' der Fetisch-Gottheiten enthalten gewesen sein. Wären an einem Ort je verschiedene Ortsgötter verehrt worden – und Sethe spricht von den „ursprünglich nur an einem bestimmten Orte verehrten Gottheiten"[42] – so hätten einer oder mehrere dieser Gottheiten bereits irgendwelche Beziehungen zum Kosmischen haben können; die Erscheinungen der zweiten Stufe wären dann weniger als ein „Aufkommen" von etwas ganz Neuem, denn vielmehr als eine Verdichtung zu einer neuen konkreten Gestalt zu verstehen. Wäre

---

[42] aaO. § 4.

die Ortsgottheit aber je an einem Ort eine einzige numinose Macht gewesen, so hätte das Kosmische ein Aspekt dieses allumfassenden Numinosen sein können, der sich auf der zweiten Stufe abgespalten und verselbständigt hätte. Eine solche Vorstellung würde allerdings in große Nähe zur Theorie vom Urmonotheismus mit der nachfolgenden Auflösung ins polytheistische Pantheon führen.

Bemerkenswert ist in diesem Zusammenhang, daß eines der frühesten archäologischen Zeugnisse, das mit einiger Sicherheit als nicht profane Darstellung gedeutet werden darf, deutlich kosmische Aspekte aufweist. Es ist dies die Schminkpalette aus Gerzeh, deren Entstehungszeit auf 300 Jahre vor Beginn der Geschichte datiert wird[43]. Die Palette zeigt die Umrisse eines Rinderkopfes mit Hörnern und wird deshalb auch Hathor-Palette genannt[44]. Auf der Stirn zwischen den Hörnern, an deren Spitze und auf den Ohren befindet sich je ein Stern. Dies scheint ein deutlicher Hinweis auf eine Verbindung des Rindes mit dem Himmlischen zu sein. Wenn diese Annahme stimmt, wäre ausgerechnet einer der ältesten einschlägigen archäologischen Funde ein Beispiel **kosmischer** Götterverehrung, die doch eine späte Erscheinung in der religiösen Entwicklung Ägyptens sein soll, wobei sich das Kosmische hier erst noch mit der Tiergestalt verbindet und nicht mit der für diesen Bereich als ursprünglich postulierten menschlichen[45].

---

[43] Kaiser, Bemerkungen ZÄS 91, S. 119, Anm. 1.
[44] Petrie, Palettes S. 11.
[45] Die Bezeichnungen ‚früh' und ‚spät' sind allerdings im Bereich der Vorgeschichte besonders vage. Ein Widerspruch mit Sethes Theorie brauchte sich deshalb aus diesem Tatbestand, daß ein ‚früher' Fund eine ‚späte' Form aufweist, noch nicht mit Notwendigkeit zu ergeben, denn die von Sethe für das Aufkommen der kosmischen Gottheiten angenommene Epoche liegt in der Zeit der „Gaufürstentümer" (Sethe, Urgeschichte § 69), also noch weit vor dem Jahre 4240 v. Chr., in welchem in seiner Darstellung Heliopolis bereits die Hauptstadt eines gesamtägyptischen Reiches gewesen sein soll. (Die Richtigkeit dieses Datums wird heute bezweifelt. Zur Frage einer Chronologie auf Grund des ägyptischen Kalenders, vgl. „Cambridge Ancient History", 1970³, vol. I, S. 173). Eine Palette aus der Zeit um 3500 v. Chr. wäre somit rund 1000 Jahre nach dem ‚Aufkommen der kosmischen Götter' entstanden und fügte sich damit widerspruchslos in die Sethesche Darstellung. Ebenso wenig ergäbe sich damit ein Problem daraus, daß das Kosmische hier mit tierischem Aspekt erscheint, obwohl es ursprünglich ja rein menschlich gesehen worden sein soll. Der Vermischungsprozeß der beiden

Die Verarbeitung und mögliche Verifizierung der unterschiedlichen Theorien kann nur Sache der Ägyptologie sein. Eine Fragestellung aber ist auch allgemeinerer Forschung möglich, nämlich die, was das prähistorische Material über die Mischfigur als Form aussagt. Die Betrachtung, wie und wann die Mischfigur an sich auftritt und in welchem Verhältnis sie zu Tier- und Menschendarstellungen steht, soll zuerst ausschließlich für sich allein erfolgen. Erst auf Grund des so gefundenen Inventars der Formen sollen Überlegungen angestellt werden, ob und wie weit im Rahmen der Voraussetzungen dieser Arbeit Deutungen und Einordnungen und eine Antwort auf die Frage nach der Entstehung der Mischgestalt allgemein möglich sind.

1.5. Die Darstellungen der Vorzeit

Menschen, Tier- und Mischgestalten finden sich schon auf den Zeugnissen der Vorzeit. Zuerst soll nur das Vorkommen der einzelnen Formen betrachtet, erst anschließend die Frage nach der Deutung, besonders nach den Anzeichen numinoser Darstellung, gestellt werden.

Vor der Beschäftigung mit einzelnen Formen aus der ägyptischen Vorzeit muß geklärt werden, was unter dem Begriff ‚ägyptische Vorzeit' verstanden werden kann, und zwar in dem Sinn, ob sich die prähistorischen Funde als Zeugnisse einer in sich geschlossenen Kulturentwicklung erweisen und damit untereinander vergleichbar sind und ob sich ein einheitliches Kulturgeschehen im ganzen ägyptischen Raum, also in Ober-und Unterägypten abzeichnet.

Göttergruppen (Vgl. hier I. 1.3.4.) hätte in dieser Zeit ja längst stattgefunden. Zudem wird diese Palettendarstellung nicht durchgehend als tierische Form interpretiert. Margaret A. Murray vergleicht sie mit den auffälligen Frauengestalten, die sich mit rund erhobenen Armen auf vielen Vasenzeichnungen der zweiten Negade-Kultur finden (Petrie, Palettes S. 11). Was meist als Kuhhörner gesehen wird, müßte somit als erhobene Arme interpretiert werden. Dies würde der Theorie von der Menschengestalt des Kosmischen entsprechen. Aber trotzdem ist die Deutung wohl etwas gewagt und ausgefallen. Die Gottheit hätte dann auch keinen Kopf, es sei denn, daß man annimmt, der Mittelstern stehe für ihn.

Beide Fragen sind unterschiedlich beantwortet worden. Besonders widersprüchlich werden die kulturellen Situationen in den beiden Landeshälften und ihr Verhältnis zueinander dargestellt. Ein erstes, dem andern Landesteil überlegenes Kulturzentrum wird je nachdem in Oberägypten[46] oder in Unterägypten[47] angenommen; es werden auch im Norden und Süden zwei unabhängig voneinander und parallel nebeneinander sich entfaltende Zivilisationen gesehen[48]. Oder es wird von einer homogenen Bevölkerungs- und Kulturentfaltung im ganzen Niltal[49] und von einer bruchlosen Entwicklung seit der Zeit um 4500 v. Chr.[50] gesprochen. Je nach den Gesichtspunkten, unter denen das archäologische Material betrachtet wird, kann also der Süden oder der Norden, können beide Landeshälften unabhängig voneinander oder das Niltal als geschlossenes Ganzes als Ausgangspunkt der ägyptischen Kultur gelten. Einigkeit herrscht hingegen in der Ansicht, daß schon in der Epoche gerade vor Beginn der historischen Zeit eine kulturelle Einheit vom Delta bis zu den Stromschnellen[51] bestand, sei es als natürliche Fortsetzung einer alten Einheit, als Folge der kulturellen Ausbreitung von einer Landeshälfte zur andern oder als Verschmelzung der beiden bis dahin getrennten Kulturen.

Weniger widersprüchlich, aber auch nicht einheitlich sind die Antworten auf die Frage nach der Kontinuität der Entwicklung und damit nach dem innern Zusammenhang der verschiedenen prähistorischen Epochen. Die Abfolge der einzelnen Kulturen wird im großen und ganzen einheitlich dargestellt, doch herrschen unterschiedliche Ansichten über ihre Beziehung untereinander.

Spuren menschlicher Existenz reichen auch im ägyptischen Raum bis ins Paläolithikum und Mesolithikum zurück. Sie stammen allerdings nicht aus dem Niltal, sondern von den Rändern der beidseitigen Hochebenen. Zwischen diesen ältesten Funden und denen aus der nachfolgenden Jungsteinzeit konnte bis heute keine Verbindung erkannt werden. Die ältesten ägyptischen Zeugnisse stehen also bis

---

[46] Baumgartel, Cultures I, S. 3ff.
[47] Wolf, Kulturgeschichte S. 41.
[48] Kaiser, Bemerkungen ZÄS 91.
[49] Frankfort, Kingship S. 16.
[50] Vercoutter, Ägypten S. 212.
[51] Wolf, Kulturgeschichte S. 42.

jetzt außerhalb eines sichtbaren Zusammenhanges mit der Kulturentwicklung, die zur ägyptischen Hochkultur führte.

Der Einschnitt zwischen Mesolithikum und Neolithikum ist unbestritten. Die folgende Zeit, die das Neolithikum und das Chalkolithikum, ungefähr die Zeit von 5000 v. Chr. bis zum Beginn der historischen Zeit um 3000 v. Chr., umfaßt, wird allgemein in drei Abschnitte eingeteilt: Der älteste ist die Zeit der Badari-Kultur, der die Epochen der älteren und der jüngeren Negade-Kultur folgen, die meist als Negade I und Negade II bezeichnet werden[52]. Ob die Funde aus Der Tasa als Zeugnisse einer eigenen Tasa-Kultur betrachtet werden dürfen, die derjenigen aus Badari vorangegangen wäre, ist umstritten. Für diese Untersuchung spielt diese Frage aber keine Rolle, da in dem spärlichen Material der Tasa-Kultur keine figürlichen Darstellungen enthalten sind.

Allgemein werden die Badari-Kultur und die von Negade I als Glieder oder Phasen einer geradlinigen Entwicklung gesehen. Verschieden wird die Stellung der Negade II-Kultur zu den vorangegangenen Epochen gedeutet. Sie wird als weitere Phase in einem grundsätzlich ungebrochenen Entwicklungsgang gesehen[53] oder als ganz neuartige Erscheinung, die durch fremde Einflüsse ins Land getragen worden sein müsse: „The Nakada II people from the outset have a civilization so different from that of Nakada I that the one cannot have been developed in Egypt from the other"[54]. Als bruchlos und geradlinig wird wiederum durchgehend der Übergang von der Negade II-Kultur zu derjenigen der frühen historischen Zeit bezeichnet.

Die Frage, ob die vorgeschichtliche Kultur Ägyptens geographisch und chronologisch als Einheit aufgefaßt werden darf, läßt sich auf Grund der verschiedenen Darstellungen nicht schlüssig beantworten. Für die folgenden Betrachtungen sollen die figürlichen Darstellungen aus dieser Zeit als Zeugnisse einer in ihren Grund-

---

[52] Für Negade I wird oft auch der Name Amratien gebraucht, nach dem für diese Kultur besonders ergiebigen Fundort El Amrah, für Negade II der Name Gerzéen, nach dem Fundort Gerzeh.
[53] Vercoutter, Ägypten S. 212.
[54] Baumgartel, Cultures I, S. 49.

zügen einheitlichen Kulturentwicklung betrachtet werden. Der mögliche Gegensatz zwischen Oberägypten und Unterägypten kann bei diesem Thema vernachlässigt werden, da die frühen Beispiele bildlicher Darstellung, wie sie in den Veröffentlichungen zugänglich und von der Ägyptologie analysiert worden sind, ausnahmslos aus dem oberägyptischen Raum stammen. Aber auch die Beispiele, die der Negade II-Kultur angehören, dürfen wohl als in der oberägyptischen Tradition stehend betrachtet werden, da die Theorie einer unterägyptischen Abstammung dieser Kultur kaum mehr aufrecht erhalten wird und eine Ausbreitung von Oberägypten her damit als gesichert gelten darf. Was für diese Darstellung als ‚ägyptische' Vorgeschichte bezeichnet wird, ist damit im Grunde ‚oberägyptische' Vorgeschichte, und die Frage muß hier offen bleiben, ob diese tatsächlich für die gesamte vorgeschichtliche Kulturentwicklung Ägyptens stehen darf, oder ob es neben ihr noch eine unterägyptische Entsprechung gab, von der bis jetzt zu wenig bekannt ist.

Auch die Abfolge der einzelnen Epochen soll hier als eine grundsätzlich einheitliche aufgefaßt werden. Zwischen den Kulturen von Negade I und Negade II müssen neben allen Unterschieden doch auch fundamentale Übereinstimmungen bestehen. Abgesehen von jenen Forschern, welche die ägyptische Vorgeschichte durchgehend als Einheit gesehen haben, hat auch Baumgartel, die einerseits so entschieden die großen Unterschiede betont hat, andererseits auch ausdrücklich auf die wesentlichen Gemeinsamkeiten hingewiesen und betont, „how difficult, if not impossible, it is to discriminate between the end of Nakada I, the time of transition, and the beginning of Nakada II"[55].

Durch die ganze Vorzeit sind, seit der Badari-Kultur, Darstellungen von Menschen und Tieren, möglicherweise auch von Mischgestalten, bekannt. Die Zeugnisse der Badari-Zeit sind für Ägypten die ersten ihrer Art, da die Kunst des vor ihr liegenden Neolithikums „noch keine figürlichen Darstellungen von Menschen, Tieren oder Gegenständen"[56] hervorgebracht hat. Da es im vorliegenden Zusammenhang in erster Linie darum geht, das Auftreten der ein-

---

[55] aaO. II, S. 49.   [56] Hornung, Der Eine S. 91.

zelnen Formen, wie immer sie auch erscheinen mögen, zu verfolgen und zu betrachten, werden alle einschlägigen Darstellungen, Rundbild, Flachbild und Relief, als gleichwertige Zeugnisse aufgefaßt.

1.5.1. Tiere

Tiere finden sich schon unter den ältesten figürlichen Darstellungen aus der Badarizeit und bleiben durch alle Epochen hindurch ein bevorzugter Gegenstand der bildenden Kunst Ägyptens. Auf Vasenbildern und Schminkpaletten, als Dekorationen von Handgriffen elfenbeinerner Kämme und Löffel, als Amulette und kleine Plastiken treten im Verlauf der Vorzeit eine Fülle verschiedener Tiere in Erscheinung. Schon die ersten greifbaren Zeugnisse aus der Badarikultur weisen ein hohes Niveau der Formbewältigung auf. An den Beispielen einer Steinbock-Figurine und eines Amuletts in Form eines Gazellenkopfes zeigt Baumgartel, wie sehr die Künstler dieser Zeit fähig waren, die charakteristischen Züge eines Tieres in einfacher und gleichsam abgekürzter Form wiederzugeben[57] und den Formen zum Teil trotz Stilisierung und Mindestmaß an Einzelheiten echte Lebendigkeit und sogar Individualität[58] zu verleihen.

Die Beispiele aus den folgenden Epochen zeigen wechselnde Grade von Abstraktion und Annäherung an eine realistische Wiedergabe, bei der in vielen Fällen ein hohes Maß genau beschreibender Abbildung erreicht wird. Besonders eindrückliche Beispiele finden sich auf den spätgeschichtlichen Schminkpaletten mit ihren zahlreichen Tierdarstellungen. „So true are they to nature that the genera can in many instances be identified"[59].

Auch auf den Felsbildern, die Winkler westlich und östlich des Niltales erforscht hat, erscheinen Tiere in großer Fülle. Auch da treten sie schon auf den ältesten Bildern auf, die Winkler ganz an den Anfang der vorgeschichtlichen Zeit datiert, nämlich vor und während die Zeit der Negade I-Kultur[60], und von da an fehlen sie in keiner Epoche.

[57] Baumgartel, Cultures II, S. 47f.
[58] aaO. II, S. 73.
[59] Hilda F. Petrie in: Petrie, Palettes S. 1.
[60] Winkler, Rock Drawings Vol. 1, S. 31 / Vol. 2, S. 31 u. 32.

1.5.2. Menschen

Menschenfiguren treten nicht später auf als Tierfiguren[61]. Bereits aus der Zeit der Badari-Kultur sind Statuetten von Frauen aus Ton und Elfenbein bekannt. In der folgenden Epoche kommen Männer- und Frauengestalten im Rundbild und im Flachbild vor. In der letzten Epoche vor der historischen Zeit wird die menschliche Gestalt ein häufiges Thema[62]; auf Vasenbildern erscheinen „schlanke Männer und tanzende Frauen"[63]. Auch auf den Schminkpaletten aus der Übergangszeit zum historischen Königtum und aus dessen Anfängen finden sich menschliche Gestalten. Von den frühesten Bildern an hat Winkler auch durch alle Epochen hindurch auf den Felszeichnungen der Umgebung des Niltales menschliche Darstellungen gefunden.

1.5.3. Mischgestalten

Eindeutige Mischgestalten lassen sich erst in der Zeit des Überganges und des Beginns der historischen Zeit nachweisen. Sie kommen vor allem auf den Prunkpaletten vor. Da wachsen aus Standarten Hände, mit denen gefangene Feinde abgeführt werden[64]. Ein Falke hat an Stelle eines Beines einen menschlichen Arm[65]. Er steht auf dem „Bildzeichen ‚Unterägypten'"[66], das mit einem menschlichen Kopf versehen ist. Die gleiche Palette wird von Köpfen mit menschlichem Gesicht, aber mit Kuhohren und Kuhhörnern gekrönt. Auf der „Zwei Hunde-Palette"[67] ist neben einem greifähnlichen geflügelten Raubtier mit Vogelkopf ein Wesen mit menschlichem Körper und Schakalkopf abgebildet; auf der „Mann-Strauß"-Palette[68] ein menschliches Wesen, das die gleiche Kopfform aufweist, wie die drei Strauße vor ihm.

---

[61] „Human representations were made throughout the predynastic period of Egypt" (Ucko, Figurines S. 199).
[62] Vercoutter, Ägypten S. 225.
[63] Wolf, Kulturgeschichte S. 29.
[64] Schlachtfeldpalette, Petrie, Palettes pl. E 14.
[65] Narmerpalette, aaO. pl. J 25.
[66] Schott, Mythe S. 91.
[67] Petrie, Palettes pl. F 15–16.
[68] aaO. pl. A 2.

Ob es ältere Beispiele von Mischfiguren gibt, ist unsicher und hängt von der Deutung des Materials ab. Viele menschliche Figuren haben einen Kopf, dessen Form man ebenso gut als hoch stilisiert menschlich wie als tierisch, nämlich vogelförmig, betrachten kann. Das ist bereits bei Figuren aus der Zeit von Negade I der Fall[69]. Vandier sagt im Zusammenhang mit den Tonfigurinen aus der Frühzeit: „La plupart d'entre elles représentent des femmes, régulièrement stéatopyges, dont le visage, qui n'est jamais détaillé, se présente sous l'aspect d'un bec d'oiseau"[70], und Baumgartel führt diese merkwürdigen Figuren sogar als eigene Kategorie der menschlichen Statuetten an: „There is one more type of human statuette which has to be mentioned, and that is the one which has a head roughly shaped like that of a bird"[71]. Im Zusammenhang mit diesen vogelköpfigen Figuren weist sie abschließend ausdrücklich darauf hin, daß die Mischgestalt bereits der frühen Vorzeit angehöre: „It is worth emphasizing that the combination of birds' (or animals') heads with a human body goes back to the period of Nakada I, and is not a late feature of Egyptian religion"[72].

Wenn Baumgartels Deutung einer Vase, die Petrie der ersten Negade-Kultur zuweist[73], richtig ist, gäbe es noch ein weiteres, wichtiges Beispiel einer frühen Mischfigur. Auf jener Vase entspringt kurz unterhalb des obern Randes in hoher Reliefarbeit ein menschliches Gesicht. Unterhalb des Kinnes befindet sich ein senkrechter Streifen, seitlich von ihm steigen zwei auch reliefartig abgehobene Streifen geschweift nach oben. Von zwei kleinen Buckeln, die leicht seitlich unterhalb des Gesichtes angebracht sind, führen zwei ähnliche Streifen beidseitig um die Vase und auf der Rückseite

---

[69] Scharff zeigt in „Altertümer" I, S. 260 sehr genau die Seiten- und Vorderansicht einer solchen Figur: „Das Gesicht ist vogelartig durch Langziehen und Krümmen des Kopfes gebildet". Er datiert die Figurine in die 1. Negadekultur, womit sie als schönes Beispiel einer frühen vogelköpfigen Darstellung gelten könnte. Da sie· aber in Ägypten erworben wurde mit unbekanntem Fundort, ist die Datierung ungewiß.
[70] Vandier, Manuel S. 428.
[71] Baumgartel, Cultures II, S. 69.
[72] aaO. II, S. 70.
[73] aaO. I, S. 32.

bis an ihren Rand hinauf. Anhand von zwei ähnlichen, aber weit deutlicheren und plastischeren Vasendarstellungen, die allerdings aus andern Epochen stammen, deutet Baumgartel die zwei seitlich aufsteigenden Streifen als Kuhhörner, die zwei andern aber als Arme mit Händen, welche zwei Brüste umfassen[74]. Da die zwei andern Vasenbilder der Hathor zugeordnet werden können, möchte Baumgartel auch das Relief des prähistorischen Gefäßes als Darstellung einer Kuhgottheit deuten. Schon aus der frühen Vorzeit läge damit ein Beispiel der Kombination von menschlicher Göttin mit Kuhhörnern vor, eine Form numinoser Erscheinung, die aus der historischen Zeit Ägyptens wohl bekannt ist.

Auch auf den Felsbildern finden sich — auch wenn sie selten sind — entsprechende Darstellungen. Immer wieder bleibt auch hier unsicher, ob ein stilisierter Menschen- oder ein Tierkopf vorliege. Auf alle Fälle handelt es sich aber auch hier bei diesen Formen nicht um eine junge Erscheinung; gerade die ältesten Bilder enthalten Beispiele mit Kopfformen, die weit näher bei der tierischen als bei der menschlichen sind[75]. In einem Fall sitzt unbezweifelbar ein Tierkopf auf einer menschlichen Gestalt; die Darstellung läßt aber vermuten, daß eine Gestalt gezeigt werden soll, die auf dem menschlichen Kopf eine hochragende tierische Maske getragen hat[76].

1.6. Einordnung und Deutung der Darstellungen aus der Vorzeit

Bei religionsgeschichtlicher Betrachtung ist eine der ersten Fragen an das prähistorische Material, ob sich Anzeichen dafür finden, daß eine Form numinose Bedeutung gehabt haben könne, ob eine Zuordnung zum sakralen oder profanen Bereich möglich sei. Die Problematik dieser Fragestellung ist bekannt: Wir können grundsätzlich nicht mit Sicherheit wissen, ob und in welcher Form eine Trennung in diese zwei Bereiche in einer prähistorischen Kultur vorkam, und darüber hinaus erfolgt die moderne Entscheidung, ob eine numinose Darstellung vorliege oder nicht, auf Grund von modernen

---

[74] aaO. I, S. 31.
[75] Winkler, Rock-Drawings Vol. 2, Taf. LV, 2.
[76] aaO. Vol. 2, Taf. LV, 1.

Vorstellungen. Daß dabei die Kategorien des modernen Daseinsverständnisses um die Erkenntnisse aus der ethnologischen und historischen Forschung erweitert sind, ist noch keine Garantie dafür, daß damit die zentralen Kriterien für die Beurteilung eines bestimmten archäologischen Materials gewonnen sind.

So ist auch das Material der ägyptischen Vorzeit für solche Deutungen nur sehr bedingt zugänglich und gibt nur spärliche Auskunft über etwaige religiöse Gehalte. Im allgemeinen finden sich an den Formen und Figuren kaum „Zeichen von Göttlichkeit"[77]. Doch sagt ein solcher Befund wenig aus über den möglichen numinosen Charakter dieser Darstellungen; er kann höchstens bedeuten, daß nichts vorliegt, was für modernes Bewußtsein untrüglich ein solches Zeichen von Göttlichkeit sein könnte. Ob aber die vorliegenden Zeugnisse im Sinne derjenigen Kultur und Geisteshaltung, aus der sie stammen, nicht vielleicht doch als numinos bedeutungsvoll gekennzeichnet waren, läßt sich nicht entscheiden. Solange vollkommene Unwissenheit herrscht, wie die damaligen Menschen sich das Numinose vorstellten, wie sie es erlebten und welche Aspekte dieser Vorstellung materiell dargestellt werden sollten, gibt es keine Kriterien dafür, welche Formen und Materialien der Repräsentation des Göttlichen gedient haben. Auch der Schluß, daß die Figuren, die aus dauerhafterem und vielleicht auch teurerem Material hergestellt waren, höhere numinose Bedeutung besaßen[78], muß eine auf heutigen Vorstellungen von religiösem Verhalten und Einschätzungen von Materialien beruhende Vermutung bleiben[79].

Bei der Beurteilung der prähistorischen ägyptischen Funde muß berücksichtigt werden, daß das Material trotz seiner quantitativen Reichhaltigkeit recht einseitig ist und uns in wesentliche Seiten der Kulturen dieser Zeit keine Einsicht vermittelt. Das rührt daher, daß

---

[77] Ucko, Figurines S. 427.
[78] aaO. S. 427.
[79] Während einer bestimmten kultischen Feier der australischen Aranda sind ein niederer Erdwall und ein geschmückter Holzstab die machtvollsten, höchsten Heiligtümer des Stammes. Sie werden am Ende der Feier zerstört und können als Beispiele dafür gelten, daß nicht für jede Kultur die Repräsentation der höchsten numinosen Mächtigkeit mit besonders dauerhaftem Material verbunden sein muß (vgl. T. G. H. Strehlow, Traditions S. 108ff.).

nur wenige Funde aus Siedlungen, aus den Wohnplätzen der Lebenden stammen. Der überwiegende Teil des Materials wurde in Gräbern gefunden, so daß die Rekonstruktion des gesamten Lebens dieser Kulturen aus Grabbeigaben erschlossen werden muß. Es sind uns also vor allem die Formen und Gegenstände bekannt, die in den Begräbnisbräuchen eine Rolle spielten. Ob diese im Wesentlichen dem Formenschatz entsprachen, der im ganzen Leben und Vorstellen der Menschen jener Zeit wichtig und bedeutungsvoll war oder ob sie nur einen Ausschnitt davon darstellten, ist ungewiß.

Die Tatsache, daß die Funde aus Gräbern stammen, macht es wahrscheinlich, daß sie mit Vorstellungen zu tun haben, welche die Menschen jener Zeit vom Dasein nach dem Tode hatten. Diese Vermutung basiert auf unserem Wissen von der hohen Bedeutung, welche das Grab und das Leben nach dem Tode für die Ägypter der historischen Zeit besaßen, und von den Begräbnisbräuchen auf der ganzen Welt. Sie kann deshalb nur ein Hinweis sein, der uns ahnen läßt, daß hier wohl religiös Bedeutungsvolles vorliegen muß, erlaubt uns aber nicht zu ermitteln, was konkret inhaltlich mit diesen Grabbeigaben und mit ihren speziellen Formen gemeint war. Nicht nur bleibt damit unsicher, was die Formen im einzelnen bedeutet haben mögen, es entzieht sich unserer Kenntnis ebenso, ob neben den in die Gräber eingegangenen Formen noch andere existierten, die im religiösen Leben der Zeit gepflegt wurden und von denen wir keine Kunde haben.

Bei Grabfunden liegt generell die Vermutung nahe, daß die Formen nicht zufällig sind und nur rein dekorative Funktion hatten, sondern daß sie bedeutungsvoll waren im Rahmen der Vorstellungen, die sich die betreffende Bevölkerung von den Mächten machte, die den Kreis von Leben und Tod bestimmen. Aber es ist nicht mehr festzustellen, in welcher Beziehung zu ihnen diese Formen im einzelnen standen. Besonders die grundlegende Frage bleibt unbeantwortet, ob die Beziehung zu den genannten Mächten direkt oder indirekt war. Wenn der Begräbnisritus verlangte, daß Gegenstände, die im Leben des Verstorbenen eine Rolle spielten, ihm ins Grab mitgegeben wurden, so geben deren Formen und Dekorationen keine direkte Auskunft über die Mächte des Grabes und des Todes;

dann stammt zum Beispiel die Bedeutung der Tierform einer Schminkpalette oder einer Vase aus dem Kreis des Lebens, in welchem der Gegenstand seine ursprüngliche Funktion hatte und nicht aus dem des Todes. Sie kann dabei sehr wohl auch numinosen Gehalt gehabt haben, der sich aber unserer Deutung noch viel mehr entzieht. Wären aber die Formen und Dekorationen für das Grab und dessen Forderungen bestimmt gewesen und im Hinblick auf sie entstanden, würden sie lebendige Bilder dieses Vorstellungskreises vermitteln. Doch fehlen Kriterien, diese Frage zu entscheiden. Deshalb geben uns alle Formen aus den prähistorischen Gräbern Ägyptens höchstens Auskunft über eine Zugehörigkeit zum numinosen Bereich, auf keinen Fall aber mit Sicherheit über Grabes- und Todesvorstellungen. Wenn auf Vasen weibliche Gestalten umgeben von ithyphallischen Männern vorkommen, dann kann daraus nicht geschlossen werden, daß Fruchtbarkeitsriten mit Grabesvorstellungen verbunden waren.

Die Unsicherheit, ob und in welcher Weise die Formen und Verzierungen eine Beziehung zu den numinosen Vorstellungen hatten, bleibt am größten bei den Gegenständen, die im täglichen Leben wirklich gebraucht werden konnten, wie etwa bei den Vasen und Schminkpaletten, Werkzeugen und Waffen. Nun finden sich aber auch Gegenstände, die wohl keinem praktischen Zweck dienen konnten. Zu ihnen gehören zum Beispiel Schminkpaletten, die so klein und zart oder groß und unhandlich sind, daß eine Verwendung als Palette von der Zerbrechlichkeit des Materials her undenkbar oder von Gewicht und Größe her kaum vorstellbar ist. Dies gilt für die großen Exemplare, die bis 75 cm lang und für die ganz kleinen, die nicht länger als 5 cm sind[80], ebenso wie für solche, die so dünn sind, „daß sie beim leichtesten Reiben zerspringen würden, oder so klein und derart mit Ritzzeichnungen oder Reliefs verziert sind, daß gar kein Raum für den eigentlichen Gebrauch mehr bleibt"[81]. Hier drängt sich der Gedanke an eine die alltägliche Bestimmung übersteigende Bedeutung auf, wiederum ohne vom konkreten Gehalt etwas zu verraten.

---

[80] Baumgartel, Cultures II, S. 83.
[81] Scharff, Altertümer II, S. 119.

Das gleiche gilt auch von den Amuletten, die zwar theoretisch als reiner Schmuck um der ästhetischen Wirkung willen hätten getragen werden können, die nun aber doch weit eher auch von höherer Bedeutung gewesen sein mochten; ebenso wie die Menschen- und Tierfiguren. Als Machtträger irgend welcher Art werden diese Objekte heute allgemein betrachtet, umstritten aber ist die Sphäre der Machtbereiche, zu der sie gehört haben könnten. Die menschlichen Figuren und unter ihnen besonders die weiblichen[82] wurden oft als Darstellungen von Göttern, besonders der Muttergöttin gedeutet. In seiner umfassenden Studie über die prädynastischen menschlichen Figurinen lehnt Ucko eine Deutung als göttliche Darstellungen ab und räumt diesen Formen höchstens – soweit sie nicht reine Spielzeuge gewesen sein sollen – die Rolle von „vehicles of sympathetic magic or . . . ex-votos", von „sorcerer's agents" und möglicherweise von „didactic illustrations in initiation ceremonies"[83] zu. Die Statuetten können also nicht als Darstellungen von Gottheiten gelten. Ob und wie weit angesichts unserer Unkenntnis darüber, wie zur damaligen Zeit Göttliches charakterisiert wurde, die Argumentation stichhaltig ist, bleibe dahingestellt. Wie dem auch sei, so sieht doch auch Ucko diese Figuren, zumindest zum Teil, als nicht profan an und billigt ihnen magischen oder zauberischen Charakter zu. Dadurch stellt er sie in einen gewissen Gegensatz zu den eindeutig als solche erkenn-

---

[82] Es wird vor allem von weiblichen Figuren gesprochen, weil sie in der Überzahl sein sollen und weil die ältesten menschlichen Statuetten Frauen darstellen. Daß unter den prähistorischen Figurinen Ägyptens die weiblichen in der Überzahl sind, wird von Ucko in Frage gestellt, wobei er besonders darauf aufmerksam macht, daß bei vielen dieser Menschendarstellungen das Geschlecht nicht sicher festgestellt werden kann, so daß deren häufige Bezeichnung als „weibliche Figuren" mehr oder weniger willkürlich sei. Zähle man aber die unbestimmten nicht zu den weiblichen und lasse ihre Geschlechtszugehörigkeit offen, so ergäbe sich kein bedeutungsvolles Übergewicht der weiblichen Darstellungen mehr (Ucko, Figurines S. 176). Die prädynastische Kultur kannte Uckos Darstellung zufolge gleichermaßen männliche und weibliche Darstellungen. „Both male and female figurines were made in the predynastic period of Egypt. (There are examples of each sex securely dated to the Amratian and Gerzean periods, and the absence of male examples from the Badarian period cannot be considered significant in view of the small number of figurines known from this period)" (aaO. S. 200).
[83] Ucko, Figurines S. 434.

baren Darstellungen von Göttern aus späterer Zeit und ordnet sie einem andern, gleichsam niederern Bereich der Auseinandersetzung mit dem Mächtigen zu, der Magie und Zauberei. Nun erweist sich aber die Unterscheidung von Religion und Magie für frühe Stufen der Entwicklung religiöser Vorstellungen bereits in der Theorie als äußerst schwierig und in der praktischen Anwendung auf die ‚Naturvölker' meist als unmöglich. Umso fragwürdiger muß ihre Anwendung auf eine Kultur werden, die nur fragmentarisch aus stummem archäologischem Material bekannt ist. Deshalb sollen in dieser Arbeit alle Formen, die auf Bedeutungen hinweisen, die das profane Leben übersteigen, in gleicher Weise als Dokumente der Auseinandersetzung jener Zeit mit den überlegenen Mächten oder Wesen gelten.

Neben den genannten archäologischen Funden sind es vor allem drei Gruppen von Erzeugnissen der ägyptischen Kultur, die zur religionsgeschichtlichen Deutung der Vorgeschichte und des Überganges zur historischen Zeit herangezogen werden: die Gauzeichen, die Prunkpaletten mit kunstvollen Reliefdarstellungen und die frühesten literarischen Denkmäler, die zwar aus spätern Epochen stammen, aber Teile enthalten, die aus ältern Zeiten als denjenigen ihrer Niederschrift zu stammen scheinen.

Zur Deutung der frühen religiösen Zustände in Ägypten sind immer wieder auch die Gauzeichen herangezogen worden. Jeder der 42 Gaue besaß in historischer Zeit ein Gauzeichen. Diese Gauzeichen werden nun meist als Darstellungen der lokalen numinosen Kräfte angesehen. Da sie aber zum Teil nicht mit den Verhältnissen der historischen Zeit übereinstimmen, liegt die Vermutung nahe, daß sie aus früheren Zeiten stammen und ältere Vorstellungen wiedergeben.

Auch hier sind die Unsicherheitsfaktoren groß. Die Bedeutung, welche die Zeichen früher haben konnten und ihre Stellung im Ganzen der numinosen Vorstellungen der damaligen Kultur können wiederum im besten Falle nur deutend erschlossen werden. Zudem bleibt bis heute ungewiß, welcher Epoche die Symbolik dieser Zeichen wirklich angehört. Ihre Überlieferung setzt spät ein. Baumgartel schreibt dazu: „No complete nome-list has come down to us from the Old or Middle Kingdom, nor do we know how many nomes existed in those periods. . . . The oldest known nome-lists are those of the Sun Temple of Neweserre and the pyramid-temple of Sahure in the Fifth Dynasty. They are not complete, but if we supplement them by names of nomes known elsewhere in the Old Kingdom, we find evidence for all the nomes of Upper Egypt. ‚The state of things is different with Lower Egypt. . . . there still existed in the Fourth and Fifth Dynasty nomes which cannot be identified in the Middle Kingdom'"[84]. Zur Frage der prähistorischen Entstehung der ägyptischen Gaue fügt Baumgartel später hinzu: „It is not generally recognized that the nomes are survivals of pre-Menite states. Steindorff[85] flatly rejects this view"[86].

Als besonders bedeutungsvolle Denkmäler der späten vorgeschichtlichen Zeit gelten die reliefgeschmückten Schminkpaletten. Schminkpaletten spielten im prähistorischen Ägypten offenbar eine wichtige Rolle. Sie bilden für die Archäologie eine wichtige Gruppe der Fundgegenstände. „Die Schminktafeln gehören zu den Fundstücken ägyptischer Gräber, die sich zeitlich von den frühesten vorgeschichtlichen Gräbern bis in den Anfang der geschichtlichen Zeit hineinziehen. Sie geben vielleicht am besten einen Begriff von der letzten Einheit der vor- und frühgeschichtlichen ägyptischen Kultur, eine klare Scheidung der Formen in solche, die nur der Ersten oder nur der Zweiten Kultur angehören, ist kaum durchzuführen"[87].

Man nimmt an, daß die Steintafeln, deren Formenreichtum von der rohen, kaum geformten Steinplatte bis zur reich verzierten Prunkpalette reicht, in ihrer Grundbestimmung zum Verreiben von Augenschminke dienten. Es finden sich aber viele Formen und Größen, die einen Gebrauch im genannten Sinne praktisch ausschließen[88]. Schon früh scheint damit die Schminkpalette als solche

---

[84] Baumgartel, Cultures I, S. 11 / Das Zitat im Text stammt aus Steindorff „Die ägyptischen Gaue und ihre politische Entwicklung" Abh. Leipzig, xxv, 1909, S. 878.
[85] Vgl. hier Anm. 84.
[86] Baumgartel, Cultures I, S. 12.
[87] Scharff, Altertümer II, S. 119.
[88] Vgl. hier bei Anm. 80.

eine über ihre alltägliche Verwendung hinausgehende Bedeutung erhalten zu haben. Solch höhere Bedeutung kommt nun wohl auch unbezweifelbar den großen Reliefpaletten zu, die meist unter dem Titel „Prunkpaletten" oder „Ceremonial palettes" zusammengefaßt werden.

Nur ganz wenige von ihnen sind unversehrt erhalten. Von den meisten liegen nur noch Bruchstücke vor. Sie zeigen überaus interessante Darstellungen, auf Grund deren weitreichende Erklärungen und Deutungen geschichtlicher und religiöser Ereignisse und Zustände der späten Vorgeschichte und des Beginns der historischen Zeit erfolgten, insbesondere für die Art, wie die prähistorischen Ägypter göttliche und königliche Macht erlebten, und für die Wandlung dieser Vorstellungen. Dabei ließ man die Geschichte dieser Reliefpaletten wenige Jahrhunderte vor der ‚Reichseinigung' mit den einfachsten Stücken einsetzen und betrachtete als ihren Höhepunkt und als ihr Ende die Narmer-Palette, die den Vorgang der ‚Reichseinigung' darstellen sollte. Die übrigen Stücke wurden zwischen diese Endpunkte datiert und damit alle der Vorgeschichte zugewiesen.

Nun macht aber Baumgartel darauf aufmerksam, wie unsicher die Datierung und die Einordnung der meisten dieser Paletten sei[89]. Nur vier von ihnen stammen aus Ausgrabungen, nämlich die beiden frühen aus Gerzeh (Hathor-Palette) und aus El-Amrah (Min-Palette) und die beiden berühmten Stücke aus dem Tempel von Hierakonpolis, die Narmer- und die Zwei Hunde-Palette. Alle andern aber wurden im freien Handel irgendwo in Ägypten gekauft, so daß ihr Fundort und damit ihre Herkunft ungesichert und unbekannt sind. Da schon die chronologische Einordnung von Gegenständen, die aus einer kontrollierten und gesicherten Fundumgebung stammen, äußerst schwierig ist, muß eine Datierung kontextloser Einzelstücke umso vager ausfallen. Dies gilt besonders für seltene Gegenstände, für die es damit nur spärliches Vergleichsmaterial gibt. Die beiden frühen gesicherten Paletten weisen so archaisch einfache Formen der Dekoration auf, daß sie für den Vergleich mit den ausgearbeiteten

---

[89] Baumgartel, Cultures II, S. 90ff.

Stücken weitgehend ausfallen. Damit bleiben nur die beiden Paletten aus Hierakonpolis als artgleiche Vergleichsbasis für alle andern. Mit Recht betont Baumgartel, daß es schwierig ist, eine Datierung und Entwicklung abzuleiten, wenn nur zwei wirklich gesicherte Stücke vorliegen und fährt fort: „No critical study of these palettes has been made so far, so that we are not even sure which of them we may accept as genuine and which of them may be fakes"[90]. Sie betrachtet deshalb Paletten ohne bekannten Fundort als Zeugnisse, die keine sichere Grundlage für weitreichende Schlüsse bilden.

Wichtig ist in diesem Zusammenhang noch, daß Baumgartel auf die Möglichkeit aufmerksam macht, daß solche Relief-Schminkpaletten vielleicht auch noch aus der Zeit der ersten Dynastien stammen könnten. Denn die kultisch gebrauchten Schminkpaletten müssen nicht notwendigerweise prädynastisch sein, bloß weil die profanen Schminkpaletten nur aus jener Zeit bekannt sind. „We know that objects, once they had been included in the furniture of gods and tombs, were made long after they had gone out of fashion in everyday life. . . . Therefore, it seems possible that slate palettes, once they had been taken into the traditional outfit necessary for the toilet of the gods, were kept, or perhaps even renewed if necessary, in times when their original use had long since been forgotten. Such a possibility means that each of the palettes which has no known origin will have to be studied on its merits, and the question about date and origin seems more difficult than ever"[91].

Eine dritte Quelle alter Vorstellungen bilden die ältesten religiösen Texte. Diese, die sogenannten Pyramidentexte, wurden zwar erst gegen Ende des Alten Reiches aufgezeichnet. Aber es gilt als sicher, daß zumindest ein Teil der auf den Wänden der Pyramiden von Königen und Königinnen der 5. und 6. Dynastie festgehaltenen Sprüche viel früher entstanden ist[92]. Die Tatsache hohen Alters und frühen Ursprungs ist wohl unbezweifelt, aber eine genauere Einordnung scheint äußerst schwierig zu sein. Besonders der Versuch, die

---

[90] aaO. II, S. 90.
[91] aaO. II, S. 100.
[92] Mercer, Texts S. 1.

Teile auszumachen, die ältestes, vorgeschichtliches Vorstellungsgut enthalten, muß große Schwierigkeiten bereiten. „I am not sure that in the present state of our knowledge we can say with certainty which of the chapters go back to predynastic periods, as some, no doubt, do. This makes the observations on the earliest Egyptian gods appear rather scanty"[93].

Jeder Versuch einer Deutung von Formen aus der ägyptischen Vorzeit muß sich der unsichern Voraussetzungen bewußt bleiben. Das archäologische Material ist, abgesehen von der in jedem Fall mehr oder weniger großen Zufälligkeit seines Auftauchens, einseitig, da es fast ausschließlich aus Gräbern stammt. Was aber in historischen Zeugnissen auf Vorgeschichtliches zu weisen scheint, ist nur vermutungsweise zu deuten und nicht eindeutig zu erklären.

1.6.1. Darstellungen von Tieren

Daß Tiere in der Vorzeit kultisch bedeutungsvoll waren, ist mit größter Wahrscheinlichkeit zu erschließen. Die Sitte der Tierbestattung läßt sich bis in die Zeit der Badari-Kultur zurückverfolgen, wobei die Annahme wohl berechtigt ist, daß diese sorgfältige Pflege des toten Tieres mit einer besonderen Verehrung zusammenhängt. Auch die numinose Welt, wie sie uns zu Beginn der historischen Zeit entgegentritt, enthält viele tierische Elemente, die ohne vorgeschichtliche Entwicklung kaum denkbar sind. Aber abgesehen von der aus diesen Gegebenheiten zu erschließenden Feststellung, daß im prähistorischen Ägypten wohl Tiere kultisch verehrt worden sein müssen, bleiben Art und Weise der Verehrung verborgen und konkrete Inhalte des vorgeschichtlichen religiösen Glaubens lassen sich höchstens vermutend erschließen und erahnen. Ob und welche Beziehungen die prädynastischen Darstellungen von Tieren zum kultischen Bereich hatten, muß deshalb im allgemeinen ungewiß bleiben. Nur wenige Zeugnisse liegen vor, die deutlich auf religiöse Bewandtnisse hinzuweisen scheinen.

[93] Baumgartel, Cultures II, S. xii.

Die ältesten entsprechenden Darstellungen stammen aus der Umgebung des Niltals. Auf den Felsbildern der „Penistaschenleute", welche eine der ältesten der von Winkler nachgewiesenen Bevölkerungsgruppen darstellen[94], finden sich Zeichnungen von Rindern, die zwischen den Hörnern einen Ring oder eine kreisförmige Scheibe tragen[95]. Die Kombination scheint auf Außergewöhnliches hinzuweisen und dürfte mehr sein als nur die Darstellung eines beliebigen Rindes auf der Weide. Auch wird später die Sonnenscheibe zwischen den Kuhhörnern im historischen Ägypten eine bedeutungsvolle Rolle in der Darstellung der Göttin Hathor spielen. Die Vermutung liegt deshalb nahe, daß bereits hinter den alten Felsbildern Vorstellungen stehen, in denen Rind und Gestirn eine machtvolle Verbindung eingegangen sind. Diese Verbindung würde damit zum alten vorgeschichtlichen Kulturgut des Niltals gehören. Möglicherweise war sie sogar weit verbreitet, denn Frobenius hat auch im Fezzan Bilder von Stieren mit Scheiben zwischen den Hörnern gefunden[96] und auf eine mögliche Ausbreitung der Vorstellung vom „Gestirnhaustier" von West nach Ost hingewiesen[97].

Die Verbindung von Rind und Gestirn findet sich im prähistorischen Ägypten später noch einmal, einige Jahrhunderte vor der Reichseinigungszeit, und zwar auf der schon erwähnten Palette aus Gerzeh[98]. Hier sind es Sterne, angeordnet um einen Rinderkopf, welche die tierische Form in kultische Bereiche mit astralem Aspekt zu erhöhen scheinen. Ob es sich dabei um eine frühe Darstellung der Hathor handelt[99], ist nicht so sicher, wie es auf Grund der Bezeichnung „Hathor-Palette" den Anschein erwecken mag, denn Hornung macht darauf aufmerksam, daß die „Ikonographie eher der Bat, einer später im 7. oberägyptischen Gau verehrten Göttin, als der bekannteren Hathor"[100] ähnelt. Um welche Gottheit es sich

---

[94] Winkler, Völker S. 21. [95] aaO. S. 18.
[96] Frobenius, Ekade S. 38.
[97] Frobenius stellt dies sogar als „Axiom" dar: „Die jüngere Ostkultur Westasiens hat von der älteren Westkultur Eurafrikas die Vorstellung von den Gestirnhaustieren übernommen und sie formal dargestellt" (Ekade S. 40f.).
[98] Vgl. hier bei Anm. 43.
[99] Kaiser, Bemerkungen ZÄS 91, S. 119.
[100] Hornung, Der Eine S. 94.

auch immer handeln mag, kaum zu bezweifeln ist, daß es sich hier um eine Darstellung höherer Mächtigkeit mit tierischen und astralen Bezügen handelt.

Weitere tierische Darstellungen, die wohl mehr als bloß zoologisches Abbild sein wollen, finden sich auf Schminkpaletten. Wenn auf der „Narmer-Palette"[101] ein Stier mit seinen Hörnern den Mauerring um das Bildzeichen einer Stadt aufbricht und mit seinen Vorderbeinen einen nackt unter ihm ausgestreckten Mann zertritt, dann will die Szene wohl kaum einen landwirtschaftlichen Unfall sondern eine wohl weit bedeutungsvollere Begebenheit festhalten, dann will dieser Stier wohl mehr als nur einen Stier darstellen und scheint für den siegreichen König, dessen Taten offenbar auf der Palette gefeiert werden, zu stehen.

Das Motiv des mächtigen Tieres über einer menschlichen Gestalt erscheint noch auf andern Paletten, so auf der „Stierpalette"[102], auf der „Schlachtfeldpalette"[103] und auf dem Fragment aus der Sammlung Kofler[104]. Ob in einigen oder in allen diesen Fällen mit dem mächtigen Tier der siegreiche König gemeint sei, wie das meist angenommen wird, ist nicht schlüssig zu beweisen. Vieles spricht dafür, zumal auf der Narmerpalette.

Noch unsicherer ist die Beantwortung der Frage, ob wir damit im Besitze einer Reihe von wirklich vorgeschichtlichen Zeugnissen und Darstellungen sind; denn mit Ausnahme der Narmerpalette handelt es sich bei all den genannten Fragmenten um fundortlose Stücke. Und doch hängt gerade die Deutung des Tiers als König eng mit der Einordnung dieser Paletten in die Vorgeschichte zusammen, denn diese Paletten sollen ja belegen, in welcher Form der vorgeschichtliche Ägypter die königliche Macht erlebte, und die Narmerpalette wäre dann in dieser Reihe das unschätzbare Zeugnis, das den Übergang und Wechsel der Vorstellung bildhaft und direkt sichtbar macht: Der König, in der zentralen Position als Mensch, wenn auch noch mit tierischen Attributen, dargestellt, erscheint nur

---

[101] Petrie, Palettes pls. J und K.
[102] aaO. pls. G 17–18.
[103] aaO. pl. E 14.
[104] Müller, Kunstwerke S. 12f.

noch am unteren Rand ganz in tierischer Form, nämlich als Stier. Schwer zu entscheiden ist, ob diese Theorie, wie sich die vorzeitlichen Vorstellungen von der Gestalt der königlichen Macht entwickelt haben könnten, auf Grund der Paletten, oder ob deren Datierung und Einordnung auf Grund einer heutigen Theorie über mögliche damalige Vorstellungen erfolgte. Sollten solche Paletten dazu nun auch noch aus der Zeit nach Narmer stammen und sogar die Möglichkeit geschäftstüchtiger Fälschung zumindest nicht von vorneherein ausgeschlossen werden können, so wird der Wert der Aussagen, welche die Prunkpaletten über prähistorische Vorstellungen von der Gestalt des Mächtigen machen könnten, noch mehr in Frage gestellt.

Während die Datierung der fundortlosen Paletten in die Vorzeit offenbar vor allem auf Grund dessen erfolgte, wie die siegreiche Macht dargestellt wird, basiert Baumgartels mutmaßliche Datierung der „Schlachtfeldpalette"[105] auf der Darstellung der gefallenen Krieger. Diese liegen in auffallenden, ungewöhnlich verdrehten Stellungen da. Verblüffend ähnliche Darstellungen in dieser für die ägyptische Kunst ausgefallenen Form finden sich nun auch an der Basis der Khasekhem-Statue von Hierakonpolis, weshalb Baumgartel die „Schlachtfeldpalette" mit diesem Denkmal in Verbindung bringen und damit in die Anfänge der dynastischen Zeit datieren möchte[106]. Die Form des Löwen erlaubt übrigens, wenn man den entsprechenden Ausführungen von U. Schweitzer folgt, beide Zuordnungen. Schweitzer hat in ihrer Arbeit „Löwe und Sphinx im Alten Ägypten" drei verschiedene Arten der frühen Löwen-Darstellung

---

[105] Außer den Paletten mit sicherem Fundort beschäftigt sich Baumgartel nur noch mit zwei fundortlosen: mit der Schlachtfeldpalette und mit der Jagdpalette. Diese beiden Stücke tauchten einige Jahre vor dem Fund in Hierakonpolis auf, also bevor man von der Existenz solcher Paletten etwas wissen konnte und in einer Zeit, die von der Vorgeschichte Ägyptens noch wenig wußte und sich entsprechend wenig Vorstellungen über sie und ihre Gegenstände machen konnte. Budge, der über diese Paletten vor dem Fund von Hierakonpolis schrieb, soll die Jagdpalette sogar die Zeit Amenophis III. zugeschrieben haben (Baumgartel, Cultures II, S. 97.). Die Authentizität, wenn auch möglicherweise nicht vorgeschichtlicher Art, scheint damit gewährleistet oder zumindest doch im höchstem Maße wahrscheinlich zu sein.

[106] Baumgartel, Cultures II, S. 100f.

unterschieden. Der Löwe der Schlachtfeldpalette gehört zu der B-Gruppe, deren Vertreter vom Ende der späten Vorgeschichte bis zum Ende der 1. Dynastie gefunden werden[107].
Gerade bei der Schlachtfeldpalette ist nicht nur die Datierung, sondern auch die Deutung auffallend ungewiß. Rein vom bildlich Dargestellten her gesehen, wäre es hier auch möglich, daß es sich nicht um eine „Königs-Szene", sondern um eine naturalistische Schilderung eines Zustandes nach der Schlacht handelt, wenn wilde Tiere die Verwundeten und Gefallenen anfallen[108]. Abgesehen von dem Löwen machen sich nämlich auch Vögel über die Leichen her. Sie nun werden im allgemeinen nicht in kultisch überhöhendem Sinne gedeutet. Es ist denkbar, daß der Löwe tatsächlich über sein tierisches Wesen hinausweisen, die Vögel aber nur für sich selbst stehen sollen. Aber andererseits ist, gerade auch von den Vögeln her, die Interpretation der bloßen Aas-Szene nach der Schlacht nicht vollkommen von der Hand zu weisen, wobei die Frage offen bleibt, was die ‚bloße Naturszene' in der damaligen Kultur bedeutet haben mochte.
Diese Frage stellt sich ausgeprägt auch bei der Betrachtung der zweiten in Hierakonpolis gefundenen Palette. Auf ihr gibt es keine Darstellungen, die modernes Formgefühl leicht zu überhöhender Deutung anregen könnte. Und doch wurde diese Palette, wie die des Narmer, im Tempel von Hierakonpolis gefunden und scheint demnach wie diese ein Weihgeschenk zu sein, auf dem wir doch nicht bloß profane Bilder vermuten dürfen. Auf beiden Seiten findet sich eine Fülle von Tieren. Sie ergeben zusammen keine überzeugend erkennbare Gesamtkomposition, aber einzelne Figuren könnten zusammengehören. Sichere Indizien für die Gesetze solcher Gruppierungen fehlen, so daß letztlich Verbindung und Trennung nach

---

[107] Schweitzer, Löwe S. 13ff. und 19.
[108] Im allgemeinen wird der Löwe auf der Schlachtfeldpalette als Bild höherer Macht interpretiert. U. Schweitzer hält allerdings fest, daß zwei Deutungen möglich sind, erstens als Schlachtfeld nach der Schlacht, wenn verschiedene Tiere sich über die Gefallenen hermachen, und zweitens als Schlachtfeld während des Kampfes mit dem Löwen als Sinnbild höherer menschlicher und tierischer Kraft (Schweitzer, Löwe S. 19). Auf die Frage und Möglichkeit der ersten Deutung geht sie im weiteren nicht mehr ein.

Belieben erfolgen kann und muß, auf Grund von Kombinationsstrukturen, wie sie heute geläufig sind. So werden heutige Augen zum Beispiel in der oberen Hälfte der Rückseite geneigt sein, den „Serpoparden", das Mischwesen mit Raubkatzenkörper und Schlangenhals, im Angriff auf ein Beutetier zu sehen, weil seine geöffnete Schnauze am Vorderbein eines Oryx endet, während kaum angenommen werden dürfte, der Oryx spieße den Löwen auf, obwohl seine Hörner genau unter dessen Bauch enden.

Hinweise auf höhere Bedeutung durch andere Formen, Figuren und Szenen, wie sie die Narmerpalette enthält, fehlen hier, wenn man nicht die Mischwesen, die „Serpopaden" auf beiden Seiten, das greifähnliche Wesen und die Menschengestalt mit Tierkopf auf der Rückseite als solche nehmen will. Daß es mit den beiden Hunden, welche den oberen Rand der Palette bilden, eine besondere Bewandtnis haben mag, läßt sich nur vermuten.

Wie mit den Tierformen auf der Zwei Hunde-Palette geht es uns mit den meisten der zahlreichen tierischen Darstellungen aus der Vorzeit. Der Gedanke liegt oft nahe, besonders wenn es sich zum Beispiel um Amulette handelt, daß sie mehr als nur ihre natürliche Form meinen, daß sie eine Beziehung zum numinosen Bereich haben, aber es gibt keine sicheren Beweise dafür. Daß die Tiere der Gauzeichen mit dem Numinosen zusammenhängen, dürfte außer Frage stehen, nur ist hier allzu ungewiß, welcher Zeit die unbekannten Darstellungen angehören. Mit großer Sicherheit dürfen zweifelsohne Tiere, die auf Standarten erscheinen, als Zeichen numinoser Macht betrachtet werden.

So reich die Fülle der Tierdarstellungen aus der Vorzeit auch ist, so selten sind doch die Formen, die einen sicheren Schluß auf eine höhere Bedeutung zulassen. Trotzdem scheinen einige wenige Denkmäler deutlich darauf hinzuweisen, daß in der Vorzeit tierische Formen als Erscheinungen höherer Mächtigkeit erlebt werden konnten; ein Faktum, das übrigens außerhalb der Kunsterzeugnisse durch die Tiergräber unmißverständlich belegt wird.

1.6.2. Darstellungen von Menschen

Bei den menschlichen Figuren sind die Hinweise, in welchen Bereich der damaligen Vorstellungswelt sie gehört haben könnten, noch spärlicher als bei den Tierfiguren.

Die Statuetten von Frauen, die sich schon in den frühen Gräbern der Badari-Kultur gefunden haben, werden oft als göttliche Idole angesprochen; eine Deutung, die durch die Untersuchung von Ucko grundsätzlich in Frage gestellt wurde. Daß sie in ihrer Zeit in irgend einer Weise mehr als profan bedeutungsvoll waren, liegt nahe, denn die Möglichkeit, daß sie nur zufällig oder bloß spielerischer Weise mitbestattet wurden, ist wenig wahrscheinlich. Auch Ucko hat sie – zumindest teilweise – den Bereichen des Zaubers, der Magie und der Initiation[109] und damit den Bereichen des Machtvollen zugeordnet. Sie kommen aber vergleichsweise selten vor und werden daher kaum mit zentralen Vorstellungen von Grab und Tod verbunden gewesen sein[110].

Die älteste der männlichen Statuetten ist die elfenbeinerne Darstellung eines ithyphallischen Mannes[111]. Eine Verbindung mit irgendwelchen Fruchtbarkeitsriten wäre angesichts der Betonung des männlichen Gliedes leicht möglich, besonders wenn man in Erwägung zieht, daß einige – aber durchaus nicht alle – weiblichen Statuetten deutlich markierte Geschlechtspartien haben und damit auch diesem Bereich angehören könnten. Baumgartel möchte die ithyphallischen Gestalten in direkte Verbindung mit der Vorstellung eines männlichen Gottes bringen, den die Große Mutter als Sohn und Geliebten an ihrer Seite gehabt haben könnte und der später in Ägypten „Ka.mwt.f, the bull of his mother"[112] genannt worden ist. Sie sieht in diesen Figuren aber weniger die Darstellungen der Gottheit selbst, sondern eher Votivbilder für dieselbe. Ein Zusam-

---

[109] Ucko, Figurines S. 434.
[110] „In view of the number of predynastic tombs that have been excavated and the small number of figurines recovered it can be concluded that the burial of a figurine in the tomb was highly exceptional" (Ucko, Figurines S. 198).
[111] Baumgartel, Cultures II, S. 60.
[112] aaO. II, S. 71.

menhang zwischen den männlichen und den weiblichen Figurinen muß unsichere Vermutung bleiben, da sie nicht gemeinsam in gleichen Gräbern gefunden wurden.

Auf Vasenbildern aus der Negade II-Kultur finden sich allerdings Darstellungen, welche den ithyphallischen Mann mit der weiblichen Gestalt zusammen zeigen. Menschliche Gestalten auf diesen Vasenbildern werden oft als göttliche Darstellungen gedeutet. Ein Grund dafür liegt darin, daß auf diesen Vasen die menschlichen Figuren häufig auf Schiffen erscheinen, auf denen auch Stäbe mit auffallenden Zeichen an ihrer Spitze auftauchen. Diese Stäbe erinnern an die Standarten der historischen Zeit mit ihren Bildern oder Symbolen von Gottheiten. Zum Teil finden sich da Zeichen, die später auch als Attribute bestimmter Gottheiten im historischen Pantheon vorkommen. Wenn der naheliegende Schluß, daß solche Standarten schon in der Vorzeit mit numinosen Mächten verbunden waren, richtig ist, dann gehörten diese Schiffe in den sakralen Bereich und die menschlichen Figuren auf ihnen könnten wirklich Darstellungen von Gottheiten, aber natürlich auch von Priestern oder Gläubigen sein.

Ein anderer Grund für die Deutung bestimmter menschlicher Gestalten auf den Vasenbildern als Gottheiten liegt in den Größenverhältnissen. Oft wirken solche Gestalten tatsächlich dominierend groß. Auf den Negade II-Vasen handelt es sich dabei meistens um weibliche Figuren. Doch kommt auch die übergroße männliche Figur vor. Auf einer älteren Vase stehen acht menschliche Gestalten in einer Reihe[113]. Zwei von ihnen sind männlich, die anderen wahrscheinlich weiblich. Die beiden Männer nun überragen deutlich sichtbar die anderen an Größe und halten dazu in ähnlicher Weise die Arme nach oben ausgestreckt, wie dies auf den späteren Vasen vielfach die weiblichen Gestalten tun. Die Größe und die auffallende Pose könnten auf Außergewöhnliches hinweisen. Aber da die Kompositionsgesetze dieser Malereien nicht klar erkennbar sind, läßt sich Sicheres über diese Figuren und ihre Beziehung zum Göttlichen nicht sagen.

---

[113] aaO. I, S. 64, fig. 14.

Wenn das Felsbild auf der Tafel XXXIX im zweiten Band von Winklers „Rock Drawings" als eine Gesamtkomposition aufgefaßt werden darf, dann wäre es ein Beispiel aus der Umgebung des Niltales, das mit extremen Größenunterschieden arbeitet, mit denen vielleicht Relationen zwischen Göttlichem und Menschlichem ausgedrückt werden sollen. Wenn die vorsichtig fragende Deutung von Winkler richtig sein sollte, dann wären die wahrscheinlich schwangeren großen „Göttinnen" zugleich auch ein Zeugnis für die frühe Existenz von weiblichen Fruchtbarkeitsmächten.

Zur Frage nach der Verehrung des Göttlichen in Menschengestalt in der prähistorischen Zeit Ägyptens gehört auch das Problem des Königs und seiner Beziehung zum Göttlichen. Diese Beziehung, die durch alle Zeiten hindurch erhalten blieb, wird schon auf den frühen Denkmälern der historischen Zeit sichtbar. Sie muß deshalb wohl zumindest ihre Wurzeln bereits in der Vorzeit haben. Nun ist aber die Art dieser Beziehung offensichtlich auch für die historische Zeit schwer zu fassen und wird entsprechend unterschiedlich gedeutet. Umso schwieriger ist es, etwas über dieses Phänomen in der Vorzeit in Erfahrung zu bringen. Selbst wenn eindeutig zu erkennen wäre, wie die Verhältnisse im frühen Alten Reich waren, ob da der Pharao als wirkliche Gottheit erlebt wurde oder nicht, so bliebe doch ungewiß, wie und in welcher Art die Vorzeit den König oder den mächtigen Häuptling sah und erlebte. So kann auch die enge Beziehung des Königs zum Göttlichen in historischer Zeit nicht mehr als ein Hinweis dafür sein, daß möglicherweise bereits den Menschen der Vorzeit das Göttliche durch den König oder Häuptling in irgend einer Weise auch im menschlichen Aspekt erscheinen konnte.

Sichere Zeugnisse für menschliche Götterdarstellungen aus der Vorzeit Ägyptens fehlen also. Aber die angeführten Beispiele weisen zusammen mit den menschenköpfigen Amuletten und anderen Objekten mit menschlichen Formen und Attributen doch darauf hin, daß die menschliche Gestalt in den Vorstellungen von den Mächten wohl schon damals vorkam und eine Rolle spielte. Welcher Art diese Rolle war, ist allerdings ungewiß, so ungewiß, daß auch die oft vertretene Ansicht, daß in der ägyptischen Vorzeit das Göttliche überhaupt nicht in menschlicher Gestalt erschienen sei, nicht zu belegen ist. Zweifellos gibt es aus Ägypten „keine sichern Belege für eine Verehrung menschengestaltiger Gottheiten in vorgeschichtlicher Zeit"[114]. Aber auch die wirklich sicheren Belege für die Verehrung tierischer und fetischistischer Gottheiten sind sehr spärlich, so daß keine Theorie über die Vorstellungen vom Göttlichen in der Vorzeit mit Sicherheit belegt werden kann.

Es mag Zufall sein, aber es ist doch bemerkenswert — besonders angesichts der Theorien vom Fehlen der göttlichen Menschengestalt in der prähistorischen Zeit —, daß eines der ersten Beispiele einer sicheren Götterdarstellung, das aus der frühesten historischen Zeit stammt, von menschlicher Gestalt ist. Es handelt sich um eine Statue aus dem ältesten Tempelbezirk von Abydos, die in der Zeit der ersten Dynastie entstanden sein soll. Sie ist „eines der ältesten Beispiele der ägyptischen Rundplastik aus Stein und unter den wenigen erhaltenen Exemplaren das vollständigste und bedeutendste Stück"[115]. „Die beiden Füße stehen geschlossen auf einer runden Basisplatte, die vorne an ihrem Rand die Hieroglyphe ‚Stadt' trägt. Wegen des hinzugesetzten ‚t' ist die Inschrift als ‚der Städtische (Gott)' zu verstehen. Dadurch wird die Figur zum ältesten inschriftlich bezeichneten Beispiel eines menschlich dargestellten Gottes in der Rundplastik"[116]. Ebenso gehören zu den frühesten Götterdarstellungen, die aus Ägypten bekannt sind, Bilder von Min und Ptah, auf denen diese Götter schon in der Zeit der 1. und 2. Dynastie in menschlicher Gestalt erscheinen. Wenn dies auch nichts über die Göttervorstellungen der Vorzeit aussagt, so ist es doch auffallend, daß die Gestalt, die in der Vorzeit gefehlt haben soll, gleich zu Beginn der historischen Zeit unter den ersten mit Sicherheit als Götterbilder zu erkennenden Darstellungen in verschiedenen wichtigen Beispielen auftaucht.

1.6.3. Darstellungen von Mischgestalten

Die Situation ist für die mischgestaltigen Darstellungen der Vorzeit die gleiche wie für die menschlichen: Es gibt keine konkret sichere

---

[114] Hornung, Der Eine S. 94. [116] aaO. S. 41.
[115] Müller, Kunstwerke S. 40.

Anzeichen für eine numinose Bedeutung, wenn man hier nicht die Tatsache ihrer Existenz selbst als Hinweis auf eine Zugehörigkeit zu höheren Machtbereichen und -zusammenhängen nehmen will, besonders angesichts der hohen numinosen Bedeutung, welche die Mischfiguren durch die ganze historische Zeit hindurch besaßen.

Es sind zwei Arten von Mischfiguren, die sich mehr oder weniger gesichert in der Vorzeit finden und die später — zumindest in formaler Ähnlichkeit — im historischen Pantheon von göttlicher Bedeutung sind: Die Verbindung eines menschlichen Gesichts mit Kuhattributen und die ‚klassische' Mischgestalt aus Menschenleib und Tierkopf.

Wenn die Deutung Baumgartels der reliefgeschmückten Vase aus dem Negade-Grab 1449[117] richtig ist, dann ginge die Verbindung eines menschlichen Gesichts mit Kuhattributen bis in die erste Periode der Vorzeit zurück. Ob es sich bei der Darstellung um eine göttliche Gestalt handelt, muß Vermutung bleiben. Auf eine wohl außergewöhnliche Bedeutung des Rindes in der Vorzeit weisen allerdings nicht nur die Rindergräber, sondern auch die zahlreichen Objekte aus beiden Epochen, auf welchen sich Hörner und Augen oder Hörner und Ohren des Rindes oder das ganze Tier selbst finden.

Die Mischung mit menschlichen Formen taucht mit Sicherheit in überhöhter Bedeutung in der Epoche der Zeitenwende auf. Die Narmerpalette wird auf beiden Seiten beherrscht von zwei menschlichen Gesichtern mit schweren, aufwärtsgebogenen Kuhhörnern und seitwärts abstehenden Kuhohren. Die gleichen Köpfe finden sich auch auf den Bändern, die am Gürtel des Königs hängen. Sie werden meist als Hathor-Köpfe bezeichnet. In der Sammlung Kofler befindet sich ein „Schrein mit Bild der Göttin Repit" aus der gleichen Epoche. Er ruht auf Stierfüßen. „Auf der Vorderseite das Brustbild einer Göttin mit menschlichem Antlitz, Kuhohren und einwärtsgebogenen Kuhhörnern"[118].

Die Mischgestalt aus Menschenkörper und Tierkopf tritt früh auf, wobei die Kopfform meist und vor allem an die eines Vogels

---

[117] Vgl. hier bei Anm. 73.
[118] Müller, Kunstwerke S. 29.

erinnert. Dies ist recht häufig bei Statuetten der Fall, über deren mögliche Beziehung zum Numinosen das gleiche gilt, wie für die rein menschlichen[119].

Als echte Tierköpfe müssen wohl die Köpfe der Mischwesen betrachtet werden, die sich auf Scherben eines Topfes aus Negade befinden[120]. Hinweise für die Bedeutung sind keine zu sehen, außer wenn man in der Tatsache, daß sie ithyphallisch sind, ein Anzeichen für eine Beziehung zu den Kräften der Fruchtbarkeit und damit zu einem wichtigen Bereich des Machtvollen sehen will.

Auch die Bedeutung der tierköpfigen Mischgestalt auf der Zwei Hunde-Palette läßt sich nicht erkennen. Die Palette wurde zusammen mit der Narmerpalette im Tempel von Hierakonpolis gefunden. Sie dürfte eine Weihgabe gewesen sein und damit eine enge Beziehung zum numinosen Bereich gehabt haben. Daß dies auch für die einzelnen Formen auf ihr zutrifft, läßt sich höchstens erahnen und die konkrete Bedeutung gar muß völlig ungewiß bleiben.

Zumindest in engem Zusammenhang mit einer numinosen Darstellung tritt die Mischgestalt in der Zeit der Reichseinigung auf. An der Seite des bereits erwähnten Schreins der Göttin Repit[121] ist „je eine zur Vorderseite hin gewandte Figur in aufrechter Haltung mit menschlichen Beinen und vogelartigem Kopf mit langem geradem Schnabel und seitwärts weit ausholenden Widderhörnern dargestellt"[122]. Möglicherweise sind dies die Sänftenträger der Göttin. Welche Stellung sie im Pantheon und in den Vorstellungen vom Göttlichen einnahmen und welcher Art ihre Beziehung zur Repit war, bleibt verborgen. Aber unmißverständlich tritt die tierköpfige Mischgestalt hier bereits an der Wende zur historischen Zeit im Machtbereich des Göttlichen auf.

Die ersten sicher als göttlich erkennbaren tierköpfigen Mischgestalten treten „erst gegen Ende der zweiten Dynastie, auf Siegelabrollungen des Königs Peribsen"[123] auf. Alle früheren Beispiele können nur vermutungsweise als numinose Gestalten in Anspruch

---

[119] Vgl. hier bei Anm. 109.
[120] Baumgartel, Cultures I, pls. X, 3–5.
[121] Vgl. hier bei Anm. 118.
[122] Müller, Kunstwerke S. 29.
[123] Hornung, Der Eine S. 101.

genommen werden. Da aber auch die sicher erkennbaren Bildnisse der anderen Göttererscheinungen aus den Anfängen der historischen Zeit stammen, gilt von der Mischgestalt das gleiche wie von den anderen: Sie läßt sich erst in der Zeit der ersten Dynastien mit Sicherheit als göttlich nachweisen, sie tritt aber schon früher in Erscheinung, wobei zumindest Anzeichen für eine mögliche numinose Bedeutung festzustellen sind.

1.7. Die Entstehung der Mischgestalt

Die wohl am weitesten verbreitete Theorie über die Entstehung der Mischgestalt ist die, daß die Mischgestalt das Ergebnis – man würde wohl besser sagen das Zwischenergebnis – jenes Entwicklungsprozesses sei, der die „Vermenschlichung der Mächte"[124] genannt wird. Die Mächte, die in der Frühzeit in jeder Form, nur nicht menschlich erscheinen konnten, sollen im Laufe der Entwicklung auch in Menschengestalt gesehen worden sein. Auf dem Weg vom Tier zum Menschen wäre die Mischgestalt entstanden.

Rein abstrakt logisch ist ein solcher Vorgang denkbar. Aber als gelebte und erlebte religiöse Realität, als konkrete religiöse Situation lebender Menschen, denen das Numinose nicht Gegenstand theoretisch kritischer Betrachtung ist, sondern unmittelbare Erfahrung der Kräfte, die das Leben bestimmen, ist er schwer vorstellbar. Man könnte im Gegenteil fast eher umgekehrt argumentieren und sagen, daß im Moment, in welchem das Tier nicht mehr als entsprechender Ausdruck für eine Macht empfunden wurde, dessen Gestalt völlig weichen mußte, zugunsten des neu als richtig Erkannten. Genau so, wie der „Monotheismus niemals durch eine langsame Addition von ‚monotheistischen Tendenzen' innerhalb des Polytheismus entsteht, sondern einen völligen Umschlag des Denkens erfordert"[125], dürfte auch die anthropomorphe Form des Göttlichen, falls sie überhaupt in einer Frühphase der Kultur nicht existiert haben sollte, nicht durch eine langsame Addition von anthropomorphen Tendenzen,

---

[124] aaO. S. 98.
[125] aaO. S. 239.

sondern eben auch durch einen völligen Umschlag des Denkens entstanden sein. Doch läßt sich auch diese Ansicht nicht belegen und ist deshalb auch nur eine weitere hypothetische Konstruktion auf der Basis theoretischer Überlegungen.

Gerade im Zusammenhang mit der Deutung der Mischgestalt aber wird der Einfluß neuzeitlicher Denk- und Vorstellungskategorien besonders deutlich sichtbar, von denen einige so sicher feststehen, daß sie gar nicht mehr explizit in die Diskussion eingehen. Zu ihnen gehört die nirgends mehr hinterfragte Annahme, daß die menschliche Gestalt der göttlichen Macht grundsätzlich von höherem kulturellem und sittlichem Wert sei als die von Tieren und Pflanzen. Daraus ergibt sich unabwendbar der Zwang, ein Entwicklungsgefälle finden zu müssen, sei es, daß Tier- und Mischformen als Vorstufen zur höheren Menschenform, sei es, daß sie — was für Ägypten nicht in Frage kommt — als Verfallsstufen von der ursprünglich höchsten Form hinweg gesehen werden. Die Möglichkeit einer gleichwertigen Gleichzeitigkeit fällt damit von vornherein weg. So müssen Tier, Mischform und Mensch notwendigerweise in einem aufsteigenden Entwicklungszusammenhang gesehen werden, in welchem dann die Mischform — wenn der Gedanke dieser aufsteigenden Reihe einmal gefaßt ist — ganz natürlich das verbindende Zwischenglied darstellt. Die Macht der neuzeitlichen Vorstellungen von dem, was im Bereich der numinosen Erscheinung besser und höher sei, kann so stark sein, daß der Anspruch, ihr zu genügen, noch im Rückblick direkt als Forderung an die alten Ägypter erhoben werden kann: „Die theologischen Systeme, die ... an verschiedenen Zentren des Landes entstanden sind, haben immer das Alte, das sie über winden oder über das sie hinauswachsen sollten, in sich aufgenommen, anstatt es auszulöschen"[126].

Zu den modernen Kategorien der Deutung gehört auch, daß immer wieder von der ‚Konzipierung' einer Götterform die Rede ist. Auch mit dieser Bezeichnung kann nicht eine damalige Realität gemeint sein. Konzipieren bedeutet ein theoretisches Planen vor der Ausführung. Die Formen der göttlichen Erscheinung aber werden

---

[126] Sethe, Urgeschichte § 2 / Hervorhebung von mir.

wohl kaum je abstrakt denkerisch ersonnen und ausgeheckt worden sein, gleichsam in der Form: Wir haben da eine Machtwirkung gespürt, was sollen wir ihr nun für eine Form geben? Es mag in ausgeklügelten theologischen Systemen Ausnahmen geben, aber die Formen des Göttlichen, die über lange Zeiten hinweg wirksam sind, dürften immer ganzheitliche Gestalterlebnisse gewesen sein und keine Konstruktionen aus abstrakt festgestellten Machtwirkungen, denen nachträglich Bilder zugeordnet wurden, die zuvor rational aus verschiedenen Teilen zusammengesetzt worden sind.

Doch auch die Theorie von der Entstehung göttlicher Erscheinungsweisen durch rational kalkulierende Überlegungen wurde für die ägyptische Mischgestalt aufgestellt. So führt Junker im Zusammenhang mit dieser Frage eine Theorie an, nach welcher das Tierhaupt „eine Überhöhung über menschliches Sein" bedeutet[127], und fährt dann weiter: „doch liegen auch andere Überlegungen vor, die zu den Mischgestalten führen mochten. Wählte man die reine Menschengestalt. so hätten alle Götter des Landes, im Grunde genommen, die gleiche Gestalt haben müssen, aber das duldete der ausgesprochene Partikularismus der Ägypter nicht; man sollte auf den ersten Blick erkennen, welchem Kultbezirk der betreffende Gott angehörte .... Darum setzte man auf die Menschengestalt den Kopf (des) heimischen heiligen Tieres"[128]. Wiederum ist dies ein Vorgang, der als einst wirklich gelebte Realität kaum vorstellbar ist, daß Menschen aus rational kalkulierender Überlegung heraus beschlossen haben sollten, einer Gottheit, die ihnen menschlich erschienen ist, anstelle des Menschenkopfes doch lieber einen Tierkopf aufzusetzen, damit man sie von den anderen Göttern des Landes unterscheiden könne.

Mit der „Überhöhung über menschliches Sein" ist zudem ein noch einmal anderes Herkommen der Mischgestalt erwähnt, das nun gerade eine der Vermenschlichung entgegengesetzte Bewegung darstellen würde. Die menschliche Gestalt wäre dieser Theorie zufolge als allzu alltäglich erlebt worden und hätte einer Überhöhung und

---

[127] Junker, Geisteshaltung S. 101.
[128] aaO. S. 101 / Hervorhebung von mir.

Auszeichnung bedurft, um für Göttliches stehen zu können, eine Auszeichnung, die ihr durch das Tierhaupt zugekommen wäre.

Solche Widersprüche in der Deutung zeigen, wie wenig eindeutig und klar das Material ist, auf Grund dessen die Interpretationen vorgenommen werden müssen, und wie viel an eigener Vorstellung deshalb jeder Forscher hinzufügen muß, um ein geschlossenes Bild zu erhalten. Deshalb gibt es auch unterschiedliche Ansichten über die geistige Welt, in der die Mischgestalt entstanden sein soll. So soll einerseits „die rege Phantasie des Wüstenwanderers"[129] die Fabeltiere erfunden haben, andererseits aber soll den Fabelwesen, also jener „Welt der unheimlichen, widernatürlichen Wesen ... nicht mehr die nüchterne Naturbeobachtung und -kenntnis des Jägers, sondern die Phantasie und Angst der domestizierten Niltalbewohner"[130] zugrunde liegen.

Theorien, welche als Wurzel der Mischgestalt Überlegungen der Überhöhung oder Unterscheidung, die Phantasie des Wüstenwanderers oder die Angst des Niltalbewohners sehen, müssen ihrer Art gemäß reine Konstruktionen sein und können sich unmöglich direkt auf Dokumente stützen. Eher mit Zeugnissen zu belegen sollte die Welle der Vermenschlichung sein, denn es wäre fast zu erwarten, daß ein solcher Vorgang sich im bildnerischen Material verfolgen ließe und anhand des Vorkommens der tierischen und des Auftauchens der gemischten und menschlichen Gestalt, sowie aus ihrem chronologischen Verhältnis zueinander belegt werden könnte.

Nun wurde aber schon dargelegt, daß die Funde aus der Vorzeit in dieser Beziehung überhaupt kein deutliches Ergebnis liefern. Alle drei Formen kommen in der Vorzeit vor und nur ganz spärlich finden sich für alle drei kleine Hinweise auf eine allfällige numinose Bedeutung; alle treten in den ersten Anfängen der historischen Zeit als göttlich gekennzeichnet auf, aber nicht in einer für einen Entwicklungsprozeß der Erscheinungsgestalt bezeichnenden Reihenfolge. Im Gegenteil, die menschliche Gestalt ist mit der Mantelstatue aus der Sammlung Kofler[131] schon aus der ersten Zeit des Übergangs und vor der ersten sicher göttlichen Mischgestalt bezeugt.

[129] Kees, Götterglaube S. 22.
[130] E. Otto, Beitrag S. 438.
[131] Vgl. hier bei Anm. 115.

Als wesentlicher Faktor zur Beurteilung dieses Sachverhaltes ist auch die Geschichte der Tierkulte zu betrachten; denn wenn die Vermenschlichung ein Prozeß von der Tiergestalt des Göttlichen weg zu dessen menschlicher Erscheinung hin gewesen wäre, dann wäre wiederum fast zu erwarten, daß diese Entwicklung ihre Spuren auch in den Zeugnissen des Tierkultes hinterlassen hätte. Denn Ägypten hat durch den ganzen Verlauf seiner Geschichte Tierkulte gekannt. Nach Sethe müssen nun diejenigen Tierkulte, die in historischer Zeit wirksam waren, nach der Vermenschlichung entstanden und deshalb von dieser nicht mehr erfaßt worden sein. Sethe setzt, einer Tradition des alten Ägypten folgend, zum Beispiel die offizielle Anerkennung des Kults des Apisstieres an den Beginn der zweiten Dynastie. Apis tritt da in Tiergestalt auf, ebenso wie andere Gottheiten des ägyptischen Pantheons. „Das zeigt, daß die allgemeine Welle der Vermenschlichung der Tiergottheiten damals am Anfang der 2. Dynastie längst vorübergerauscht war, so daß sie nicht imstande war, diese jungen, zu spät ins Pantheon aufgenommenen Tiergötter auch nur nachwirkend noch zu erfassen"[132]. Aber Apisdarstellungen sind schon aus der Zeit der 1. Dynastie nachgewiesen[133], und nach der Theorie von E. Otto kann „in einer Zeit, in der den Ägyptern bereits die anthropomorphe Göttervorstellung geläufig war, unmöglich ein Tierkult neu eingeführt worden sein"[134]. Morenz hat auf den Widerspruch dieser beiden Theorien hingewiesen: „Es hält also, grob gesprochen, der eine Forscher die reinen Tiergötter wie Apis für relativ spät, weil sie nur hinter einer verebbten Welle der Vermenschlichung denkbar seien, der andere für alt, weil sie jenseits der Vermenschlichung nicht mehr gedacht werden könnten"[135]. So vermögen offensichtlich auch die Zeugnisse über den Tierkult keine sichere Auskunft über den Vorgang der Vermenschlichung zu geben.

Nun gibt es aber eine Gruppe von Denkmälern, die deutlich eine Entwicklung der Gottesvorstellung in Richtung auf das menschliche

---

[132] Sethe, Urgeschichte § 31.
[133] E. Otto, Stierkulte S. 5.
[134] aaO. S. 5.
[135] Morenz, Religion S. 20.

Bild hin zu belegen scheinen, nämlich die Hieroglyphenzeichen der ägyptischen Schrift für „das ägyptische Wort, das wir mit ‚Gott' wiedergeben"[136]. Die ägyptische Schrift kennt dafür drei verschiedene Zeichen. „Die ältesten, zum Teil noch vorgeschichtlichen Formen ... zeigen ... wohl einen Stab mit Bändern"[137], das zweite Zeichen „zeigt einen Falken auf einer Tragstange" und ist „keineswegs jünger als das Fetischzeichen, sondern gehört wie dieses der ägyptischen Schrifterfindung um die Wende von der vorgeschichtlichen zur geschichtlichen Zeit an. Eindeutig jünger ist das dritte, anthropomorphe Gotteszeichen, das einen hockenden Gott mit ungegliedertem Körper und dem umgebundenen Zeremonialbart der Götter zeigt"[138].

Dieser schriftgeschichtliche Befund liefert nun wirklich eine Reihe vom Fetisch über das Tier zum Menschen. Fetisch und Tier treten zwar gleichzeitig in Erscheinung, aber gesichert ist, daß hier, in der Geschichte der Gotteszeichen, die menschliche Form zuletzt, nach den beiden anderen auftritt.

Nun kann aber der Sachverhalt im Bereich der Gotteszeichen nicht direkt auf den der Gottesvorstellungen übertragen werden. Dagegen spricht schon die Tatsache, daß aus der Zeit der Wende zur geschichtlichen Zeit, aus der die ersten Schriftzeichen stammen dürften und in der das Fetisch- und das Tierzeichen zum ersten Mal auftauchen, die menschliche Gestalt für das Göttliche bereits bezeugt ist[139]. Zudem ist auch unbekannt, welche Beziehung das oder die Gotteszeichen der Schrift zu den Vorstellungen von der Erscheinungsweise des Göttlichen hatten. Die Reihe der Schriftzeichen könnte nur etwas über den Entwicklungsprozeß der Gottesvorstellungen aussagen, wenn feststünde, daß jedes der Zeichen je die dominierende Vorstellung seiner Zeit vom Göttlichen festgehalten hat. Welcher Art aber damals die Beziehung von Zeichen und Bezeichnetem war, ist unmöglich festzustellen oder zu rekonstruieren. Im Falle des Fetischzeichens ist nicht einmal ganz sicher,

---

[136] Hornung, Der Eine S. 20.
[137] aaO. S. 22.
[138] aaO. S. 27f.
[139] Vgl. hier bei Anm. 115.

was es darstellt und was es bedeutet. Es besteht „die Möglichkeit, daß ... wir es primär mit einem ... machtgeladenen Stab zu tun haben, der vor dem Auftreten anthropomorpher Gottheiten das Numinose schlechthin verkörpert hat"[140], aber es könnte sich auch „um eine Art Fahne, und im Ganzen offenbar um ein Symbol heiligen Bezirkes"[141] handeln. Wenn nun aber das Fetischzeichen das „Symbol heiligen Bezirkes" wäre, dann fiele die Reihe der Schriftzeichen als Beleg für die Wandlung der Vorstellung von der Erscheinungsweise des Göttlichen völlig aus. Sie würde dann eher auf eine Wandlung in den Motiven zur schriftlichen Bezeichnung des Göttlichen hinweisen.

Es ist in diesem Zusammenhang auch interessant, daß die Zeichen der schriftlichen Aufzeichnung sogar auch eine Tendenz erkennen lassen können, die bereits vorhandene Menschengestalt nicht nur nicht zu berücksichtigen, sondern ihr geradezu entgegenzuwirken: „Erst im späten Alten Reich findet sich neben der Falkenstandarte als Götterdeterminativ ein hockender Mann mit Götterkleid, Götterbart und Götterperücke. Wenn dies neue Zeichen in den Pyramidentexten nicht verwandt wird, hat dies wenig zu bedeuten, da hier allgemein Menschengestalten nicht aufgenommen werden. Erhält doch auch Min anstelle seiner ithyphallischen Gestalt eine Falkengestalt, der man den Kopfschmuck des Gottes, die beiden hohen Federn und das lange, sonst zum Boden hängende Band belassen hat (Pyr. 1948). Ebenso geht es dem Gott von Busiris (Pyr. 614a M). Auch die Göttin der Geburtsstätte (M'sḫn.t) wird mit dem Falken auf der Standarte geschrieben, der ihren eigentümlichen Kopfschmuck trägt. Die älteste Schreibung hat dafür einen Frauenkopf mit dem Schmuck der Göttin (Pyr. 1183, 1185). Dies zeigt, daß die Göttin in der Vorlage mit der Menschengestalt geschrieben war"[142]. Aus diesen Beispielen wird ersichtlich, daß die Schriftzeichen zu den Vorstellungen und bildlichen Darstellungen der göttlichen Erscheinung in einer schwer zu fassenden Beziehung und Reihenfolge stehen, und daß die Situation

---

[140] Hornung, Der Eine S. 25.
[141] Morenz, Religion S. 19. ·
[142] Schott, Mythe S. 95. / Hervorhebung von mir.

im einen Bereich nicht als direkte Entsprechung derjenigen im andern genommen werden kann.

Die Vorstellung von der Entstehung der Mischgestalt aus der Vermenschlichung der Tiermächte stellt sich nicht nur als religionspsychologisch schwer nachzuvollziehen und als von den Dokumenten her nicht zu belegen dar, sondern bleibt auch fragwürdig, wenn das ägyptische Pantheon der historischen Zeit betrachtet wird. Wenn die Mischgestalt wirklich ein Zwischenprodukt auf dem Weg von einer alten Form der göttlichen Erscheinung zu einer neuen wäre, dann wäre zu erwarten, daß in einem solchen Prozeß die alten Formen mit der Zeit überwunden würden, die Übergangsformen an Bedeutung verlören und die neue Gestalt sich immer mehr durchsetzte. In Ägypten geschieht nichts dergleichen. Es gibt keine Weiterentwicklung auf eine dominierende Menschengestalt hin. Diese ist zwar seit Beginn bis zum Ende der historisch bezeugten ägyptischen Religionsgeschichte durch bedeutende Gottheiten im Pantheon vertreten. Aber neben ihr bestehen zu allen Zeiten auch tierische Verkörperungen des Göttlichen und in der Spätzeit verstärken sich sogar die Tendenzen zum Tierkult[143]. Und durch alle Zeiten hindurch bleiben auch die Mischgestalten erhalten und zwar nicht nur im „niedern" Bereich des Dämonischen, sondern als Erscheinungsweisen höchster Gottheiten des Pantheons.

Nun führt nicht jeder Entwicklungsprozeß zu seinem Ziel und kann an irgend einem Punkt erstarren. So könnten die Mischfiguren zwar theoretisch anfänglich aus dem Umwandlungsgeschehen der Vermenschlichung hervorgegangen sein, das aber in der Phase des Überganges und der Vermischung seine Zielrichtung verloren hätte und stagniert wäre. Wenn dem so gewesen wäre, dann müßte wohl damit gerechnet werden, daß mit dem Prozeß auch die Formen erstarrt wären, da sich ja die Kräfte der Veränderung verbraucht hätten. Die Formen wären von einem bestimmten Zeitpunkt an fixiert gewesen, und die Tradition hätte sie unwandelbar überliefert.

Im ägyptischen Pantheon jedoch kann weder eine Erstarrung noch eine genau fixierte Zuordnung der Form festgestellt werden. Die

---

[143] Bonnet, Reallexikon S. 814ff.

Mischgestalt der Gottheit ist hier nicht nur Überrest aus einer vergangenen Epoche, der sich aus kultischer Treue in den seit alters so geformten Götterbildern hielt. Das Formprinzip besaß offenbar noch fortdauernde lebendige Kraft[144]. In der Spätzeit tauchen bildliche Darstellungen der Hathor mit einem Kuhkopf auf, nachdem die reine Menschengestalt mit aufgesetzten Hörnern in der historischen Zeit lange die übliche Erscheinungsweise der Göttin gewesen ist[145]. In der Spätzeit kann auch Isis mit einem Kuhkopf erscheinen[146]. Dies ist besonders bemerkenswert, da Isis als Prototyp der rein menschlichen Göttin gilt und weil sie als personifizierter Thronsitz ihrem Wesen und ihrer Herkunft nach ursprünglich nichts mit einem Tier zu tun hat. Auch der von Haus aus anthropomorphe Chons kann auf Grund seiner Verbindung mit dem falkenköpfigen Horus zum falkenköpfigen Mann werden[147], und das menschengestaltige Horuskind trägt seit dem Neuen Reich einen Affenkopf[148].

Diese Beispiele sprechen gegen einen Entwicklungsprozeß in Richtung auf die menschliche Gestalt hin, gegen das Wesen der Mischgestalt als Übergangsprodukt in diesem Prozeß. Auf ein Entwicklungsgeschehen an sich zwar könnten sie dennoch hinweisen: auf einen Prozeß, der fortlaufend für die Gottheiten die ‚beste' Form suchte; so hätte in einem bestimmten Zeitpunkt die menschliche Gestalt für die Hathor nicht mehr befriedigt und an deren Stelle wäre die gemischte getreten. Aber auch ein solcher Vorgang läßt sich nicht deutlich feststellen. Es gibt im Gegenteil Anzeichen dafür, daß die Geschichte der Erscheinungsgestalt des Göttlichen im alten Ägypten überhaupt nicht auf Auswahl und Elimination ausgerichtet war und im Grundsätzlichen nicht fortschreitenden Entwick-

---

[144] „Sometimes it is maintained that the features of Egyptian religion most difficult for us to comprehend belong to a prehistoric age whence they survive in our historical sources. But these strange features are anything but survivals. They are of the essence of Egyptian religion, demonstrably active throughout its existence. Amon, who rose to prominence only in the New Kingdom, nevertheless became associated with animals, the goose and the ram, in the manner of the oldest gods in the country" (Frankfort, Kingship S. 144).
[145] Bonnet, Reallexikon S. 277.
[146] aaO. S. 329, Abb. S. 528.
[147] aaO. S. 144.
[148] aaO. S. 268.

lungscharakter hatte; daß also die Grundformen als Formprinzipien nicht in einem Konkurrenzkampf der Wertschätzung und Gültigkeit standen. Die angeführten Beispiele der Formveränderung menschlicher Götter zeigen ja nur, daß diese Gottheiten in der Spätzeit auch mit einem Tierkopf erscheinen konnten. Die menschliche Erscheinung aber bestand gleichzeitig daneben weiter.

Und diese Gleichzeitigkeit verschiedener Erscheinungsweisen ist nun nicht nur ein Merkmal der Spätzeit. Sie ist ein wesentlicher Zug der ägyptischen Götterwelt überhaupt. „In any case, the gods were not confined to a single mode of manifestation. We have seen that Thoth appeared as moon, baboon, and ibis. He was also depicted as an ibis-headed man. To speak here of a transitional form seems pointless. There was no need for a transition. The god appeared as he desired, in one of his known manifestations"[149]. Diese verschiedenen Erscheinungsweisen des Thot stehen nun nicht in einer zeitlichen Reihe hintereinander, sondern bestehen tatsächlich gleichzeitig nebeneinander, denn der Gott ist „noch in ganz später Zeit ... gleichzeitig und gar auf demselben Denkmal als Ibis und als ibisköpfiger Mensch, außerdem als Pavian dargestellt, also auch vorgestellt worden"[150]. Und diese Gleichzeitigkeit verschiedener Erscheinungsweisen des Mächtigen auf dem gleichen Denkmal ist wiederum nicht nur in der Spätzeit, sondern auch bereits am Ende der Vorzeit zu finden. „The palette of Narmer illustrates how little the ancients were disturbed by this simultaneous use of the two images. It shows the king's victory three times: once as a man destroying the enemy chief with his mace, once as the Horus falcon holding him in subjection with a rope passed through his nose, and once as a ‚strong bull' demolishing enemy strongholds. Each of these images is valid if the appropriate avenue of approach is chosen"[151].

Sowohl die Betrachtung des Materials der Vorzeit wie auch die der Geschichte der menschlichen, tierischen und gemischten Göttergestalt in historischer Zeit wecken Zweifel an der Annahme, daß die

---

[149] Frankfort, Religion S. 11.
[150] Morenz, Religion S. 20f.
[151] Frankfort, Kingship S. 173.

Mischgestalt ein Übergangsprodukt aus einem Prozeß der Vermenschlichung der Mächte sein soll. Gleichzeitig zeigt sich, daß es fraglich ist, ob das Phänomen der Mischgestalt für uns überhaupt zu erfassen und zu erkennen ist. Wäre das Herkommen oder die Entstehung der Mischgestalt gesichert zu erkennen, würde sich auch das Problem der Deutung und Bedeutung leichter lösen. Denn die Bedeutung, welche die Mischgestalt für den Ägypter gehabt haben konnte, entzieht sich unserer Einsicht und Möglichkeit der Erkenntnis in noch weit höherem Maße. Gerade die Beantwortung dieser Frage aber wäre das Ziel moderner Beschäftigung mit solchen Mischgestalten. Und um ihretwillen sind wohl in erster Linie die Entstehungstheorien aufgestellt worden, wobei im einzelnen nicht zu erkennen ist, wie weit, angesichts der dunklen Forschungslage, eine Vorstellung von einer möglichen Bedeutung zu einer entsprechenden Entstehungstheorie und wie weit der Versuch einer Lösung der Entstehungsfrage zu einer passenden Theorie der Bedeutung führte.

1.8. Die Bedeutung der Mischgestalt

Die Frage nach der Bedeutung der Mischgestalt führt noch mehr als die nach ihrer Entstehung ins Vage, Ungesicherte. Und jede Antwort muß notgedrungen in hohem Maße persönliche Interpretation sein. Die Versuche sind denn auch entsprechend verschieden ausgefallen.

Die Schwierigkeiten beginnen schon bei der ästhetischen Wertung und Beurteilung der Wirkung der bloßen äußern Form. Für den einen Betrachter verbindet sich der Kopf des Tieres „in sehr geschickter Weise"[152] mit dem Menschenkörper, für den andern sind diese tierköpfigen Figuren „quite unorganic"[153]; das rein künstlerische Problem der „Verbindung von Tier und Mensch" kann in der ägyptischen Mischgestalt als „ästhetisch geglückt"[154], die Tatsache der „Vermischung von Tierischem und Menschlichem" aber auch als

---

[152] Sethe, Urgeschichte § 32.
[153] Frankfort, Religion S. 12.
[154] Hornung, Bedeutung S. 74.

Faktum gesehen werden, das „wir zu Recht als grotesk"[155] empfinden; die Wirkung der Mischgestalt wurde sogar als „befremdend und unerfreulich"[156] bezeichnet[157].

1.8.1. Die Mischgestalt als Maske

Für naturwissenschaftlich geschulte Augen müssen fast unvermeidlich Abbildungen von Wesen, die so in unserer Realität nicht vorkommen, grotesk und befremdlich sein. Und seit der Antike hat auch diese sogenannte „Unnatur" der ägyptischen Mischgestalten Anstoß erregt. Ein Versuch, das Problem zu lösen und das Unverständliche rational durchschaubar und modernem Bewußtsein annehmbar zu machen, besteht darin, die Mischgestalt als Maskenträger zu deklarieren. So wurde die Tierverkleidung der Priester generell als Ursprung der Mischgestalt betrachtet[158] oder doch wenigstens als Möglichkeit offen gelassen: „Unter dem Tierkopf kann man überall das Menschenhaupt vermuten. So wirken die Köpfe wie Masken, die Gesellschaft dieser Götter wie geheimnisvoll verkleidete Wesen"[159].

Es gibt einige Hinweise und Belege für die Verwendung von Masken aus den ersten Anfängen und aus der Spätzeit der ägyptischen

---

[155] Hornung, Der Eine S. 253.
[156] Junker, Geisteshaltung S. 101.
[157] Diese Beurteilung der Ästhetik und der Bildwirkung der Mischgestalt hängt natürlich eng mit der Art zusammen, in der die einzelnen Forscher die ägyptischen Gottesvorstellungen und die Mischgestalt deuten. Besonders deutlich wird dies bei Frankfort, der sein Urteil ausdrücklich mit seiner Deutung der Mischgestalt verbindet. „The animal-headed figures are quite unorganic and mechanical; it makes no difference whether a quadruped's head, an ibis neck, or a snake's forepart emerge from the human shoulder. That again would be easily explained if they were only ideograms" (Frankfort, Religion S. 12). Ob zuerst der ästhetische Eindruck da war, der dann zur Theorie des Ideogramm-Charakters der Mischgestalt geführt hat, oder umgekehrt, ist unwichtig; unübersehbar ist, wie nah eine Theorie, welche die Mischgestalt nicht dem Bereich des Lebendig-Natürlichen zuordnet, sondern in ihr die figürliche Darstellung einer kombinierend kalkulierenden Gedankenverbindung sieht, und der Eindruck, daß diese Bilder unorganisch seien, zusammengehören.
[158] Hornung, Der Eine S. 113.
[159] Schott, Mythe S. 93.

Kulturgeschichte. Das Zeugnis aus der Vorzeit stammt allerdings nicht direkt aus dem Niltal, sondern aus dessen östlicher Umgebung. Es handelt sich um eine Felszeichnung, die der Zeit der ersten Negadekultur zugeordnet wird. Sie zeigt eine menschliche Gestalt mit einem hochaufragenden Tierkopf, der dem menschlichen Kopf aufgesetzt zu sein scheint[160]. Ob es sich wirklich um eine Maske über dem menschlichen Kopf handelt, läßt sich nicht mit völliger Sicherheit feststellen, doch ist dies wahrscheinlich[161].

Selbst wenn sich mehr und völlig sichere Nachweise von Darstellungen solcher Maskenträger erbringen ließen, wäre für die Lösung der Frage nach dem Ursprung und der Bedeutung der Mischgestalt noch nicht viel gewonnen, da es offen bleiben müßte, ob der Priester sich zuerst das Tierhaupt aufgesetzt hat und daraus dann die Vorstellung von der Mischgestalt entstand, oder ob diese Vorstellung zuerst vorhanden war und dann vom Priester mit Hilfe einer Maske dargestellt worden ist.

In historischer Zeit wurden kultische Tiermasken verwendet, wie dies eine tönerne Maske in Form des Anubis-Kopfes[162] und die bildliche Darstellung eines Priesters mit aufgesetzter Schakalmaske[163] bezeugen. Beide Dokumente stammen aus der Spätzeit.

Es sind vor allem die unsicher und schwer zu deutenden Mischfiguren aus der Vorzeit, die oft als Maskenträger bezeichnet werden. Mit Ausnahme des erwähnten Felsbildes aber fehlen durchwegs Anhaltspunkte, die an der Darstellung selbst sichtbar darauf hinweisen würden, daß eine aufgesetzte oder vorgebundene Maske gemeint

---

[160] Winkler, Rock-Drawings Vol. 2, pl. LV, 1.
[161] Ein weit deutlicheres Beispiel dieser Art findet sich unter den Felsbildern im Fezzan. Dort kommt eine Darstellung vor, die unverkennbar eine menschliche Gestalt zeigt, über deren Kopf eine Maske in Form eines Eselskopfes gestülpt ist. (Frobenius, Ekade Taf. LVII, LVIII u. S. 61). Doch gibt es dort neben dieser einmaligen Figur auch mehrere ‚echte' Mischgestalten, deren Tierkopf direkt aus dem menschlichen Körper hervorgeht. Man könnte sich deshalb geradezu fragen, ob mit diesen zwei Arten der Darstellung nicht gerade der Unterschied zwischen maskierten Menschen und ‚natürlichen' Mischgestalten bezeichnet werden sollte.
[162] Scharff, Felsbilder S. 174 und Abb. 23. Ein ‚Hundekopf' als Anubismaske wurde in der Isisprozession in Rom getragen, Appian. bell. civ. 4, 47.
[163] Schäfer, Kunst Abb. 87.

sein soll. Wenn in diesen Fällen gesagt wird, daß es sich um Masken handelt, so liegt nicht die Beschreibung eines ablesbaren Sachverhaltes vor, sondern bereits eine Deutung der für unsere Kultur unverständlichen Erscheinung, daß ein Wesen mit menschlichem Körper einen Tierkopf hat.

Von besonderem Interesse ist hier die Mischgestalt auf der kleinen Palette von Hierakonpolis[164]. Die Fundumstände lassen eine enge Beziehung zum Bereich des Kultischen vermuten, und damit auch, daß die Mischgestalt, und zwar in ihrer ‚klassischen' Form mit Menschenleib und Tierkopf, schon an der Wende zur geschichtlichen Zeit zumindest im numinosen Bereich, vielleicht aber sogar als numinose Gestalt auftrat.

Diese Figur ist nun ganz unterschiedlich gedeutet worden. In der ersten Beschreibung der Palette legt sich Quibell nicht fest; in der Aufzählung der Tiere, die auf der Palette vorkommen, heißt es: „a jackal (?) playing a flute"[165]. In der Folge hat man dann in der Gestalt ein Tier gesehen, einen „Schakal", der „mit der Flöte aufspielt"[166], oder „Le renard, dont on a voulu faire parfois un chacal et même un singe, joue de la flûte, et tient son instrument avec ses deux pattes antérieures"[167]. Es wird aber auch von einer echten Mischgestalt gesprochen: „the jackal-headed Anup or Up-uat of Asyut"[168], aber auch — und zwar vom gleichen Autor in der gleichen Abhandlung — von einem maskierten Mann: „a jackal-masked man playing pipe"[169]. Sogar die Motive der Maskierung werden angegeben: „On the reverse is a masked man. This figure is peculiarly interesting as being one of the earliest examples of ritual masking. He wears a jackal mask over his face, and a jackal tail attached to his belt. He plays on a long pipe, and this is the earliest known instance of the Orpheus motif, the charming of animals by music. An ibex is clearly attracted"[170].

---

[164] Vgl. hier bei Anm. 120.
[165] Quibell, Palette S. 83.
[166] Schott, Mythe S. 90.
[167] Vandier, Manuel S. 582.
[168] Petrie, Palettes S. 13.
[169] aaO. S. 14.
[170] Margaret A. Murray, in: Petrie, Palettes S. 13 / Murray urteilt mit erstaunlicher Sicherheit darüber, ob Masken getragen werden oder nicht. Auf der Palette in Manchester (Petrie, Palettes, pl. A. 2) weist der Kopf einer menschlichen Gestalt,

Es ist wirklich das Flötenspielen, das diese Gestalt so interessant macht. Das „Orpheus-Motiv" muß zwar auch bloße Vermutung bleiben, da sich nicht stichhaltig entscheiden läßt, ob eine oder mehrere der Tierfiguren, die den Schakal-Mann umgeben, als Zuhörer aufgefaßt werden sollen und können. Aber die Tatsache, daß dieses Wesen Flöte spielt, gibt der Frage nach der Maske einen veränderten Aspekt. Graphische Hinweise dafür, daß es sich um eine Maske handeln könnte, gibt es auch hier nicht, es sind keine Ansatzstellen am Hals oder Hinterkopf sichtbar, von irgend welchen Bändern oder andern Vorrichtungen zur Befestigung gar nicht zu reden. Bei dieser Figur ließe sich sogar im Gegenteil eher ein Hinweis in der Darstellung finden, daß es sich nicht um eine Maske handeln könnte, und zwar im Umstand, daß das Schakalwesen Flöte spielt. Die Flöte setzt vorne an der Schnauze des Schakalkopfes an. Nur mit einem sehr außergewöhnlichen Mundstück könnte ein in einer solchen Maske verborgener Mensch das Instrument überhaupt spielen. Natürlich ist auch möglich, daß kein echter Flötenspieler dargestellt werden sollte; es läßt sich durchaus denken, daß in einer kultischen Handlung ein Maskierter ein flöteblasendes Wesen darstellt, ohne selber zu musizieren. Die Annahme einer als solche nicht gekennzeichneten Maske verlangt in diesem Falle also nach einer weitern nicht ablesbaren Annahme; entweder, daß das Flötenspiel nur markiert und gemimt, oder daß ein ganz speziell konstruiertes Musikinstrument verwendet worden ist.

Die ausführliche Beschäftigung mit dieser Gestalt erfolgte nicht in erster Linie, um auf die Schwierigkeiten der Interpretation mit Hilfe der Masken-Theorie hinzuweisen. Wichtiger ist, daß diese Schwie-

---

die drei Straußen folgt, praktisch die gleiche Form auf, wie die der drei Vögel. Man hat von einem „Mann" (Vandier, Manuel S. 573/Hilda Petrie in: Petrie, Palettes S. 12) gesprochen, aber auch von einer Mischgestalt, von einem Mann mit Straußenkopf (Wolf, Kunst S. 79). Murray aber sagt: „The man is clearly masked, but the carving is so much simplified that it is impossible to tell what animal he represents, whether dog, baboon, or jackal" (Murray in: Petrie, Palettes S. 12) wobei erstaunlich ist, daß auf der so sehr vereinfachten Darstellung, die wirklich nur die äußeren Umrisse festhält, die Art des Tierkopfes so vage bleiben, hingegen die Tatsache der Maskierung so klar sichtbar sein soll. / Vgl. dazu auch Brunner-Traut, Tiergeschichte S. 3 mit Anm. 18.

rigkeiten eine andere bedeutungsvolle Möglichkeit in den Bereich des Denkbaren treten lassen, nämlich die, daß hier wirklich eine „echte" Mischgestalt dargestellt ist, und zwar eine Mischgestalt, die nun gerade als solche, als Mischwesen, lebendig und handelnd vorgestellt wurde, eine Mischgestalt, die sich ausdrücklich auch mit ihrem Tierkopf tätig verhält. Wenn dem so wäre, dann würde dieser Flötenspieler zeigen, daß die Mischfigur nicht nur als abstrakte Sinnbild-Konstruktion gesehen, sondern auch konkret als lebendige Erscheinung erlebt werden konnte.

1.8.2. Die Mischgestalt als Sinnbild

Die Deutung der Mischgestalt als Maskenträger ist ein Versuch, die Existenz solcher Figuren im ägyptischen Pantheon mit dem modernen Wissen, daß solche Wesen in der Realität nicht vorkommen, zu vereinen. Dies kann auch auf andere Weise geschehen, indem die Mischgestalten nicht als „Abbilder, sondern als Sinnbilder"[171] gesehen werden. Solche Götterbilder sollen also „nicht als Abbild, als Beschreibung des Aussehens zu verstehen (sein), sondern als Hindeutung auf wesentliche Züge in Wesen und Funktion der Gottheiten"[172].

Die Theorie, daß die Mischgestalt nur eine formale Möglichkeit zur Andeutung charakteristischer Züge der Gottheit gewesen sei, wird unterstützt durch die Tatsache, daß für Gottheiten, an deren Wesen „Insekten, Pflanzen oder unbelebte Dinge ... Anteil haben" im allgemeinen „andere Formen der Darstellung gewählt"[173] worden sind. Solche Anteile am Wesen einer Gottheit erscheinen am häufigsten als Attribut auf dem menschlichen Kopf des Götterbildes. Der schakalköpfige Anubis wäre also nicht mit einem Tierkopf dargestellt worden, weil das seinem Aussehen entsprochen hätte, sondern weil sich zur Andeutung des tierischen Aspekts dieser Kopf in den Grenzen des ästhetisch Möglichen und lebendig organisch Nachvollziehbaren mit einem menschlichen Körper verbinden ließ, im Gegensatz zur Kopfpartie eines Käfers oder zu einer Blume, die

---

[171] Hornung, Bedeutung S. 74.
[172] Hornung, Der Eine S. 104.
[173] aaO. S. 106.

völlig ungeeignet sind, den Platz des menschlichen Kopfes einzunehmen. Welche Art der Darstellung gewählt worden ist, wäre damit eine rein künstlerische Frage gewesen, die nichts mit dem Aussehen der Gottheit zu tun gehabt hätte. Das Problem, verschiedene Aspekte einer göttlichen Macht sinnenfällig darzustellen, hätte also je nachdem zu Mischgestalten oder zu menschlichen Gestalten mit entsprechendem Attribut auf dem Kopf geführt, und keines dieser Bilder würde „die wirkliche Gestalt einer Gottheit"[174] zeigen.

Daß die Mischgestalt für den Ägypter Sinnbild- und nicht Abbild-Charakter gehabt haben mag, könnte auch durch die merkwürdigen ‚vermenschlichten' Standarten bezeugt werden[175]. Sie kommen zum Beispiel auf Prunkpaletten vor. Die Tragstange kann in eine Hand, die ein Seil packt, ausgehen[176], oder aus der Ansatzstelle des Querbalkens können Hände wachsen, welche gefesselte Männer führen[177]. Beide Paletten gehören zu den fundortlosen Stücken, deren Echtheit und Alter nach Baumgartel[178] nicht sicher sind. Derart vermenschlichte Standarten kommen auch in historischer Zeit vor. Bei solchen Mischgestalten wie diesen Standarten mit Händen, scheint es – zumindest für modernes Empfinden – evident zu sein, daß sie nicht Abbilder einer in dieser Gestalt erlebten Realität, sondern sinnbildliche Darstellungen einer umfassenden Machtwirkung sein wollten.

Auch unter den verbalen Beschreibungen von Mischgestalten finden sich Beispiele, die auf den Sinnbildcharakter der Formvermischung hindeuten. Im Vergleich mit den bildlichen Darstellungen der Vor- und Frühzeit sind hier vor allem die Pyramidentexte interessant[179]. Wenn es in Pyr. 1564 heißt: „My face is that of a jackal,

---

[174] aaO. S. 113.
[175] Vgl. dagegen Emma Brunner-Traut in „Tiergeschichte" S. 66: „Auf den ältesten Schminktafeln aber sind die Seinsbereiche nicht voneinander getrennt, Standarten agieren mit menschlichen Armen, der König ist ein Leu – wird nicht durch ihn symbolisiert –, der Falke handelt als Gott".
[176] Stierpalette, Petrie, Palettes pl. G 17.
[177] Schlachtfeldpalette, Petrie, Palettes pl. E 14.
[178] Vgl. hier bei Anm. 89.
[179] Allerdings können die Pyramidentexte in dieser Arbeit nur ganz am Rande benützt werden. Es ist grundsätzlich ein gewagtes Unterfangen, ohne Kenntnisse

my middle is that of the Celestial Serpent"[180], so kann damit die Darstellung einer zwar ungewohnten, aber im Rahmen der Mischwesen noch möglichen ‚realen' Mischfigur gemeint sein, während die Beschreibung in Pyr. 1749: „Your face is that of a jackal, your middle is that of the Celestial Serpent, your hinder-parts are a broad hall"[181] eindeutig den Bereich der Abbildung einer noch irgendwie denkbaren Mischfigur verläßt und zum reinen Sinnbild werden muß, das in den Augen des Übersetzers sogar einer Erklärung bedarf: „i. e. pointed of face, slim of body, and broad of hindquarters"[182].

1.8.3. Die Mischgestalt als Realität

Als Sinnbild hat auch Frankfort die Mischgestalt gedeutet: „I suspect that the Egyptians did not intend their hybrid designs as ren-

der Ursprache schwierige alte Texte anhand von Übersetzungen beurteilen zu wollen. Im Falle der Frage nach der Gestalt der ägyptischen Götter vergrößern sich diese allgemeinen Schwierigkeiten noch in ganz entscheidendem Maße. Da die Zeichen der ägyptischen Schrift Bildcharakter haben, können sie über den verbal festgehaltenen Text hinaus durch die Form der verwendeten Zeichen auf bestimmte Gestaltvorstellungen von dem durch sie Genannten hinweisen, was im allgemeinen in eine Übersetzung des Textes nicht eingehen kann. Wenn in der Übersetzung von Pyr. 1948 zu lesen ist: „O King, raise yourself as Min" (Faulkner, Texts S. 282), so wird in einer Weise sichtbar, daß hier „Min anstelle seiner ithyphallischen Gestalt eine Falkengestalt" (Schott, Mythe S. 95) erhalten hat; eine Aussage, die offensichtlich nicht aus dem Text, sondern aus den Zeichen, mit denen er geschrieben wurde, hervorgeht. Zu diesen Schwierigkeiten kommt noch dazu, daß die Frage der Datierung der einzelnen Teile und damit ihrer Vergleichbarkeit untereinander selbst für die Ägyptologie ein schwer zu durchschauendes Problem ist (vgl. hier bei Anm. 91); ganz abgesehen davon, daß die Pyramidentexte auch für die Fachleute „weitgehend noch unverständlich" (Anthes, Mythologie S. 25) sind. Deshalb können die Pyramidentexte ohne den Originaltext nur mit allergrößter Vorsicht verwendet oder gar gedeutet werden. (Neuere literaturgeschichtliche Forschung siehe: Handbuch der Orientalistik, 1. Abteilung, Bd. 1, 2. Abschnitt: Literatur. 2. Aufl. 1970).

[180] Faulkner, Texts S. 236. / Ich habe aus zwei Gründen die neue englische Übersetzung von Faulkner verwendet: 1. Die große deutsche Übersetzung von Sethe ist weniger vollständig. Das Vorhandene mit Partien einer anderen zu ergänzen, schien mir nicht sinnvoll. 2. Das umfangreiche, ältere Werk von Sethe dürfte für Kontrollen und Vergleiche weit weniger leicht zugänglich sein, als das handliche neue Buch von Faulkner.
[181] aaO. S. 257.
[182] aaO. Anm. 4.

derings of an imagined reality at all and that we should not take the animal-headed gods at their face value. These designs were probably pictograms, not portraits"[183]. Doch scheint, wie alle Versuche, die Phänomene der ägyptischen Religion mit unseren Mitteln der Erkenntnis zu erfassen, auch diese Theorie nicht allen Erscheinungen gerecht zu werden, denn in einer Anmerkung hält auch Frankfort fest, daß offenbar die Mischfigur doch auch tatsächlich als mischgestaltige Realität gesehen werden konnte: „Occasionally the graphic representations influence the texts in their turn so that they read as if the animal-headed form did exist"[184].

Leider gibt Frankfort nicht an, welche Texte gemeint sind und welcher Zeit sie angehören. In den Pyramidentexten finden sich sprachliche Darstellungen von Mischwesen in einer Weise, welche die Vermutung nahelegt, daß es sich tatsächlich um die Beschreibung des Aussehens von Gottheiten handeln könnte, zum Beispiel dann, wenn einzelne Teile nicht als einem bestimmten Tier oder Gott zugehörig, sondern einfach in ihrer Materialhaftigkeit erwähnt werden. Pyr. 1118 spricht von Geiern, die aber lange Haare und Brüste haben: „My father, I have come to these two mothers of mine, the two vultures long of hair and pendent of breasts"[185], Pyr. 1566 von einer Kuh mit Federn: „It is my mother the great Wild Cow, long of plumes, . . . pendulous of breasts"[186].

Wenn Morenz sagt, daß „Thoth gleichzeitig und gar auf demselben Denkmal als Ibis und als ibisköpfiger Mensch, außerdem als Pavian dargestellt, also auch vorgestellt worden"[187] ist, so wird hier die Mischgestalt als eine reale Erscheinungsform des Göttlichen bezeichnet. Morenz weist auch ausdrücklich auf die „altägyptische Überzeugung" hin, daß „Bild (bzw. Wort) und Dargestelltes identisch"[188] seien. An anderer Stelle modifiziert er allerdings die Aussage über die Identität von Bild und Dargestelltem: „Fragt man

---

[183] Frankfort, Religion S. 12.
[184] aaO. S. 12, Anm. 10.
[185] Faulkner, Texts S. 184.
[186] aaO. S. 236.
[187] Morenz, Religion S. 20f. / Hervorhebung von mir.
[188] aaO. S. 161.

schließlich nach dem Zweck des Rituals, so lautet die Antwort, daß es das Bild mit Lebenskräften ausstatten und den Gott, mit dem es nicht einfach identisch ist, darin Wohnung nehmen lassen soll"[189].

Wenn Bild und Dargestelltes identisch sind, dann kommt der Mischgestalt reale Existenz zu, die über die bloß abstrakte Sinnbildhaftigkeit hinausgeht. Andererseits sind die Argumente, die für den Sinnbildcharakter dieser Darstellungen sprechen, deutlich und nicht von der Hand zu weisen. Der Widerspruch, der für modernes Denken in diesem Sachverhalt liegt, ist jedoch vielleicht keiner gewesen für die alten Ägypter. Daß bei einer Gottheit mit Lotosblumen-Aspekt der Ausdruck für diesen, die Lotosblume, nicht die Stelle eines menschlichen Kopfes einnehmen konnte, mag heute wie damals ähnlichem Empfinden entsprochen haben. Der Pflanzenaspekt, die Blume, erscheint deshalb als Attribut. Systemgerecht wäre dann auch das Zeichen für den Tieraspekt, der Tierkopf, nur Attribut gewesen und hätte nichts mit dem Ansehen der Gottheit zu tun gehabt. Dieser Schluß ist im Rahmen moderner Logik überzeugend und stimmig, er ist vielleicht sogar zwingend in einem System, das genau und widerspruchsfrei definierte Kategorien kennt und sucht. Es läßt sich aber denken, daß er in anders strukturierten geistigen Welten nicht von gleicher Gültigkeit zu sein braucht; dort könnte ein bestimmter pflanzlicher Aspekt einer Gottheit als bloßes Attribut zu ihrer menschlichen Gestalt treten, ein bestimmter tierischer aber bei einer andern lebendig in ihre Erscheinung eingehen.

Darüber, ob die Mischgestalt für den alten Ägypter Sinnbild oder Realität war, lassen sich letztlich nur Vermutungen äußern; mit Sicherheit wird sich nie ergründen lassen, wie es sich damit verhielt. Wir stoßen bei der Betrachtung der tiermenschlichen Gestalten des alten Ägypten auf Grenzen unserer Erkenntnismöglichkeit. Über

---

[189] Morenz, Gott S. 96 / Hervorhebung von mir. / Auch nach Hornung macht der Ägypter einen sorgfältigen Unterschied zwischen „wahrer Gestalt" und „Bild": „Dem Ägypter ist es nicht verboten, sich ein Bild der Gottheit zu machen, aber er unterscheidet sorgfältig zwischen diesem Bild und der ‚wahren Gestalt', die menschlicher Anschauung bis auf seltene Ausnahmen entzogen bleibt" (Hornung, Der Eine S. 124).

ihre Entstehung im Zusammenhang mit den tierischen und den menschlichen Figuren gibt das archäologische Material keine Auskunft, da alle drei Gestalten, wenn auch mit unterschiedlicher Häufigkeit und Eindeutigkeit, schon unter den frühen Zeugnissen auftauchen. Über ihre Bedeutung müssen wir im Wesentlichen im Ungewissen bleiben, da sie aus dem stummen Material der Vor und Frühzeit nicht ersichtlich wird. Völlige Klarheit wird in diesen Fragen nie zu gewinnen sein. Doch gilt es zu prüfen, ob und wie weit anderweitige Betrachtungen das Problem wenigstens andeutungsweise etwas mehr zu erhellen vermögen.

Die Abklärung von zwei Tatbeständen könnte dabei von besonderem Interesse sein. Erstens kann man sich fragen, ob die annähernde Gleichzeitigkeit, mit der die drei Darstellungstypen in der ägyptischen Vorgeschichte auftauchen, Zufall sei; ob also in andern frühen Kulturen, vor allem in der prähistorischen Geschichte der figürlichen Darstellungen der Menschheit im allgemeinen für das Erscheinen der tierischen, gemischten und menschlichen Gestalt Entwicklungslinien und Entfaltungsvorgänge sichtbar werden. Diese Problemstellung führt zurück zu den ältesten bekannten figürlichen Darstellungen, zu denjenigen aus der Eiszeit. Zweitens stellt sich die Frage, ob auf Grund der Beobachtung an Völkern und Stämmen, die noch in der Neuzeit auf einer der ägyptischen Vorzeit vergleichbaren, material archaisch einfachen Kulturstufe lebten, Auskünfte zu finden sind über die Art, wie in einer solchen Kultur die Welt wahrgenommen wird, um damit konkrete lebendige Beispiele von Welterfassung kennen zu lernen, die möglicherweise auf Grund anders gearteter Bewußtseinsstrukturen erfolgte. Diese Problemstellung führt zur Betrachtung von rezenten steinzeitlichen Kulturen, wie sie zum Beispiel um die Jahrhundertwende noch im Innern Australiens zu finden waren. Nicht daß etwaige Ergebnisse aus diesen Bereichen sich einfach rückübertragend zur Erklärung der Welt des vorzeitlichen Ägypten anwenden ließen, aber sie könnten vielleicht Hinweise zu ihrem Verständnis liefern.

2. Die Darstellungen der Eiszeit

2.1. Die Eiszeitkultur

Die Frage nach der Gestaltung und Erscheinungsweise des Numinosen kann im besten Fall so weit zurückverfolgt werden, als irgendwelche bildlichen Darstellungen überliefert sind. Für noch frühere Epochen, aus denen keine Bilder auf uns gekommen sind, können höchstens anhand von gewissen Funden religiöse Praktiken mit großer Wahrscheinlichkeit angenommen werden. Sichtbar geformte Begräbnisstätten oder besonders auffällige Anordnungen von Knochen und Geräten lassen den Schluß auf damalige Vorstellungen zu, die über die rein profanen Notwendigkeiten der nur diesseitigen Gegenwart hinausgingen. Eindeutige Begräbnisse sind aus der Zeit des Moustérien bekannt, in welchem der ‚Vorläufer‘ des homo sapiens lebte. Ebenfalls der Alt-Steinzeit gehören verschiedene Funde von Bärenknochen an, deren besondere Plazierung oder Präparierung kaum dem Zufall oder rein profanen Bedürfnissen entsprungen sein dürfte[190]. Solche Funde legen die Vermutung nahe, daß diese altsteinzeitlichen Kulturen Bereiche anerkannten, die über das sinnlich Faßbare hinausgingen, aber sie enthalten keine Hinweise darauf, in welcher Gestalt sie sich etwaige außermenschliche und übersinnliche Wesen vorstellten.

Hinweise auf die Form und Gestalt des Numinosen in der schriftlosen Zeit sind an die bildnerisch gestaltete Überlieferung gebunden. Frühestens mit den sogenannten ‚Anfängen der Kunst‘ können deshalb auch Hinweise auf numinose Formen greifbar werden.

Das früheste Zeugnis bildender Tätigkeit des Menschen stellt die Eiszeitkunst Europas dar. „Außerhalb Europas sind entsprechende Dokumente selten, fehlen ganz oder sind nur unzureichend datier-

---

[190] Maringer, Religion S. 86ff.

bar. Abgesehen von einer Fundstätte in Südsibirien (Malta) sind aus Asien weder verzierte Felswände noch Geräte bekannt, die mit Sicherheit älter sind als zehn Jahrtausende. Auch in Afrika mit seinen Tausenden von bemalten und gravierten Wandbildern ist die Frage nach ihrem Alter noch ungelöst: jene, die sich mit genügender Sicherheit datieren lassen, scheinen nicht beträchtlich vor die historische Zeit zurückzureichen. Die anderen Darstellungen mögen älter sein, doch lassen sich ihre zeitlichen Grenzen noch nicht bestimmen"[191].

Damit sind die Höhlenbilder, Gravierungen und Statuetten aus dem Ende der europäischen Alt-Steinzeit die älteste bis heute bekannt gewordene umfassende Fundgruppe von Beispielen der darstellenden Gestaltungskraft des Menschen. Der Zeitraum, dem sie angehören, wird unterschiedlich datiert; die Angaben schwanken zwischen 60000 bis 10000 v. Chr.[192] und 30000 bis 8000 v. Chr.[193]. Die Fundorte dieser Kultur sind äußerst dicht im Nordwesten Spaniens und im Südwesten Frankreichs, ziehen sich aber durch das ganze mittelnördliche Europa hin. Obwohl einerseits große Unterschiede zwischen den einzelnen Erzeugnissen dieser Epoche bestehen[194], haben doch andererseits grundlegende Übereinstimmungen zu einer im allgemeinen anerkannten generellen Zusammenfassung geführt. „In der Eiszeit hat die Kunst Alteuropas ein einheitliches Gesicht"[195].

Alle bildlich geformten Werke aus diesem zeitlich und geographisch so riesigen Raum werden als Einheit zusammengefaßt mit den Begriffen ‚Kunst der Eiszeit' oder ‚paläolithische Kunst'. Das Wort Kunst ist dabei in zwei Beziehungen störend und irreführend. Erstens ist kaum anzunehmen, daß die damalige Kultur einen in unserem Sinne abgegrenzten Bereich der Kunst kannte, zumindest wissen wir nichts über die Gründe und über die Art der Entstehung

---

[191] Leroi-Gourhan, Kunst S. 245.
[192] Kühn, Kunst S. 15.
[193] Leroi-Gourhan, Kunst S. 246 und S. 555.
[194] „Eines der auffälligsten Merkmale der paläolithischen Kunst ist . . . ihre Heterogenität" (Ucko, Felsbildkunst S. 76).
[195] Kühn, Kunst S. 54 / Vgl. auch Leroi-Gourhan, Kunst S. 33.

und über die Bedeutung dieser Werke. Zweitens wird im Zusammenhang mit den Zeugnissen aus der Eiszeit „schon jedes paläolithische Ornamentfragment als ‚Kunst' betrachtet"[196], einfachste Formen also, praktisch jede sichtbar von Menschenhand ausgeführte Linie, was wiederum weit über das hinausgeht, was neuzeitliches Bewußtsein – im allgemeinen wenigstens – als Kunst bezeichnet. Unter paläolithischer Kunst kann deshalb – und soll im folgenden auch – nur „paläolithische Gestaltung" gemeint sein, womit „über Sinn und Wert der Darstellungen selbst noch kein Urteil gefällt"[197] ist.

Das heikle Problem der Interpretation der eiszeitlichen Gestaltung kann nicht Gegenstand dieser Arbeit sein. Auch die grundsätzlich strittige Frage, ob jede frühzeitliche ‚Kunstübung' sakralen Charakter hatte, oder ob schon damals Gestaltungsfreude an sich, um des rein ästhetischen Formens willen, vorkam und möglich war, muß offen bleiben, ebenso wie die Frage, ob Zeichen und Bilder mit numinosem Gehalt vorkommen. Hier soll nur betrachtet werden, in welchen Formen lebende Wesen in dieser Kultur dargestellt wurden.

Die Untersuchung gilt also nur der Frage, ob und wann die drei verschiedenen Formen des Lebendigen in den Darstellungen der Eiszeit auftraten. Was sie bedeutet haben mögen, bleibe dahingestellt. Sicher aber ist, daß hinter jeder bildlich gestalteten Form eine formende Kraft stehen mußte, die mit ganz bestimmten, bewußten Vorstellungen verbunden und an diese gebunden war. Bewußt soll hier nur bedeuten, daß eine Form, die gestaltet wird, als solche wahrgenommen und im Bewußtseinshorizont der betreffenden Menschen vorhanden sein muß; nicht ein bewußter Kunstgestaltungswille ist also gemeint, sondern die bloße Tatsache, daß kein ursprünglicher Kongo-Neger sich einen Gletscher vorstellen, geschweige denn bildlich darstellen kann. Falls Menschen und Mischgestalten im Inventar der Eiszeitkunst vorkommen, dann gehörten diese Formen des Lebendigen zu dem damals in der Realität oder in der Phantasie bewußt Wahrgenommenen. Falls sie aber nicht auftauchen, ist das noch kein Beweis dafür, daß sie im Bewußtsein der

---

[196] Grahmann, Urgeschichte S. 271.
[197] aaO. S. 271.

damaligen Menschen fehlten, denn nicht alle darin enthaltenen Formen müssen bildnerisch gestaltet worden sein. Aber mit Sicherheit kann gesagt werden, daß die Formen, die vorkommen, daß also alle nachweisbaren Gestaltungen des Lebendigen, zum bewußten Formenschatz des Vorstellungshorizontes der Eiszeitmenschen gehörten. Über ihre Bedeutung ist damit noch gar nichts gesagt. Die faßbaren Formen lassen keine eindeutig sicheren Schlüsse auf die zugrundeliegenden Vorstellungen zu, da zwischen der Vorstellungswelt und der bildlichen Darstellung wohl ein fester, unerläßlicher, aber kein eindeutiger, vom Ergebnis her sicher erkenn- und rekonstruierbarer Zusammenhang besteht.

2.2. Die Darstellungen der Eiszeit

2.2.1. Die Tiergestalt

Daß Tierdarstellungen zu den faßbaren Anfängen der Kunst gehören, ist allgemein bekannt. Das Tier ist das zentrale Objekt der Eiszeitkunst, sowohl in den frühen Beispielen, als auch in den großen Wandbildern von Lascaux, Niaux und Altamira, um nur einige der bekanntesten Höhlen zu nennen.

2.2.2. Die Menschengestalt

Die Aussagen über die frühe Darstellung der Menschengestalt sind widersprüchlich. Das zahlenmäßige Vorherrschen der Tiergestalt und ihre oft besonders sorgfältige, eindrückliche Ausführung ließen die These aufkommen, daß die Darstellung des Tieres die ältere, ursprünglichere sei, der das menschliche Bild erst auf einer spätern Stufe folge. Daraus wurden dann auch Schlüsse auf das allgemeine Bewußtsein des Eiszeitmenschen gezogen. So sieht Giedion am Beginn der faßbaren menschlichen Überlieferung ein zoomorphes Zeitalter, in welchem sich der Mensch dem Tier in jeder Hinsicht unterlegen fühlte. „Im zoomorphen Zeitalter spielt die menschliche Gestalt eine verschwindende Rolle gegenüber dem Tier, seiner Schönheit, seiner Macht. Dieses ungleiche Verhältnis drückt sich in den spärlichen Abbildern aus, die der urzeitliche Mensch hinterlassen hat. Undenkbar ist in der Urzeit die Selbstverherrlichung, mit der der nackte Körper, der männliche wie der weibliche, sich im Sonnenlicht der griechischen Plastik präsentiert. Es ist sehr zweifelhaft, ob der menschliche Körper an sich, als Objekt genommen, in der Urzeit überhaupt Geltung hatte"[198].

Diese These ist fragwürdig, da sie vom Material her kaum belegt und sicher nicht bewiesen werden kann. Selbst wenn menschliche Darstellungen überhaupt fehlen würden, wäre das kein Beweis, daß die menschliche Gestalt in der Vorstellungswelt der betreffenden Menschen keine oder nur eine geringe Rolle spielte. In den Mythenerzählungen rezenter archaischer Kulturen kommen menschengestaltige numinose Wesen vor, ohne daß entsprechende bildliche Darstellungen vorliegen. Nur wenn es sicher wäre, daß mit den eiszeitlichen Bildern die Gesamtheit der damals vorhandenen wirksamen Vorstellungen gestaltet worden ist, wäre die Annahme berechtigt, die fast ausschließliche Darstellung des Tieres beweise, daß ein Wissen oder Ahnen um die Kraft und Eigenständigkeit der menschlichen Seinsweise fehlte. Ein solches Wissen kann es aber nicht geben, die Gründe und Motive für die Entstehung der paläolithischen Kunst sind uns ebenso völlig unbekannt wie deren Beziehungen zum Leben und zu der Vorstellungswelt der damaligen Menschen. Ein Vorherrschen der tierischen Gestalt kann deshalb gar nichts aussagen über den Stand des damaligen Bewußtseins, es zeigt nur, daß in dem Bereich, dem die Eiszeitkunst diente, die tierische Gestalt besonders wichtig war.

Entscheidender als solche Überlegungen ist aber die Tatsache, daß die Rolle, welche die menschliche Gestalt in der eiszeitlichen Kunst spielte, gar nicht so verschwindend klein ist; daß die urzeitlichen Menschen eine Reihe von bedeutenden menschlichen Abbildungen hinterlassen haben. Sicher überwiegen die tierischen Darstellungen rein zahlenmäßig ungemein. Aber dieses statistische Ergebnis darf nicht inhaltlich überbewertet werden, besonders solange es ungewiß ist, welchen Ausschnitt des Lebens die Werke gestalten wollten.

---

[198] Giedion, Entstehung S. 328.

Es gibt in Europa „zwei Gruppen der eiszeitlichen Kunst, die franko-kantabrische Gruppe, ganz Mittel- und Nordeuropa umfassend, soweit es vom Eise frei war, und die ostspanische Gruppe, die südlich der Pyrenäen lebt, und deren Stil und Gestaltungsart wesentlich verschieden ist von der nördlicheren"[199]. Wenn man von der Eiszeitkunst spricht, meint man meistens die ungleich berühmteren Werke der ersten Gruppe. Für die Frage der Menschendarstellung ist aber die zweite, deren Werke auch unter dem Namen „Levante-Kunst" zusammengefaßt werden, von großer Bedeutung. Sie ist nämlich „reich an Menschendarstellungen; aus den jetzt (1936) bekannten 31 Stationen der ostspanischen Gruppe kennt man etwa 1000 Darstellungen des Menschen"[200].

Allerdings ist das Alter der Levante-Kunst umstritten. Möglicherweise reichen nur wenige Anfänge in die Altsteinzeit zurück, während die Mehrzahl der Darstellungen aus dem Mesolithikum stammt[201]. Diese zeitliche Einordnung könnte die Theorie unterstützen, daß die menschliche Gestalt erst auf späterer Stufe bildlich geformt wurde. Allerdings müßten sich dann die ostspanischen Höhlenbewohner in irgendeiner Form als ‚Nachfolger' der frankokantabrischen erweisen. Die Levante-Kultur wird aber als ebenso ursprüngliches und selbständiges Produkt eiszeitlicher und nacheiszeitlicher Gestaltung betrachtet wie die franko-kantabrische. Die materiellen und wirtschaftlichen Bedingungen, denen sie entstammt, scheinen denen im Norden sehr ähnlich gewesen zu sein. Es ist also durchaus denkbar, daß die Levante-Kunst unabhängig von einer möglichen chronologisch späteren Einordnung ein selbständiges Beispiel für urzeitliches Gestalten ist, und zwar ein Beispiel, in welchem auch der menschliche Körper vom ersten faßbaren Anfang an eine große Rolle spielte. Um aber allzu unsichere Verbindungen und Schlüsse zu vermeiden, soll dieser Hinweis auf eine frühe, an

---

[199] Kühn, Menschendarstellungen S. 225.
[200] aaO. S. 225.
[201] „Im mittleren und südlichen Teil Spaniens existiert eine gesonderte Gruppe von Felsmalereien, die sich nach Stil und Inhalt von denen des Jungpaläolithikums deutlich abheben. Im Gegensatz zu früher, wo man sie ins Paläolithikum datierte, schreibt man sie heute allgemein dem Mesolithikum oder späteren Perioden zu" (Ucko, Felsbildkunst S. 37).

menschlichen Darstellungen reiche Kunst genügen und im folgenden nur noch das Menschenbild in der von Tierdarstellungen beherrschten franko-kantabrischen Kunst betrachtet werden.

Von dieser Gruppe „sagt man im allgemeinen, daß ihr die Darstellung des Menschen fehle. Das ist jedoch falsch. Zwar tritt sie zurück gegenüber der Tierdarstellung, doch bei den vielen Tausenden von Bildwerken dieser Zeit, die wir kennen, nehmen natürlich auch die Menschendarstellungen einen großen Raum ein"[202]. In einem 1947 veröffentlichten Inventar, in dem die menschlichen Formen der paläolithischen Kunst zusammengestellt sind[203], beträgt ihre Anzahl rund 250. In dieser Zahl sind auch solche Darstellungen eingeschlossen, die nur teilweise menschlich oder unvollständig sind. Auch an den seither entdeckten Fundstellen kamen immer wieder menschliche Darstellungen zum Vorschein[204], scheinbar in einem zahlenmäßigen Anteil, der das Verhältnis zu den Tierbildern unbeeinflußt lassen dürfte. Außergewöhnlich ist in dieser Beziehung nur der Fund, der in Gönnersdorf bei Koblenz gemacht wurde, wo neben Schieferplatten mit Gravierungen von Tieren und weiblichen Figuren „mehr als 200 weibliche Statuetten des Typs ohne Kopf und Füße"[205] zutage kamen.

Die menschliche Gestalt ist also in der Eiszeitkunst in ernstzunehmendem Maße vorhanden. Für die Beurteilung ihres Verhältnisses zu den Tierbildern spielt der Zeitpunkt eine wichtige Rolle, in welchem sie am frühesten auftritt. Das führt zum „schwierigsten Problem"[206] in der Erforschung der Eiszeitkunst, zur Datierung und Chronologie der verschiedenen Dokumente. Die Zeugnisse der mobilen Kunst lassen auf Grund der Fundumstände eher eine zeitliche Einordnung zu als die Felsbilder, die sich aus sich selbst fast nicht datieren lassen[207], so daß eine chronologische Bestimmung – bis auf wenige Ausnahmen[208] – nur mit Hilfe von Stilvergleichen möglich ist[209].

---

[202] Kühn, Menschendarstellungen S. 225.
[203] Saccasyn, Figures.
[204] Leroi-Gourhan, Kunst S. 363 ff.
[205] aaO. S. 437.
[206] aaO. S. 38.
[207] aaO. S. 125.
[208] aaO. S. 233.
[209] aaO. S. 50.

Verschiedene Ansatzpunkte haben zu verschiedenen Ergebnissen geführt. Am bekanntesten ist das System von Breuil[210], von dem sich in neuerer Zeit besonders dasjenige von Leroi-Gourhan[211] abhebt. Die einzelnen Beispiele der Darstellung des Menschen erfahren dadurch zum Teil eine unterschiedliche zeitliche Beurteilung.

Nach Breuil, dem bis heute viele Forscher folgen, gehören zu den ältesten Zeugnissen des eiszeitlichen Kunstschaffens die Fingerzeichnungen im Lehm. Unter ihnen finden sich bereits menschliche Gestalten, nämlich „die oft ‚Göttinnen' genannten weiblichen Gestalten"[212] in der Höhle von Pech-Merle. Der ältesten Epoche figürlicher Darstellung, dem Aurignacien, werden auch die weiblichen Statuetten zugezählt, zu denen die berühmte Frauenstatuette von Willendorf[213] gehört und die bekannten Reliefs von Laussel[214].

Bei Leroi-Gourhan erfahren nun die genannten Dokumente eine etwas andere Einordnung. Die Statuetten datiert er nicht ins Aurignacien. „Die etwa zwanzig bekannten kleinen Statuetten aus Elfenbein oder Stein werden häufig als ‚aurignacienzeitliche Venus' bezeichnet, obwohl mit Sicherheit keine aus einer Schicht dieser Periode stammt"[215]. Auch die Reliefs von Laussel ordnet er einer dem Aurignacien folgenden Epoche zu und die Höhle von Pech-Merle sogar einer noch späteren, räumt aber ein, daß „deren Datierung ... schwierig ist"[216].

Die Einordnung von Breuil ergibt, daß die menschliche Gestalt gleichzeitig mit der tierischen unter den frühesten Zeugnissen auftaucht. Dieser Befund scheint auf den ersten Blick durch die Chronologie von Leroi-Gourhan infrage gestellt zu sein. Bei näherem Zusehen ist dies aber nicht der Fall. Einige Unterschiede ergeben sich zum Beispiel aus rein terminologischen Gründen. Bei Breuil umfaßt das Aurignacien einen weit größeren Zeitraum als bei

---

[210] Breuil, Siècles.
[211] Leroi-Gourhan, Kunst.
[212] Giedion, Entstehung S. 382; Abb. S. 383.
[213] Leroi-Gourhan, Kunst Abb. 274.
[214] aaO. Abb. 55 und 276–280.
[215] aaO. S. 53.
[216] aaO. S. 154.

Leroi-Gourhan[217], so daß ein Dokument, selbst wenn es in der ungefähren Skala der Jahrtausende den gleichen Platz beibehielte, bei diesem bereits einer neuen Epoche zugeordnet würde, bei jenem aber noch in der gleichen verbliebe.

Aber es bleiben auch Unterschiede, die nicht auf der Schwierigkeit der unterschiedlichen Epocheneinteilung beruhen. Leroi-Gourhan unterscheidet in der Eiszeitkunst eine Abfolge von vier Stilen. Die Themen des Stils I nun sind „Tierfiguren in Verbindung mit sexuellen Symbolen"[218]. Die menschliche Gestalt wird nicht erwähnt; damit ergäbe sich das Bild einer ersten Kulturphase ohne Darstellung des menschlichen Körpers.

Nun ist aber dieser Stil I nicht nur bloß durch wenige Dokumente belegt[219], er bildet auch keine selbständige Kunst-Epoche. Er umfaßt „alle künstlerischen Zeugnisse, die dem Auftreten des Stils II vorausgehen", in ihm gibt es „weder eine sicher datierbare Parietalkunst noch Gegenstände mit eindeutig figürlicher Verzierung", jedoch zeigen „Knochenfragmente und Steinplatten ... die ersten tastenden Versuche, sich mittels Gravierung oder Farbanwendung auszudrücken"[220]. Er gehört so nahe zum Stil II, daß Leroi-Gourhan die beiden zusammenfaßt in einer „primitiven Periode", der er noch eine „archaische" (Stil III) und eine „klassische" (Stil IV) folgen läßt[221]. Die wenigen Dokumente, die er seinem Stil I zuordnet, können also nicht als eigene Epoche gelten, sie gehören ‚geistesgeschichtlich' offenkundig zum zweiten Stil, welchem dann auch bereits menschliche Darstellungen zugezählt werden, vor allem wiederum auch die wichtigen Reliefs von Laussel. Auch in der chronologischen Anordnung nach dem System von Leroi-Gourhan

---

[217] Vgl. die Tabelle aaO. S. 555, in welcher die verschiedenen Systeme vergleichend nebeneinander gestellt sind.
[218] aaO. S. 48.
[219] aaO. S. 248.
[220] aaO. S. 248.
[221] aaO. S. 247 / Leroi-Gourhan wendet leider seine eigene Terminologie nicht konsequent an. Auf S. 247 wird die Einteilung in die drei Perioden vorgenommen, auf welche die vier Stile im oben angeführten Sinne verteilt werden. Auf der folgenden Seite aber wird der Stil I unter dem Titel „Periode I", der Stil II unter dem Titel „Periode II" erläutert.

taucht also die menschliche Gestalt schon in der frühesten Fundgruppe von eindeutig figürlichen Verzierungen der Eiszeitkunst auf, und ausdrücklich sagt der Autor, daß menschliche Darstellungen beiderlei Geschlechts „vom Anfang bis zum Ende nachweisbar sind"[222].

Für die Frage nach der Stellung der menschlichen Gestalt in der Kunst der Eiszeit ist von großer Bedeutung, daß die Reliefs von Laussel auch bei unterschiedlicher Betrachtungsweise immer der frühesten faßbaren Epoche zugeordnet werden. Nur schon durch diese Zeugnisse wird nämlich die These, daß die eiszeitliche Kunst den Menschen gar nicht oder nur in hilflosen Andeutungen dargestellt habe, grundlegend infrage gestellt. Die gestalterische Bewältigung des Themas ist von so hoher Qualität, daß ein klares Erfassen des menschlichen Körpers „als Objekt" vorausgesetzt werden muß und mit größter Wahrscheinlichkeit auch eine gewisse künstlerische Übung und Tradition auf diesem Gebiet. Die Qualität der Wiedergabe soll hier sogar diejenige von Tieren übertreffen: „Die Flachrelieftechnik bei diesen menschlichen Figuren unterscheidet sich in keiner Weise von der bei Tierfiguren angewandten, aber einige von ihnen lassen eine größere künstlerische Differenziertheit erkennen"[223]. Die Tatsche, daß diese in keiner Weise primitiven Reliefs zeitlich vor der großen Masse der Tierbilder liegen und im Bereich des Reliefs ihnen qualitativ zum Teil sogar überlegen sind, läßt große Zweifel aufkommen an der Theorie, wonach grundsätzlich die Tierdarstellung derjenigen des Menschen vorangegangen sein soll und noch größere an derjenigen, daß es zweifelhaft sei, „ob der menschliche Körper an sich, als Objekt genommen, in der Urzeit überhaupt Geltung hatte"[224]. Zumindest scheinen sich diese Ansichten nicht mit den Zeugnissen der eiszeitlichen Kunst zwingend belegen zu lassen.

Neben so ausgeprägt gestalteten Dokumenten der Darstellung des Menschen finden sich in der Eiszeitkunst auch viele Beispiele bloß

---

[222] aaO. S. 232.
[223] Ucko, Felsbildkunst S. 98.
[224] Giedion, Entstehung S. 328.

skizzenhaft schematischer Andeutung. Zwei wichtige jüngere Zeugnisse finden sich noch in Leroi-Gourhans Stil III. Es handelt sich um die beiden Reliefs liegender Frauengestalten, die in der Höhle La Madelaine entdeckt wurden[225]. Wiederum weist die Qualität der Gestaltung darauf hin, daß auch auf der Kulturstufe der Eiszeit der menschliche Körper qualitativ hervorragend, der Wirklichkeit nachgebildet, plastisch dargestellt werden konnte und demzufolge auch so wahrgenommen worden sein muß.

2.2.3. Die Mischgestalt

Nicht nur Menschen, sondern auch Mischgestalten finden sich unter den Werken der Eiszeitkunst. Sie kommen in verschiedener Ausprägung nicht nur als tiermenschliche Mischgestalt, sondern auch als tierische Mischwesen vor. „Eines der ersten Zeugnisse dafür ist die Riesenschlange mit dem Raubtierkopf, die in Baume-Latrone mit dem farbigen Höhlenlehm auf die Felswand aufgetragen wurde. In diese Gattung gehören auch das komposite Tier, Löwe-Gazelle-Nashorn aus dem Aurignacien in Le Combel (Pech-Merle, Lot), der Büffel mit Eberskopf in Le Roc-de-Sers (Charente) aus dem Solutréen, verschiedene hybride Tiergestalten auf einem Felsbild in Trois-Frères (Ariège)"[226].

Ucko macht darauf aufmerksam, daß es sich bei den „Phantasiegeschöpfen" der Eiszeitkunst in vielen Fällen „um eine Mißdeutung von sich überlagernden Linien"[227] handelt. Daneben gibt es aber

---

[225] Leroi-Gourhan, Kunst Abb. 507 und 508.
[226] Giedion, Entstehung S. 373.
[227] Ucko, Felsbildkunst S. 96 / In der Eiszeitkunst setzt die Deutung nicht erst bei der Beurteilung einer feststehenden Form ein, sondern bereits bei deren Festlegung. Überlagerung und Witterungsschäden haben in vielen Fällen ein so undeutliches Liniengewirr hinterlassen, daß das Erkennen bestimmter Formen bereits ein ausgeprägter Akt der Deutung ist. Das groteskeste Beispiel ist die Gravierung, die oft „le couple érotique des Combarelles" (Saccasyn, Figures S. 28) genannt wird. Auf Grund dessen, was Abbé Breuil, zum Teil ergänzend, daraus herausgelesen hat, wurden in der Folge sogar „mehrere Untersuchungen der Sexualität der paläolithischen Menschen" (Leroi-Gourhan, Kunst S. 585) angestellt. Der Vergleich mit dem Original, den Leroi-Gourhan anstellt (aaO. S. 585), zeigt, daß es fraglich ist, ob überhaupt eine menschliche Gestalt, geschweige denn eine erotische Szene dem Liniengewirr zu entnehmen ist.

auch eindeutige tierische Mischfiguren. „In einigen wenigen Darstellungen lassen sich die wiedergegebenen ‚Tiere' mit keiner uns bekannten Tierart identifizieren; hier muß es sich um bewußt aus verschiedensten Organen komponierte Phantasiegeschöpfe, Fabelwesen oder Wundertiere handeln, denn in vielen Fällen sind sie sehr sorgfältig graviert bzw. gemalt, man kann also die fehlende Ähnlichkeit mit bekannten Tieren nicht künstlerischem Unvermögen oder einer Fehlinterpretation zuschreiben. Das bekannteste dieser Phantasiewesen ist das gefleckte Tier in Lascaux"[228].

In höherem Maße als bei den ägyptischen Funden der Vorzeit finden sich in den Zeugnissen der Eiszeit auch tier-menschliche Mischwesen. Anders als bei der menschlichen Gestalt wird aber aus den verschiedenen Veröffentlichungen über die Eiszeitkunst nicht eindeutig klar, ob die anthropozoomorphe Gestalt schon unter den ersten Zeugnissen gefunden wird. Wenn – nach Breuil – die Fingerzeichnungen im Lehm der Höhle Pech-Merle zu den frühesten Zeugnissen der paläolithischen Kunst gezählt werden[229], dann gehört auch das tier-menschliche Mischwesen – hier in Form des „Vogelkopfes auf der menschlichen Gestalt"[230] – zu den ältesten bezeugten Formen. Und in der Zusammenstellung von Saccasyn-della Santa werden einige gemischte Figuren dem – offenbar ‚Breuilschen' – Aurignacien zugeschrieben[231].

In Leroi-Gourhans Darstellung kommt das Spezialproblem der chronologischen Einordnung der Mischwesen nicht explizit zur Sprache und es läßt sich auch nicht schlüssig indirekt erschließen. Pech-Merle ordnet der Forscher, wenn auch zögernd[232], seinem Stil III zu. Nicht alle Fundorte, von denen Saccasyn-della Santa Beispiele bringt, sind in seinem Werk behandelt, so daß für einige, zum Teil gerade einschlägig wichtige, nicht ersichtlich wird, wie sie in seinem System eingeordnet würden. Allerdings stammt „une tête mi-bestiale, mi-humaine"[233] aus La Ferrassie, einer Höhle, die Leroi-Gourhan sogar seinem Stil I zuordnet[234]. Doch erwähnt er das

---

[228] Ucko, Felsbildkunst S. 97.
[229] Vgl. hier bei Anm. 212.
[230] Giedion, Entstehung S. 382.
[231] Saccasyn, Figures S. 124 ff.
[232] Vgl. hier bei Anm. 216.
[233] Saccasyn, Figures S. 139.
[234] Leroi-Gourhan, Kunst S. 344 f.

Dokument nicht und in der kleinen Reproduktion bei Saccasyn-della Santa erweist es sich höchstens als möglicher, aber nicht als zwingender Beleg für eine Mischfigur[235].

So bleibt es unsicher, ob die Mischgestalt von Anfang an im Formrepertoire der Eiszeitkunst vorkommt. Auf jeden Fall aber stammen die bedeutendsten Beispiele aus der späteren Zeit. Zu ihnen gehören die Steinbock- oder Gemsmännchen aus Abri Mège[236], der ‚Zauberer‘ aus Lourdes[237] und die Funde aus Les Trois-Frères: eine tanzende und scheinbar ein Blasinstrument spielende Mischfigur, ein Bison-Mensch und vor allem der berühmte ‚Zauberer‘ dieser Höhle[238].

Im Katalog von Saccasyn-della Santa werden 59 tiermenschliche Mischfiguren aufgezählt[239], die also rund ein Viertel aller von ihr erfaßten Figuren mit menschlichen Aspekten ausmachen. 32 von ihnen haben einen tierischen Kopf, der sich keiner bestimmten Tiergattung zuordnen läßt[240]. In der 27 Figuren umfassenden Gruppe mit deutbaren Tierköpfen kommen am häufigsten Gestalten mit Vogelköpfen vor, von ihnen sind 12 Beispiele bekannt[241]. Daneben haben 6 Figuren Pferde- oder Eselköpfe[242], 3 einen Bison- oder Rinderkopf[243], 3 erscheinen mit ziegenartigen[244], 2 mit hirschartigen Köpfen[245] und eine hat einen Mammutkopf[246]. Gravie-

---

[235] Saccasyn, Figures Abb. 71.
[236] Kühn, Menschendarstellungen Tafel 8.
[237] aaO. Tafel 6 / Es hat sich in der Eiszeit-Literatur eingebürgert, rätselhafte menschliche Gestalten „Zauberer" zu nennen. Im Zusammenhang mit den 1952 entdeckten Gravierungen in der Höhle von Saint-Cirq erwähnt auch Leroi-Gourhan eine solche Gestalt und sagt, daß sie „der ‚Zauberer‘ getauft wurde, da es einige Prähistoriker für sinnvoll halten, in ungenauen Bezeichnungen jene Anhaltspunkte zu suchen, die aus der Darstellung selbst nicht hervorgehen" (Leroi-Gourhan, Kunst S. 364).
[238] Kühn, Menschendarstellungen Tafel 8.
[239] Saccasyn, Figures S. 124 ff.
[240] aaO. S. 130 ff.
[241] aaO. S. 124 ff.
[242] aaO. S. 127.
[243] aaO. S. 128.
[244] aaO. S. 129.
[245] aaO. S. 130.
[246] aaO. S. 127.

rungen und Skulpturen überwiegen weitaus, im gemalten Bild dagegen finden sich Mischfiguren seltener.

Diese Mischgestalten haben in hohem Maße das Interesse der Forscher geweckt, die versuchten, das Geheimnis, das für modernes Bewußtsein hinter diesen so rätselhaften Wesen steckt, zu lüften. Fragwürdig und wohl allzu sehr nur aus heutiger Sicht erfolgt scheinen die Deutungen zu sein, welche in diesen Werken „einen Beweis für eine unzureichende oder karikierende Darstellung oder für eine primitive Mentalität, die nicht in der Lage war, zwischen Mensch und Tier zu unterscheiden"[247], sehen möchten. Wohl näher bei der Sache und doch westlich modernen Menschen leicht verständlich und mühelos nachvollziehbar ist die Annahme, daß es sich bei den Mischgestalten um Maskenträger handle. „Die Ansicht, daß im Paléolithique supérieur Masken existieren, wurde von Breuil und seinen Freunden seit 1906 vertreten"[248]. Seither sind viele Autoren „der Ansicht, die dargestellten Menschen seien maskiert und/oder in Tierfelle gekleidet"[249]. Der These von den Masken wurde aber auch widersprochen. Gegen sie trat G. H. Luquet schon 1910 „mit seinem Positivismus auf und betonte, daß es keine preuve irréfutable für die Maskenexistenz im Paläolithikum gäbe. Nirgends seien auf den Darstellungen Anzeichen für die Befestigung der Masken zu finden"[250]. In vielen Fällen läßt die Art der Darstellungen und vor allem auch ihr heutiger Zustand eine entsprechend sichere Feststellung gar nicht zu. „On ne trouve la preuve de l'existence des masques à l'époque quaternaire, sur aucune des figures prétendument masquées"[251].

Bei der Überprüfung der Frage, ob die Mischgestalten maskierte Menschen oder tatsächlich zwitterhafte Wesen darstellen, kommt es nicht nur darauf an, ob die Befestigung und der Ansatz der Maske sichtbar seien oder nicht. Andere Eigentümlichkeiten der Darstellung sind hier auch noch von Bedeutung. Die ‚Mischung' erfolgt

---

[247] Vgl. Ucko, Felsbildkunst S. 136.
[248] Giedion, Entstehung S. 370.
[249] Ucko, Felsbildkunst S. 136.
[250] Giedion, Entstehung S. 370.
[251] Saccasyn, Figures S. 22.

nämlich nicht immer gleichmäßig nach dem Rezept: ganz menschlicher Körper und Tierkopf. Die Körper selbst sind manchmal zusammengesetzt aus menschlichen und tierischen Formen. Das ist besonders deutlich zu sehen beim ‚Zauberer' und beim Bison-Menschen aus Les Trois-Frères. Aber auch bei anderen Mischfiguren weisen die Extremitäten oder andere Partien des Körpers tierische Formen auf. Das kann einerseits als Zeichen weiterer Verkleidung gedeutet werden. Andererseits aber könnte es auch ein Hinweis dafür sein, daß mit diesen Darstellungen tatsächlich ‚reale' Mischgestalten gemeint waren; dies besonders in einem Fall wie dem des Bison-Menschen, wo die tierischen Partien sich zum Teil kaum als Verkleidung realisieren ließen, zum Beispiel die menschlichen Beine, die in schlanken Bisonhufen enden. Übrigens wäre selbst mit einem Beweis, daß es sich bei den Mischgestalten um Menschen in Masken und Verkleidungen handle, höchstens die Frage nach dem in diesen Bildern formal Dargestellten beantwortet, in keiner Weise aber das Problem des Wesens und der Bedeutung der eiszeitlichen tiermenschlichen Zwitterfigur gelöst[252].

Auch die Frage nach der Funktion dieser Mischgestalten ist immer wieder gestellt worden. Für den ‚Zauberer' in Les Trois-Frères scheint die Anordnung der Bilder in jenem Raum der Höhle einen erklärenden Hinweis zu geben. Auffällig ist nämlich, daß er „auf schwer zugänglicher Felswand ... hoch über dem Gemenge der Tiere"[253] plaziert wurde. Das mutet uns wie eine Höherstellung, wie eine Überordnung über die unter ihm dargestellten Tiere an. Die Gestalt wurde denn auch schon als ‚Herr der Tiere' bezeichnet. Dann wäre sie ein ganz frühes Beispiel eines mischgestaltig dargestellten numinosen Wesens. Doch muß auch diese Deutung bloße Vermutung bleiben. Die kosmischen Raumvorstellungen der Eiszeit-

---

[252] Es wäre denkbar, daß die Eiszeitmenschen auf einer Bewußtseinsstufe standen, auf welcher eine Maskierung und Verkleidung sowohl vom ‚Darsteller' wie vom ‚Publikum' nicht bloß als Rollenspiel, sondern als wirklicher Gestalt- und Identitätswechsel erlebt wurde. Sowohl einem lebenden ‚Darsteller' wie einer bildlichen Darstellung solcher Mischgestalten hätte damit für die Angehörigen dieser Kultur ein Grad von Realität zukommen können, welcher der Vorstellung einer echten Existenzrealität mischgestaltiger Erscheinungen gleichkäme.
[253] Giedion, Entstehung S. 379.

menschen lassen sich bis heute in keiner Weise rekonstruieren und noch viel weniger läßt sich ermitteln, an welcher Stelle ihres Raumbildes der Sitz allfälliger numinoser Kräfte angenommen wurde. Giedion hat den Versuch unternommen, die Raumkonzeption der prähistorischen Kunst zu ermitteln. Er kommt zum Schluß, daß in ihr „alle Richtungen gleiches Recht haben"[254] und daß im Unterschied zu unserer Raum- und Ordnungswahrnehmung die prähistorische „nicht von der Vertikalen abhängig ist"[255]. Erst im Laufe der folgenden Kulturentwicklung wurde „die indifferente Stellung des urzeitlichen Menschen zu jeder Art von Richtung ... ersetzt durch die Suprematie der Vertikalen"[256]. Deshalb ist es unsicher, ob die für neuzeitliches Empfinden so deutlich hervorgehobene und ausgezeichnete Stellung des ‚Zauberers' auch von den damaligen Menschen als solche empfunden wurde und damit als Hinweis auf eine mögliche besondere und übergeordnete Funktion dieser Gestalt genommen werden kann.

Der ‚Zauberer' hat noch weitere Deutungen erfahren. Etwas allzu kühn dürfte diejenige sein, welche sagt: „Über allen Bildern, die er (gemeint ist der ‚Künstler') graviert hat, denn alle sind von einer Hand, über allen Bildern hat er zum Schluß sich selbst gezeichnet"[257]. Zur Erklärung der Funktion dieser und anderer Mischgestalten berufen sich aber die meisten Forscher nicht nur auf die eiszeitlichen Zeugnisse, sondern ziehen zum Verständnis auch noch Fakten aus neuzeitlichen Stämmen auf archaischer Kulturstufe heran. So hat man die Mischgestalten, wenn man sie als Masken- und Fellträger sieht, in Analogie zu Gegebenheiten moderner einfacher Kulturen, als Zauberer oder Schamanen deuten können. Besonders der ‚Zauberer' von Les Trois-Frères weist Ähnlichkeit mit einem in einem Reisebericht aus dem 18. Jahrhundert veröffentlichten Bild eines tungusischen Schamanen auf. Die Übereinstimmung im Kostüm — falls beim ‚Zauberer' tatsächlich eine Kostümierung vorliegen sollte — wurde als Hinweis auf ähnliche Funktionen

---

[254] aaO. S. 402.
[255] aaO. S. 391.
[256] aaO. S. 391.
[257] Kühn, Spuren S. 88.

gedeutet: „Es wäre verwunderlich, wenn so weitgehend ähnliche Kostüme völlig verschiedenen Ursprung hätten"[258]. Ob dieser Schluß allerdings zwingend ist, bleibt fraglich.

Aus dem Vergleich mit modernen archaischen Kulturen stammen auch die Annahmen, daß die Mischfiguren mit magischen Bräuchen und mit mythischen und totemistischen Vorstellungen zusammenhingen. „Les êtres hybrides que l'on rencontre en beaucoup d'endroits ... pourraient être l'ancêtre, soit mythique, soit totémique, que les primitifs aiment à figurer et qu'ils se représentent généralement comme participant à la fois des natures humaine et animale"[259]. Von solchen Überlegungen her ist es dann auch möglich, daß die Maske als Erklärung der Mischgestalt beiseite gelassen und die Existenz ‚wirklicher' Mischgestalten angenommen werden kann. „Il paraît beaucoup plus vraisemblable qu'on a voulu représenter des êtres hybrides, ce qui impliquerait dans l'esprit de l'artiste, une association entre l'homme et certaines espèces animales"[260].

Da der Wunsch drängend ist, die reichen Werke der Eiszeit nicht nur als Zeugnisse einer frühen Kunst zu sammeln, sondern sie auch deutend zu verstehen, liegt es nahe, zur Erklärung Erkenntnisse aus der Ethnologie heranzuziehen und auf das prähistorische Gut zu übertragen. Aber hier ist Vorsicht geboten. Die allzu direkte Übertragung von neuzeitlich archaischen Zuständen in die paläolithische Welt birgt die Gefahr in sich, daß auf diese Weise das, was wir als Wesen der steinzeitlichen Menschen zu erkennen glauben „nur der Schatten der Uraustralier oder Eskimos"[261] ist. Die Äußerungen neuzeitlicher archaischer Kulturen müssen in erster Linie für sich allein genommen werden, als Erscheinungen der Welten, aus denen sie stammen, und nur mit äußerster Vorsicht dürfen sie vielleicht auch für die Erhellung von prähistorischen Zuständen herbeigezogen werden, denn die Übereinstimmung der Ausrüstung und wahrscheinlich auch der Lebensbedingungen ist keine Garantie für eine Übereinstimmung der Vorstellungswelt und des Bewußtseinsstandes.

---

[258] Giedion, Entstehung S. 380.
[259] Saccasyn, Figures S. 73.
[260] aaO. S. 22.
[261] Leroi-Gourhan, Kunst S. 37.

2.2.4. Zusammenfassung

Ganz verschiedenartige Zeugnisse, Werke unterschiedlicher Zeitzugehörigkeit, geographisch getrennter Herkunft und verschiedener Darstellungstechnik wurden hier als Formen der Eiszeitkunst gleichwertig nebeneinander gestellt. Das mag zulässig sein, da nur rein phänomenologisch betrachtet werden sollte, ob und wann die einzelnen Typen der Darstellung des Lebendigen auftauchen. Zum Versuch einer Deutung ihrer je einzelnen Funktionen und ihres Verhältnisses zueinander müßten dagegen noch viele Fragen der unterschiedlichen Technik, der zeitlichen Folge und der Lage der Fundorte genau geklärt werden. Vielleicht gibt es Zusammenhänge zwischen der Technik des Darstellens und dem Dargestellten: so kommt die menschliche Gestalt vor allem als Statuette, als Relief und als Gravierung vor, während sie kaum, und dann nur rudimentär, gemalt wird. Aus der frühen Epoche sind mehr menschliche Statuetten bekannt als aus der späten, welche die Höhepunkte der Tiermalerei brachte und aus der auch die wichtigsten Mischfiguren stammen. Statuetten finden sich bis nach Nordosteuropa, während sich die menschlichen Reliefs auf ganz wenige Fundorte beschränken. Nach Epoche und Fundort verschieden zeigen sich somit auffällige Schwerpunkte: Da herrscht eine Technik vor, dort tritt eine Darstellungsweise des Lebendigen besonders häufig auf, wie die menschliche Gestalt in Laussel oder die gemischte in Les Trois-Frères.

Wenn die franko-kantabrische Höhlenkunst trotz ihrer immensen zeitlichen und auch geographisch großen Ausdehnung als ein zusammenhängendes Kultur-Ganzes betrachtet wird, so ergibt sich im Hinblick auf die Darstellung des Lebendigen das folgende summarische Ergebnis: Sowohl die Menschen- wie die Mischgestalt kommt in der Kunst der Eiszeit vor. Die menschliche Gestalt findet sich sicher, die Mischgestalt möglicherweise unter den ältesten erhaltenen Zeugnissen. Zumindest die Darstellung des Menschen tritt also gleichzeitig und von Anfang an zusammen mit den Tierdarstellungen in Erscheinung, wobei aber letztere im Ganzen der Eiszeitkunst zahlenmäßig bei weitem überwiegen. Doch ist die darstellerische Qualität der menschlichen und der gemischten Figuren zum Teil so hervorragend, daß es trotz des mengenmäßigen Vorherrschens des Tieres unwahrscheinlich, ja sogar unmöglich ist, daß dem Bewußtsein des Eiszeitmenschen die menschliche Gestalt nicht ebenso sehr als realer und plastischer Vorstellungsinhalt gegeben war, wie die Tiergestalt. Gerade der Umstand, daß sich unter den „in technischer Hinsicht schwierigsten Werken", unter den „Flachreliefskulpturen"[262], der frühen und der späten Eiszeit auch ganz bedeutende menschliche Darstellungen befinden, weist auf eine hohe Bedeutung und Bewußtheit der menschlichen Gestalt in dieser Kultur hin.

Die oft geäußerte Hypothese der Entwicklung vom Tierbild zum Menschenbild mit der Mischgestalt als Übergangsform läßt sich also in der eiszeitlichen Kunst nicht belegen. Sie läßt sich anhand der Zeugnisse aber auch nicht grundsätzlich als Stufe der Menschheitsentwicklung widerlegen. Wohl werden mit den ersten Zeugnissen menschlichen Gestaltens alle drei Typen des Lebendigen sichtbar. Aber es steht nicht fest, ob diese ältesten erhaltenen Formen tatsächlich die ersten Anfänge menschlichen Gestaltens überliefern. Nur wenn dies der Fall wäre und eindeutig bewiesen werden könnte, wäre auch bewiesen, daß es in der bildlichen Darstellung eine Entwicklung vom Tierbild zum Menschenbild nicht gab. Nun ist es aber fraglich, ob „die uns heute bekannten Werke der Parietalkunst und der mobilen Kunst tatsächlich den Beginn der paläolithischen Kunst darstellen. . . . Künstlerische Versuche auf inzwischen zerstörten organischen Materialien können sehr wohl vorangegangen sein; man kann sich durchaus vorstellen, daß eine vieltausendjährige Entwicklung von Kunstwerken auf Häuten, Bast, Holz usw. zeitlich vor den ersten Werken der paläolithischen Parietalkunst lag"[263]. Form und Inhalt dieser zu vermutenden Gestaltungstradition vor der Eiszeitkunst lassen sich natürlich nicht einmal andeutungsweise erraten. Nur soviel läßt sich sagen, daß die Ausschließlichkeit der Tierdarstellung und ein späterer Übergang

---

[262] Ucko, Felsbildkunst S. 169.
[263] aaO. S. 77.

zum Menschenbild – falls diese wirklich zur Entwicklung der Menschheit gehörten – auf dieser uns unzugänglichen Kulturstufe vor der Eiszeitkunst hätten stattfinden müssen, in der Eiszeitkunst selber aber nicht – oder nicht mehr – nachweisbar sind.

Darstellungen von Tieren, Menschen und Mischfiguren finden sich also in den ältesten erhaltenen Beispielen gestaltender Tätigkeit des Menschen. Doch ihre Bedeutung ist unbekannt. Insbesondere muß die Frage offen bleiben, ob mit diesen Figuren wohl numinose Gestalten gemeint seien, und damit, im speziellen, ob bereits auf dieser Kulturstufe das Numinose in Mischgestalt auftrete. Ob der Eiszeitmensch numinose Mächte kannte und welche Gestalt und Form sie allenfalls in seiner Vorstellung annahmen, ist nicht festzustellen. Die Höhlenkunst bezeugt einzig, daß im eiszeitlichen Vorstellungsrepertoire die menschliche, die tierische und die gemischte Gestalt enthalten war. Deshalb kann nur mit Sicherheit gesagt werden, daß Numinoses – falls es für diese Kultur gestalthaft vorhanden war – potentiell und der formalen Möglichkeit nach in jeder dieser Formen, also menschlich, tierisch und mischgestaltig gesehen werden und in Erscheinung treten konnte.

Die Funde aus der Eiszeit zeigen nur, daß die Mischgestalt als Form schon der damaligen Kultur bekannt war. Über das mischgestaltige Numinose aber vermögen sie keinerlei Auskunft zu geben. Ob das Bewußtsein zivilisatorisch äußerst einfacher Kulturen helfen kann, Entstehung und Wesen der numinosen Mischgestalt zu erklären, kann nicht an prähistorischem Material geprüft werden. Erkenntnisse können hier nur anhand von rezenten Kulturen auf archaischer Stufe gewonnen werden, deren Vertreter lebende Auskunft zu geben vermögen über die Vorstellungen und Inhalte, die sich mit den Bildern und Gestalten ihrer Tradition verbinden.

3. Die neuzeitliche archaische Kultur der Aranda

3.1. Exkurs: Der Südseeraum

3.1.1. Prähistorische und rezente Steinzeit

Die forschungsfreudige neueste Zeit fand nicht nur die Spuren längst vergangener eiszeitlicher Kulturen, sondern stieß auch in verschiedenen Teilen der Erde auf lebende Völkerschaften, die auf einer – zumindest äußerlich – mit der Steinzeit vergleichbaren steinzeitlichen Kulturstufe lebten und leben, deren Lebensführung und Ausrüstung also ungefähr derjenigen entsprechen dürfte, die auf Grund der Funde für die Bewohner der urzeitlichen Höhlen anzunehmen sind. Im Gegensatz zu den stummen Zeugnissen aus der Eiszeit vermitteln die Begegnungen mit diesen Stämmen auch Kenntnisse über die Vorstellungs- und Gedankenwelt der betreffenden Menschen, so daß in diesen Fällen nicht nur die Bilder, sondern auch ihr Stellenwert und ihre Bedeutung im Kulturganzen und im Bewußtsein des einzelnen klar werden können. Dabei schränken allerdings die Schwierigkeiten der sprachlichen Verständigung und die Unterschiede der Vorstellungsweisen auch hier die Möglichkeiten des Eindringens in die fremden geistigen Welten wiederum ganz wesentlich ein.

3.1.2. Die Mischgestalt im Südseeraum

In besonders großer Zahl fanden sich technisch-materiell wenig entwickelte, steinzeitähnliche Kulturen im Südseeraum, in Australien und auf den umliegenden Inseln Ozeaniens. In den letzten hundert Jahren wurden sehr viele dieser Stämme genau erforscht, und reiche Dokumentationen ihrer materiellen Kultur und ihrer geistigen Überlieferungen liegen vor.

In den Berichten über die religiösen Vorstellungen dieser Völker finden sich zahlreiche Beispiele von Mischgestalten, wobei sich die verschiedensten Elemente mischen können. Auf Borneo werden Gottheiten in der Gestalt des Nashornvogels und der Wasserschlange gesehen. Oft aber „findet man beide Erscheinungsformen in einem Bilde kombiniert, d. h. Nashornvogel und Wasserschlange sind zu einem Wesen vereint, oder der Nashornvogel trägt Schuppen und die Wasserschlange statt dessen Federn"[264]. Auf den Fidschiinseln ist ein Schöpferwesen bekannt, Ndengei, das als Schlange aus einem Felsen wächst[265]. Auf der gleichen Insel werden Gottheiten als „Riesen mit vielen Augen, Flügeln statt der Arme usw."[266] gesehen. Eine Mischung menschlicher und tierischer Teile stellen auch die Riffgeister auf den südlichen Salomonen dar, die oft „als eine Art Fischmenschen"[267] geschildert werden; ebenso die bösartigen Geister im Hochland von Neuguinea, die „in nur halbmenschlicher Gestalt wie Fledermäuse mit Menschenköpfen"[268] auftreten. Auch Pflanzliches kann sich mit der Menschengestalt verbinden, in Mittel-Neuirland finden sich „waldschratähnliche Ungeheuer – z. T. mit Pflanzen statt der Haare –"[269].

Auch in Australien kommen mischgestaltige Wesen vor. In Queensland ist Guin „ein gefürchteter haariger Buschgeist mit Krokodilfüßen und Adleraugen"[270]. Im nördlichen Süd-Territorium wird die Geschichte vom Fledermausmann Djinimin erzählt, der „seine drei Schwestern, ... die rosenbrüstigen Papageien"[271] vergewaltigte. Die Urabunna, ein Stamm im Süden Zentral-Australiens, nahmen an, daß in der Vorzeit Wesen lebten, die halb menschlich, halb tierisch oder pflanzlich gewesen waren[272]. Die Formen können sich aber noch viel merkwürdiger und für unsere Begriffe noch viel

---

[264] Stöhr, Religionen S. 23.
[265] Nevermann, Religionen S. 65.
[266] aaO. S. 65.
[267] aaO. S. 89.
[268] aaO. S. 89.
[269] aaO. S. 88.
[270] Worms, Religionen S. 243.
[271] aaO. S. 246f.
[272] Spencer/Gillen, Northern Tribes S. 145.

weniger nachvollziehbar vermischen. So beginnt eine Erzählung von der Kap-York-Halbinsel: „Einst war der Stengel der blauen Wasserlilie Mai umpiya der Mann Mai Tumpa, ihr Wurzelstock seine Frau, die Wurzelfasern seine ungeborenen Kinder und der frische Seitensproß sein ältester Sohn"[273].

Mit diesen vielfältigen Erscheinungsformen kann sich noch eine weitere Merkwürdigkeit verbinden: Die Unbestimmtheit und Wandelbarkeit der Gestalt. Die Marind-anim in Süd-Neu-Guinea stellen sich ihre machtbefähigten Wesen, die sie Dema nennen, auch äußerlich ungewöhnlich vor. „Man denkt sich z. B. einen Schweine-Dema bald als richtiges, aber außergewöhnlich großes Schwein, bald als Mensch, bald als Mittelwesen zwischen beiden. Man denkt sich die Dema auch als Tiere oder Pflanzen mit Menschengesichtern oder Menschenfüßen, oder mit einem Menschenfuß und mit einem tierischen Fuß, oder aber als sich fortwährend verwandelnd, bald als Mensch, bald als Tier, also wie die Wesen unserer Fabeln und Märchen"[274]. Auch bei den Maori auf Neuseeland sind Wesen bekannt, die Vogel und Mensch, oder gar Meerungeheuer und Mensch gleichzeitig sind[275]. Die zuletzt angeführten Beispiele gehen zum Teil bereits über das Phänomen der tier-menschlichen Mischung in der äußern Gestalt hinaus und gehören in den Bereich der in der Einleitung definierten „erweiterten Mischgestalt", die im Südseeraum weit verbreitet ist.

Wohl am häufigsten stimmt das Verhalten nicht mit dem Erscheinungsbild überein, indem Menschen tierische Fähigkeiten haben oder Tiere sich wie Menschen verhalten. Nach der Tradition der Urabunna entstanden in der Urzeit zwei Schlangen, die sich in einem Wasserloch niedersetzten und Fellschnüre herstellten[276]. Im östlichen Arnhelm-Land ist ein Stammvater namens Djamgabal bekannt. Als Schöpfergott gestaltet er die Erdoberfläche. In der Regenzeit befruchtet er die gesamte Natur, in der darauffolgenden Trokkenzeit aber „legt er Eier"[277].

---

[273] Worms, Religionen S. 244.
[274] Wirz, Marind-anim I, II, S. 8f.
[275] Schwimmer, World S. 94.
[276] Spencer/Gillen, Northern Tribes S. 146.
[277] Worms, Religionen S. 249.

Zahlreich sind auch die Beispiele von Gestaltwechseln. Die Dajak auf Borneo kennen eine Unterweltsgöttin Djata, deren Untertanen die Krokodile sind. „In der Unterwelt besitzen sie menschliche Gestalt, und nur wenn sie dieselbe verlassen, sei es um den Menschen beizustehen oder sie zu vernichten, erscheinen sie als Krokodile"[278]. Die Urmutter der Batak auf Sumatra heiratet ihren Freier in Eidechsengestalt erst, nachdem er ihr in neuer Gestalt entgegentritt[279]. Auf Neuseeland wechselt Maui-Mua den Namen Rupe, nachdem er sich selbst in einen Vogel verwandelt hat[280].

Ebenso kommen genealogische Mischungen häufig vor: Menschliche und tierische Partner paaren sich, und Menschen stammen von Tieren oder Tiere von Menschen ab. Die Schöpfungsgeschichte der Dajak auf Borneo erzählt von der Stammutter, die ein Schwein, einen Hund und einen Hahn gebiert. Diese Tiere werden als Geschwister des Menschen angesehen[281]. Den Batak auf Sumatra sind drei Gottheiten bekannt, die zwar menschliche Gestalt haben, aber aus Eiern entstanden sind[282]. Die Verbindung von Mensch und Tier über das Ei ist im Südseeraum stark verbreitet. Sie kommt auch in den Mythen der Fidschi-Inseln und der Torres-Inseln vor[283]. Ein Mythos der Admiralitäts-Inseln zeigt besonders deutlich das enge ‚familiäre' Verhältnis von Mensch und Tier. Als Nachkommenschaft einer Taube schlüpfen aus zwei Eiern ein Mann und eine Taube. Der Mann paart sich mit seiner Mutter, mit der Taube. So entsteht eine zahlreiche menschliche Nachkommenschaft[284]. Der Riesenaal Tuna verführt die Frau oder Schwester des neuseeländischen Kulturheros Maui[285]. Bei den Marind-anim ist ein Clanvorfahre bekannt, „den man sich gewöhnlich als Mensch vorstellt. Man nennt ihn jedoch den Hunde-Dema, weil er sich in einen Hund verwandeln konnte

---

[278] Stöhr, Religionen S. 23.
[279] aaO. S. 51.
[280] Johansen, Studies S. 106.
[281] Stöhr, Religionen S. 26.
[282] aaO. S. 48f.
[283] Dixon, Oceanic S. 109.
[284] aaO. S. 109.
[285] Nevermann, Religionen S. 16.

und die Hunde gezeugt haben soll. Es waren dies jedoch keineswegs richtige Hunde, sie besaßen vielmehr stets noch gewisse außergewöhnliche Eigenschaften, konnten u. a. sprechen und besaßen Verstand"[286].

3.1.3. Vergleichbarkeit des Materials

Die angeführten Beispiele wurden nur nach äußerlichen Ähnlichkeiten zusammengestellt. Damit sollte das faktische Vorkommen belegt werden, sollte an wenigen, stellvertretenden Beispielen gezeigt werden, daß dieses Phänomen existiert, sollte demonstriert werden, wie weit verbreitet es im Südseeraume ist und in welchen Formen es auftreten kann. Es könnte verlockend sein, das reiche Material, das sich leicht vermehren ließe, sogleich zu deuten. Eine so direkte, nur auf den verschiedenen Einzelerscheinungen basierende Deutung verbietet sich nun aber für die vorliegende Fragestellung. Die angeführten Beispiele stimmen zwar der Form nach überein — notwendigerweise, da dies ja das Kriterium der Zusammenstellung war. Trotzdem können sie nun nicht einfach vergleichend nebeneinander gestellt werden, und zwar aus folgenden Gründen:

Kulturunterschiede: Die Beispiele stammen aus sehr unterschiedlichen Kulturen. Polynesische Völkerschaften haben zum Teil ganze religiöse Systeme entwickelt, bis zur „theologischen Spitzfindigkeit ... der Maori"[287], während in Australien und auf Borneo die in unserm Sinne rationale Durchgestaltung der sakralen Formen und Inhalte gar nicht oder höchstens in Ansätzen vorhanden ist. Für eine erklärende und ergründende Deutung nun können aber Elemente aus so unterschiedlich gestalteten Welten nicht einfach als gleichwertig nebeneinander gestellt werden, da die gleiche Form im Rahmen einer spitzfindig ausgeklügelten Theologie einen andern Stellenwert einnehmen wird, als in einer wenig reflektierten Kultausübung.

Kulturbeeinflussung: Von nicht geringerer Bedeutung sind auch die Unterschiede in der Beeinflussung von außen, von denen

---

[286] Wirz, Marind-anim I, II, S. 11.   [287] Nevermann, Religionen S. 8.

abhängt, in welchem Maße eine Kultur als rein und autochthon oder als Mischprodukt angesehen werden muß. Im Gebiet der Fidschi-Inseln hat sich „Melanesisches und Polynesisches stark überkreuzt"[288]. Dazu kamen, wie vielerorts, starke Einflüsse des Christentums, durch welche die alten Religionen bis auf wenige Reste verschwanden. In Australien dagegen fanden sich bis vor wenigen Jahrzehnten Stämme, die, wie es scheint, durch Jahrhunderte hindurch kaum mit Völkern der umliegenden Inseln und überhaupt nicht mit Europäern in Berührung gekommen waren. Religiösen Erscheinungen aber kommt natürlich eine ganz andere Bedeutung zu, wenn sie in ihrer Ganzheit dem eigenen Stammesleben entstammen, als wenn sie sich als Übernahme und Adaption fremder Formen oder als Relikt einer überlebten Phase der eigenen Geschichte erweisen; werden anders interpretiert werden müssen im Rahmen einer Mischkultur als in einer unberührten, unvermischten Stammestradition.

Stellung im Kulturganzen: Vor jeder Beurteilung und jedem Vergleich muß auch für jede Erscheinung so weit als möglich geklärt werden, welche Stellung sie im Geistesleben eines Stammes einnimmt. Gestaltwechsel numinoser Wesen sind häufig. Aber für einen Maori, der einen vergeistigten Hochgott-Begriff kennt, wird die Verwandlung der Nebengestalt Rupe etwas anderes bedeuten als die Gestaltwechsel der „beiden riesenbärtigen Kulturheroen Gagamaran und Gumbarin"[289] für einen Gandjari in Westaustralien, für den diese Wesen im Mittelpunkt des mythologischen Geschehens stehen; denn was im Bereich des zentralen Numinosen auftritt, wird eine andere Bedeutung haben, als was einer mythologischen Randerscheinung zukommt.

Forschungslage: Ein Phänomen muß aus und in seinem kulturellen Kontext verstanden werden. Solche Kenntnisse sind nun aber für uns abhängig von der ethnologischen Literatur. Direkten Zugang zu den rezenten archaischen Kulturen haben und hatten nur Reisende, Missionare und ethnologische Feldforscher. Alle andern Interessierten sind abhängig von den entsprechenden Veröffentlichungen.

---

[288] aaO. S. 65.   [289] Worms, Religionen S. 256.

Der Zugang ist auf diese Weise aber nur in eingeschränktem Maße möglich. Zum Verständnis des genauen Stellenwertes der einzelnen Erscheinungen und Aspekte einer fremden Kultur wäre ein vollständiges Gesamtbild nötig, das alle nur denkbaren Aspekte nach ihrem Gewicht und ihrer Bedeutung im Zusammenhang des Ganzen des Stammeslebens und im Sinne und Geist seiner Mitglieder vermitteln würde. Solche Darstellungen sind aber nicht vorhanden, ja sie können gar nicht vorhanden sein. Es ist theoretisch rein unmöglich, das ganze Beziehungssystem einer Kultur zu erfassen, geschweige denn darzustellen.

Der allumfassende Bericht ist also nicht denkbar. Damit ist notwendigerweise jedes Kulturbild, das die Forschung überliefert, unvollständig. Entscheidender als die Tatsache, daß in jedem Falle unendlich viele Einzelheiten fehlen müssen, ist dabei der Umstand, daß oft auch ganz wesentliche Phänomene gar nicht oder nur teilweise oder falsch erfaßt worden sind. Selbst umfassende Gesamtdarstellungen sind deshalb immer nur eine Auswahl. Welche Aspekte einer Kultur wahrgenommen und welche nicht beachtet werden, das hängt von der Methode und von der Persönlichkeit des Forschers ab. Jeder Forscher muß seine Untersuchung von einem bestimmten Standpunkt aus beginnen, und diese notwendige Blickrichtung bestimmt und beeinflußt unvermeidbar und in kaum abschätzbarer Weise von Anfang an das Ergebnis.

Von diesem Ausgangspunkt, von diesem Vor-Urteil hängt nicht nur ab, welche Äußerungen einer Kultur überhaupt erfaßt werden, sondern auch die Art, wie sie erfaßt werden. Und es wurde von ganz verschiedenen Voraussetzungen aus geforscht. Die ältesten Berichte stammen von Reisenden, die mit den einzelnen Kulturen meist nur in einen oberflächlichen Kontakt kamen. Ausführliche Darstellungen haben in der Folge dann vor allem Missionare veröffentlicht, die dank ihrer Jahre und Jahrzehnte langen Verbundenheit mit den Einheimischen die besten Möglichkeiten zu intensiven und erhellenden Begegnungen hatten. Erst gegen Ende des letzten Jahrhunderts begann die Feldforschung der amerikanischen und europäischen Ethnologen, deren Aufenthalte in den Forschungsgebieten meist sehr viel kürzer waren als die der Missionare, die aber diesen Mangel mit der wissenschaftlichen Methodik ihres Vorgehens auszugleichen suchten. Die unterschiedlichen Ausgangspunkte haben notwendigerweise unterschiedliche Ergebnisse gezeitigt, denn der Forscher, der sich zur christlichen Kirche bekennt, wird die gleiche konkrete Erscheinung einer bestimmten Kultur anders sehen, als derjenige, der an die Richtigkeit atheistisch naturwissenschaftlichen Welterfassens glaubt; allein die bloße Beschreibung eines Phänomens wird damit schon je ganz entscheidend anders erfolgen, gar nicht zu reden aber von der Interpretation[290].

Sobald es also nicht um den reinen Nachweis der Existenz eines Phänomens, sondern um den Versuch geht, dessen Bedeutung zu erfassen, wird es angesichts der genannten Schwierigkeiten fragwürdig, möglichst reiches und vielseitiges Material vergleichend nebeneinanderstellen und verarbeiten zu wollen, bevor nicht für jedes Beispiel die Bedingungen in seiner Kultur und diejenigen seiner wissenschaftlichen Überlieferung genau geklärt sind. Nur schon für eine einzige Stammeskultur ist es aber äußerst schwierig, ein einigermaßen umfassendes Bild des Kulturganzen zu gewinnen, das den Beziehungen innerhalb und den Verbindungen nach außen gerecht wird, und zugleich die Forschungslage mit ihren Einflüssen

---

[290] Dies gilt besonders für die frühen Darstellungen, die aus einer Zeit stammen, der die Perspektivität jeder geisteswissenschaftlichen Forschung und Tätigkeit nicht so grundsätzlich bewußt war, wie dies heute der Fall sein müßte. Aber auch die neuen Berichte, selbst wenn sie in vollem Bewußtsein dieser Problematik verfaßt sind, vermögen sich bei aller Einsicht in diese methodische Schwierigkeit nicht den einschränkenden Auswirkungen dieser aus den Gegebenheiten menschlicher Wahrnehmung resultierenden unvermeidlichen Tatsache zu entziehen. Auch in der modernsten, problembewußtesten Feldforschung gibt es die reine, unverfälschte Abbildung nicht, tritt uns im Forschungsbericht nie eine Kultur an sich entgegen, sondern die Art, wie sie dem betreffenden Forscher erschien.
Immerhin kann das klare Wissen um diese Begrenzung menschlichen Erfassens dazu verhelfen, grobe Fehler zu vermeiden und adäquatere Bilder des Fremden herzustellen und zu vermitteln. Darin kann eine große Chance für alle mit der Ethnologie verbundenen Wissenschaften liegen. Aber heute gibt es kaum mehr unberührte Stämme. So kann die wohl vorteilhaftere Methode doch nur sehr beschränkt vorteilhaft wirksam werden — wenigstens da, wo es sich um die Beobachtung und Schilderung unberührter, intakter archaischer Kulturen auf einfachster materieller Grundlage handelt — weil hier der besseren Methode das Objekt ihrer Anwendung verloren gegangen ist.

auf die Art und den Inhalt der Berichterstattung zu erkennen und zu berücksichtigen. Eine derart umfassende Überprüfung für alle der angeführten Kulturen aus dem Südseeraum ist nicht durchführbar.

Für diese Untersuchung war deshalb eine rigorose Einschränkung unumgänglich. Wegen der großen Unterschiede zwischen den einzelnen Kulturen und wegen der von Fall zu Fall immer wieder anders bedingten Forschungslage soll deshalb nach dem bloßen Nachweis des zahlreichen Vorkommens und der weiten Verbreitung von Mischwesen im Südseeraum im folgenden für den Versuch einer Erhellung des Phänomens nicht eine vergleichende Behandlung der angeführten Beispiele dienen, sondern eine möglichst genaue Erfassung der numinosen Mischgestalt im Rahmen einer einzigen Kultur. Die Wahl fiel auf die Aranda, einen Stamm in Zentralaustralien, der sowohl seiner innern Gegebenheiten als auch seiner besonderen Stellung in der ethnologischen Forschung wegen besonders günstige Voraussetzungen für eine solche Betrachtung bietet.

3.2. Bedingungen und Forschungslage

3.2.1. Geographische Lage und materielle Kultur

Das Gebiet der Aranda liegt in Zentralaustralien, im Süden des Nord-Territoriums. Verglichen mit andern australischen Stammesgebieten ist es verhältnismäßig groß und umfaßt verschiedene Regionen mit unterschiedlichen klimatischen Bedingungen. In den Mac Donnell Ranges, im Zentrum des Stammgebietes, liegen die bestbewässerten Teile, in denen die Bewohner – bevor mit den Weißen die großen Herden und die Kaninchen kamen – immer reichlich Nahrung fanden[291]. Spärlicher waren die Lebensbedingungen in der weiter nördlich gelegenen Burt Plain, deren Wasserlöcher in der Trockenzeit oft versiegten, so daß die Nord-Aranda immer wieder zu Wanderungen in die wasserreichen Schluchten der südlichen Bergkette gezwungen wurden[292]. Das Land im Süden ist wüsten-

---

[291] T. G. H. Strehlow, Traditions S. 60.
[292] aaO. S. 49.

artig, die dort lebenden Stammesgruppen konnten die Ufer des Finke und des Hugh höchstens in der Regenzeit verlassen[293]. Heute scheinen sich die Verhältnisse vor allem in den ehemals wasserreichen Gebieten grundlegend verändert zu haben. Durch die weiße Siedlung und Nutzung wurde das ökologische Gleichgewicht zerstört. Weite Landstriche wurden zu Dürregebieten. „A thousand square miles of the Aranda country once supported an estimated average of two hundred natives or even more; today such a block of land would support only one ‚white‘ family in moderate circumstances"[294].

Daß in der ‚voreuropäischen‘ Zeit so viel mehr Menschen ihr Auskommen finden konnten, hängt nicht nur damit zusammen, daß vor der weißen Besiedlung ein natürliches Gleichgewicht gewahrt war, sondern auch damit, daß die Ureinwohner äußerst einfach und anspruchslos lebten. Die alten Aranda waren reine Sammler und Jäger, ohne jegliche Ansätze zu Viehzucht oder Pflanzenbau. Sie verwerteten alles, was die Natur hervorbringt. Zur Nahrung dienten neben der Pflanzenkost nicht nur Känguruhs, Vögel und Fische, sondern auch Fledermäuse und Ratten, Insektenlarven und Raupen, Ameisen und Läuse[295]. Erstaunlicherweise wurden nie Versuche unternommen, den überreichen Anfall von Nahrungsmitteln nach der Regenzeit irgendwie als Vorrat für die karge Trockenzeit zu konservieren. Überfluß und Mangel wurden als gegeben hingenommen, zu diesbezüglichen Änderungen fühlten sich die Aranda nie aufgerufen[296].

Von größter Einfachheit war auch die Ausrüstung. Als Werkstoff für Geräte und Waffen standen Holz, Knochen und Steine zur Verfügung. Die Frauen benützten einen vorne zugespitzten Grabstock, mit dem sie Wurzeln und erdflüchtige Kleintiere, wie etwa Eidechsen, ausgruben. Die Männer gingen mit Speer und Speerwerfer, Bumerang und Keule zur Jagd. Der Schild diente auch als Traggefäß, neben ausgehöhlten Holzstücken oder Behältern aus zusammengebundenen Rindenstücken. Aus Zweigen und Buschwerk wur-

---

[293] aaO. S. 71.   [294] T. G. H. Strehlow, Culture S. 145.
[295] C. Strehlow, II, S. 61 ff.
[296] Ausführlichere Angaben über die Lebensbedingungen auch in Spencer/Gillen, Native Tribes S. 18 ff. und 567 ff. und in C. Strehlow, IV, II, S. 4 ff.

den einfache Windschutzwände und Hütten gebaut, doch lebten und schliefen die Aranda, auch im kalten Winter, weitgehend im Freien. Eigentliche Kleidungsstücke waren unbekannt, doch wurden Bänder um Kopf und Hüften, um Hals und Arme getragen, sowie teilweise kleine Schambedeckungen, die aber mehr als Schmuck, denn als Verhüllung dienten. Töpferei und das Weben waren unbekannt, ebenso wie Pfeil und Bogen[297].

Die Kunst der Aranda kannte keine naturalistisch körperhafte Darstellungen. Die Geräte wurden nur teilweise mit einfachen geometrischen Mustern verziert. Das eigentliche dekorative Schaffen fand im Zusammenhang mit den kultischen Handlungen statt, wenn die Körper der Teilnehmer, die phantastischen Kopfbedeckungen und die heiligen Pfähle mit Naturfarben, Blut und Daunen kunstvoll geschmückt wurden. Oft fanden hier auch Bodenzeichnungen, die in der gleichen Art und mit den gleichen Mitteln hergestellt wurden, Verwendung. Auch kultisch verehrte Steine und Hölzer wurden reich verziert. Äußerst selten sind Felszeichnungen, die, wie alle Aranda-Kunst, nur ganz einfache tierische und pflanzliche Formen und geometrische Muster aufweisen[298].

3.2.2. Forschungslage

Die Aranda sind nicht nur ein Beispiel für eine Kultur, die materiell auf äußerst einfacher Stufe steht. Der Stamm ist dazu noch ungewöhnlich vielseitig und intensiv erforscht worden. Dank der schwer zugänglichen geographischen Lage seines Gebietes kam es vergleichsweise spät, d. h. erst nach der Mitte des letzten Jahrhunderts, zu den ersten Berührungen mit den Weißen. Schon kurz nach diesen ersten Kontakten setzte eine ausnehmend ausführliche Forschung ein, so daß heute die Aranda als einer der besterforschten Stämme unter den schriftlosen Völkerschaften gelten können[299]. Für unsere heutigen,

---

[297] McCarthy, Ecology S. 171f.
[298] Spencer/Gillen, Native Tribes S. 614ff. und Fig. 124.
[299] T. G. H. Strehlow schreibt: „There is probably no other tribe in Australia which has been studied with such an intensity and from so many widely-different angles as have the Aranda". (Grammar, Oceania 13, S. 71).

ungewöhnlich reichen Kenntnisse über diesen Stamm kamen vor allem zwei glückliche Umstände zusammen.

Der erste liegt in der Tatsache, daß Ende des letzten Jahrhunderts, also in der Zeit, in welcher die systematische ethnologische Forschung begann, überhaupt noch eine so bedeutende steinzeitliche Kultur so weitgehend eigenständig lebte. Dieser Umstand erklärt sich aus der Siedlungsgeschichte Australiens. Nach spärlichen und unsicher bezeugten ersten, flüchtigen Begegnungen von Weißen und Australiern an einigen Küsten des Kontinents im 17. Jahrhundert, kam es zu einer eigentlichen Berührung der beiden Welten erst seit dem Ende des 18. Jahrhunderts. 1788 wurde die englische Sträflingskolonie Sydney gegründet. Der daraus entstandene Kulturkontakt im Südosten des Kontinents zeigte schon bald die bekannten negativen Folgen des Selbstverlustes und des Zerfalls der betroffenen Kulturen, und bereits hundert Jahre später waren viele Stämme in diesem Gebiet ausgestorben oder auf traurige Reste zusammengeschmolzen. Das Innere Australiens aber blieb seiner teilweise geringen Fruchtbarkeit und der schwierigen klimatischen und geographischen Bedingungen wegen noch längere Zeit unberührt, so daß dort altes Stammesleben weiterhin gedieh, als im Osten des Landes der Verfall der eingeborenen Kulturen schon weit fortgeschritten war.

Der zweite günstige Umstand besteht darin, daß die Aranda, die zu den Stämmen Zentralaustraliens gehören, die lange von den Weißen verschont blieben, um die Jahrhundertwende gleich zweimal gründlich erforscht und beschrieben wurden. Im Sommer 1896 bis 1897 hielten sich Baldwin Spencer und Francis James Gillen einige Monate im nordöstlichen Gebiet der Aranda, bei Alice Springs, auf und nahmen an einem großen kultischen Treffen teil, das einige Monate dauerte. 1899 erschien unter dem Titel „The Native Tribes of Central Australia" ihr Bericht, der möglichst umfassend, unterstützt von sehr vielen Photographien, das ganze Gefüge des Aranda-Stammes mit allen sozialen, religiös-geistigen und materiellen Aspekten darzustellen versucht. Acht Jahre später kam das erste Heft einer zweiten großen Veröffentlichung heraus: „Die Aranda- und Loritja-Stämme in Zentral-Australien". Sie stammt von C. Strehlow, der seit 1895 als Missionar bei den Aranda tätig war und zwar auf der Missionsstation Hermannsburg, die im nordwestlichen Teil des Arandagebietes liegt. C. Strehlow befaßt sich vor allem mit den Mythen und Riten der Aranda und ihrer westlichen Nachbarn, der Loritja, aber auch mit ihren sozialen Strukturen und ihren Lebensgewohnheiten. Durch den Krieg wurde die Herausgabe der in Fortsetzungen geplanten Publikation verzögert, so daß das letzte Heft erst 1920 erscheinen konnte.

Beide Arbeiten enthalten reiches Material über die Aranda, und es scheint auf den ersten Blick, als würde durch sie tatsächlich ein umfassend gesicherter Einblick in völlig autochthones, unberührtes Stammesleben auf materiell einfachster Grundlage möglich. Und die Autoren selbst scheinen davon überzeugt zu sein. Weitgehend ist das sicher auch so. Nur dürfen die notwendigen Einschränkungen nicht übersehen werden. Entscheidend ist in diesem Zusammenhang die Frage, ob und wie weit die Gruppen, die beobachtet wurden, bereits mit den Weißen in Kontakt gekommen waren. In den erwähnten Darstellungen taucht dieses Problem als solches gar nicht auf. Das zeigt nicht nur, daß es für diese Forscher offensichtlich bedeutungslos war, sondern hat auch zur Folge, daß die diesbezüglichen Fakten nicht klar und systematisch behandelt werden, so daß es praktisch nicht möglich ist, ein klares Bild von der Geschichte der Besiedlung und des Kulturkontaktes bei den Aranda zu gewinnen. Es lassen sich höchstens aus verstreuten und zufälligen, in den verschiedensten Zusammenhängen erfolgten Bemerkungen einige Angaben zu diesem Thema zusammentragen.

Daß weder Spencer und Gillen noch Strehlow die ersten Weißen in diesem Gebiet waren, ist eindeutig und geht auch da und dort aus ihren Arbeiten hervor. Da der wichtigste Punkt, wie weit zur Zeit der Erforschung diese Berührungen mit europäischer Zivilisation das Verhalten und Denken der Eingeborenen bereits beeinflußt hatten, kaum mehr abgeklärt werden kann, soll wenigstens versucht werden darzustellen, was an Fakten über das Eindringen der Weißen aus den vorliegenden Werken und weitern ähnlichen Arbeiten ermittelt werden kann.

3.2.2.1. Die Erforschung von Zentralaustralien

Erst nach der Mitte des letzten Jahrhunderts scheinen zum ersten Mal weiße Männer Zentralaustralien betreten zu haben. In „Meyers Lexikon" ist zwar auf der Karte mit den Routen der Entdeckungsexpeditionen schon für das Jahr 1824 eine Durchquerung des Kontinents angegeben, welche die beiden Forscher Hume und Hovell von Adelaide genau durch Zentralaustralien nach dem Norden geführt hätte[300]. Aber andere Aufstellungen über die Erforschung Australiens, zum Beispiel im „Brockhaus" wissen von dieser Durchquerung nichts, und ein australisches „Federal Handbook" erwähnt wohl die beiden genannten Forscher, spricht aber nur von Inlandfahrten im Süden und Südosten[301]. 1844 durchquerte der Deutsche Ludwig Leichhardt den nordöstlichen Teil Australiens von der Morton Bay an der Ostküste bis zum Van-Diemen-Golf an der Nordküste von Arnhemland[302]. In den folgenden Jahren gab es noch weitere große Inlandfahrten, die aber alle weit östlich von Zentralaustralien verliefen, so die Reisen von A. C. Gregory in den Jahren 1855–1858 und die erste Süd-Nord-Durchquerung, auf der 1861 die beiden Forscher Burke und Wills von Melbourne bis in die Gegend des Golfes von Carpentaria vorstießen[303]. 1862 gelang dann John MacDouall Stuart die erste Süd-Nord-Traversierung, die mitten durch Zentralaustralien führte, vom Eyresee nordwärts bis Port Darwin und wieder zurück nach Adelaide. Dabei kam er direkt durch das Gebiet der Aranda, in welches er schon zwei Jahre zuvor gelangt war, bei seinem ersten Versuch, den Kontinent zu durchqueren[304]. Seine Expeditionen waren von großer Bedeutung für die Erschließung des Innern und damit für die folgenden Kulturkontakte. „Stuart's journeys were of the greatest value in demonstrating that the interior of Australia was conquerable, and in revealing the excellent pasturage to be found in portions of the coun-

---

[300] Meyers Enzyklopädisches Lexikon, 1971⁹, Bd. 3, Karte S. 176.
[301] E. Scott in Knibbs S. 9.
[302] Brockhaus Enzyklopädie, 1967¹⁷, Bd. 2, S. 135.
[303] E. Scott in Knibbs S. 11f.
[304] aaO. S. 11/Brockhaus, Bd. 2, S. 135.

try"[305]. Vor allem aber wurde 1870/71 die große Überland-Telegraphenlinie von Port Augusta nach Port Darwin entlang der Reiseroute von Stuart gelegt[306]. Das hatte zur Folge, daß alle Stämme, durch deren Gebiet sie geführt wurde, von nun an ständig in einem gewissen Kontakt mit den Weißen standen, wie spärlich und oberflächlich er da und dort auch gewesen sein mag. Denn entlang der Linie wurden einige Telegraphenstationen mit ständigen weißen Beamten errichtet, und in deren Umkreis müssen die Kontakte natürlicherweise kontinuierlich und wohl auch ziemlich eng gewesen sein. Eine dieser Stationen nun war Alice Springs im Gebiete der Aranda, deren dort wohnende nordöstliche Gruppe also schon mehr als zwanzig Jahre mit den Weißen in dauernde Berührung gekommen war, als Spencer und Gillen ihre Forschungsarbeit aufnahmen.

Ende der siebziger Jahre drang auch die Mission[307] in das Gebiet der Aranda ein. Sie errichtete im Nordwesten des Landes eine Station, die Hermannsburg genannt wurde. Damit war auch in dieser Gegend ein Zentrum ständiger Begegnung mit der europäischen Kultur gegeben. Hier kann wohl eine intensivere Beeinflussung als sicher angenommen werden, weil die Mission ja, ihrer Definition gemäß, auf das Denken und Verhalten der ‚Heiden' Einfluß zu nehmen sucht, auch wenn das in durchaus verständnisvoller Weise geschieht, wie das zumindest bei C. Strehlow, der seit 1895 in Hermannsburg war, der Fall gewesen sein dürfte.

In welchem Maße weitere Weiße in das Gebiet eindrangen, ist aus den Schriften, die sich mit den Aranda befassen, schwer zu ersehen. Abgesehen von der Telegraphenlinie blieb das Gebiet technisch lange unerschlossen. In den neunziger Jahren, als Spencer und Gillen mit ihrer Arbeit begannen, führte die Eisenbahnlinie von Adelaide bis nach Oodnadatta, das südlich des Aranda-Landes gelegen ist. Von da hatte die Reise mit Kamel und Pferd weiter zu gehen[308]. Noch im Jahre 1914 zeigt eine Karte des australischen Eisenbahnnetzes die Strecke von Oodnadatta weiter nördlich bis

---

[305] E. Scott in Knibbs S. 11.
[306] Brockhaus, Bd. 2, S. 134.
[307] Hermannsburger Mission 1877–1893, lutherisch ab 1893. (RGG², Bd. 1, Sp. 677).
[308] Spencer/Gillen, Native Tribes S. 2.

nach Darwin als „projektiert" an[309]. Zentralaustralien blieb also bis in unser Jahrhundert hinein schwer erreichbar.

Weite Strecken des Gebietes sind zu trocken, um nach europäischer Weise besiedelt und bewirtschaftet zu werden. Trotzdem müssen sich spätestens Ende des Jahrhunderts — aber wahrscheinlich schon ziemlich viel früher — weiße Siedler in den klimatisch günstigeren Landstrichen niedergelassen haben. Spencer und Gillen sprechen allerdings erst in ihrem zweiten, 1904 erschienenen Werk — und auch da nur in der Einleitung — von „the few white men who are scattered over the country"[310]. Dabei wird aber nicht einmal ganz klar, welche Teile des Innern gemeint sind, und über die Tätigkeit der Weißen und vor allem über deren Einfluß auf die Eingeborenen ist dabei schon gar nichts zu erfahren. Im Hauptteil des Buches kommen die Weißen dann überhaupt nicht mehr vor.

Im ersten Werk aber findet sich eine Anmerkung, die weit umfassenderen Aufschluß gibt, als die Autoren wohl mit ihr vermitteln wollten. Im Zusammenhang mit der großen Geschicklichkeit der Eingeborenen im Spurenlesen erfährt man nämlich so ganz nebenbei, daß es bereits eine „native police" gab, deren Vorsteher bei der Verfolgung von „wild natives" froh war um die Fähigkeit seiner eingeborenen Angestellten, auch menschliche Fußspuren individuell unterscheiden zu können[311]. Die Berührung zwischen den Weißen und den Eingeborenen war also am Ende des letzten Jahrhunderts immerhin schon so weit gediehen, daß die beiden Ordnungen in Konflikt geraten konnten und Eingeborene polizeilich verfolgt wurden, und daß andere Eingeborene bereits im Dienste dieser Ordnungs-Organisation standen.

Auch bei C. Strehlow sind die diesbezüglichen Angaben äußerst dürftig. Im Vorwort zur ersten Abteilung des vierten Teiles, die 1913 herauskam, erwähnt der Missionar die „benachbarten Viehstationen der Weißen, von denen Schwarze in Dienst genommen

---

[309] Karte in Knibbs S. 461 / Das Projekt ist offensichtlich nicht verwirklicht worden. Die Bahn führt heute zwar bis Alice Springs, aber nicht weiter nach Norden. (Karte „Australien", 1 : 8 000 000, Kümmerly + Frey, oJ).
[310] Spencer/Gillen, Northern Tribes S. xiii.
[311] Spencer/Gillen, Native Tribes S. 25, Anm. 1.

werden" und auf denen bereits „eine Generation von Halbweißen aufwächst"[312]. Wie lange diese Stationen schon bestehen und wie zahlreich sie sind, wird nicht gesagt. Auch T. G. H. Strehlow sagt 1934, daß nach der Ankunft der Weißen in Zentralaustralien junge Eingeborene von den „foreign intruders upon ancient Aranda soil" eingestellt worden seien[313], aber auch bei ihm fehlen genauere Angaben über Zahl, Stärke und Dauer der weißen Besiedlung. Er schreibt auch: „The introduction of cattle, sheep, and rabbits, and the consequent destruction of the natural vegetation cover, have turned many of the best portions of the Centre into dust bowls"[314]. Die bereits erfolgte Umwandlung von ehemals lebenermöglichendem, fruchtbarem Boden in dürre Wüste läßt auf eine bereits lange dauernde Besiedlung schließen, gibt aber wiederum keine konkreten Anhaltspunkte für deren Beginn.

Abgesehen von diesen also zweifelsohne vorhandenen, in ihrer Dauer und ihrem Umfange aber leider nicht rekonstruierbaren wirtschaftlichen und kulturellen Kontakten mit den Weißen war aber für viele Gruppen der Aranda auch die Begegnung mit der Forschung und das Erlebnis, daß die eigene Lebensweise Gegenstand eines lebhaft fragenden Interesses gewisser weißer Männer sei, nicht neu. Über die Sprache der Aranda lag bereits eine Veröffentlichung vor, die von H. Kempe stammte, der als Missionar in Hermannsburg tätig gewesen war[315]. 1894 hatte W. A. Horn eine wissenschaftliche Expedition ins Innere Australiens unternommen[316], die sich auch mit den Aranda beschäftigt hat. In den Jahren 1896–1897 hielt sich auch ein deutscher Forscher, Erhard Eylmann, wiederholt für längere Zeit im Gebiet der Aranda auf. Er reiste von Süden nach Norden quer durch ganz Australien, um Kenntnisse über die dortigen Stämme zu sammeln. Seine vielleicht doch allzu summa-

---

[312] C. Strehlow, IV, I, S. VI.
[313] T. G. H. Strehlow, Traditions S. 121.
[314] T. G. H. Strehlow, Culture S. 145.
[315] Grammar and Vocabulary of the Language of the Aborigines of the McDonnell Ranges, South Australia (Trans. Roy. Soc. South Austr., 1891, Vol. XIV, S. 1–54.)
[316] Bericht darüber: E. C. Stirling, Report on the Work of the Horn Scientific Expedition to Central Australia, part IV: Anthropology, London 1896.

risch zusammenfassend vergleichenden Ergebnisse können hier beiseite gelassen werden. Interessant aber sind die Auskünfte, die sich in seinem Buch finden über die Präsenz der Weißen im Landesinnern. Nach ihm ist Stuart Town, ein paar Kilometer von Alice Springs entfernt, „die größte Ansiedlung im Innern ... und besteht aus einem Dutzend Blechhütten mit stockyards. Ihre Bewohner sind Handwerker und ‚storekeeper'"[317]. Eylmann gibt auch an, daß im Binnenland nicht mehr als zwanzig Viehstationen vorhanden seien, auf denen sich zwei bis vier Weiße befänden[318]. Im Gebiete der Aranda hat er im Westen und im Osten einige davon besucht. Auf ihnen arbeiteten eingeborene „boys", meist als Viehwärter[319], und mit eingeborenen jungen Frauen hatten die Weißen sexuellen Verkehr, da es im Landesinnern kaum Europäerinnen gab[320]. Viehdiebstähle sollen häufig gewesen sein[321] und damit unvermeidlich sicher auch Zusammenstöße zwischen Weißen und Eingeborenen. Wenn diese nicht privat ausgetragen wurden, konnten sie zur Verhaftung der Diebe führen, die dann in Alice Springs vom dortigen „chief magistrate" abgeurteilt wurden[322]. Auf seinen Reisen hat der Autor auch immer wieder herumreisende Buschleute[323] getroffen, denen auch die Eingeborenen immer wieder begegnet sein werden. Es gab hier aber nicht nur Farmen! Von besonderem Interesse ist nämlich, daß bei Arltunga im Gebiet der Ostaranda Goldfelder lagen, die unter der Leitung eines Direktors von weißen Arbeitern ausgebeutet wurden[324], und „etwa vor fünfzehn Jahren" – das muß also schon kurz nach der Erschließung des Innern gewesen sein – seien „eine große Zahl Leute" in eine Gegend in der Nähe geströmt, da man glaubte, dort Rubine zu finden[325].

---

[317] Eylmann, Die Eingeborenen S. 8*.
[318] aaO. S. 454.
[319] aaO. S. 457.
[320] aaO. S. 458.
[321] aaO. S. 454 und S. 456.
[322] aaO. S. 477.
[323] So nennt Eylmann „die weißen Arbeiter des Landes" (S. 48).
[324] aaO. S. 19* und S. 453.
[325] aaO. S. 20*.

In verstärktem Maße zeigen diese Angaben, daß die Aranda, besonders diejenigen im Osten, bei denen Spencer und Gillen arbeiteten, kein völlig unberührter Stamm mehr waren, denn die Existenz von kleinen Ortschaften, Farmen und herumreisenden Weißen und vor allem von Gold- und Edelsteinfeldern mit dem entsprechenden Aufmarsch beutegieriger Abenteurer kann nicht unbemerkt und folgenlos an den Eingeborenen vorbei gegangen sein. Nur ist natürlich nicht abzuschätzen, wie viele Aranda von all dem schon betroffen waren und in welchem Maße dies der Fall war.

Nicht nur die genaue kulturelle Situation der Eingeborenen, sondern auch das eigene Verhältnis der Forscher zu ihr wird nirgends genau dargelegt; und ebenso, wie auf diese Weise der Eindruck entsteht, als seien die beobachteten Eingeborenen wirklich noch vollkommen unberührt gewesen, erweckt die Lektüre auch den Anschein, als seien der Verkehr und die Kommunikation zwischen den Weißen und den Eingeborenen und das Eindringen in deren Kultur eine absolut unproblematische Selbstverständlichkeit gewesen. Als Problem kommt dieser Punkt überhaupt erst zur Sprache in der Auseinandersetzung zwischen den Autoren der beiden Werke und zwischen ihren Anhängern und Gegnern. Strehlows Veröffentlichungen enthalten nämlich Ergebnisse und Darstellungen, die zum Teil erheblich von denen Spencers und Gillens abweichen. Erst von dem Augenblick an, als diese Widersprüche sichtbar geworden waren, werden gegenseitig Fragen an die in den einzelnen Werken so unbefragt problemlos erscheinenden Verständigungsmöglichkeiten gestellt, und in der daraus entstandenen kritischen bis polemischen Auseinandersetzung werden wenigstens einige Umstände und Fakten deutlich, welche die jeweilige Forschung begünstigt oder behindert haben.

3.2.2.2. Die Forscher und ihre Möglichkeiten

Francis James Gillen war in Südaustralien geboren und aufgewachsen. Über zwanzig Jahre lang war er in Zentralaustralien als Verwaltungsbeamter tätig gewesen[326]. „As sub-protector of the

---

[326] Who was Who 1897–1916, London 1920, S. 275.

Aborigines he has had exceptional opportunities of coming into contact with, and of gaining the confidence of, the members of the large and important Arunta[327] tribe, amongst whom he has lived"[328]. Wohl dank diesem langjährigen Kontakt war es ihm, sowie dem damals erst kürzere Zeit in Australien weilenden englischen Forscher Baldwin Spencer möglich, bei ihrer gemeinsamen Expedition einen leichten Zugang zu wesentlichen Institutionen des dortigen Stammeslebens zu finden. So konnten sie vor allem an einer einige Monate dauernden Folge von Zeremonien teilnehmen, die im Sommer 1896–1897 bei Alice Springs stattfand[329].

Auch C. Strehlow war, wie Gillen, jahrelang in direktem Kontakt mit den Eingeborenen. Als Missionar konnte er aber nicht an heidnischen Zeremonien teilnehmen[330] und kannte so keine Kulthandlungen der Aranda aus eigener Anschauung. Seine Darstellungen beruhen allein auf den Auskünften seiner Informanten auf der Missionsstation. Damit scheint er grundsätzlich einen bedeutend weniger direkten Zugang zu der fremden Kultur gehabt zu haben. Aber diesen offensichtlichen Mangel konnte er ausgleichen durch einen wesentlichen Vorteil: Er sprach das Arandische[331]. Der Anblick der Riten und kultischen Bräuche war ihm also verwehrt, aber dafür

---

[327] ‚Arunta' ist die Schreibweise, die Spencer und Gillen für die Wiedergabe des Namens der von der übrigen Forschung meist ‚Aranda' genannten Eingeborenen verwenden.

[328] Spencer/Gillen, Native Tribes S. vii.   [329] aaO. S. viii.

[330] von Leonhardi in Vorrede zu C. Strehlow, III, I, S. V.

[331] Es ist kaum möglich zu beurteilen, wie sicher C. Strehlow die Aranda-Sprache beherrschte. Sein Sohn, T. G. H. Strehlow, sicher der größte Fachmann für das Arandische, äußert sich nicht zu dieser Frage. E. Eylmann, der zweimal einige Monate in Hermannsburg verbracht hat („Die Eingeborenen" S. 12* und S. 18*) billigt dem Missionar zu, daß er zu den ganz wenigen Europäern im Binnenland gehöre, „die eine Sprache der Eingeborenen einigermaßen richtig sprechen" („Die Eingeborenen" S. 81). Daß C. Strehlow das Arandische nur „einigermaßen" beherrscht haben soll, belegt Eylmann später mit einem Beispiel: Er hatte einer Predigt beigewohnt, die Missionar Strehlow in der Sprache der Eingeborenen hielt. „Nach dem Gottesdienst ... machen sie (die Kirchenbesucher) unter lautem Gelächter Witze über die Sprachfehler, die sich Missionar Strehlow zu Schulden kommen ließ. Bei dieser Gelegenheit möchte ich nachdrücklich auf die Unklugheit hinweisen, die die Missionare begehen, wenn sie schon nach verhältnismäßig kurzem Aufenthalt in einem fremden Lande sich erkühnen, in der Sprache ihrer Zöglinge zu predigen. Es ist dann unausbleiblich, daß sie Fehler

konnte er die mit ihnen verbundenen Mythen in direktem Gespräch mit den Eingeborenen erfahren und im Wortlaut, wie sie ihm vermittelt wurden, festhalten.

Spencer und Gillen dagegen mußten mit den Eingeborenen in Pidgin-Englisch[332] verkehren, denn auch Gillen soll – nach dem Zeugnis von C. Strehlow –, obwohl er zwanzig Jahre unter den Aranda gelebt hatte, „sich im Verkehr mit den Eingeborenen des pidginenglish, untermischt mit Aranda-Wörtern"[333] bedient haben. Dadurch erhalten aber die Angaben bei Spencer und Gillen ihrerseits, trotz der direkten Beobachtungsmöglichkeiten für die äußern Vorgänge, einen besonders großen Unsicherheitsfaktor in bezug auf alle sprachlich vermittelten Erläuterungen. Vor allem aber wird dadurch evident, daß gerade diese beiden Forscher nicht mit völlig unberührtem Stammesleben zusammenkamen, denn mit Eingeborenen, die noch nie in Kontakt mit den Weißen gekommen waren, wäre ja eine Verständigung für sie in so kurzer Zeit gar nicht möglich gewesen; sie waren also völlig auf Eingeborene angewiesen, die, zumindest sprachlich, schon ausgiebig mit der weißen Kultur in Berührung gekommen waren.

> über Fehler machen und infolge dessen nur die Zuhörer zum Lachen reizen, aber nicht den geringsten Eindruck auf die Herzen derselben hervorrufen" (aaO. S. 476).
> Abgesehen von diesen Schwierigkeiten auf Seiten C. Strehlows scheint es auch Hindernisse für eine ungetrübte Kommunikation von Seiten der Eingeborenen her gegeben zu haben: Die Missionare von Hermannsburg beklagten sich bei Eylmann darüber, „daß ihre Zöglinge die Gewohnheit angenommen hätten, mit ihnen in einem Jargon zu sprechen" (aaO. S. 81/Hervorhebung von mir). Daß C. Strehlow nicht mühelos Arandisch sprach, ist den Angaben von Eylmann wohl zu entnehmen, aber das Maß seiner einschlägigen Kenntnisse bleibt doch sehr ungewiß, denn Eylmann, der seinerseits keine Eingeborenensprache kannte (aaO. S. 38), konnte Angaben über die Gründe des Gelächters der Eingeborenen nach der Predigt nur in Pidginenglisch erhalten und befand sich zudem zu einem Zeitpunkt in Hermannsburg, als C. Strehlow erst zwei Jahre dort gearbeitet hatte. Die Veröffentlichungen des Missionars aber erfolgten erst viele Jahre später.
> [332] Vgl. Exkurs „Mythen in Pidgin-Englisch", hier I. 3.2.3.
> [333] Vorrede zu C. Strehlow, III, I, S. V./ Diese Angaben über die Sprachkenntnisse Gillens dürften richtig sein, denn Spencer hat sie in der Neuauflage seines Werkes im Jahre 1924 nicht dementiert, ganz abgesehen davon, daß er zweifelsohne, wenn Gillen wirklich Aranda gesprochen hätte, diese unschätzbare Tatsache von Anfang an nicht verschwiegen hätte.

Spencer und Gillens Werk vermittelt übrigens auch im äußerlich Rituell-Kultischen nicht so absolut spontan Authentisches, wie es den Anschein macht. Es enthält zwar sehr viele Photographien und liefert damit wertvolles Anschauungsmaterial. Auf den ersten Blick erwecken diese Bilder auch tatsächlich den Eindruck größter Unmittelbarkeit. Und um diesen ist es den beiden Forschern offensichtlich so sehr zu tun, daß sie alles, was ihn irgendwie einschränken könnte, nicht erwähnen. So steht in der ersten Auflage nichts davon, daß nicht alle Aufnahmen unmittelbar und echt gelebte Szenen und Zeremonien festhalten, sondern zum Teil erst nachträglich entsprechend gestellt und aufgenommen worden sind. Erst nachdem die Kritik auf diese Tatsache, die bei sorgfältiger Betrachtung nicht zu übersehen war, hingewiesen hatte, brachte Spencer diesen Umstand in der zweiten Auflage zur Sprache[334]. Und wie nun die Photographien nicht so uneingeschränkt Zeugen gänzlich unbeeinflußter Unmittelbarkeit sind, so gibt es auch Hinweise, daß überhaupt die ganze Begegnung der beiden Forscher mit dem Stamm nicht ganz frei von ‚Gestelltem' und künstlich Arrangiertem war, und daß die Situation doch nicht ganz so war, daß hier eine große, wichtige sakrale Festlichkeit stattgefunden hatte, auf welche die Weißen gleichsam zufällig gestoßen waren und die ohne sie in ganz gleicher Weise verlaufen wäre.

Spencer und Gillen schreiben: „During the summer of 1896—7, the natives gathered together at Alice Springs to perform an important series of ceremonies, constituting what is called the Engwura, and this, which occupied more than three months, we witnessed together"[335]. Anhand der damals entstandenen Photographien hat vierzig Jahre später T. G. H. Strehlow mit dortigen Eingeborenen über die damaligen Feiern gesprochen, an die sich einige noch gut erinnern konnten. Er schreibt in diesem Zusammenhang: „During Spencer's visit to Alice Springs in 1896, an iŋkura (‚Engwura') festival was arranged on the occasion of the ‚great white chief'"[336]. Die Feierlichkeiten scheinen also durchaus nicht

---

[334] Spencer/Gillen, Arunta S. xiii.
[335] Spencer/Gillen, Native Tribes S. viii.
[336] T. G. H. Strehlow, Traditions S. 109 / Hervorhebung von mir.

unabhängig vom Auftauchen der Weißen abgehalten worden zu sein. Daß sie auch in ihrem Verlauf durch deren Gegenwart nicht unerheblich beeinflußt wurden, wird an anderer Stelle deutlich. Die Eingeborenen erkannten auf den Photographien auch eine Gruppe von Aranda-Leuten aus dem Süden, die nun praktisch ausgestorben ist. Sie hatten auch eine genaue Erklärung für die Gründe dieses Auslöschens, denn die Mitglieder dieser Gruppe hatten damals eine sakrale Zeremonie vorgeführt, die sie an diesem Ort und zu dieser Zeit nicht hätten ausüben dürfen! Die alten Männer hatten sie gewarnt, „but they would not listen: they were greedy for the white men's gifts"[337]. Davon, daß Geschenke die Eingeborenen zur Vorführung möglichst zahlreicher Zeremonien anspornen sollten, steht bei Spencer und Gillen nichts. Aber es ist klar, daß die beiden Forscher auf diese Weise oft doch sehr modifiziertes und gerade in seinem Wesentlichsten, in seinem Ernst und seiner absoluten inneren Gültigkeit sehr verflachtes und verfälschtes Kulturgut zu Gesicht bekamen.

Aus den Beschreibungen von Spencer und Gillen entsteht nicht selten der Eindruck, daß die Riten der Aranda nicht viel mehr als leere, sogar etwas einfältige Geschäftigkeiten seien[338]. Möglicherweise ist diese Beobachtung nun sogar weitgehend richtig. Nur mag diese scheinbare bedeutungsleere Unerfülltheit ihren Grund nicht in einem wenig entwickelten geistigen Niveau der sakralen Vorgänge der Eingeborenen haben, sondern in dem Umstand, daß diese hier eben wirklich nur Äußerliches auf Wunsch vorgeführt hatten. Dabei mögen sie mit großer Wahrscheinlichkeit sogar durchaus den besten Willen gehabt haben, das zu geben, was man von ihnen wünschte. Daß aber durch die Künstlichkeit der Situation gerade das Entscheidende weitgehend abhanden kommen und der Eindruck leeren Getues entstehen mußte, das konnte ihnen selbst wohl nicht bewußt werden und wurde es offenbar auch ihren Gästen nicht[339].

---

[337] aaO. S. 110/Hervorhebung von mir.
[338] Vgl. besonders: Spencer/Gillen, Northern Tribes S. xiv f.
[339] Diese Ausführungen zu den Werken von Spencer und Gillen können und wollen ebensowenig wie diejenigen zu den Veröffentlichungen C. Strehlows deren Rang und Bedeutung antasten. Was diese Forscher feststellen und festhalten konnten,

Die Einschränkungen, unter denen C. Strehlows Beobachtungen erfolgten, werden aus seinem Werk zum Teil ersichtlich. Wie weit aber sein Vorteil der direkten Verständigung – abgesehen von der ungeklärten rein sprachlichen Problematik[340] – dadurch wieder beeinträchtigt wurde, daß seine Informanten auf der Missionsstation lebten, ist nicht zu entscheiden. Es kann nicht geklärt werden, wie weit diese Eingeborenen noch persönlich aktiv mit dem alten Stammesleben verbunden waren, und wie weit sie nur altes, erinnertes, vielleicht auch ungenau erfahrenes Wissen von einer Welt, der sie sich bereits entfremdet hatten, weitergaben. Immerhin gibt es Hinweise dafür, daß ihre Beziehungen zur Missionsstation nicht ganz ausschließlicher und alle alten Bindungen zerstörender Natur waren. C. Strehlow spricht „von den ungefähr 150 Schwarzen, die sich gewöhnlich in und um Hermannsburg aufhalten"[341] und sagt, daß einer der wichtigsten Informanten, der einst mit einem Schuß durch den Leib auf die Station gebracht worden war, „eines Tages davonlief, um die goldene Freiheit zu genießen"[342]. An anderer Stelle schildert er die Art, wie die „in und um Hermannsburg wohnenden Aranda" die benachbarten Bewohner zu Beschneidungsfeierlichkeiten einladen[343], was zeigt, daß alte Bräuche auch in der Nähe der Missionsstation noch weiter geübt wurden. Andererseits soll die Sitte, den jungen Leuten den rechten obern Schneidezahn auszuschlagen, bereits damals, „seit dem Kommen der Weißen", allmählich in Verfall geraten und auch schon öfters unterlassen worden sein[344]. Doch bleibt mit all diesen Angaben ungewiß, was von den Informanten C. Strehlows zu halten ist. Einige Bemer-

bevor der Kulturzerfall auch das Innere Australiens endgültig und zerstörerisch erreichte, ist unschätzbar und verdient umso größere Bewunderung gerade angesichts der Beschränkungen, unter denen diese Forschung zu erfolgen hatte. Wenn deren Bedingungen hier so ausführlich zur Sprache kommen, so geschieht dies nur, um die nötige Vorsicht walten zu lassen in der heutigen Ausnützung und Anwendung ihrer Forschungsergebnisse.

[340] Vgl. hier Anm. 331.
[341] C. Strehlow, IV, II, S. 30.
[342] C. Strehlow, IV, I, S. 85, Anm. 2.
[343] aaO. S. 17.
[344] aaO. S. 9, Anm. 2.

kungen von E. Eylmann geben zu Zweifeln an deren Kompetenz für die Vermittlung der Stammeskultur Anlaß. Der Forscher schreibt: „Ende der neunziger Jahre hielten sich 70—80 Eingeborene auf der Station auf. Mit ihnen konnten die Missionare keine Ehre einlegen. Die meisten Erwachsenen gehörten zu den größten Schuften des Landes, und die Kinder übertrafen an Ungezogenheit die der Hefe unserer Großstädte . . . . Diesen völligen Mißerfolg hatten verschiedene Umstände verursacht. Unkluger Weise schenkten die Missionare den Aussagen der älteren Heidenchristen, die sich unter der Maske der Frömmigkeit und des sklavischen Gehorsams ihr Vertrauen erworben hatten, stets Glauben. Die Folge dieser Vertrauensseligkeit war natürlich, daß sie auf jede Art und Weise hintergangen wurden"[345]. Es ist nicht zu entscheiden, wie weit diese Beobachtungen richtig sind, vor allem auch nicht, wie weit sie nur einen vorübergehenden Zustand betreffen, denn C. Strehlow war damals erst zwei Jahre in Hermannsburg und soll die Station, die zuvor einige Zeit leergestanden hatte, in einem unbeschreiblich verwahrlosten Zustande angetroffen haben[346]. Doch wird sie im Grundsätzlichen richtig sein, denn im allgemeinen dürfte es für alle Missionen und Feldforschungen zutreffen, daß sie bei unberührten Stämmen nicht in erster Linie mit den am meisten gefestigten, in ihrer Kultur am besten verwurzelten Menschen in Kontakt kommen, sondern in erster Linie mit denen, die weniger integriert und deshalb bereit und befähigt sind, mit Fremdem in Verbindung zu treten[347].

Weder Spencer und Gillen noch C. Strehlow haben also ganz unberührte Eingeborene angetroffen und ungehinderten Zugang zu deren Kultur gehabt. Beide arbeiteten zur gleichen Zeit auf weißen Stationen, die ungefähr zur gleichen Zeit gegründet worden waren, beide trafen also auf Eingeborene, die seit ungefähr zwanzig Jahren

---

[345] Eylmann, Die Eingeborenen S. 474.
[346] aaO. S. 473.
[347] Vgl. hier bei Anm. 337 die Angaben von T. G. H. Strehlow über Eingeborene, die aus Gier nach Geschenken unerlaubte Zeremonien vorführten, und hier bei Anm. 376 die Ausführungen, wonach vor allem größte Verschwiegenheit Voraussetzung für die Einweihung in die tieferen Geheimnisse des Stammes war.

an den Umgang mit Weißen gewöhnt waren. Beide waren beeinträchtigt gewesen in ihren Möglichkeiten des Kontaktes, die einen hatten die Sprache nicht beherrscht, dem anderen war die Teilnahme am Stammesleben verwehrt. Beide haben trotzdem reiches und wichtiges Material gesammelt.

Mit diesen beiden ausführlichen Darstellungen erschöpft sich aber die Erforschung der Aranda nicht. Angespornt durch die Diskussionen, welche sich um die Diskrepanzen zwischen den beiden Berichten entsponnen hatten, hatte sich Spencer dreißig Jahre nach dem Erscheinen seines ersten Werkes entschlossen, noch einmal an Ort und Stelle die ungelösten Fragen zu überprüfen. Er hielt sich noch einmal in Alice Springs auf, diesmal ohne Gillen, der inzwischen verstorben war. Als Ergebnis dieses Aufenthaltes erschienen 1927 die beiden Bände „The Arunta. A Study of a Stone Age People", die eigentlich eine überarbeitete zweite Auflage des Werkes von 1899 sind, in welche nur neue Einzelheiten und Erweiterungen eingearbeitet wurden. Im ganzen hat Spencer seine früheren Ergebnisse bestätigt gefunden: „These recent investigations have made it possible to re-write and amplify considerably our previous account, though in regard to matters of essential importance it was, whilst in some respects incomplete, correct in the main, so far as it went"[348]. Das Buch brachte damit teilweise vermehrte Einzelinformationen, aber keine neuen Gesichtspunkte.

Entscheidende und neue Aspekte und Erkenntnisse wurden erst in der folgenden Zeit durch T. G. H. Strehlow gewonnen, der sich als dritter Forscher ausführlich und intensiv mit den Aranda befaßt hat. Er ist als Sohn von C. Strehlow in Hermannsburg aufgewachsen und deshalb seit seiner Kindheit mit der Welt der Aranda, besonders mit ihrer Sprache vertraut. Er besitzt damit geradezu ideale Voraussetzungen, wie sie wohl kaum einem anderen Ethnologen für seine Studien je zur Verfügung standen. Aber T. G. H. Strehlows unvergleichliche Möglichkeit, durch eine – wie es scheint – vollkommene Beherrschung der Arandasprache in wirklich wesenhaft tiefen und durchdringenden Kontakt mit dieser Kultur zu gelangen, kann sich

---

[348] Spencer/Gillen, Arunta S. x.

doch nicht in dem Maße entfalten, wie es wünschenswert wäre, da er nun eben bereits jener Forschergeneration angehört, welche die Welt der Eingeborenen in einem vielfältigst beeinflußten und unaufhaltsam zerfallenden Zustand antrifft.

Trotzdem sind die Gewinne seiner Forschung unschätzbar groß. Von größter Bedeutung ist, daß T.G.H. Strehlow zeigen konnte, daß es ‚den' Aranda-Stamm nicht gibt. Daß dieser verhältnismäßig große Stammesverband in verschiedene Gruppen unterteilt ist, wußte man auch schon früher, aber man war der Ansicht, daß die daraus resultierenden Unterschiede nur variierende Einzelheiten, nicht aber grundsätzlich Bedeutungsvolles betreffen könnten, und daß es durchaus ein allgemeines Aranda-Brauchtum und vor allem eine allgemeine Aranda-Religion gebe. So lehnt von Leonhardi, der Herausgeber von C. Strehlows Werk, zum Beispiel Andrew Langs Versuch, „Differenzen dadurch zu beseitigen, daß man behauptet, Spencer und Gillen einerseits und Strehlow andererseits hätten kulturell verschiedene Abteilungen der Aranda studiert"[349], als unhaltbar ab.

T.G.H. Strehlows Forschungen aber ergeben, daß Langs Erklärung den Gegebenheiten entspricht, daß die Untergruppen der Aranda kulturell tatsächlich in hohem Maße eigenständig sind, mit großen Unterschieden des Brauchtums und der religiösen Vorstellungen. Er weist ausdrücklich auf die Mißverständnisse hin, die entstehen müssen, wenn von „‚Aranda beliefs' and ‚Aranda customs' and ‚Aranda ceremonies'" gesprochen wird, „as though the Aranda tribe formed one single, highly unified entity"[350]. Er führt in diesem Zusammenhang dann selbst ein Beispiel an, wo die Kontroverse um eine Beobachtung C. Strehlows[351], die von Spencer grundsätzlich und vehement abgelehnt wird[352], sich als völlig sinnlos erweist, da C. Strehlow eine Sitte beschreibt, die tatsächlich nur im Westen vorkam, im Osten aber geradezu undenkbar gewesen wäre.

[349] C. Strehlow, III, I, S. VII.
[350] T.G.H. Strehlow, Traditions S. 69.
[351] C. Strehlow, II, S. 80.
[352] Spencer/Gillen, Arunta Bd. 2, S. 586 / Spencer weist hier übrigens erneut auf seinen nahen, völlig ungehinderten Umgang mit den Eingeborenen hin, im Gegensatz zu C. Strehlows berufsbedingter eingeschränkter Beziehung, die dann eben zu falschen Ergebnissen führe.

Auffällig wenig beschäftigt sich T. G. H. Strehlow mit den Arbeiten seiner Vorgänger, und gar von einer grundsätzlichen, klaren Beurteilung ihrer Methoden und Ergebnisse kann keine Rede sein. Beide Werke werden nur selten und beiläufig erwähnt; nur hie und da kommt eine Einzelheit zur Sprache, die im Rahmen der eigenen Forschung ihre Bestätigung, oder eine Unstimmigkeit, die durch neue Einsichten eine Erklärung findet. Auch hat sich T. G. H. Strehlow vorwiegend mit südlichen und nördlichen Aranda beschäftigt, also mit Stammesteilen, die weder Spencer und Gillen noch C. Strehlow erforscht haben. Angesichts der eben erwähnten erheblichen Unterschiede zwischen den verschiedenen Stammesteilen kann deshalb sein Werk, außer an den wenigen Stellen, wo dies ausdrücklich geschieht, nur bedingt zur Klärung der beiden früheren Darstellungen herangezogen werden. Diese stehen damit nach wie vor für sich, müssen im Rahmen ihrer Gegebenheiten betrachtet und beurteilt werden, ohne umfassende Möglichkeit zu einer gesicherten Verifizierung ihrer Ergebnisse[353]. T. G. H. Strehlow hat sich vor

[353] Die, wie man eigentlich denken möchte, besonders anregende Forschungslage, daß zwei ausführliche Berichte, aus der gleichen Zeit stammend, über eine archaische Kultur vorliegen, wird als außergewöhnliche Gelegenheit für eine fruchtbare, vergleichende und berichtigende Auseinandersetzung nicht nur bei T. G. H. Strehlow, sondern auch in der übrigen Literatur nicht wahrgenommen. Auffällig ist dabei, wie wenig das Werk von C. Strehlow überhaupt beachtet wird. A. P. Elkin, der wohl führende Ethnologe Australiens, führt in seinem bekanntesten, grundlegend bedeutungsvollen Buch „The Australian Aborigines" in einem kurzen Forschungsüberblick Spencer und Gillen mit besonders lobenden Worten an, ohne C. Strehlow überhaupt nur zu erwähnen. In einem Aufsatz eines weniger bekannten Sammelbandes kommt er kurz auf C. Strehlows Darstellung zu sprechen und sagt: „His material complements Spencer and Gillen's work on the Central and Eastern Aranda (Arunta)" (Elkin, Development S. 13). Da man so wenig Spuren von C. Strehlows Arbeit in der einschlägigen Literatur findet, steht diese sehr isoliert da. Es gibt gar kein Verhältnis der Forschung zu ihr, weder anerkennend, noch ablehnend. Vielleicht wurde sie auch aus sprachlichen Gründen – über australische Eingeborene wird natürlich vor allem englisch geschrieben – nur wenig zur Kenntnis genommen. Einen weiteren Hinweis auf kulturpolitische Gründe dieser Vernachlässigung des Werkes von C. Strehlow könnte möglicherweise die australische Missions- und Kirchengeschichte geben. In RGG³, Bd. 1 Sp. 776 heißt es: „Das aus der deutschen Einwanderung seit 1838 erwachsene Luthertum mußte in der völlig von den britischen Kirchen geformten religiösen Welt Australiens ein Fremdkörper bleiben".

allem mit den sprachlichen Seiten der Aranda-Kultur befaßt, mit der Darstellung ihrer Sprache und mit der Aufzeichnung ihrer Mythen. Eine Aranda-Grammatik ist erschienen. Das Hauptwerk aber, die offenbar unvergleichlich große und reiche Mythensammlung, ist noch unveröffentlicht. Sie enthält wohl sehr aufschlußreiches Material, das jetzt noch nicht zugänglich ist. Die drei in „Aranda-Traditions" zusammengefaßten Aufsätze, die sich mit allgemeinen kulturellen, religiösen und soziologischen Einrichtungen befassen, geben zwar entscheidend wichtige neue Auskünfte, vermögen aber nicht die beiden früheren Berichte zu ersetzen. Weil diese dritte Quelle wichtigster Information über die Aranda so weitgehend unabhängig und unverbunden mit den beiden anderen fließt, haben diese immer noch als unumgängliche Standard-Werke über diese berühmte Steinzeit-Kultur in Zentralaustralien zu gelten.

3.2.3. Exkurs: Mythen in Pidgin-Englisch

Da das Problem der sprachlichen Verständigung in der ethnologischen Forschung besonders im Hinblick auf das Verständnis und die Beurteilung des von ihr veröffentlichten Mythenmaterials archaischer Völker von zentraler Bedeutung ist, sei hier noch näher darauf eingegangen.

Die ideale Form der Verständigung ist natürlich die in der entsprechenden Sprache. Aber selbst wenn der Forscher die fremde Sprache gelernt hat, ist der ungestörte Zugang zur fremden Kultur noch keineswegs gesichert. Es ist bekannt, wie lange es dauert, bis man eine fremde Sprache – selbst wenn sie der eigenen verwandt ist – so beherrscht, daß man in ihr über die vordergründige Mitteilung hinaus die ernsten, schwierigen und geheimnisvollen Fragen des Lebens ausdrücken und verstehen kann. Eine so intime Kenntnis einer Eingeborenensprache wird aber kaum je ein Forscher haben. T. G. H. Strehlow, der mit dem Arandischen aufgewachsen und – wie es scheint – wirklich vollkommen vertraut ist, dürfte eine seltene Ausnahme sein.

Es ist also damit zu rechnen, daß die wenigsten Forscher, wenn sie überhaupt eine Eingeborenensprache sprechen, diese in allen

Feinheiten beherrschen, und daß dementsprechend die Möglichkeiten des Erfassens und Verstehens beschränkt sind. Um unendlich vieles mehr sind sie dies natürlich, wenn die Verständigung über eine den Eingeborenen fremde Sprache erfolgen muß. Diese fremde Sprache war, und ist zum Teil auch heute noch, in den meisten Fällen das sogenannte Pidgin-Englisch.

Zur Bedeutung des Wortes gibt der „Oxford English Dictionary" an: „Pidgin: A Chinese corruption of Eng. business, used widely for any action, occupation, or affair. Hence Pidgin-English, the jargon, consisting chiefly of English words, often corrupted in pronunciation, and arranged according to Chinese idiom"[354]. Offenbar ist das auf chinesischer Grundlage verballhornte Englisch die am frühesten wahrgenommene Form einer so reduzierten Umgangssprache in fremdem Kulturbereich geworden. Doch gab es das Phänomen des der Landessprache angepaßten Englischen natürlich an vielen Orten des Empires. Und der Ausdruck Pidgin-Englisch wurde mit der Zeit für alle derart in Wortschatz und Formgebung auf ein Minimum reduzierten und mit fremden Elementen vermischten Umgangssprachen gebraucht. In „Colliers Encyclopedia" ist deshalb die Rede von ‚Pidgin Languages': „In everyday speech, the term pidgin often refers to any poverty-stricken or unimaginative use of language. In scientific linguistics, however, it is one of a group of terms relating to languages used in cultural contact situations. A pidgin language is one whose grammar and vocabulary are sharply, drastically reduced (to 1,500 words or less) and which is not native to any of its users"[355].

Es ist klar, daß diese Sprachen armselig sein müssen, und daß sie vor allem nicht geeignet sind, geistige Gehalte auszudrücken und zu vermitteln. T. G. H. Strehlow gibt ein Beispiel dafür, wie nichtssagend auch eine bedeutende, geistvolle Geschichte in diesem Idiom werden muß.

„The following account is intended to bring home the ruinous effect of pidgin English on any moving story. The caricatured tale should be familiar to most readers.

[354] The Oxford English Dictionary, Ocford 1933, Vol. VII, S. 833.
[355] Colliers Encyclopedia, 1965, Bd. 19, S. 38.

Long time ago ole feller Donkey him bin big feller boss longa country. Alright. By an' by another feller – him name ole Muckbet – bin hearem longa three feller debbil-debbil woman: them feller debbil-debbil woman bin tellem him straight out – ‚You'll be big feller boss yourself soon.' Alright. Him bin havem lubra, ole lady Muckbet.

Alright. That Muckbet an' him lubra bin askem ole man Donkey come longa them (i. e. their) place one night. While ole man Donkey bin lie down asleep, them two feller bin finishem that poor ole beggar longa big feller knife, – properly big feller knife, no more small one. Bykrise, that ole feller bin loosem too much blood altogether! That Muckbet him bin big feller boss then alright!

By an' by that Muckbet an' him lubra bin killem lubra an' piccaninny belonga Mucktap, – that Muckbet him too much cheeky beggar alright. That feller Mucktap him bin properly sorry longa him mate (i. e. wife) an' that lil' boy.

That ole woman, lady Muckbet, him (i. e. she) bin walk about night time. Him bin havem candle. Him bin sing out – ‚Me properly sorry longa that ole man me bin finishem; him bin havem too much blood, poor beggar; me properly sorry longa him.' Him (i. e. she) bin finish then; no more (i. e. she is no more, she is dead), – finish altogether.

Alright. That Mucktap him bin come along then. Him bin havem big feller fight longa that Muckbet, – oh properly! Him bin killem that Muckbet, him bin choppem off him head, finishem him properly. That's all.

This pidgin English account of the tragedy of Macbeth reveals the injustice and the insult that is done to any story told in this medium. The old tale immediately becomes utterly childish and ridiculous. All details are omitted. Even the general outline of the story is by no means accurate. Only a few characters are mentioned by name; and their names are distorted till they become merely funny. The whole account is an inadequate, untruthful, and malicious caricature of a great story. It would be impossible, even for a great writer, to compose a serious tragedy from such material as this. Yet this is the medium in which most native legends have been noted down in the first instance by white scientists!"[356]

Auf den ersten Blick mag es scheinen, als diene das konstruierte Beispiel nicht eigentlich dazu, T. G. H. Strehlow zu unterstützen, der zeigen möchte, daß das Pidgin-Englisch niemals genügen könne, um Wesentliches eines Mythos zu vermitteln. Natürlich ist die Geschichte von Macbeth hier aufs Minimum reduziert, aber ob sie auf diese Weise wirklich „childish and ridiculous" wirke, mag persönliche Ansichtssache sein, und die große – zumindest die allergrößte – Linie kann möglicherweise sogar auch hier ersichtlich werden. Die Tatsache bleibt bestehen, daß nur ein dürftiger Rest der Fülle des Originals vorhanden ist, von dem aber doch einige Aspekte erhalten bleiben.

Nun trügt aber das Beispiel wohl grundlegend. Es wurde auf der Basis einer völligen Beherrschung der englischen Sprache in das Medium des Pidgin-Englisch ‚zurückverwandelt'. Der Eingeborene aber, der sich dieser Behelfssprache bedient, hat nur das beschränkte Repertoire an Formen einer ihm völlig fremden Sprachstruktur zur Verfügung, wie es ihm mehr oder weniger zufällig zugekommen ist, und das umso kleiner sein wird, je eigenständiger das Kulturgut noch ist, das er vertritt. Die Gefahr ist groß, daß er in vielen Fällen bestimmte Wörter des Pidgin-Englisch wählt, nicht weil sie das ausdrücken, was er sagen will, sondern weil nur sie ihm gerade zufällig zur Verfügung stehen.

Der Autor des Beispiels mußte auch Rücksicht darauf nehmen, daß die Geschichte noch erkenntlich bleibt und daß er sich nicht allzu weit und fehlerhaft vom Original entfernt, um sich nicht dem Vorwurf tendenziöser Übertreibung auszusetzen. Es besteht aber überhaupt keine Gewähr dafür, daß in der Realität des Gebrauchs des Pidgin-Englisch für den Austausch der heikelsten Kulturinhalte aus grundlegend anders gearteten geistigen Welten nicht schwerwiegende, verfälschende Fehlaussagen durch sprachliche Fehlanwendungen und Mißverständnisse vorkommen. Eine Zeit, die nicht nur daran zweifelt, ob Übersetzungen aus geistesverwandten Kulturen,

---

[356] T. G. H. Strehlow, Traditions S. xviiif. / Hervorhebung von mir.

etwa der Werke Shakespeares in modernes Deutsch, möglich sind, sondern auch daran, ob die klassischen Werke der eigenen, zum Teil noch gar nicht weit zurückliegenden Kulturvergangenheit noch adäquat verständlich seien und zum Teil vehement verzweifelt die Überzeugung vertritt, daß sich nicht einmal zwei Menschen der gleichen Zeit in der gleichen Kultur verständigen und verstehen können, müßte mit umso größerer Skepsis an alle Auskünfte herantreten, die mittels eines so brüchigen sprachlichen Mediums aus ganz anderen Kulturbereichen auf uns gekommen sind.

Der wichtigste Umstand aber, weswegen das Beispiel gerade im Entscheidenden nicht stellvertretend für die gefährliche Fragwürdigkeit der Mythenwiedergabe in Pidgin-Englisch stehen kann, ist die Tatsache, daß der Autor eine Geschichte bringt – und bringen muß – die dem Leser bekannt ist, sowohl in ihrer konkreten Form als Tragödie von Shakespeare, wie auch in ihrer gesellschaftlich sozialen Struktur und in ihrer allgemeinen Problematik. Wie groß auch immer die äußere Reduktion sein mag, das nicht völlig auszuschaltende gemeinsame kulturelle Vor- und Mitwissen wird immer noch genügend viele Vorstellungen indirekt aktivieren für ein, wenn vielleicht auch noch so vages, Verstehen im Sinne des Gemeinten. Damit kann hier selbst das Pidgin-Englisch in sicher bescheidenem Rahmen noch eher zum möglichen Medium einer Sinnvermittlung werden als im Falle der Mythenüberlieferung aus völlig fremdartigen Geisteswelten. Für diese Belange muß diese Sprache in hohem Maße unzulänglich sein; ein Befund, der erneut zu größter Vorsicht bei der Beurteilung eines großen Teiles der geistigen Überlieferung schriftloser Kulturen in den uns zugänglichen Darstellungen mahnt.

Eine weit bessere Möglichkeit der Verständigung zwischen fremder Volksgruppe und einem Forscher, der die Eingeborenensprache nicht beherrscht, besteht natürlich darin, daß ein Eingeborener die Sprache des Forschers grundlegend kennt und fließend spricht. Sie ist sicher von hoher Bedeutung für die Ethnologie im allgemeinen, kann aber nur eine geringere Rolle spielen für die Kenntnis wirklich unberührter Stämme, denn bis Einheimische vorhanden sind, die in solchem Maße gebildet sind, muß bereits ein so weitgehender, allgemeiner Kontakt mit der neuen Zivilisation stattgefunden haben, daß dasjenige, was der nun fließend sprachgewandte Einheimische aus dem Schatze seines Volkes sicher wiedergeben und vermitteln kann, vom Ursprünglichen möglicherweise doch schon recht weit entfernt ist.

Mit dem Problem der sprachlichen Verständigung eng verbunden ist dasjenige des kulturentsprechenden Verstehens[357], das — abgesehen von den grundsätzlichen hermeneutischen Schwierigkeiten — umso weniger zustandekommen kann, je geringer die Möglichkeiten der verbalen Verständigung sind. Aus dem mit sprachlich und weltanschaulich unvollständigen und inadäquaten Verständigungsmitteln Erforschten ergeben sich in der Umsetzung in die eigene Sprache und Welt des Forschers erstens verfälschende Darstellungen des fremden geistigen Gutes und zweitens — auf ihnen basierend — oft völlig verfehlte Interpretationen. Horst Nachtigall hat in seiner „Völkerkunde — von Herodot bis Che Guevara" ein Beispiel dafür konstruiert, wie sich das christliche Glaubensgut in einem Forschungsbericht spiegeln könnte, wenn es Gegenstand ähnlicher Forschung gewesen wäre, wie sie die westliche Wissenschaft vielfach bei archaischen Völkern betrieben hat.

„Nehmen wir einmal an, ein Angehöriger eines Naturvolkes, ein Botokude, besucht Europa und nimmt an einem christlichen Gottesdienst teil. Er soll von Europa und vom Christentum nicht mehr wissen, als viele europäische Reisende, besonders des vorigen Jahrhunderts, über naturvolkliche Religionsformen, aufgrund deren Berichte aber die früheren Theorien aufgestellt worden sind. Der Reisende läßt sich das, was er dabei beobachtet, von seinem christlichen Dolmetscher erklären. In seinem später veröffentlichten Reisebericht wird er sogar, im Gegensatz zu manchen europäischen Berichterstattern, auf jede Karikierung dessen, was er nicht verstanden hat, verzichten. Seine völlig sachliche und vorurteilsfreie Darstellung könnte etwa folgendermaßen lauten:

„Die Christen in Europa glauben an ein Höchstes Wesen, das sie ‚Gott' nennen. Gott hat alles erschaffen. Er wohnt im Himmel und kann jederzeit in die Geschicke der Welt und der Menschen

---

[357] Vgl. dazu auch hier II. 3.1.2 und nach Anm. 791.

eingreifen. Die Menschen verehren ihn aber trotz seiner grenzenlosen Machtfülle offenbar nicht allzusehr, sondern sie haben überall Bilder von seinem Sohn und von der Mutter seines Sohnes, die aber nicht die Frau des Gottes ist, aufgestellt. Die Christen nennen diese Frau, wie mir mein Dolmetscher immer wieder beteuerte, ‚Mutter Gottes', obwohl sie nur die Mutter des Sohnes des Gottes, aber nicht die Frau seines Vaters und schon gar nicht dessen Mutter ist, denn Gott hat keine Eltern. Niemand weiß, von wem er abstammt, und die Christen, die auf Genealogien sonst so viel Wert legen, bemerken das offenbar gar nicht. Die ‚Mutter Gottes' war übrigens eine ganz gewöhnliche irdische Person, und ihr Sohn hat in einer fernen, historisch sogar nachweisbaren Zeit in einem Land in der Nähe Europas gelebt. Dort soll es merkwürdigerweise aber keine Menschen geben, die Gott und seinen Sohn in der gleichen Form verehren wie die Europäer.

Die europäischen Christen" – so könnte der Botokude in seinem Bericht vielleicht fortfahren – „verehren aber nicht nur den Gott und seinen menschlichen Sohn und dessen Mutter, sondern auch andere verstorbene Menschen, die Wunder vollbracht haben und die sie ‚Heilige' nennen. Die Verehrung drückt sich unter anderem darin aus, daß sie die Knochen der Heiligen aufbewahren und an bestimmten Stellen in ihren ‚Kirchen' genannten Kultstätten verehren. Außerdem essen die Christen, wie sie mir immer wieder glaubhaft versicherten, zu bestimmten Gelegenheiten – viele sogar jede Woche – das Fleisch des Gottessohnes und trinken sein Blut.

Bei meinen weiteren Befragungen habe ich in Erfahrung gebracht, daß der Gott, als Vater des historischen, menschlichen Sohnes, nur ein Teil seines Selbst ist, genauer gesagt nur ein Drittel. Das zweite Drittel ist sein Sohn. Das dritte Drittel ist aber nicht, wie ich erwartet habe, die ‚Mutter Gottes' genannte Mutter des Sohnes, sondern etwas, das mir mein Dolmetscher in seiner Sprache mit ‚Heiliger Geist' bezeichnet hat und das wohl so etwas wie Luft oder Atem oder Wind bedeuten muß. In den bildlichen Darstellungen stellen die Christen den Heiligen Geist aber als eine Taube dar und Gottes Sohn manchmal als ein junges Schaf. Und die ganze Religion, in der sich die Menschen als ‚Brüder' fühlen – wie sie sagen, wovon man aber rein gar nichts bemerkt –, diese christliche Religion wird bildlich manchmal als ein Fisch dargestellt."

Ein solcher sachlicher und durchaus wohlwollend geschriebener Reisebericht entspräche etwa den älteren Berichterstattungen über naturvolkliche Religionen. **Früher oder später würde er dann von einem botokudischen Religionswissenschaftler interpretiert werden.** Es könnte dann etwa folgendes zu lesen sein: „Die Religion der Europäer ist in vielen Äußerungen unlogisch. Erkennbar ist aber ein in Rudimenten vorhandener Monotheismus mit polytheistischen Zügen. Außerdem bemerken wir zahlreiche Beweise für eine starke Vermischung mit Primitivreligionen, so in der Verehrung des Heiligen Geistes Merkmale des Animismus, im Reliquienkult der Heiligen typische Formen des Fetischismus, in den Tiersymbolen Reste des Totemismus und in den sogenannten Abendmahlszeremonien Riten eines sakralen Kannibalismus. Alles in allem finden wir einen religiösen Synkretismus mit außerordentlich starken Primitiverscheinungen."[358]

Daß eine Wiedergabe in einer Pidgin-Sprache zerstörerisch sein muß für jeden Inhalt, der über äußerlichste Mitteilungen hinaus geht, ist offenkundig. Aber die Darstellung des christlichen Glaubens im fiktiven botokudischen Forschungsbericht zeigt, wie auch in sprachlich gewandterer Wiedergabe das Wesentliche verlorengehen muß, wenn der **Gehalt** nicht mitverstanden wird. Und zum völligen Mißverständnis muß es kommen, wenn das bereits nicht sinnentsprechend Aufgenommene dann noch mit ganz wesensfremden Kriterien interpretiert wird. Doch das Problem der Möglichkeit, fremde Kulturen wesensgerecht zu verstehen, geht über das reine Sprachproblem hinaus und kommt im zweiten Teil dieser Arbeit zur Sprache.

---

[358] Nachtigall, Völkerkunde S. 18f. / Hervorhebung von mir.

3.3. Die Mythen der Aranda

3.3.1. Die mythische Tradition

Die mythische Überlieferung der Aranda ist fast ausschließlich an die Totemorganisation[359] des Stammes gebunden. Jeder Aranda gehört einer Totemgruppe an[360], und jede dieser Gruppen besitzt einen Schatz von sakralen Traditionen, die sorgsam und streng geheim gepflegt und überliefert werden. Die Riten und Gesänge befassen sich mit der Gestaltung des Landes, mit seinen Bergen und Tälern, Baumgruppen und Wasserlöchern und mit dem Ursprung der Totemgruppe. Die beiden Themen sind eng miteinander verbunden. Jede Totemgruppe leitet ihre Abstammung von einem Vorfahren oder einer Schar von Vorfahren ab, welche in einer fernen Urzeit lebten. Diese mythischen Wesen führten die wesentlichen Riten und Gebräuche ein, zeigten wichtige Gerätschaften und gaben der Landschaft auf ihren Wanderungen ihr heutiges Aussehen. Sie hatten gewaltige Kräfte und größere Ausmaße als ihre jetzige Nachkommenschaft, die aus der Totemgruppe und der dazugehörigen Tierart[361] besteht.

---

[359] In dieser Arbeit geht es nur um einen Aspekt des sogenannten ‚Totemismus', nämlich um die enge Verbundenheit des Menschen mit einem Naturphänomen, deren Existenz wohl nirgends bestritten ist. Nur in diesem Sinne ist im folgenden von Totem und Totemismus die Rede. Auf die Problematik des Totemismus als umfassende Kulturerscheinung (vgl. besonders Durkheim, Formes, und Levi-Strauss, Ende) soll und kann hier nicht eingegangen werden.

[360] Die schwer durchschaubaren, unterschiedlich dargestellten und interpretierten Verhältnisse der Zugehörigkeit zu einer oder mehreren Totemgruppen bei den Aranda sollen hier nicht behandelt werden. Sie spielen in diesem Zusammenhang auch keine Rolle. Unbestritten ist die Tatsache, daß jeder Aranda sich existenziell mit mindestens einem Totem verbunden weiß, und dies allein ist hier von Bedeutung.

[361] Als Totem kommen bei den Aranda nicht nur Tiere, sondern auch Pflanzen und Naturerscheinungen wie Sonne und Mond, Regen und Feuer vor. C. Strehlow führt eine Liste der von ihm festgestellten Totems an (II, S. 61 ff.), in der er 442 verschiedene Beispiele aufzählt. Davon sind 266 Tiere oder Teile von Tieren, 145 Pflanzen und 31 andere Erscheinungen. Das Verhältnis der einzelnen Totems untereinander und zueinander im Ganzen des Stammes wird aus der gesamten Literatur nicht klar. Die Tiertotems scheinen nicht nur zahlenmäßig, sondern offensichtlich auch bedeutungsmäßig vorzuherrschen. Einige Gruppen, wie die

3.3.2. Erforschung der mythischen Tradition

Von allen Aranda-Forschern werden Mythen dieses Stammes überliefert. Sie stimmen im Grundsätzlichen überein, in der Struktur, wie die Eingeborenen Werden und Sein darstellen und erklären. Im Einzelnen aber bestehen bedeutende Abweichungen. Wiederum spielen da sicher die lokalen Unterschiede ein große Rolle. In weit höherem Maße dürfte dies aber die Folge der Schwierigkeiten sein, die sich jedem Fremden entgegenstellen, der das sakrale Leben solcher Totemgruppen kennen lernen möchte.

Diese Schwierigkeiten sind nicht nur sprachlicher Natur. Die sakralen Gebräuche und Lehren sind streng geheimgehaltener Besitz jeder Gruppe, der vor Frauen und Kindern, aber auch vor Stammesangehörigen aus anderen Totemgruppen sorgfältig verborgen gehalten wird. Nur durch die verschiedenen Initiationsfeiern und -prüfungen werden die Männer in die Geheimnisse ihrer Gruppe eingeweiht. Dies ist der Ethnologie als weitverbreitetes Verhaltensmuster vieler archaischer Völker seit langem bekannt und sowohl Spencer und Gillen wie C. Strehlow wußten, daß dies auch bei den Aranda so sei. Aber sie waren überzeugt, doch Wege gefunden zu haben, um ins Heiligste und Geheimste zu gelangen. Spencer und Gillen haben mehrere Monate im Lager der zur großen Engwura-Zeremonie zusammengekommenen Aranda gelebt, haben an den Feiern teilgenommen und viele mythische Erzählungen kennen gelernt. Sie betonen immer wieder, daß sie von den Eingeborenen als „fully initiated members of the tribe"[362] betrachtet würden. C. Strehlow dagegen bezeichnet sich ausdrücklich als „nicht einge-

---

der Wildkatze-, Känguruh- oder Emu-Leute scheinen besonders groß und einflußreich gewesen zu sein. Die Forschungsberichte führen fast ausschließlich Mythen und Riten von Tiertotems vor. Wenn in dieser Arbeit also nur solche Beispiele vorkommen, so ist das nicht eine durch das Thema bedingte willkürliche Einschränkung, sondern eine, die ihren Grund in den verfügbaren Quellen hat. Die spärliche Beschäftigung mit anderen Totems bei allen Autoren dürfte aber mit großer Wahrscheinlichkeit realen Gegebenheiten in der Kultur der Aranda entsprechen und wohl die tatsächlichen Verhältnisse von Dominanz und untergeordneter Bedeutsamkeit widerspiegeln.

[362] Spencer/Gillen, Native Tribes S. vii und Northern Tribes S. x und xiii f.

weiht", betont aber: „Unsere Schwarzen würden mir alle Kultushandlungen zeigen, wenn ich sie sehen wollte; aber keiner der Schwarzen würde mich, wenn ich auch Augenzeuge aller Zeremonien gewesen wäre, als Stammesgenossen ansehen"[363].

Was der Ausdruck „fully intiated" in Bezug auf einen weißen Forscher, der zwar zu geheimen Riten zugelassen wird, aber weder die körperliche noch die geistige Initiation selber durchlaufen hat, bedeuten und beinhalten soll, wurde schon um die Jahrhundertwende lebhaft diskutiert[364]. Von Leonhardi dürfte Recht haben, wenn er sagt, daß diese Behauptung wohl nur den Sinn haben könne, „daß die Betreffenden der Überzeugung sind, das Vertrauen der Eingeborenen in einem solchen Grade zu besitzen, daß dieselben ihnen auch ihre geheimsten Zeremonien zeigen und ihre sonst vor Fremden sorgfältig gehüteten religiösen Vorstellungen offenbaren werden"[365]. Und dieser Überzeugung, daß ihnen alle Geheimnisse der fremden Kultur uneingeschränkt offenstehen, waren nun sowohl Spencer und Gillen, die sich als völlig initiiert betrachteten, als auch C. Strehlow, der einen solchen ‚Grad' der äußeren Umstände wegen nicht anstreben und für sich beanspruchen konnte. Der Gedanke aber, daß das, was sie im durchaus vertrauensvollen Umgang mit den Eingeborenen in Erfahrung bringen konnten, vielleicht nicht das ganze und letzte geheime Wissen des Stammes darstellen könnte, taucht bei keinem dieser Forscher auch nur andeutungsweise auf, obwohl es an Anzeichen dafür nicht völlig fehlte.

3.3.2.1. Beurteilung der Eingeborenenkultur

Daß diese Forscher nicht auf den Gedanken kommen konnten, daß ihre Informanten nicht alle gleichermaßen und vollkommen eingeweiht sein könnten, wie das nun eben der Fall ist, kann nicht verwundern. Was ihnen erwachsene Männer mitteilten, das nahmen

---

[363] C. Strehlow, III, I, S. X.
[364] Vgl. einige zusammenfassende Angaben dazu in C. Strehlow, III, I, S. IX f.
[365] v. Leonhardi in C. Strehlow, III, I, S. X.

sie für die Überlieferung, denn für sie sah es aus, als ob der Jüngling durch verschiedene Stufen der Einweihung gehe, in deren Verlauf er alle Riten und Gesänge kennen lerne, so daß er als erwachsener junger Mann dann wie alle anderen Männer seiner Gruppe völlig eingeweiht und wissend sei. Daß dies nicht zutrifft, konnten sie wohl unmöglich feststellen, aber auch Auffälligeres und im Grunde schon damals Einsehbares hat keinerlei Skepsis bewirkt; so zum Beispiel der Umstand, daß das gesammelte Material fast durchgehend gehaltmäßig von äußerster Dürftigkeit war. Es enthält Mythen, die immer wieder nichts als endlose und ereignislose Angaben der Reiseroute der Vorfahren darstellen und aus weiter nichts bestehen, als aus der bloß aufzählenden Erwähnung von Jagd, Lagerplatz, Zeremonienfeier, Schlaf und Aufbruch. Die Tatsache dieses auf weite Strecken so merkwürdig nichtssagend anmutenden Aufzählens war nie als Hinweis zur Überprüfung empfunden worden, ob man hier wirklich beim Kern der Sache sei. Daß dies nicht geschah und gar nicht geschehen konnte, lag wohl an der Einschätzung der Eingeborenen durch die Weißen, die deren geistiges und kulturelles Niveau sehr niedrig bewerteten. Da die Weißen ihrer unermeßlichen geistigen Überlegenheit und der unglaublichen ‚kindlichen' Einfältigkeit der Eingeborenen von Anfang an väterlich wohlwollend gewiß waren, konnte keine auch noch so dürftige und bedeutungsschmale Information irgendwelche Zweifel erwecken, ob dies wirklich eine sinn- und bedeutungsentsprechende Auskunft über eine Realität der Arandakultur sei, sondern wurde, im unangefochtenen Bewußtsein der eigenen unbegrenzten, alles durchdringenden und erfassenden Forschermächtigkeit, höchstens als neuer Beweis für die von Anfang an postulierte ‚Primitivität' der Eingeborenen genommen. Die Kultur der Aranda war für diese Weißen nicht eine ganz fremdartige, von unserem Denken und Empfinden völlig verschiedene Welt, die deshalb gar nicht so ohne weiteres zugänglich sei, sondern wurde im Grunde einfach als ein um vieles niedrigerer und einfacherer ‚Urzustand' der eigenen Welterfassungsstruktur angesehen, der von weißer Kulturhöhe herab deshalb mit Leichtigkeit und in kürzester Zeit bis in die letzten Geheimnisse zu überblicken sei.

Die Eindringlinge aus der westlich zivilisierten Welt hielten allgemein gar nicht viel von den australischen Eingeborenen. Schon die frühesten Nachrichten, auf Grund der ersten kurzen Begegnungen an verschiedenen Küsten im 17. Jahrhundert, zeichnen ein ausschließlich abwertendes, negatives Bild von ihnen[366]. Die vollkommene Verständnislosigkeit für fremdes Wesen mutet in jener Zeit und Lage weniger unverständlich an als 200 Jahre später, als Ende des letzten Jahrhunderts gezielte Forschung sich mit den Eingeborenen beschäftigte und doch keine veränderten Eindrücke zu gewinnen vermochte. In der Einleitung zum Bericht über die Horn-Expedition[367] heißt es: „The Central Australian aborigine is the living representative of a stone age who still fashions his spearheads and knives from flint or sandstone and perform the most daring surgical operations with them. . . . In appearance he is a naked, hirsute savage with a type of features occasionally pronouncedly Jewish. . . . Religious belief he has none, but is excessively superstitious, living in constant dread of an Evil Spirit which is supposed to lurk round his camp at night. He has no gratitude except that of the anticipatory order, and he is treacherous as Judas. He has no traditions, and yet continues to practise with scrupulous exactness a number of hideous customs and ceremonies which have been handed from his fathers, and of the origin or reason of which he knows nothing. . . . After an experience of many years I say without hesitation that he is absolutely untamable. . . . Verily his moods are as eccentric as the flight of his own boomerang. Thanks to the untiring efforts of the missionary and the stockman, he is being rapidly ‚civilized' off the face of the earth and in another hundred years the sole remaining evidence of his existence will be the fragments of flint which he has fashioned so rudely"[368].

Noch unverständlicher ist es, daß auch Spencer und Gillen, die so stolz darauf waren, daß die Eingeborenen sie als ‚voll initiierte' Stammesmitglieder behandelten, und von denen der eine doch jahre-

---

[366] Worms, Religionen S. 133f.
[367] Vgl. hier nach Anm. 315.
[368] „Report of the Horn-Expedition", Introduction; zit. nach T. G. H. Strehlow, Traditions S. xvif.

lang unter ihnen gelebt hatte und sogar „Sub-Protector of Aborigines"[369] gewesen war, kein anderes Bild von diesen Menschen zu gewinnen vermochten. Ein Abschnitt aus der Einleitung zum zweiten gemeinsamen Werk der beiden Forscher über zentralaustralische Eingeborenenstämme zeigt wiederum und immer noch die gleiche, so merkwürdig anmutende Einstellung, aus der heraus der mit Kleidern und technischem Rüstzeug versehene Weiße sich den Eingeborenen gegenüber, die solche ‚Errungenschaften' nicht kennen, nicht nur in diesen Bereichen überlegen fühlt, sondern offenbar diesen Mangel an naturwissenschaftlich-technischer Entwicklung in einer sonderbaren Verquickung der Argumente ganz direkt auch als Beweis und Ausdruck für eine allgemeine geistige Indifferenz und Unterentwicklung ansieht. Es heißt da: „It must be remembered that these ceremonies are performed by naked, howling savages, who have no idea of permanent abodes, no clothing, no knowledge of any implements save those fashioned out of wood, bone, and stone, no idea whatever of the cultivation of crops, or of the laying in of a supply of food to tide over hard times, no word for any number beyond three, and no belief in anything like a supreme being. Apart from the simple but often decorative nature of the design drawn on the bodies of the performers, or on the ground during the performance of ceremonies, the latter are crude in the extreme. It is one thing to read of these ceremonies – it is quite another thing to see them prepared and performed. A number of naked savages assemble on the ceremonial ground. They bring with them a supply of down, plucked from birds which they have killed with boomerangs or gathered from plants, and this down they grind on flat stones, mixing it with pipe-clay or red ochre. Then, drawing blood from their own veins, they smear it over their bodies and use it as a gum, so that they can outline designs in white and red. While this is in progress they are chanting songs of which they do not know the meaning, and, when all is ready and the performers are decorated, a group of men stand at one side of the ceremonial

---

[369] Who was Who 1897–1916, London 1920, S. 275.

ground, the decorated men perform a series of more or less grotesque evolutions, and then all is over. . . . The reader must always bear in mind that, though the ceremonies are very numerous, each one is in reality simple and often crude"[370]. Abgesehen von der allgemeinen Verkennung der eingeborenen Kultursituation, die sich in solchen Sätzen spiegelt, muß hier doch noch einmal daran erinnert werden, daß Spencer und Gillen die Eingeborenen auch durch Geschenke dazu veranlaßt hatten, für Photographien rituelle Handlungen außerhalb ihres Sinnzusammenhanges rein formal ablaufen zu lassen und Kulthandlungen zu begehen, die zu der Zeit und an dem Ort gar nicht hätten gefeiert werden dürfen[371]. Daß in beiden Fällen bei diesem situationsentbundenen, nur noch scheinbar sakralen Tun die Eingeborenen „simple und crude" oder gar „grotesque" erschienen, mag hier durchaus den Tatsachen entsprechen. Doch wird das nicht am allgemeinen geistigen Niveau der Aranda-Riten gelegen haben, sondern an der unnatürlich unmöglichen künstlichen Situation, welche die Einmischung und die Forderungen der Weißen geschaffen hatte[372].

---

[370] Spencer/Gillen, Northern Tribes S. xivf. / So direkte Aussagen finden sich bei C. Strehlow nicht, doch wird da und dort eine im Grundsätzlichen nicht abweichende Einstellung den Eingeborenen gegenüber sichtbar, die zeigt, daß auch der Missionar mit europäischen Maßstäben maß und zu entsprechend negativen Ergebnissen gelangte. So wird zum Beispiel so im Nebenhinein bemerkt, daß die Eingeborenen „selbstsüchtig" seien (III, I, S. 8), wird bezweifelt, ob sie eheliche Liebe und Treue kennen (IV, I, S. 94), und dergleichen mehr. Typischerweise spricht C. Strehlow auch immer von den „Weibern" der Eingeborenen, was er wohl – zumindest in dieser Ausschließlichkeit – von deutschen Frauen nicht zu tun pflegte, selbst wenn er als lutherischer Missionar des 19. Jahrhunderts einen ausgeprägten Hang zu biblischer Ausdrucksweise gehabt haben sollte.

[371] Vgl. hier bei Anm. 337.

[372] Die gleiche Vorsicht, die angesichts der Vermittlung im Medium des Pidgin-Englisch sehr vielen Mythen aus archaischen Kulturen gegenüber am Platz ist, ist auch einem großen Teil des einschlägigen Photo- und Film-Materials gegenüber notwendig. Bei allen Aufnahmen, die nicht vollkommen unabhängig von den Bedingungen der photographischen oder filmischen Fixierung erfolgten, ist die Gefahr sehr groß, daß gerade das Wesentlichste, das Echte und Situationsentsprechende von Ausdruck und Verhalten verloren ging, und daß nur leere äußerliche Gebärden und Formen festgehalten sind.

Auf welch hohem geistig-künstlerischen Niveau die mythische Überlieferung der Aranda steht und wie ausgeklügelt kompliziert die Art und Weise der Überlieferung von Generation zu Generation ist, hat erst T. G. H. Strehlow in Erfahrung bringen können. Die Gesänge der Aranda, von denen Spencer und Gillen ohne eigene Kenntnis der Sprache mit erstaunlich selbstsicherer Kühnheit annahmen, daß sie nur leeres Getöne seien, das auch von den Eingeborenen nicht verstanden würde, erweisen sich als Kunstwerke in Versen, voll von sprachlichen und rhythmischen Schönheiten und großer, packender Ausdruckskraft. „It must be emphasized, however, that the Aranda used by skilful native story-tellers and in the difficult, intricate, and archaic language of the chants, is an instrument of great strength and beauty, which can rise to great heights of feeling"[373].

3.3.2.2. Die Überlieferung der sakralen Tradition

Den früheren Forschern mußte Wesentlichstes im Verständnis und Erfassen der Aranda-Mythen entgehen, nicht nur weil sie – offenbar in gewissem Maße auch C. Strehlow – sprachlich nicht in der Lage waren, formal und inhaltlich die wahren Werte der Gesänge erfassen zu können, sondern ebenso sehr, weil sie viel zu wenig Einblick in die Organisation und den Ablauf der religiösen Tradition hatten.
Stufenweise Einweihung: Schon die Einweihung ist ein ganz anders strukturierter Vorgang, als es um die Jahrhundertwende den Anschein machen mochte. Zwar findet die Folge der auffälligen Initiationsfeiern in der auch damals festgestellten Weise statt. Aber dies bedeutet nur den Anfang der Einführung in die religiösen Geheimnisse. „(A man) will often be thirty-five or forty years of age before the most secret chants and ceremonies that are linked with it have passed into his possession. As he grows older and continues to demonstrate his worthiness, he receives an ever-increasing share in

---

[373] T. G. H. Strehlow, Traditions S. xviii.

the tjuruŋa[374] owned by his own totemic clan"[375]. Nicht jeder Erwachsene ist also nach der ‚offiziellen' Initiation ganz eingeweiht. Im Grunde hätte deshalb bei jedem Informanten zuerst abgeklärt werden müssen, wie groß seine Kenntnisse der Gesänge und Zeremonien seien, wie weit ihm nur das ‚Grundwissen' bekannt sei, und wie weit ihm vertiefende Einzelheiten und geheimeres Wissen anvertraut worden waren.

Voraussetzung für jede weitere Einweihung war eine den Gesetzen und Bräuchen entsprechende Lebensführung, vor allem aber bewährte und bewiesene Verschwiegenheit[376]. Gerade der letzte Punkt gibt in bezug auf die frühere Forschung Anlaß zu erneuter Vorsicht. Da Verschwiegenheit eine der ersten Bedingungen für differenziertere Kenntnisse des sakralen Wissens war, muß man sich fragen, ob diejenigen Eingeborenen, die willig waren, Auskünfte zu geben — und dies, wie schon erwähnt, auch im Hinblick auf materielle Belohnung taten[377] —, immer auch die best informierten Leute ihres Stammes gewesen waren. Im übrigen dürften auch die alten wissenden Männer, falls sie überhaupt zu Auskünften bereit waren,

---

[374] Zum Begriff ‚tjuruŋa' sagt T.G.H. Strehlow: „The Aranda word tjuruŋa is an indefinite term covering a great variety of meanings. To the native both a sacred ceremony and the sacred objects used at the ceremony are tjuruŋa. All previous scholars in their writings have limited the wide significance of the native term to two meanings: they have reserved it wholly to denote the sacred stone and wooden objects which are kept hoarded up in the sacred caves. It is true that the word tjuruŋa in common practice usually has either both of these meanings assigned to it: in ordinary conversation it is much more likely that mention will be made of stone and wooden sacred objects than of myths, chants, or ceremonies. The possession of these sacred objects, however, brings with it the ownership of the legend, the chant, and the ceremonies associated with them; all of them are commonly referred to by their owner als his tjuruŋa" (T.G.H. Strehlow, Traditions S. 84f.). Durch unterschiedliche Schreibweise hält T.G.H. Strehlow die beiden Bedeutungen auseinander: tjurunga meint die eingeschränkte Bedeutung von sakralen Stein- oder Holzobjekten, also ungefähr das, was als ‚tjurunga' oder ‚churinga' allgemein in der Ethnologie und Religionswissenschaft verstanden wird; tjuruŋa aber meint das Wort in seiner weiten Bedeutung, die alles, was mit dem sakralen Leben zu tun hat, umfassen kann, also Steine und Hölzer, Zeremonien und Gesänge, Bodenzeichnungen und Schwirrhölzer. / Vgl. auch hier I. 3.6.2.
[375] T.G.H. Strehlow, Traditions S. 122.
[376] aaO. S. 112 und S. 121.
[377] Vgl. hier bei Anm. 337.

die tiefsten Geheimnisse, die nicht einmal die eingeweihten jungen Männer des eigenen Totems erfahren durften, vielleicht auch hie und da den sich so ‚fully initiated' fühlenden Weißen gegenüber verschwiegen haben.

Daß T. G. H. Strehlow dann eine Generation später tatsächlich an das, wie es scheint, letzte und geheimste Wissen der Aranda kam, hat wohl verschiedene Gründe. Die Voraussetzung von seiner Seite war die vollkommene Vertrautheit mit dem Stamm, mit seiner Sprache und seinem ganzen Leben, als Resultat einer im Forschungsgebiet verbrachten Kindheit. Die vielleicht noch gewichtigere Voraussetzung von seiten des Stammes aber liegt wohl in der Tatsache, daß zu der Zeit, als T. G. H. Strehlow sich wissenschaftlich mit den Aranda zu beschäftigen begann, das ursprüngliche Stammesleben schon weitgehend aufgebrochen und zerstört war. Zwar hat der Forscher in den dreißiger Jahren, in denen er intensiv in diesem Gebiet arbeitete, noch wesentliche rituelle Handlungen miterlebt, traf auf alte Männer, die das Überlieferte zu pflegen und zu wahren suchten, aber dies alles stand doch für alle Beteiligten schon fühlbar im Zeichen des Absterbens und des Zu-Ende-Gehens. Sonst wären vielleicht die Hüter der Geheimnisse auch einem so vertrauten Weißen gegenüber nicht so rückhaltlos freigebig mitteilsam gewesen. Aber diese Männer konnten ihr Wissen bereits nicht mehr in der richtigen alten Art weitergeben, da die jungen Männer den Kontakt mit dem alten Stammesleben notgedrungen verloren hatten und damit die Bedingungen nicht erfüllten, die es gestattet hätten, ihnen den Besitz der alten Traditionen anzuvertrauen. Viele der eingeweihten Weisen wollten deshalb lieber ihr Wissen mit ins Grab nehmen, als es unwürdiger Behandlung preisgeben. Und dabei war dieser Vorgang, daß alte Männer besonders heilige Traditionen nicht weitergaben, damals nicht einmal neu. Er mußte schon seit langem vorgekommen sein, denn die alten Männer, die T. G. H. Strehlow antraf, waren ihrerseits schon nicht mehr im Besitz der ganzen ehemaligen sakralen Überlieferung[378]. Viele der Männer ihrer Generation hatten – besonders im Süden – bereits den größeren Teil ihres Lebens auf

---

[378] T. G. H. Strehlow, Traditions S. 121.

den Viehstationen verbracht. Wegen der damit verbundenen, schon in der Jugend einsetzenden Entfremdung von ihrem Herkommen waren sie von den zu ihrer Zeit alten Männern bereits nicht mehr als würdig genug erachtet worden, mit allen alten Geheimnissen bekannt gemacht zu werden, von denen sie deshalb höchstens wußten, daß sie bestanden hatten, ohne je genaue Kenntnisse von ihnen erhalten zu haben[379]. Vielleicht hat nur das lähmende Wissen um den unrettbaren Untergang der einst so fest gefügten eigenen Welt es möglich gemacht, daß ein Weißer so offenbar uneingeschränkten Zutritt zu den verborgensten materiellen und geistigen Heiligtümern dieses Stammes finden konnte. Vielleicht schien der so interessierte und bestvertraute Fremde eher ein Garant für würdevolle Bewahrung und Konservierung der Tradition als die durch den aufgezwungenen Aufbruch in eine fremde, unbewältigte Kultur dem eigenen Herkommen gegenüber unsicher und gleichgültig gewordenen eigenen Stammesangehörigen.

Privatbesitz von Heiligtümern: Es gibt bei den Aranda noch weitere Komplikationen der Überlieferung. In der geschilderten langsamen und stufenweisen Einführung hing die erreichbare Fülle des Wissens nicht nur von der charakterlichen Eignung des Einzelnen ab. Mindestens so entscheidend waren die Besitzverhältnisse. Erstaunlicherweise waren die sakralen Überlieferungen nämlich nicht durchwegs freies Allgemeingut, an dem jeder – unter dem hier selbstverständlichen Ausschluß der Frauen[380] und Kinder – gleichmäßig und nur abhängig von tadellosem Lebenswandel teilhaben konnte. Ein ausgeklügeltes System legte nämlich genau umschriebene Besitzverhältnisse in der sakralen Tradition fest, dessen Grundlage weitgehend persönliche Eigentumsrechte waren, die bestimmten Einzelpersonen, basierend auf der Lehre von der totemistischen Abstammung[381], als rechtmäßiges ‚Erbe' zukamen. So wurden tatsächlich einzelne Menschen als Besitzer von Heiligtümern anerkannt. Besitz bedeutete hier in erster Linie das Recht zur Durch-

---

[379] aaO. S. 122.
[380] Es scheint, daß auch die Frauen geheime Riten kannten, doch fehlen hier genaue Forschungen (T. G. H. Strehlow, Traditions S. 93, Anm.).
[381] Vgl. hier I. 3.6.1.

führung der rituellen Handlung, die nur der Eigentümer oder ausdrücklich von ihm ermächtigte Stellvertreter vornehmen durften[382]. Besitz bedeutete hier aber auch, daß in den meisten Fällen nur der Besitzer und — zwecks Sicherung der Tradition — bewährte alte Männer die genauen Einzelheiten und den exakten Wortlaut dieses bestimmten Teils der Überlieferung kannten[383]. Wichtige Teile des Mythenschatzes konnte ein Forscher bei den Aranda also nur in Erfahrung bringen, wenn er je gerade auf den betreffenden Besitzer oder dessen bevollmächtigten Stellvertreter stieß[384].

Von der Anschauung her sind allerdings den initiierten Männern viele Zeremonien des eigenen und sogar auch fremder Totems,

[382] Es ist völlig unerwartet, bei einem Stamm von der Kulturbeschaffenheit der Aranda auf so ausgeprägt an den Einzelmenschen gebundene Besitzverhältnisse zu stoßen, da gerade heute in der so heftig entbrannten Diskussion um diese gesellschaftlich-soziale Institution der Hinweis auf die ‚Ur-‘ und ‚Naturvölker‘, die keinen Privatbesitz gekannt haben sollen, nicht selten ist. Man darf, gerade in diesem Zusammenhang nun, die Bedeutung des Aranda-Privatbesitzes nicht unterschätzen. Was unsere Kultur als beeindruckendes Eigentum betrachtet, die sogenannten Produktionsmittel, waren, soweit sie überhaupt vorhanden waren, nicht Besitz eines einzelnen. Aber was ein Aranda in totemistischer Erbfolge erhalten konnte, das waren die höchsten Werte seiner Kultur! Und diese Werte waren für den Stamm nicht etwa ‚nur‘ religiös-ästhetischer, gleichsam schöngeistiger Natur, und deshalb von geringer effektiver Bedeutung für das Stammesleben. Da nach Aranda-Glauben die Erhaltung und Sicherung des Lebensgefüges und im besonderen auch das Gedeihen der lebensmittelspendenden Tier- und Pflanzenwelt unlöslich eng und direkt mit den sakralen Riten und Gebräuchen verknüpft war, kam deren privater Besitz im Ganzen des Stammeslebens tatsächlich einem Privatbesitz an Produktionsmitteln gleich. T. G. H. Strehlow erzählt sogar, daß ‚Zeremonienmeister‘ sakrale Gegenstände, die zu dem Ritual gehörten, gegen den Willen angesehener Stammesmitglieder aus dem Stamm heraus verkauften. Möglicherweise war aber eine so weit gehende privat interessiert gesteuerte Verfügung mit den daraus folgenden bedeutsamen Eingriffen in das Kulturgut des Stammes früher kaum denkbar gewesen und wurde erst möglich durch und in dem Zusammenbruch des ganzen Glaubensgefüges und Sinnzusammenhanges. Die Institution aber des privaten Besitzes von höchsten, vitalen Gütern der Kultur gehört offenkundig auch schon in die Welt der archaischen Kultur.

[383] T. G. H. Strehlow, Traditions S. 131f.

[384] Die Tatsache, daß bei den Aranda im sakralen Bereich Privatbesitz vorkam, war schon vor T. G. H. Strehlows ausführlicher Darstellung über die Besitzverhältnisse der Heiligtümer bei diesem Stamme bekannt. Sie war schon von Spencer und Gillen festgestellt worden, bei denen es aber bei der bloßen Erwähnung des Vorkommens dieser Erscheinung bleibt (Native Tribes S. 119).

in die sie nicht eigentlich eingeweiht waren, bekannt, denn bei den großen sakralen Zusammenkünften waren während vielen der meist nächtlich stattfindenden Feiern auch weniger eingeweihte Mitglieder der Gruppe und sogar Angehörige anderer Totems als Gäste zugegen. Diese ‚Zugelassenen' erhielten aber durch die rein betrachtende Teilnahme nur einen teilweisen und oberflächlichen Einblick[385]. Die Einzelheiten und die oft schwer verständlichen Verse wurden bei solchen Anlässen nicht erklärt, manchmal wurden auch wichtige Teile ausgelassen, besonders wenn junge Männer dabei waren[386]. Diese jungen Männer mußten oft auch Verse lernen, deren Bedeutung ihnen erst viel später offenbart wurde. „No questions may be asked by the younger members of the clan while meagre scraps of information are reaching them from the lips of their teachers. Many details of the myths remain doubtful to them. The explanation of the chant-verses, which they have learned with whole-hearted zeal, is often quite inadequate, and fails to give an intelligible literal rendering of the traditional lines into more modern language. Sometimes portions of the story are related to them inaccurately. Young men are apt to be supplied with an officially falsified account. These false versions are also traditional; only the actual owner of the myth, even though he be a young man, must not be deceived by the aged guardians of the clan tjuruŋa"[387].

Unter diesen Umständen ist es nicht erstaunlich, wenn Spencer und Gillen und auch C. Strehlow zum Teil so dünne, wenig sagende Mythenüberlieferungen erhalten haben. Die freie Teilnahme an Feiern im Stammesverband war eben kein Garant für ungehindertes Kennenlernen der ganzen Tradition, genauso wenig wie das vertrauensvolle Gespräch. Die Auskunft, daß die Eingeborenen selbst nicht wüßten, was die Gesänge bedeuten, muß unter diesen Umständen übrigens nicht völlig falsch sein, nur gibt sie nicht die volle Rea-

---

[385] Es ist denkbar, daß Spencers und Gillens ‚völlige Initiiertheit' diesem Grad der Zulassung entspricht, daß man die beiden Forscher also wie die Gäste anderer Totems zuschauen ließ, daß man ihnen aber Erklärungen nicht zukommen ließ, die auch den anderen Gästen vorenthalten wurden.
[386] T. G. H. Strehlow, Traditions S. 148.
[387] aaO. S. 146.

lität der Situation wieder. Spencer und Gillen mögen tatsächlich auf Aranda gestoßen sein, die keine Ahnung vom Sinn der Lieder hatten, nur war dies so, weil die betreffenden Informanten eben nicht genügend eingeweiht gewesen sein mögen, nicht aber, weil ‚die' Eingeborenen ihre Gesänge nicht verstanden.

Selbst wenn jemand einen Gesang sprachlich ganz beherrschte und verstand, wenn ihm die Muster der Boden- und Körperdekorationen und der formale Ablauf des Rituals bekannt waren, so hatte er damit immer noch nicht den ganzen Mythos erfaßt, denn zu einem Aranda-Mythos gehörte unabdingbar noch die erklärende Deutung. „The myth . . . is the sum total of the many and varied explanations given by the old leaders of a group to the younger men concerning the traditional chant, the sacred ceremonies, and the physical features of the landscape associated with the life story of any given totemic ancestor who is revered by the group"[388]. Erst wer also die Lieder, die Dekorationsmuster, die rituelle Handlung und die dazugehörigen Erklärungen kannte, hatte die volle Kenntnis eines Mythos. Und diese volle Kenntnis nun kam weiterhin nur jenen Männern zu, die durch ihre Totemzugehörigkeit und ihre persönlichen ‚Erbverhältnisse' dazu berechtigt waren und sich darüber hinaus erst noch durch einen entsprechenden Lebenswandel als des sakralen Besitzes würdig erwiesen hatten. Es ist leicht vorstellbar, wie schwierig bis unmöglich es unter solchen Umständen für die Forschung sein kann, überhaupt auf einen dieser seltenen Männer zu stoßen und ihn dann erst noch bereit zu finden, sein geheimes Wissen offen weiter zu geben.

Verstreute Totemtraditionen: Diese Besitz- und Überlieferungsverhältnisse sind bereits reichlich komplizierter, als die allgemeine Einschätzung naturvölkischer Gegebenheiten angenommen hatte. Aber bei den Aranda kam noch eine weitere Schwierigkeit für die volle Kenntnis der mythischen Tradition dazu. Die Urzeit-Vorfahren vieler Totems hatten, der Überlieferung nach, weite Wanderungen unternommen. Alle Plätze nun, mit denen sich eine bedeutsame Begebenheit dieser Wanderungen verbindet, wurden zu

---

[388] aaO. S. 159.

einem Zentrum des betreffenden Totems und damit zum sakralen Mittelpunkt einer seiner Gruppen. Mit jedem dieser Zentren waren eigene Gesänge und Mythen verbunden. Jede Gruppe nun hatte, wie T. G. H. Strehlow feststellen konnte, nur von jenen Mythen und Gesängen genaue Kenntnis, war bis ins einzelne nur mit dem Teil der Tradition vertraut, der sich mit dem befaßte, was auf ihrem Territorium vorgefallen war. Die vorausgehenden und die nachfolgenden Teile des mythischen Geschehens dagegen waren nur mehr oder weniger ungenau und oberflächlich bekannt[389]. Wenn einem Aranda durch seine ‚Erbfolge'-Verhältnisse ein Recht auch auf Traditionen eines anderen, entfernteren Zentrums zukam, so mußte er, nachdem er die Überlieferung seiner ‚Heimat' kennen gelernt hatte, zu dem betreffenden Totemplatz reisen und sich von den dortigen Hütern der lokalen Heiligtümer in die Mythen dieses Zentrums einweihen lassen[390]. Ein Forscher aber mußte, wenn er solche Wandermythen aufzeichnen wollte, der Reihe nach die verschiedenen Orte aufsuchen, um an jedem einzelnen die genaue lokale Überlieferung in Erfahrung zu bringen[391].

Diese Situation macht verständlich, warum viele Mythen auch bei C. Strehlow, der sie doch in der Originalsprache kennen lernen konnte, oft derart dürftige, rein äußerliche Aufzählungen sind, die sich zum Teil kaum von den Simplifizierungen und Reduktionen unterscheiden, die so viele Eingeborenen-Mythen durch die Übertragung ins Pidginenglisch erfahren haben. Hier mögen wohl eben auch die Informanten selber nur teilweise und äußerliche Kenntnisse des mythischen Geschehens gehabt haben. Unter den geschilderten Umständen dürfte ja in diesem Stamme kaum je ein einzelner die ganze mythische Tradition seiner wandernden Totemvorfahren wirklich detailliert gekannt haben. Für die Forschung aber wird eine umfassende Kenntnis der Arandamythen erst möglich sein, wenn die zahlreichen Überlieferungen, die T. G. H. Strehlow gesammelt und aufgezeichnet hat, veröffentlicht sein werden, und falls damit dann wirklich ganze Wandermythen umfassend zugänglich sein werden,

---

[389] aaO. S. 155.
[390] aaO. S. 153.
[391] aaO. S. 155.

so dürfte das mehr an Kenntnis sein, als je irgend ein einzelner Aranda besessen hat.

3.3.2.3. Zusammenfassung

Da dies Material von T. G. H. Strehlow noch nicht zugänglich ist, muß die Beschäftigung mit der mythischen Welt der Aranda neben den ausgesuchten, typischen Beispielen, die dieser Autor aus seiner Forschung bereits veröffentlicht hat, doch weiterhin anhand der Werke von Spencer und Gillen und von C. Strehlow erfolgen. Angesichts der so vielfältigen Schwierigkeiten, welche diese Forscher, ohne daß sie dessen gewahr geworden wären, an einer umfassenden, adäquaten Kenntnis gehindert hatten, mag dies ein wenig sinnvolles Unterfangen zu sein scheinen. Dabei darf aber nicht übersehen werden, daß das beschränkte Wissen, das auf Grund von T. G. H. Strehlows Forschung für so viele Aranda anzunehmen ist, nicht nur als Hindernis für ausführliche Auskünfte für den Forscher gesehen werden darf, sondern auch als Faktum im Leben der Aranda. Nur teilweises Wissen, verbunden mit andeutungsweisen Vorstellungen von der weiteren Tradition war offenbar eine Situation, in der sich ein großer Teil der Aranda-Männer befand. Was Spencer und Gillen und was C. Strehlow vermitteln, mag in vielem ungenügend sein, wenn es für ‚die' Aranda-Tradition stehen soll, aber es scheint doch andererseits gar nicht schlecht zu dokumentieren, in welcher Weise diese Tradition, und wie viel von ihr, in durchschnittlichen einzelnen dieses Stammes lebte. Mit vielen Fragen wird eine fruchtbare Beschäftigung tatsächlich erst auf Grund des ganzen von T. G. H. Strehlow gesammelten Materials möglich sein. Was aber für das vorliegende Thema von Bedeutung ist, das kann auch mit dem, was im Moment zur Verfügung steht, aufschlußreich betrachtet werden.

Es geht hier um die Vorstellungen, welche die Aranda – und damit sind nun die je einzelnen ebenso gemeint, wie das Stammesganze – von der Art und Beschaffenheit ihrer Vorfahren hatten. Grundsätzlich liefern alle von den Forschern überlieferten Mythen hierzu einen Beitrag, weil in ihnen fast ausschließlich vom Sein und

Wirken dieser Ahnen die Rede ist. Zwei Fragen stellen sich dabei: die nach der Vollständigkeit und die nach der Richtigkeit dieser Angaben. Selbstverständlich kann nie ermessen werden, ob alle Formen und Varianten der Vorfahren-Vorstellungen bei den Aranda mit irgend einem noch so reichhaltig veröffentlichten Material erfaßt sind. Ob es noch andere, unbekannt gebliebene Formen gibt, bleibt immer ungewiß. Wichtig ist die Tatsache, daß doch ein umfangreiches und vielseitiges Material vorhanden ist. Schwieriger ist angesichts der eben behandelten Forschungslage das Problem, wie weit diese Aufzeichnungen tatsächlich das Erleben der Aranda wiedergeben. Sehr vieles wird und muß fehlerhaft und mangelhaft dargestellt sein. Die Frage bleibt offen, ob das Material deshalb für grundsätzliche Betrachtungen brauchbar sei. Absolut gültige Entscheidungen sind hier nicht möglich. Als in hohem Maße beweiskräftig müssen Übereinstimmungen in den Angaben der verschiedenen Forscher gelten. Und gerade in dem Punkt, um den es nun geht, um die Art und Weise, wie die Vorfahren auftreten und sich verhalten, herrscht in allen in Frage kommenden Werken eine praktisch vollkommene Übereinstimmung, so daß die diesbezüglichen Angaben und Ergebnisse der Forschung im folgenden als Grundlage für die Untersuchung dienen können, für die Frage nämlich nach dem Bild, das sich die Aranda von ihren mythischen Gestalten machten.

3.4. Die tiermenschliche Mischgestalt

3.4.1. Altjira

In der Vorstellungswelt der Aranda spielen mythische Wesen eine große Rolle. Direkte Beschreibungen ihres Äußeren scheinen im Mythos aber selten zu sein, wesentlich sind ihre Handlungen[392]. Somit werden meist nur solche Züge der körperlichen Erscheinung sichtbar, die im urzeitlichen Geschehen eine Rolle spielen.

---

[392] Möglicherweise finden sich in den echten Aranda-Gesängen, wie sie T. G. H. Strehlow aufzeichnen konnte, mehr beschreibende Elemente. Die wenigen kurzen Beispiele, die bereits greifbar sind, deuten darauf hin. Vgl. z. B. Traditions S. 7.

Beispiele für mythische Wesen, deren körperliche Erscheinung ausdrücklich als Mischung von menschlichen und tierischen Zügen geschildert wird, fehlen fast vollkommen. Spencer und Gillen kennen gar keines, C. Strehlow nur wenige, von denen eines von besonderer Bedeutung ist. „Nach der Überlieferung der Alten gibt es ein höchstes gutes (mara) Wesen, Altjira. Dasselbe ist ewig (ngambakala) und wird als großer, starker Mann von roter Hautfarbe, dessen langes, helles Haupthaar (gola) über seine Schultern herabfällt, vorgestellt. Altjira hat Emufüße (ilia = Emu, inka = Beine, Füße) und wird daher Altjira iliinka genannt. . . . Er hat viele Frauen, tnéera (die Schönen) genannt, die Hundebeine (knulja-inka) haben und wie er selbst von roter Hautfarbe sind. Er besitzt viele Söhne und Töchter, von denen erstere Emufüße, letztere Hundebeine haben"[393].

Auf den ersten Blick scheint das — in diesem Zusammenhang — ein unschätzbarer Fund zu sein: Wir treffen hier auf ein ausdrücklich als Mischgestalt geschildertes mythisches Wesen, das überdies zu den so wichtigen, ewig währenden Höchsten Wesen gehört. Und wenn wir nun von den Aranda, wie von so vielen Stämmen, keine vergleichbaren anderen Zeugnisse besäßen, so gälte die Existenz Altjiras wohl als unbestrittenes Faktum, und unbeirrt könnte die Interpretation einsetzen. Doch liegen nun eben über die Aranda noch andere Dokumentationen vor, wodurch die Situation erheblich schwieriger und undurchsichtiger wird.

Bei Spencer und Gillen fehlt die Gestalt des Altjira vollkommen, nicht nur in der beschriebenen Mischgestalt, sondern als Erscheinung überhaupt. Ein Höchstes Wesen im Sinne des Altjira kommt in ihrem Bericht nicht vor. In ihrer Darstellung der Urzeit ist zwar von zwei Wesen die Rede, welche im westlichen Himmel wohnten. „They were Ungambikula, a word which means ‚out of nothing' or ‚self-existing'"[394]. Doch verhalten sich diese beiden wie viele Vorfahren und erfahren trotz der betonten Außergewöhnlichkeit

---

[393] C. Strehlow I, S. 1.
[394] Spencer/Gillen, Native Tribes S. 388 / Vgl. hier nach Anm. 468.

ihrer Entstehung durch Spencer und Gillen keine besondere Deutung. Diese betonen im Vorwort zu ihrem zweiten Werk sogar ausdrücklich, daß die Aranda keinen Glauben an ein Höheres Wesen kennen[395]. Beide Ansichten stehen einander unvereinbar gegenüber. Auch das Werk des Gewährsmannes der folgenden Forschergeneration bringt keine Klärung. Zwar schreibt Worms, ein Missionar, der seit den dreißiger Jahren in Australien gelebt und sich mit größter Intensität um ein Verständnis der Eingeborenen-Kultur bemüht hat, in seiner Darstellung der Religionen der Ureinwohner Australiens: „T. G. H. Strehlow verdanken wir auch den Hinweis auf einen nur vereinzelt auftretenden höheren Himmelsgeist, den von Frauen und Kindern umgebenen Atua Ilingka, den Mann mit Emufüßen, den C. Strehlow eingehend beschrieb"[396]. Aber er gibt keine genauen Angaben über Ort und Art dieses Hinweises und die „Aranda Traditions" als diesbezügliches Hauptwerk von T. G. H. Strehlow befassen sich nicht mit diesem Himmelsgeist[397]. Da aber der zitierte Forscher gezeigt hat, wie selbständig die Traditionen der einzelnen Untergruppen der Aranda sind, und wie sehr sie sich von einander unterscheiden, könnte die einfachste Lösung gefunden werden, wenn man annimmt, daß Altjira nur in der von Strehlows Vater erforschten westlichen Tradition eine Rolle gespielt hat, während er oder ein anderes ähnliches Wesen im Osten unbekannt war.

Aber die Tatsache, daß so Unterschiedliches über die Vorstellungen der Eingeborenen von einem Höchsten Wesen festgestellt wurde, könnte nun doch nicht nur von lokalen Verschiedenheiten der Überlieferung herrühren, sondern in hohem Maße auch durch einen Umstand bedingt sein, der von so grundsätzlicher Bedeutung

---

[395] Spencer/Gillen, Northern Tribes S. xiv / Vgl. hier nach Anm. 369.
[396] Worms, Religionen S. 261 / Vgl. hier bei Anm. 393.
[397] In einem Kommentar zu einem Vortrag von E. Worms über die Religion der Australier erwähnt T. G. H. Strehlow im Zusammenhang mit der Frage nach himmlischen Wesen bei den Eingeborenen einen Emufüßigen, allerdings ohne Namen und ohne Angabe, bei welchen Stämmen er auf diese Gestalt stieß. „I know of only two groups where sky-beings were recognized – the great emu-footed sky-dweller with his sons and daughters; but he was held to take no interest in earthly affairs, and people had no active concern with him in their ritual" (T. G. H. Strehlow, Commentary S. 250).

für die Beschäftigung mit Forschungsberichten fremder Kulturen ist, daß es sich wohl rechtfertigt, wenn er hier anhand dieses Beispiels ausführlich dargestellt wird.

Ein Vergleich der beiden frühen Forschungsberichte ergibt nämlich: C. Strehlow stößt bei ‚seinen' Aranda auf ein Höchstes Wesen, Spencer und Gillen bei den ‚ihren' dagegen nicht. Berücksichtigt man nun auch die Persönlichkeit der Forscher, so lautet dieser Befund: Der christliche Missionar stößt auf eine himmlische, ewige Gestalt; die deutlich evolutionistisch, naturwissenschaftlich orientierten Forscher im Osten finden von einer solchen keine Spur. Diese Formulierung macht bereits etwas stutzig, und die Frage taucht auf, ob hier nicht etwa die jeweilige Sehweise der Weißen das Bild, das sie von den Vorstellungen der Eingeborenen bekamen, nicht unerheblich beeinflußt haben könnte. Die unterschiedlichen Ergebnisse passen so genau zu den weltanschaulichen Hintergründen, in deren Rahmen die Forscher notgedrungen das Fremde aufnehmen und erfassen mußten, daß es doch ein großer Zufall sein müßte, wenn sie sich wirklich ausschließlich aus den Unterschieden zwischen westlichem und östlichem Aranda-Glauben erklären ließen.

Ohne weiteres Material müßten solche Gedanken allerdings bloße andeutende Vermutung bleiben, denn es könnte ja tatsächlich so sein, daß sowohl der Missionar, wie die Naturforscher durch Zufall je mit Stammesteilen in Berührung kamen, deren Vorstellungen ihren eigenen Ansichten so weitgehend entsprachen. Und in einem bestimmten Maß muß das auch sicher der Fall gewesen sein, sonst hätte das Ergebnis bei ernsthafter Forschungsarbeit – an der zu zweifeln kein Grund besteht – auf beiden Seiten nicht so herauskommen können. Spencer und Gillen werden nicht ein deutlich dominierendes Höheres Wesen bei den Ostaranda einfach übersehen haben, genau so wie C. Strehlow ein solches für die Westaranda nicht ohne entsprechende Anhaltspunkte einfach ‚erfunden' haben wird. Für beide Forschungsergebnisse werden konkrete, reale Gegebenheiten bestanden haben, Gegebenheiten aber, die eben durch die Blickrichtung der Forscher unterschiedliche Einordnung erfahren haben. Es gibt nämlich einige Zeugnisse, die deutlich darauf hinweisen, daß weder der Bericht aus dem Westen noch der aus dem Osten vollkommen ‚forschungsunabhängig' reine Aranda-Wirklichkeit wiedergeben.

Aus der Mitte unseres Jahrhunderts überliefert Worms den Ausspruch eines alten Aranda: „Der alte Strehlow (er meint C. Strehlow) gab Jesus den Namen Inkata Altjira (‚unsterbliches Hochwesen'?)"[398]. Die Missionsstation in Hermannsburg, wie liberal sie auch immer gewesen sein mag, war nicht zur bloßen Beobachtung der Eingeborenen da. Um die christlichen Ideen verkünden zu können, brauchte sie für die wichtigen Begriffe der Kirche Entsprechungen in der Eingeborenen-Sprache. In Hermannsburg nun war das Wort ‚Altjira' für Gott gebraucht worden, was nicht von C. Strehlow, sondern schon von seinen Vorgängern eingeführt worden war. Dies wird ersichtlich aus der Abhandlung Spencers über die Bedeutung des Begriffes ‚alchera'[399], in welcher er es kategorisch ablehnt, daß ‚alchera' für die Aranda ein persönliches Wesen bezeichne. Das Wort werde gebraucht „in reference to everything associated with the far-past, mysterious and mythic times"[400]. Er zitiert in diesem Zusammenhang einen Vorgänger von C. Strehlow auf der Station, den Missionar Kempe, der sagt, daß, so weit er die Sprache kenne, das Wort nicht Gott „in unserem Sinne, nämlich ein persönliches Wesen" meine, aber daß die Mission es in diesem Sinne gebrauche, weil sie „kein besseres finden konnte und weil es der Idee von ‚ewig' am nächsten kommt"[401]. Wenn die Beobachtungen von Kempe und Spencer stimmen, dann ist die Verwendung des Wortes Altjira für ein allfälliges Höchstes Wesen wirklich nicht ganz im Sinne der ursprünglichen Bedeutung. Doch wird von dieser Argumentation ja nur der Name berührt. Die Existenz des Emu-

---

[398] Worms, Religionen S. 262.
[399] Appendix D in Spencer/Gillen, Arunta / ‚Alchera' ist Spencers Schreibweise für das arandische Wort, das C. Strehlow als ‚Altjira' wiedergibt.
[400] Spencer/Gillen, Arunta Bd. 2, S. 596.
[401] aaO. Bd. 2, S. 596 / Spencer zitiert Auskünfte, die er persönlich von Kempe erhielt: „So far as I know the language it is not ‚God' in that sense in which we use the word – namely, as a personal being – ... We have adopted the word ‚God' because we could find no better and because it comes nearest to the ideas of ‚eternal'".

füßigen aber, wie immer er auch geheißen haben mag, bleibt weiterhin ungeklärt. Es ist in diesem Zusammenhang ja von relativ geringer Bedeutung, ob ‚Altjira' sein Name oder ein häufig gebrauchtes Beiwort war, das C. Strehlow als Eigennamen mißverstanden hat. Wichtiger ist die Tatsache, daß da überhaupt die Rede von diesem emufüßigen Wesen mit genau umschriebener Erscheinungsform sein kann, denn ohne eindeutigen Gegenbeweis kann nicht angenommen werden, daß der Emufüßige ebenso wenig existierte wie Altjira als Eigenname.

Die Existenz dieser Gestalt dürfte also kaum eine Erfindung sein. Unlösbar aber wird die Frage bleiben, wie weit ihr die Wesenszüge, von denen C. Strehlow spricht, wirklich genuin zugehörten, und wie weit diese durch den Gebrauch des nun mit christlichen Kategorien verbundenen Wortes Altjira beeinflußt und modifiziert wurden; wie weit also der Emufüßige die Eigenschaften eines ewigen und gar gütigen Himmelswesens schon in der Vorstellung der Eingeborenen hatte, so daß die ‚christliche' Anwendung des Wortes sich von der ursprünglichen Bedeutung her gerechtfertigt hätte, und wie weit durch eben diese Anwendung sich für den Missionar die damit verbundenen Vorstellungen gleichsam unbemerkt auf diesen Himmelsgeist übertragen haben. Übrigens wäre es wahrscheinlich schon damals – wäre man überhaupt auf den Gedanken gekommen – schwierig gewesen, auf der Missionsstation hierüber Klarheit zu gewinnen, da die Informanten C. Strehlows ihrerseits bereits mit der Mission und deren Vorstellungen in Berührung gekommen und sicher von ihnen beeinflußt worden waren.

Merkwürdigerweise erhält nun aber C. Strehlows Feststellung, daß die Aranda ein Höchstes Wesen kennen, auch eine gewisse Unterstützung aus der Tätigkeit von Spencers Mitarbeiter Gillen. In den gemeinsamen Werken wird die Existenz eines solchen zwar verneint und ein emufüßiges Wesen nicht erwähnt. Aber Gillen selber scheint einmal anderer Ansicht gewesen zu sein. Er war für die Horn-Expedition der Gewährsmann für die Aranda gewesen[402]

---

[402] T. G. H. Strehlow spricht über die Horn-Expedition und sagt: „The aboriginal data were obtained largely through the assistance of the Postmaster of Alice

und hat dort „die Frage, ob die Arunta ein höchstes Wesen anerkennen ... bejaht"[403]. Das war nur wenige Jahre vor der gemeinsamen Arbeit mit Spencer gewesen. Die Tatsache, daß die so kurze Zeit zuvor veröffentlichte Aussage über einen doch recht wesentlichen Aspekt des geistigen Lebens der Aranda im späteren Werk nicht berichtigt, sondern einfach stillschweigend übergangen wird, scheint doch darauf hinzudeuten, daß das andere Ergebnis nicht als bewußte Korrektur früherer Ansichten zu bewerten ist, sondern als Folgeerscheinung veränderter Blickrichtung, in deren Gesichtskreis das betreffende Phänomen gar nicht mehr kommen konnte oder durfte.

Wenn auch, wie schon erwähnt, der jüngere Forscher, T. G. H. Strehlow, zum emufüßigen Altjira keinen endgültig klärenden Beitrag leistet, weder ihn voll bestätigend noch verwerfend, so erfährt das Thema einer höchsten mythischen Gestalt am Beginn der Schöpfung bei ihm doch eine wesentliche Bereicherung. Auch er weist in seinen Berichten auf ein ähnliches Wesen hin, nämlich auf den „Great Father who was ever from the beginning"[404], das von vielen Totems als ungeschaffener Urvater am Beginn der gestalteten Welt und ihrer eigenen Gruppe gesehen wird. Dieser „Great Father" gehört aber in die Überlieferung einzelner Totems und wohnt auch nicht im Himmel. Er entspricht also nicht ganz dem Altjira C. Strehlows. Da er aber andererseits eine ‚ewige' personifizierte Schöpferkraft darstellt, unterscheidet er sich doch auch von Spencer und Gillens Darstellung der Aranda-Vorstellungen. T. G. H. Strehlows Bericht steht damit gleichsam in der Mitte zwischen den beiden Annahmen der früheren Forscher, wobei aber nicht vergessen werden darf, daß der Nachweis des „Great Father" anhand von Nord-Aranda-Mythen erfolgt und damit seinerseits wiederum auf einer anderen Tradition beruht als die früheren Forschungsergebnisse.

Springs, Mr. Gillen, the later collaborator of Sir Baldwin Spencer" (Traditions S. xvi, Anm.).
[403] Klaatsch, Schlußbericht S. 653, Anm. 1.
[404] T. G. H. Strehlow, Traditions S. 10.

Natürlich drängt sich hier von neuem die Frage auf, ob der noch einmal verschiedene Befund von T. G. H. Strehlow seinerseits nur auf den Unterschieden der lokalen Tradition beruht, oder ob auch er wieder von einer nochmals veränderten Weltsicht des jüngeren Forschers beeinflußt sein könnte. Beim heutigen Stand der Literatur läßt sich dies im Moment nicht weiter überprüfen. Wenn man aber liest, wie dieser ‚Große Vater' eifersüchtig seine Rechte zu wahren gesucht und seine Söhne unterdrückt haben soll und deshalb von diesen geschändet oder gar getötet worden sei, so fragt man sich fast unwillkürlich, ob es wirklich nur ein Zufall sei, daß diese Seite der Aranda-Tradition erst in den dreißiger Jahren unseres Jahrhunderts gefunden werden konnte, nachdem die Theorien Freuds bereits die Runde um die Erde gemacht hatten.

3.4.2. Halbmenschliche Vorfahren

Wenn auch die Angaben C. Strehlows über den emufüßigen Altjira durch die übrige Aranda-Forschung keine weitere Unterstützung erfahren, so erschöpft sich doch damit das Thema über mischgestaltige Wesen bei den Aranda nicht. Bei C. Strehlow finden sich noch zwei weitere Beispiele von direkt beschriebener Mischgestalt; und zwar im Kapitel über die „bösen Wesen", wo der Autor schreibt: „Die kokolura (die Hundegleichen) treten in Hundegestalt auf, sie haben jedoch Menschenhände und Känguruhbeine (arangalupara), sehr lange Ohren und Zähne, sowie lange Haare am Kinn und auf der Nase. Ihr Rücken ist weiß-behaart, während der Bauch rot gefleckt ist"[405]. Von den anderen bösen Wesen heißt es: „Die mangaparra (‚Fliegenschwänze') dagegen fliegen in Gestalt von großen, schwarzen Vögeln mit einem menschenähnlichen Gesicht und langem, schwarzem Haar in der Luft umher"[406].

Spencer und Gillen bringen keine direkte Beschreibung eines tiermenschlich geformten mythischen Wesens. Aber wenn auch hier der Emufüßige fehlt und auch keine andere, in der Erscheinung

---

[405] C. Strehlow, I, S. 11.
[406] aaO. I, S. 12.

vergleichbar beschriebene Einzelgestalt vorkommt, so wird doch im Zusammenhang mit den mythischen Vorfahren ausdrücklich von gemischter Erscheinung gesprochen, sogar unter direkter Verwendung der Ausdrücke ‚halb-menschlich' und ‚halb-tierisch'. Wenn zum ersten Mal in einem Überblick von der Urzeit die Rede ist, heißt es: „Going back to this far-away time, we find ourselves in the midst of semi-human creatures endowed with powers not possessed by their living descendants"[407] und in anderem Zusammenhang werden die Vorfahren die „semi-animal ancestors"[408] genannt.

Auch T. G. H. Strehlow braucht an einer Stelle seiner Grammatik den Ausdruck „semi-human", wenn er von Gestalten in den „sacred legends" spricht. Er erklärt eine Endung, die zur Bezeichnung eines bestimmten Falles an Personennamen angehängt werde, und manchmal auch an Namen von Tieren, „particularly if the latter are regarded as semi-human beings, as in the sacred legends"[409].

Da die Autoren in diesen Fällen nicht von bestimmten Gestalten, sondern von ganzen Kategorien sprechen und diese je mit der gleichen verallgemeinernden Selbstverständlichkeit als gemischt, halb menschlich und halb tierisch, bezeichnen, scheint das Phänomen der Mischgestalt bei den Aranda für europäisch blickende Augen doch sehr deutlich sichtbar gewesen zu sein, auch wenn direkte, spezifische Beschreibungen von einzelnen entsprechenden Gestalten fehlen. Ja, dieses Fehlen direkter Belege bei denen, die diese Erscheinung so selbstverständlich allgemein erwähnen, deutet gerade noch verstärkt daraufhin, daß die Vermischung von Menschlichem und Tierischem hier auffallend und häufig gewesen sein muß. Eine direkt als Mischgestalt beschriebene Einzelerscheinung mag auf den ersten Blick als konkreterer und besserer Beweis für die Existenz des fraglichen Phänomens erscheinen. Aber ein solches Wesen könnte auch ein zufälliges, im Ganzen des Kulturzusammenhanges wenig bedeutungsvolles Vorkommnis sein. Deshalb ist die Erwähnung des Phänomens an sich, ohne jegliche Unterstützung durch eine entsprechende konkrete Einzelerscheinung als Beleg fast zwingender und aus-

---

[407] Spencer/Gillen, Native Tribes S. 119.
[408] aaO. S. 228.
[409] T. G. H. Strehlow, Grammar, Oceania 13, S. 92.

sagekräftiger, weil es auf eine fast zur Selbstverständlichkeit gewordene Häufigkeit dieser Erscheinung deutet.

Das in der Einleitung erläuterte Vorgehen, wonach für die Diagnostizierung und Beurteilung von Mischgestalten hier auch das jeweilige Verhalten der mythischen Wesen herangezogen werden soll, erweist sich nun in diesem Zusammenhang als mehr denn eine bloß theoretische Forderung. Es ergibt sich hier zwingend aus den Gegebenheiten, denn wenn die Forscher in der Aranda-Kultur, die keine Bilder und fast keine Beschreibungen der äußeren Erscheinung kennt, so übereinstimmend und sicher von halb menschlichen, halb tierischen Vorfahren sprechen, so können sie diesen Befund ja nur aus dem jeweiligen Verhalten und aus den jeweiligen Umständen des in den Mythen Geschilderten entnommen haben.

3.4.3. Die Vorfahren als Mischwesen

Mag die Quellenlage in vielem ungesichert sein, mögen auch die Unterschiede zwischen den verschiedenen Forschungsberichten in vielem beträchtlich und sogar entscheidend sein, so herrscht doch bei allen große Übereinstimmung in der Art, wie die Urzeitwesen dargestellt werden. Das ist bis zu einem gewissen Grade eine Gewähr dafür, daß diese Beobachtungen tatsächlich eine Aranda-Wirklichkeit wiedergeben, und gestattet, Beispiele aus den verschiedenen Forschungsberichten vergleichend und ergänzend nebeneinander zu stellen.

3.4.3.1. Gemischtes Verhalten

Auffallend häufig kommt es vor, daß sich Wesen, die in Erzählungen von Vogel-Totems ausdrücklich als Menschen bezeichnet sind, oder die nicht zu den fliegenden Tieren gehören, in die Luft erheben und fliegen. So heißt es bei Spencer und Gillen: „One of the Ullakupera[410] - men ... flew from Atnaturka to Utiara"[411]. Die

---

[410] Ullakupera = Kleiner Habicht (little hawk).
[411] Spencer/Gillen, Native Tribes S. 394.

Erzählung geht noch lange so weiter und immer wieder fliegen eines oder zwei dieser ausdrücklich als Ullakupera-M ä n n e r bezeichneten Wesen von einem Ort zum andern und verhalten sich im übrigen völlig wie Menschen. In der Geschichte von der „Wanderung der drei Wilder Hund-Männer" wird erzählt, wie zwei junge Männer vor einem alten fliehen müssen, dessen Tasche sie gestohlen haben. Sie versuchen sich an einem fremden Ort unter Männer des gleichen Totems zu mischen. Aber, „the local men were very angry and so the two young men being afraid to join them, went up into the sky taking the bag with them"[412]. Im Zusammenhang mit einer Geschichte vom Feuer-Totem kommt ein Wildenten-Mann vor, „who flew over from the west"[413].

Aber natürlich beschränkt sich das erweiterte Verhalten der Vorfahren nicht auf das Fliegen. Am häufigsten ist wohl, daß Tiere sprechen. Einige wenige Beispiele mögen das bezeugen. In einem von T. G. H. Strehlow berichteten Mythos kommen Urzeitmänner vor, die auf der Jagd ein Tier verletzt haben. „And then they hear the words of a song coming from the injured animal"[414]. In einem Nordaranda-Mythos heißt es: „The red plain kangaroos assemble in groups to hold converse with their aunts, the mulga parrots"[415]. Und immer wieder führen Tiere auch menschliche Handlungen aus: „The night-owl came from Urburakana ... (and) grasped a heavy mulga spear"[416].

Reiches Material findet sich in den Mythenübersetzungen von C. Strehlow. In der Geschichte von den Enten-Männern heißt es: „Nachdem sie auch an diesem Platz eine Kultushandlung aufgeführt hatten, spannen (sic!) sie sich eine lange Schnur aus Haar, uléra genannt, setzten sich alle, einer hinter dem andern, auf dieselbe und flogen wie Enten durch die Luft"[417]. Die Geschichte von den beiden Schlangen beginnt: „Zwei große renina[418]-Schlangen, die sich lange

---

[412] aaO. S. 435.
[413] aaO. S. 446.
[414] T. G. H. Strehlow, Traditions S. 9.
[415] aaO. S. 37.
[416] T. G. H. Strehlow, Grammar, Oceania 14, S. 74.
[417] C. Strehlow, I, S. 75.
[418] „renina, eine ca. 4 Fuß lange, nicht giftige Schlange", aaO. S. 48, Anm. 5.

Zeit ... von Rohr- und Schilfwurzeln genährt hatten, wanderten nach Osten und kamen zu einem Platz ..., wo sich viele renina-Männer aufhielten, die die beiden Schlangen verfolgten. Zornig banden sich die beiden renina-Schlangen ihre Schnüre um den Kopf, befestigten ihre Schilde auf dem Rücken und ergriffen die Flucht. ... Bald erblickten sie vor sich eine große Wasseransammlung; sie sprangen hinein und gingen unter dem Wasser weiter"[419]. Das Beispiel ist besonders reich: Schlangen nähren sich von Wurzeln, wandern und gehen, binden sich Schnüre um den Kopf und befestigen sich Schilde auf dem Rücken. Was die Bewegungsverben ‚wandern' und ‚gehen' betrifft, so bleibt es natürlich unsicher, ob die Tätigkeitswörter, welche das Arandische an diesen Stellen verwendet, ebenso ausgesprochen unmöglich für die Fortbewegung der Schlange sind, wie die zur Übersetzung verwendeten deutschen. In dieser Beziehung könnte das Original vielleicht weniger ‚gemischt' wirken als die Übersetzung. Theoretisch sind solche praktisch nicht greifbare Sinnveränderungen durch die Übertragung in eine andere Sprache immer möglich, und entsprechend vorsichtig muß jede Interpretation auf Grund so reiner Sprachbefunde in Übersetzungen erfolgen[420]. Wie dem auch sein möge, hier bleibt auf alle Fälle die Tatsache bestehen, daß die Schlangen sich in verschiedenen anderen Belangen auf eine Art menschlich verhalten, die unabhängig ist von der Bedeutungsnüance eines Wortes.

Ein besonders eindrückliches Beispiel ist der Beginn des Mythos von den beiden Adlern. „In den nördlichen McDonnell Ranges liegt

---

[419] aaO. S. 48.
[420] Im Falle des Arandischen läßt sich allerdings vermuten, daß ein differenziertes Vokabular für verschiedene Arten von Fortbewegung vorhanden ist. Die Sprache scheint die Tendenz zu haben, das Verhalten der wichtigen Tiere äußerst präzise festzuhalten. T. G. H. Strehlow gibt in seiner Grammatik ein Beispiel der Mittel, die dazu zur Verfügung stehen: Aus einem Grundverb können in großer Zahl sogenannte „periphrastic verbs" abgeleitet werden, mit denen es möglich ist, sehr viele Variationen eines bestimmten Grundvorganges ganz genau und differenziert auszudrücken (Oceania 14, S. 69ff.). Genauigkeit des Ausdrucks in Bezug auf die beobachtete Umwelt scheint ein Anliegen dieser Sprache zu sein, so daß durchaus damit zu rechnen ist, daß das Arandische auch in Bezug auf die Fortbewegungsverben mindestens so reich ist wie das Deutsche.

zwischen zwei hohen Felsen ein tiefes Wasserloch, Alkutnama genannt. Hier lebten einst zwei Adler, die ihr Nest auf der Spitze des Felsens gebaut hatten; sie hatten zwei junge Adler in demselben, die sie mit Fleisch fütterten. Eines Tages flogen sie nach Westen, um mit ihren Speeren aroa (Wallaby[421]) zu erlegen. Von der Spitze eines Felsens, auf den sie sich niedergelassen hatten, erblickten sie auf der Ebene im Süden einen Knaben, der auf dem Boden saß und sich bemühte, ein Stück Holz, das er sich in den Fuß gestoßen hatte, herauszuziehen. Der ältere Adler sprach darauf zu dem jüngeren, seinem Bruder: Wir wollen den Knaben zu uns rufen, damit er uns Gesellschaft leiste; der jüngere Adler jedoch entgegnete: Nein, wir wollen ihn erschlagen! Er nahm seinen Speer, rieb ihn mit Erde ab und legte ihn in seinen Speerwerfer; darauf ging er von hinten an den nichtsahnenden Knaben heran und speerte ihn in den Rücken, worauf letzterer sich umwandte und zu dem Adler sagte: Warum hast du mich gespeert, der ich doch dein Vetter bin. Der jüngere Adler entgegnete nichts, nahm vielmehr einen Stock (tnauia) und schlug damit dem Knaben ins Genick, nahm ihn auf seine Schulter und trug ihn nach Alkutnama, wo er ihn auf Kohlen briet, zerstückte und auch seinem älteren Bruder davon anbot, der jedoch mit Entrüstung dieses Fleisch seines Verwandten zurückwies; die beiden Jungen fütterte der jüngere Adler mit diesem Fleisch". Nach der Schilderung weniger weiterer Ereignisse geht die Geschichte weiter: „Plötzlich hörten sie einen lauten Schrei, den ihre Jungen im Neste ausstießen. Schnell flogen sie ihrem Neste zu, unter das sich in ihrer Abwesenheit ein Fledermaus(ulbulbana)-Mann niedergelassen hatte, der mit einem spitzigen Zauberknochen (ntjala) durch das Nest die beiden jungen Adler stach. Die beiden alten Adler, die nichts entdecken konnten, umfaßten das Nest und hoben es in die Höhe, aber auch jetzt konnten sie die Ursache des Geschreies nicht entdecken, da sich der Fledermaus-Mann, der sich in eine Fledermaus verwandelt hatte, unten an dem Nest festklammerte, worauf das Adlersnest zerfiel"[422].

[421] Wallaby ist ein kleines Känguruh.
[422] C. Strehlow, I, S. 45 f.

In diesem Abschnitt werden eine Fülle von grundsätzlichen Problemen und Aspekten der Arandakultur sichtbar. Die schwerdurchschaubare Frage, welche die Totemforschung so stark beschäftigt, ob das eigene Totemtier gegessen werden dürfe oder nicht, erfährt eine zwiespältige Darstellung und taucht erst noch in Umkehrung der Verhältnisse auf, indem das erbeutete Fleisch von einem menschlichen Totemangehörigen stammt[423]. Auch der spitzige Zauberknochen, der in der Magie eine große Rolle spielt, wird erwähnt, ohne daß er darüberhinaus bedeutungsvoll wird. Daneben wird, wie in den meisten Mythen, Lebenstypik der Aranda sichtbar: Die Lagerstelle in der Nähe des Wasserloches, die Jagd auf Wallabies mit Speer und Speerwerfer und das anschließende Braten der Beute.

Besonders deutlich aber zeigt sich hier das an verschiedenen Daseinsmöglichkeiten teilhabende Verhalten. Das Nest auf dem Felsen und das Ausfliegen zum Beutemachen gehören der Welt des Vogels an, das Töten mit dem Speer, das Braten der Beute und die verschiedenen Gespräche aber dem menschlichen Bereich. Und diese Verhaltensweisen durchdringen sich hier wirklich vollständig; die Vorstellung, daß die beiden Adler bald Mensch, bald Tier seien, ist hier kaum möglich, zumal ein Satz wie „Eines Tages flogen sie nach Westen, um mit ihren Speeren aroa (Wallaby) zu erlegen"[424] die völlige Gleichzeitigkeit und damit die wirkliche Vermischung der beiden Aspekte deutlich belegt.

In den angeführten Partien des Mythos von den beiden Adlern finden sich bereits auch Beispiele für die weiteren Gesichtspunkte, unter denen die Frage nach Mischwesen betrachtet und beurteilt werden soll. Die Verwandlung des Fledermausmannes in eine Fledermaus gehört zu den Wechseln der Gestalt; die beiden Adler mit ihren Jungen im Nest in den Umkreis der genealogischen Mischungen, wobei das letztgenannte Phänomen bei den Aranda eine charakteristisch ungewohnte Ausprägung erfährt.

---

[423] In den Aranda-Mythen kommt es nicht selten vor, daß die Vorfahren sich von Menschenfleisch nähren.
[424] C. Strehlow, I, S. 45.

3.4.3.2. Gestaltwechsel

Alle Autoren führen Beispiele von Wechseln der Gestalt in den mythischen Erzählungen an. Die erstaunlichste und vollkommenste Form solcher Verwandlung ist die Möglichkeit zu mehrfachem oder gar beliebig oft wiederholbarem Pendeln zwischen verschiedenen Erscheinungsweisen. Belege dafür sind allerdings selten. Sie finden sich nur bei T. G. H. Strehlow. In einem von ihm wiedergegebenen Mythos des Witchetty-Raupen-Totems heißt es: „At Lukara the famous, on the brink of the great water-hole, in the very beginning, an old man was lying in a deep sleep at the foot of a witchetty bush. Ages had passed over him; he had been lying here undisturbed, like a man who is in a perpetual state of half-dream. He had not stirred ever since the beginning, he had not moved; he had always reclined on his right arm. Ages had rolled over him, in his everlasting sleep. . . . And then, one night as the old man slept, reclining on his right arm, something fell out from under his right arm-pit, something shaped like a witchetty grub. It fell to the ground and took on human shape and grew apace; and when morning broke, the old man opened his eyes and gazed with astonishment upon his first-born son. (The myth goes on to tell how a great host of tnjimeta[425] - man was ‚born‘ in the same way. Their father never stirred; the only sign of consciousness that he ever gave was to open his eyes; he even refused all food which his sons offered to him. The sons, however, busily proceeded to dig out witchetty grubs from the roots of the bushes near by; and they roasted and ate them. They themselves sometimes felt the desire to become grubs again; then they would chant a spell, and so transform themselves into grubs, and re-enter the roots of witchetty bushes. Thence they would emerge again to the surface and assume human form once more)"[426]. An anderer Stelle wird von Känguruhs und Papageien folgendes gesagt: „The mulga parrots are the aunts (i. e. father's sisters) of the red kangaroos; and they are their friends and helpmates. . . . Only

---

[425] tnjimeta ist ein Arandawort für eine besondere Art der Witchetty-Raupen (T. G. H. Strehlow, Traditions S. 12, Anm.).
[426] T. G. H. Strehlow, Traditions S. 15 f.

during the day do they come to the surface, and take on the shapes of animals and birds: at night they all assume human form; they meet together in the ground below the rantjitjintjuŋa[427]. Like men the kangaroos drink the water which is brought to them by mulga parrots in the shape of women"[428].

Häufiger werden Verwandlungen erwähnt, die als einmaliger Übergang von einer Form in die andere erscheinen. Beide Möglichkeiten, der mehrfache Wechsel und das einmalige Ereignis, stehen offenbar nebeneinander in einem von T. G. H. Strehlow überlieferten Känguruh-Mythos: „From the soak of Krantji sprang into life Krantjirinja himself, who was a true kangaroo. He emerged from it in the beginning with limbs like those of a kangaroo. During the day he was shaped like an animal: he used to eat grass and green herbage in the neighbourhood of the soak. At night he assumed human shape; he decorated his body with down, with marvellous figures wrought in down. . . . At the bottom of the soak a shield was lying face downward; in the depths of the soak was the home of the ancestor; his windbreak was below the ground. Beneath the shield lay all his tjurunga: from beneath this shield did all kangaroo ancestors arise in batches. They emerged in the form of kangaroos, and then assumed human bodies"[429].

Spencer und Gillen führen einige Beispiele an, in denen sich Tiere in Menschen verwandeln. So sollen in der Nähe von Alice Springs einige Witchetty-Raupen in Witchetty-Männer verwandelt worden sein[430]. Im Mythos von der Wanderung der Emu-Männer wird die Umwandlung sogar als Vorgang beschrieben: „A party of men, accompanied by three women, left this place, travelling nearly due west. . . . Their bodies were at first covered with feathers, which they gradually shed along their line of route until at last they had all disappeared"[431].

---

[427] Die roten Känguruhs leben oft viele Meilen von Wasserstellen entfernt. Nach Ansicht der Eingeborenen bringen ihnen die Vögel Wasser. Am Morgen kann man die Stelle sehen, wo die Känguruhs das Wasser vom Boden aufgeleckt haben. Dieser Ort heißt rantjitjintjuŋa (aaO. S. 37).
[428] aaO. S. 37. [430] Spencer/Gillen, Native Tribes S. 123.
[429] aaO. S. 140. [431] aaO. S. 437.

Auch die umgekehrte Verwandlung findet statt, diejenige von der menschlichen Erscheinung in die tierische Gestalt. Im Mythos von den beiden Adlern war schon die Rede gewesen vom Fledermaus-Mann, der sich in eine Fledermaus verwandelte[432]. Ebenso wurden die Urzeit-Jäger bereits erwähnt, die von einem auf der Jagd verletzten Tier plötzlich die Worte eines Liedes hören. Und dieses Tier sagt dann zu ihnen: „I am a man as you are; I am not a bandicoot"[433]. In anderen Mythen wurden zwei junge Männer von wilden Hunden, „die in Wirklichkeit maliara d. h. junge Männer waren"[434] verfolgt und aufgefressen oder ein Häuptling „nahm Rabengestalt an, und flog nach Westen"[435]. Spencer und Gillen führen Beispiele von Vogelmännern, aber auch von Känguruh-Männern an, die in Vögel verwandelt wurden[436]. Sie erzählen auch, sogar in zwei Fassungen, die Geschichte vom Echidna(Stachelschwein)-Mann, die sich in nur leicht variierter Form auch bei C. Strehlow findet. Statt einen Initianten bei der Einweihungszeremonie zu beschneiden, schnitt ein Stachelschwein-Mann ihm die Geschlechtsteile ab. „Im Augenblick aber hatten die anwesenden Männer ihre Speere ergriffen und warfen dieselben nach dem Echidna-Mann, der sich schleunigst auf die Flucht machte. Doch die anderen Männer verfolgten ihn und warfen fortwährend Speere nach ihm, die in seinem Körper stecken blieben, so daß sein ganzer Leib mit Speeren bedeckt war. Als er in die Nähe eines Wasserloches gekommen war, traf ein Speer sein Ohr; zu Tod verwundet, stürzte er sich mit dem Ausruf: jakkabai! (o weh) ins Wasserloch . . . . Diese Speere im Leibe des Echidna-Mannes verwandelten sich in Stacheln, so daß von dieser Zeit an alle Echidnas Stacheln haben; vorher waren sie stachellos (ilknāra) und mit roten Haaren bedeckt"[437]. Hier bewirkte die tierische Verwandlung des menschlich gesehenen Urzeit-Wesens gleichzeitig eine Veränderung des Aussehens der ganzen totemverwandten Tiergattung.

---

[432] C. Strehlow, I, S. 46.
[433] T. G. H. Strehlow, Traditions S. 9.
[434] C. Strehlow, I, S. 64.
[435] aaO. I, S. 76.
[436] Spencer/Gillen, Native Tribes S. 440 und S. 448.
[437] C. Strehlow, I, S. 67 / Vgl. Spencer/Gillen, Native Tribes S. 398 ff.

3.4.3.3. Genealogische Mischungen

Am Ursprung einer Totemgruppe steht für die Aranda kein Zeugungsvorgang. Gewisse Vorfahren sind einfach da. Von ihnen geht dann das weitere Leben in einer Art von – allerdings ganz konkret materieller – Emanation aus. Darum können die beiden Adler, die zwei Junge im Nest haben, durchaus zwei Brüder sein. Mischungen von Vorzeit-‚Eltern' kommen dementsprechend nicht vor[438]. Von grundlegender Bedeutung sind dagegen die Mischungen im Verhältnis zwischen Ahne und Nachkommenschaft. Es liegt im Wesen der Totem-Vorstellung, daß der menschliche oder tierische oder gemischte Vorfahre der Ursprung sowohl der menschlichen wie der tierischen Verkörperung der Totemgruppe ist. Und so brechen aus dem Körper des Witchetty-Vorfahren sowohl die Raupen hervor, die Raupen bleiben, wie auch diejenigen, die sich in seine Söhne verwandeln[439]. In ähnlicher Weise sieht auch der Bandicoot[440]-Mythos den Ursprung des Totems: Am Grunde des damals trockenen Wasserloches von Ilbalintja lag der Bandicoot-Vorfahre Karora in tiefem Schlaf. „And Karora was thinking, and wishes and desires flashed through his mind. Bandicoots began to come out from his navel and from his arm-pits. They burst through the sod above, and sprang into life". Mit diesem neuen Leben endet auch die große Nacht, die Sonne geht auf. Karora beginnt sich zu bewegen und stillt seinen Hunger mit Bandicoots, die aus ihm hervorgegangen sind. „His hunger satisfied, his thoughts turn towards a helpmate. But now evening is approaching over the earth; the sun hides his face with a veil of hair-string, covers his body with hair-string pendants, vanishes from the sight of men. And Karora falls asleep, stretching his arms out on both sides. While he is asleep, something emerges from underneath his arm-pit in the shape of a bull-roarer. It

---

[438] Es gibt auch Mythen, die von Vorzeit-Frauen handeln. Daneben wird, wenn von größeren Gruppen die Rede ist, hie und da auch die Existenz von Frauen und die Tatsache von sexuellem Umgang erwähnt. Aber das gehört zu der Aufzählung der damaligen Vorkommnisse wie Schlaf, Essen und Jagd und steht nie im Zusammenhang mit Ursprung und Vermehrung des Lebens.
[439] T. G. H. Strehlow, Traditions S. 15f. / Vgl. hier I. 3.4.3.2.
[440] Bandicoot ist ein kleines Wallaby, und Wallaby ist ein kleines Känguruh.

takes on human form, and grows in one night to a full-grown young man: this is his first-born son. That night Karora wakes up, because he feels that his arm is being oppressed with the weight of something heavy: he sees his first-born son lying at his side, his head resting on his father's shoulder"[441].

Direkte Darstellungen des mythischen Ursprungs in der oben angeführten Form fehlen bei Spencer und Gillen und bei C. Strehlow. Die von diesen Forschern in der Form mythischer Geschichten überlieferten mythischen Begebenheiten beziehen sich nicht auf die Entstehung, sondern auf die Taten der bereits vorhandenen Urzeit-Wesen. Die ‚Uranfänge‘ und die Entstehung ersten Lebens finden sich in beiden Werken in Form von zusammenfassenden Darstellungen[442].

In beiden Werken wird die Abstammungsgleichheit der menschlichen und tierischen Nachkommenschaft nirgends so eindeutig klar wie bei T. G. H. Strehlow. Nach C. Strehlows Darstellung ergibt sich sogar eine deutliche Trennung der Entstehung von Mensch und Tier. Die Menschen entstehen laut seinem Bericht aus irgendwie vorhandenen Vorformen menschlicher Wesen, deren unfertige Gestalten hilflos zusammengewachsen sind, und die erst zu richtigen Menschen werden, nachdem ein Urzeitwesen sie mit dem Steinmesser bearbeitet, das heißt getrennt und mit den richtigen Formen und Öffnungen versehen hat[443]. Eine direkte abstammungsmäßige Beziehung der Menschen zu irgendwelchen Totem-Vorfahren wird hier also nicht sichtbar. Die Tiere aber stammen direkt von den „Totem-Göttern" ab, welche die Fähigkeit besaßen, „die Tiere hervorzubringen, deren Namen sie führten, so daß man sie als Totem-Götter bezeichnen kann. Auch konnten sie sich jederzeit in die Gestalt der Tiere verwandeln, die sie hervorbrachten; viele wanderten sogar dauernd als Tiere umher"[444]. Da diese „Totem-Götter"

---

[441] T. G. H. Strehlow, Traditions S. 7f. / Das Fehlen der ‚natürlichen‘ Zeugung an dieser Stelle hängt mit der arandischen Vorstellung von der Entstehung auch des individuellen menschlichen Lebens im Sinne der Totemabstammung zusammen. Vgl. hier I. 3.6.1.
[442] Vgl. hier I. 3.5.1.
[443] C. Strehlow, I, S. 6f.
[444] aaO. I, S. 3f.

sowohl in Menschen- wie in Tiergestalt auftreten konnten, ergibt sich im Hinblick auf ihre tierische Nachkommenschaft trotzdem auch hier das Bild einer genealogischen Mischung.

Spencer und Gillen kennen für die Aranda auch den von C. Strehlow geschilderten Vorgang der Menschwerdung, aber nur als Tradition bestimmter Totems. Im allgemeinen geht aber sonst bei ihnen die Annahme einer vermischten gemeinsamen Abstammung aus allen Ausführungen deutlich hervor[445]. Im Zusammenhang mit dem Witchetty-Totem geben sie sogar zwei direkte Beispiele solch genealogischer Vermischung: „At various places throughout this district Udnirringita[446] people originated in the Alcheringa[447] from their animal ancestors" und „A gaunt old gum tree, with a large projecting bole about the middle of the trunk, indicates the exact spot where an Alcheringa man, who was very full of eggs, arose when he was transformed out of a witchetty grub"[448].

Im Bilde, das die Forschung von den Ahnen der Aranda vermittelt, tritt die Erscheinung der Mischung des tierischen und des menschlichen Verhaltensbereiches deutlich und reich belegt auf. Zu diesem Ergebnis hat eine Betrachtung des Stoffes geführt, welche die einschlägigen Fakten und Hinweise aus dem gesamten Zusammenhang der verschiedenen Darstellungen isolierte. Solche Isolierung eines Phänomens bedeutet immer eine Gefährdung des Tatbestandes, zumal wenn sie anhand von Material geschieht, das seinerseits schon bereits Auswahl und damit Isolierung des Festgehaltenen vom umfassenden lebendigen Gesamtbezug ist. Um die Möglichkeit zum Versuch eines Verstehens und Einordnens des vorgeführten Phänomens zu schaffen, muß das isolierte einzelne so weit als möglich wieder im Gesamtgefüge gesehen werden, müssen also die Grundmerkmale des ganzen Seins und Wirkens der Ahnen und die wesentlichen Charakterzüge der Beschaffenheit der Urzeit-

---

[445] Spencer/Gillen, Native Tribes S. 119 und S. 386 ff.
[446] Udnirringita ist der Aranda-Name für die Witchetty-Raupe, wie ihn Spencer und Gillen wiedergeben.
[447] Alcheringa ist der arandische Name für die mythische Urzeit, wie ihn Spencer und Gillen wiedergeben. / Vgl. hier I. 3.6.4.
[448] Spencer/Gillen, Native Tribes S. 424.

Vorstellungen der Aranda dargestellt werden. Vor allem aber muß dann geprüft werden, ob und wie weit zu erfassen ist, was diese Phänomene für die dortigen Eingeborenen bedeuten, und wie sie selber diese erleben.

3.4.4. Das Wesen der Vorfahren

Die Vorfahren der Urzeit sind durchgehend und in jeder Beziehung mit außergewöhnlichen Kräften begabt. Von ihnen geht Lebenskraft aus, sie formen die Landschaft, sie bringen Riten und Gebräuche, Werkzeuge und Feuer. Sie sind grundsätzlich als übermächtige Wesen charakterisiert. Im Gesamtbild ihrer außerordentlichen Beschaffenheit und ihrer gewaltigen Fähigkeiten ist also die Mischgestalt nichts qualitativ Außergewöhnliches. Ja, die Züge des gemischten Verhaltens und des Gestaltwandels erfahren bei umfassender Betrachtung dieser Ahnen noch eine je ganz besondere Ausweitung, welche die vorher geschilderten Wechsel zwischen den menschlichen und den tierischen Bereichen als bloßen Sonderfall ihrer entsprechenden viel weiteren und umfassenderen Möglichkeiten des Verhaltens und jene damit — innerhalb des grundsätzlich außergewöhnlichen Rahmens — als nicht besonders auffällig erscheinen lassen.

Das Repertoire der Verhaltensmöglichkeiten übersteigt nämlich auch die Bereiche, die wir als menschlich und tierisch zu bezeichnen pflegen. Es übersteigt sie quantitativ, indem die menschlichen und die tierischen Möglichkeiten zum Teil ungeheuer gesteigert sind im Hinblick auf bestimmte Leistungsfähigkeiten. Die Ahnen legen riesige Strecken auf ihren großen Wanderungen zurück, sie erlegen Massen von Beutetieren und tragen sie bündelweise fort, sie öffnen ihre Adern und bringen dadurch große Flüsse hervor, die ganze Landstriche überfluten. Diese wenigen Beispiele sollen genügen, um das Gemeinte konkret zu verdeutlichen. Es übersteigt sie aber auch qualitativ, indem den Vorfahren Verhaltensweisen zukommen, die in der Art, wie sie geschildert werden, uns völlig ‚übernatürlich' anmuten, wenn sie auch strukturell im Tierreich als Verhaltensmuster irgendwie vorgegeben sein mögen. Denn den Urzeitwesen der Aranda steht nicht nur die Luft als Bewegungsraum zur Verfügung, sondern ebenso auch das Erdinnere. Reich bezeugt von allen drei Forschern sind mythische Erzählungen, die davon berichten, daß die Vorfahren auf ihren Wanderungen in die Erde eingingen und unterirdisch weiterwanderten. Oft wird dies ausdrücklich als wiederholter Vorgang geschildert, als beliebiges Eingehen in den Boden und Auftauchen aus ihm an weit entfernter Stelle. Zum Teil schreiten die Ahnen auch unter dem Wasser daher. Natürlich kannten die Eingeborenen erdflüchtige und schwimmende Tiere, aus deren Beobachtung die grundsätzliche Möglichkeit von Leben und Fortbewegung unter der Erde und im Wasser hervorging. Aber der von allen Forschern übereinstimmend als Wandern und Marschieren bezeichnete Vorgang scheint doch kaum etwas mit dem Kriechen und Schwimmen der entsprechenden Tiere zu tun zu haben und wäre demnach für unser Empfinden auch nicht dem tierischen Verhalten zuzuordnen, sondern einem, das im Reich des naturwissenschaftlich Beobachtbaren keine Entsprechung findet und damit in diesem Sinne völlig ‚übernatürlich' ist.

Auch die Möglichkeiten zum Gestaltwechsel sind in der Urzeit der Aranda ungewöhnlich weit. Die Urzeit-Wesen können von bösen Feinden verschlungen werden, nachdem sie vorher zerstückt worden sind, und erstehen dann wieder lebendig neu, wenn der böse Feind seinerseits erschlagen und sein Körper verletzt worden ist. Die Vorfahren besitzen aber auch die Fähigkeit zum Eingehen in ganz andere Formen des Vorhanden-Seins. Das dem tierischen und dem menschlichen Sein ähnliche Leben aller mythischen Vorfahren findet irgendwann in der Urzeit ein Ende. Aber ihre lebenspendende Existenz kann nicht einfach verschwinden und untergehen. Und so verwandeln sich die Vorfahren am Ende ihrer dem tier-menschlich Körperhaften ähnlichen Existenz in Daseinsformen, welche die Zeit weitgehend zu überdauern vermögen. „No ancestor in these myths ever ‚dies', in our sense of the term. His body merely undergoes a transmutation into something what will weather all the assaults of time, change, and decay. Today natives still point out to each other the changed, immortal, life-holding bodies of an ancestor and his sons: they are now become rocks and trees and tjurunga"[449]. Diese Felsen, Bäume und Steine, in die sich die Körper der Vorfahren verwandeln, sind nun weit mehr als Zeichen und Denkmäler. Sie enthalten die ganze Lebenskraft der mythischen Urzeitwesen, und noch heute geht von ihnen alles Leben aus. Während bei beiden Strehlows durchwegs von der Verwandlung der Vorfahren in diese Steine und Bäume und Felsen die Rede ist, wird bei Spencer und Gillen der Vorgang unterschiedlich bezeichnet. Meist wird das Ende ein Eingehen in die Erde genannt, wobei ein Baum oder ein Stein den entsprechenden Ort bezeichnen soll: „There always arose some natural object, a rock or tree, to mark the spot where the Alcheringa being went into earth"[450]. Dagegen betont aber T. G. H. Strehlow ausdrücklich, daß diese Bäume und Steine nicht bloß den Ort bezeichnen: „It must be pointed out . . . that the native does not regard the various physical objects in the landscape which figure in his myths as mere monumental mounds or signposts which ‚mark the spot' where the important events in the lives of his totemic ancestors took place at the beginning of time . . . he looks upon the rocks and trees . . . as the actual bodies of his ancestors"[451]. Übrigens gibt es auch bei Spencer und Gillen Beispiele, in denen das Ende eines Vorzeitwesens als Verwandlung in diese Steine und Bäume bezeichnet wird, wie etwa der Schluß von der Geschichte jenes Mannes, der vom Stachelschwein-Mann bei der Beschneidung verstümmelt wurde: „Then, feeling very mournful, the two women sat down, one on each side of the dead man, and all three then turned into the stones which still exist to mark the spot"[452].

3.5. Die Urzeit

Mehr als bei der Betrachtung der Erscheinungsweisen der Vorfahren wird beim Versuch, das Weltbild der Aranda im Spiegel ihrer ‚Urzeit'-Vorstellungen zu erfassen, die Tatsache bedeutungsvoll,

---

[449] T. G. H. Strehlow, Traditions S. 17.
[450] Spencer/Gillen, Native Tribes S. 513 / Hervorhebung von mir.
[451] T. G. H. Strehlow, Traditions S. 28.
[452] Spencer/Gillen, Native Tribes S. 399 / Hervorhebung von mir.

daß es, wie T. G. H. Strehlow betont, ‚die' Aranda gar nicht gibt, und daß sich die Überlieferungen der einzelnen Stammesgruppen beträchtlich unterscheiden. Damit kann es kein Bild von der Entstehung der Welt geben, das in seiner konkreten Ausprägung von allgemeiner arandischer Gültigkeit wäre. Höchstens werden sich aus dem Vergleich der uns zugänglichen, aus verschiedenen Stammesgebieten und auf Grund sehr unterschiedlicher Forschungssituationen mitgeteilten Berichte gemeinsame Züge herausarbeiten lassen.

3.5.1. Verschiedene Darstellungen der Urzeit

Beispiele von originalen Mythen, die sich mit den ersten Anfängen, mit dem Entstehen des arandischen Lebens befassen, bringt nur T. G. H. Strehlow, und zwar aus dem Gebiet der Nord-Aranda. In den bereits angeführten Mythen vom Witchetty-Vorfahren[453] und vom Bandicoot-Ahnen[454] steht am Beginn dieser Totemüberlieferungen ein erster „Großer Vater". Dieser ist ohne Ursprung, ist einfach da. „In the very beginning everything was resting in perpetual darkness: night oppressed all the earth like an impenetrable thicket. The gurra (bandicoot) ancestor – his name was Karora – was lying asleep, in everlasting night, at the very bottom of the soak of Ilbalintja; as yet there was no water in it, but all was dry ground. Over him the soil was red with flowers and overgrown with many grasses; and a great tnatantja (the pole used in the native ceremonies) was swaying above him. This tnatantja had sprung from the midst of the bed of purple flowers which grew over the soak of Ilbalintja. At its root rested the head of Karora himself: from thence it mounted up towards the sky as though it would strike the very vault of the heavens. It was a living creature, covered with a smooth skin like the skin of a man. And Karora's head lay at the root of the great tnatantja: he had rested thus ever from the beginning"[455].

[453] Vgl. hier I. 3.4.3.2.
[454] Vgl. hier I. 3.4.3.3.
[455] T. G. H. Strehlow, Traditions S. 7.

Dieser Bericht, der, wie der Autor betont, zwar gekürzt ist, aber sonst möglichst genau dem Stil des Originals folgt[456], soll repräsentativ sein für alle Nord-Aranda, deren Totemgruppen allgemein einen „Großen Vater" an ihrem Ursprung sehen, der schon immer da war, und von dem sowohl die Tiere wie die Menschen eines bestimmten Totems abstammen[457].

Die Mythen, die C. Strehlow aufgezeichnet hat, erzählen nichts von derartigen ersten Anfängen. Sie beginnen regelmäßig mit der Erwähnung, daß an einem bestimmten Ort der oder die betreffenden Vorfahren lebten oder sich von ihm aus auf die Wanderschaft begaben. An diese fast stereotype Eröffnung schließen sich dann die Taten und Begebenheiten, die in diese Totemüberlieferung gehören.

Im dritten Heft seiner Veröffentlichung, in dem C. Strehlow die „totemistischen Kulte der Aranda" beschreibt, finden sich in einigen der dort angeführten Gesänge Stellen, die vom „Auftauchen" eines Vorfahren reden[458]. Doch bleibt es bei der bloßen Erwähnung, und es scheint damit eher das oft wiederholte, ‚gewöhnliche' Hervorkommen aus dem Wasser oder aus der Erde gemeint zu sein, als ein existentielles Geschehen[459].

Nun fehlt aber bei C. Strehlow, ebenso wie bei Spencer und Gillen, ein Bericht über die Anfänge der Urzeit nicht. Aber die ersten Begebenheiten werden in beiden Werken nicht als eigentliche Mythen, sondern als zusammenfassende Erzählungen wiedergegeben, wobei unmöglich festzustellen ist, ob bereits die Eingeborenen solche Raffungen des Sachverhaltes, die bequem und über-

---

[456] aaO. S. 7.
[457] aaO. S. 10.
[458] C. Strehlow, III, I, Seiten 11, 59, 69, 85.
[459] C. Strehlow beschreibt in diesem dritten Heft ausführlich viele totemistische Kulte. Er beschreibt die Vorbereitungen und die Handlungen, die ausgeführt werden, und gibt sehr genau die dazugehörigen Gesänge wieder, zum Teil in der Originalsprache mit unterlegter wörtlicher und daneben gestellter sinngemäßer deutscher Übersetzung, was Einblicke in die Erzählweise der Eingeborenen und in die Ausdrucksweise der von C. Strehlow aufgezeichneten Arandasprache vermittelt. Leider fehlt eine Erklärung, welchen Platz und Rang in der sakralen Überlieferung und im kultischen Geschehen die ‚großen' mythischen Erzählungen einnehmen, die im ersten Heft aufgezeichnet sind, und in welcher Beziehung sie zu diesen Kulten stehen.

sichtlich die Erfassung eines Gesamtzusammenhanges ermöglichen, herstellten, oder ob jene ausschließlich das Werk der Forscher sind, welche aus den vielen Einzelheiten, die ihnen zu Ohren kamen, einen kontinuierlichen Bericht über die Urzeit verfaßten[460].

Nach C. Strehlow ergibt sich folgendes Bild der Urzeit: „Die Erde (ala), die ebenfalls ewig (ngambakala) ist, wurde zuerst vom Meer (laia)[461] bedeckt. Aus dieser ungeheuren Wassermasse ragten verschiedene Berge hervor, auf denen einzelne, mit göttlichen Kräften ausgestattete Wesen, altjirangamitjina (die ewigen Unerschaffenen) lebten; dieselben werden auch als inkara (die Unsterblichen) bezeichnet. In den nördlichen McDonnell Ranges erhob sich z. B. ein hoher Berg . . . über der großen Wasserfläche, auf dem zwei Känguruh-Männer ihr Wesen trieben. Auch in der Nähe der Finke Gorge, an der Stelle, wo der Finke Fluß die McDonnell Ranges durchbricht, stand ein hoher Felsen, . . . in dessen Inneren eine große Höhle war, in welcher Enten-Männer lebten. Da sie auf der mit Wasser bedeckten Erde keine Nahrung fanden, so stiegen sie wiederholt zum Himmel hinauf, um im Reiche Altjiras zu jagen und kehrten mit Beute beladen . . . zurück.

Am Abhang dieses Berges befanden sich viele unentwickelte Menschen, rella manerinja (zusammenklebende Menschen) genannt, weil ihre Glieder zusammengewachsen waren. Ihre Augen und Ohren waren geschlossen, an Stelle des Mundes befand sich eine kleine, runde Öffnung, die Finger sowie die Zehen waren zusammengewachsen, die zusammengeballten Hände waren an der Brust angewachsen und ihre Beine an den Leib gezogen. Außerdem waren diese hilflosen Wesen in Menschengestalt aneinandergewachsen . . . . Solche unentwickelte Menschen befanden sich noch in Rubuntja im Nordosten und in Irbmankara am Finke Fluß. . . . Von weiteren Plätzen wissen die hiesigen Aranda nichts.

Als später Altjira den altjirangamitjina verbot, in seinem Reich zu jagen, ergriff ein Vogel-Totem-Gott einen Stock und schlug damit

---

[460] Genaueres dazu vgl. hier bei Anm. 470.
[461] Ich werde im folgenden die in dieser Weise häufig aber nicht regelmäßig in Klammer beigefügten Aranda-Ausdrücke weglassen, sofern sie nicht sinntragend erläutert werden.

das Wasser mit dem Befehl: jerrai! (geh fort!), worauf sich das Meer nach Norden zurückzog und das Festland zum Vorschein kam. ... Als sich das Wasser von dem Festland verlaufen hatte, kamen überall aus der Erde die altjirangamitjina (die Totem-Götter) hervor, die bisher in unterirdischen Höhlen gewohnt hatten. Diese traten meist in Menschengestalt auf, doch waren sie mit übermenschlichen Kräften ausgestattet und besaßen die Fähigkeit, die Tiere hervorzubringen, deren Namen sie führten ....

Diesen Totem-Göttern gehören gewisse Plätze zu eigen, wo sie gelebt und ihre Totem-Tiere hervorgebracht haben. ... Einige dieser Totem-Götter blieben in ihren angestammten Wohnsitzen; ... Andere altjirangamitjina dagegen machten weite Reisen und kehrten später mit einigen jungen Männern in ihre Heimat zurück. Auf diesen Reisen unterrichteten sie ihre Novizen, führten fast alle Tage Kultushandlungen auf, die den Zweck hatten, ihre Novizen in die Geheimnisse der Männer einzuweihen. ... An welchem Platz sie aber eine tjurunga verloren, entstand ein Baum oder Fels, von dem Kinderkeime in vorübergehende Frauen eingehen[462]. ... Daneben erlegten sie auf diesen Reisen vieles (sic!) Wild und der Totem-Häuptling verrichtete ... Wunder[463], bahnte Wege über steile Gebirge usw. Ganz erschöpft kamen sie in ihrer Heimat an, wo sie von einem dort ansässigen Totem-Gott erwartet und gerufen wurden. ... Ihre Leiber wurden zum Teil in Hölzer, zum Teil in Steine verwandelt, die tjurunga, d. h. der ‚eigene, verborgene' Leib[464], genannt werden. Andere Totem-Götter ... gingen nach Ablauf ihrer irdischen Tätigkeit mit ihren Beinen in die Erde hinein, worauf ihre Leiber in Bäume oder in Felsen verwandelt wurden. ...

Die rella manerinja lebten längere Zeit, nachdem die Erde trocken geworden war, in ihrer hilflosen Lage weiter, bis ein Mangarkunjerkunja, der Totem-Gott einer fliegenfressenden Eidechsenart, vom

---

[462] Vgl. dazu hier I. 3.6.1 und I. 3.6.2.
[463] Formulierungen wie: „Der Totemhäuptling verrichtete **Wunder**" (Hervorhebung von mir) weisen sehr stark darauf hin, daß dieser Bericht nicht eine direkte Übersetzung arandischer Erzählung ist, sondern eine interpretierende Zusammenfassung.
[464] Vgl. hier I. 3.6.2.

Norden kam und ihr Los verbesserte. Mit einem Steinmesser trennte er zuerst die einzelnen Wesen von einander, schlitzte ihnen (sic!) Augen, öffnete ihnen die Ohren, den Mund und die Nase, trennte die einzelnen Finger und Zehen von einander und beschnitt sie. . . . Darauf zeigte er ihnen, wie sie Feuer reiben und ihre Nahrung künftig zubereiten sollten, gab ihnen Speer, Speerwerfer, Schild und Bumerang und jedem eine tjurunga. Er schärfte ihnen ein, an der Zeremonie der Beschneidung festzuhalten. Auch eine Heiratsordnung gab er ihnen"[465].

Sehr summarisch werden dann andere „Lehrer der Aranda"[466], nämlich bestimmte Vorfahren, die wichtige Traditionen einführten, sowie „böse Wesen"[467] und die „Toteninsel"[468] erwähnt, bevor der Hauptteil dieses Heftes, die „Sagen und Märchen" beginnen.

Bei Spencer und Gillen lautet der Bericht über die arandischen Urzeitvorstellungen folgendermaßen: „The traditions of the tribe recognize four more or less distinct periods in the Alcheringa. During the first of these men and women were created; in the second the rite of circumcision by means of a stone knife, in place of a firestick, was introduced; in the third the rite of Ariltha or subincision was introduced, and in the fourth the present organisation and marriage system of the tribe were established. The second and third periods are, however, by no means sharply defined, and to a certain extent they are contemporaneous, or rather they overlap one another. ...

The earliest tradition with which we are acquainted is as follows. In the early Alcheringa the country was covered with salt water. This was gradually withdrawn towards the north by the people of that country who always wanted to get it and to keep it for themselves. At last they succeeded in doing so, and the salt water has remained with them ever since. At this time there dwelt in the Alkira aldorla, that is the western sky, two beings of whom it is said that they were Ungambikula, a word which means ‚out of

---

[465] C. Strehlow I, S. 2ff.
[466] aaO. S. 9.
[467] aaO. S. 11.
[468] aaO. S. 15.

nothing', or ‚self-existing'. From their elevated dwelling-place they could see, far away to the east, a number of Inapertwa creatures, that is rudimentary human beings or incomplete men, whom it was their mission to make into men and women.

In those days there were no men and women, and the Inapertwa were of various shapes and dwelt in groups along by the shores of the salt water. They had no distinct limbs or organs of sight, hearing or smell, and did not eat food, and presented the appearance of human beings all doubled up into a rounded mass in which just the outline of the different parts of the body could be vaguely seen.

Coming down from their home in the western sky, armed with their Lalira or great stone knives, the Ungambikula took hold of the Inapertwa, one after the other. First of all the arms were released, then the fingers were added by making four clefts at the end of each arm; then legs and toes were added in the same way. The figure could now stand, and after this the nose was added and the nostrils bored with the fingers. A cut with the knife made the mouth, which was pulled open several times to make it flexible. A slit on each side separated the upper und lower eye-lids, hidden behind which the eyes were already present, another stroke or two completed the body, and thus, out of the Inapertwa, men and women were formed.

The Inapertwa creatures were in reality stages in the transformation of various animals and plants into human beings, and thus they were naturally, when made into human beings, intimately associated with particular animal or plant, as the case may be, of which they were the transformations – in other words, each individual of necessity belonged to a totem the name of which was of course that of the animal or plant of which he or she was a transformation. . . . After having performed their mission, the Ungambikula transformed themselves into little lizards called Amunga-quiniaquinia"[469].

Bevor auf die für das vorliegende Thema wichtigen Einzelheiten der angeführten Berichte eingegangen werden soll, muß die Frage gestellt werden, ob über das im Moment nicht anzuzweifelnde

---

[469] Spencer/Gillen, Native Tribes S. 387 ff.

Faktische der konkreten einzelnen Angaben hinaus auch die Art ihrer Darstellung den Vorstellungen der Aranda entspricht, denn nicht so sehr das je einzelne Faktum ist hier von Interesse, sondern die Art, wie es von den Trägern dieser Kultur erlebt und eingestuft wurde.

Es wurde schon darauf hingewiesen, daß diese Berichte in Spencers und Gillens und in C. Strehlows Werk nicht als direkte Übertragungen bestehender Mythen sondern als gedrängte Zusammenfassungen erscheinen. Bei Spencer und Gillen fällt das weniger auf, weil bei ihnen fast alle mythischen Angaben in dieser Art erfolgen. Aber erstaunlicher ist dies bei C. Strehlow, denn sein Werk bringt ja sehr viele Mythen[470] als direkte Übersetzung eines arandischen Textes[471]. Wesentliche Angaben über die mythischen Vorstellungen der Aranda, nämlich diejenigen über den emufüßigen Altjira und diejenigen über den Ablauf der Schöpfungsereignisse in der Urzeit finden sich nun aber nicht in diesen direkt vorgeführten Mythen, sondern in den der Sammlung vorangestellten zusammenfassenden Darstellungen[472]. Sie müssen also aus anderen, nicht

---

[470] Es wird nicht ganz klar, in welchem Sinne C. Strehlow das Wort Mythos braucht. Der Haupttitel des ersten Heftes lautet: „Mythen, Sagen und Märchen des Aranda-Stammes". Nach kurzen Kapiteln, welche „I. Altjira", „II. Die Urzeit", „III. Putiaputa und andere Lehrer der Aranda", „IV. Die bösen Wesen" und „V. Die Toteninsel" behandeln, folgt der Hauptteil, die Sammlung von Texten über die Taten der Ahnen, der „VI. Sagen über die Totem-Vorfahren" überschrieben ist, an die sich „VII. Einige Aranda-Märchen" anschließen. Die Bezeichnung „Sagen" für die Sammlung der authentischen Texte über die Urzeit-Taten der Vorfahren hätte unbedingt einer Erläuterung bedurft, doch fehlt eine solche. Es scheint aber, daß keine religionswissenschaftlich bedeutungsvolle Unterscheidung hinter dem Gebrauch der beiden Worte „Mythos" und „Sage" steht, denen je das sakral noch lebendige oder das bereits erzählerisch verweltlichte Traditionsgut zugeordnet würde. Es entsteht eher der Eindruck, als wären die Begriffe mehr vage und subjektiv gewählt worden, und zwar so, daß dem mythischen Bereich diejenigen Überlieferungen zugeteilt wurden, die noch einigermaßen christlichen Vorstellungen von Schöpfung und Religion entsprechen, während diejenigen, die sich allzuweit davon entfernen, „Sagen" genannt wurden. Da aber die Unterscheidung nicht begründet und aus dem Text heraus auch nicht einsehbar wird, werden in dieser Arbeit auch die „Sagen" C. Strehlows als arandische Mythen betrachtet.
[471] Vgl. hier Anm. 459.
[472] Vgl. hier I. 3.5.1.

aufgenommenen Mythen oder aus anderen Quellen stammen. Hätte C. Strehlow Mythen gekannt, die, in der Art der von ihm direkt überlieferten Texte, von Altjira oder den Geschehnissen der Entfaltung in der Urzeit gehandelt hätten, so wäre es höchst erstaunlich, wenn er gerade diese nicht veröffentlicht hätte. Er dürfte sein diesbezügliches Wissen deshalb eher in anderer Form erhalten haben. Nun hat ja T. G. H. Strehlow gezeigt, daß zum Aranda-Mythos neben Gesang und ritueller Handlung ebenso unerläßlich und wesentlich die erklärende Erläuterung gehört. Mythische Angaben, die nicht in den genauen Übersetzungen der sakralen Texte enthalten sind, könnten also in den Rahmen dieser Erklärungen gehören und als begleitende Ausführungen dem Missionar bekannt geworden sein. Aber auch dann bleibt die Frage offen, in welcher Weise und in welchem Sinn dies geschehen ist.

Damit ist eine Frage berührt, die grundsätzlich bei allen Berichten über mythische Überlieferungen archaischer Kulturen eine große Rolle spielt. Im allgemeinen mögen bei Berichten über solche mythische Vorstellungen die einzelnen Fakten im Rahmen der jeweils mehr oder weniger zuverlässigen sprachlichen Verständigung authentisch von den Eingeborenen in Erfahrung gebracht worden sein. Die verknappenden, ordnenden und systematisierenden Zusammenfassungen dagegen dürften oft nicht authentisch aus einer unberührten archaischen Welt stammen, sondern eher das Ergebnis der Rezeption und verarbeitenden Wiedergabe des Stoffes durch den europäisch denkenden Forscher sein. Ein großer Teil der religiösen Vorstellungen archaischer Völker sind uns nun aber gerade in dieser Form zusammenfassender Darstellungen zugänglich[473]. Die Hauptschwierigkeit besteht dabei darin, daß dem Leser nie einsichtig werden kann, woher und vor allem in welcher Form das Dargestellte dem Forscher bekannt wurde. In dem, was in der Literatur als Darstellung ‚der' mythischen Vorstellungen vieler Völker erscheint, kann damit kaum je auseinandergehalten werden, wo die originale, wohl

---

[473] Zum Effekt, den solch zusammenfassende Darstellung durchaus autochthoner Elemente auf den Sinn einer sakralen Überlieferung haben kann, vgl. hier bei Anm. 358 den ‚botokudischen' Bericht über den christlichen Glauben von Horst Nachtigall.

fast immer ganz konkrete, von bestimmten Vorfällen und Situationen handelnde Überlieferung des betreffenden Stammes aufhört, und wo die von dem Forscher daraus herausdestillierten Zusammenfassungen, Systematisierungen und klärend und glättend eingefügten Verbindungen beginnen; und es gibt auch kaum eine Möglichkeit, das Ursprüngliche vom sekundär verarbeitend Dazugekommenen wieder zu trennen.

Die Annahme, daß diese mythischen Kurz-Darstellungen nicht direkt aus archaischen Welten stammen, sondern das Werk der Forscher sind, läßt sich nicht beweisen, doch trägt sie einen hohen Grad von Wahrscheinlichkeit in sich. Wo die sakrale Tradition noch echter Mythos ist, also heiliges, machterfülltes Wort, dessen Äußerung streng an genau bestimmte Zeiten, Örtlichkeiten und Gebräuche gebunden ist, können die verschiedenen mythischen Einzelzüge, welche zusammen die sakrale Wirklichkeit eines Stammes ausmachen, gar nicht von seinen Angehörigen selbst systematisierend zusammengesehen werden, weil ja jeder Teil nur an seiner ihm zukommenden Stelle vorkommen und gesehen werden kann. Hier ist es von der Kult-Situation her nicht möglich, daß Eingeborene, die noch unbeeinflußt in ihrer Welt leben, von sich aus zusammenfassende und ordnende Überblicke geben können. Wenn in der Literatur, die sich mit solchen Kulturen befaßt, Beispiele begegnen, in denen über das konkrete Geschehen hinaus das Wesen und die Beschaffenheit mythischer Gestalten und Zusammenhänge zum Gegenstand bewußter Darstellung wird, gehört dies wohl unbezweifelbar nie zu der in jenen Welten erlebten Wirklichkeit.

Beide Aspekte, welche die von den Forschern hergestellten Zusammenfassungen so unsicher machen, werden bei Spencer und Gillen übrigens klar ausgesprochen, allerdings ohne als Problem erkannt und behandelt zu werden. „**Taking all these traditions together** we can see in them indications, more or less clear, of the following stages **which are supposed by the natives** to have been passed through in the development of the tribe so far as its organisation and certain important customs are concerned"[474].

---

[474] Spencer/Gillen, Native Tribes S. 421 / Hervorhebung von mir.

Darin kommt erstens das typisch europäische Vorgehen des Zusammensehens der Einzelteile zur Gewinnung eines Allgemeinen zum Ausdruck („taking together"), und darin ist zugleich auch die fragwürdige Aussage enthalten, daß die auf diese Weise sichtbar gemachten Strukturen von den Eingeborenen selbst als solche angenommen würden („are supposed by the natives"). Dabei scheint es aber gerade in diesem Falle durchaus nicht sicher zu sein, daß das, was die Europäer für die Eingeborenen feststellten – hier die Entwicklungsstufen – überhaupt je eine Entsprechung in deren Vorstellen und Erleben hatte. In allen in der Literatur überlieferten Äußerungen, die als direkte Aussagen der Eingeborenen erkennbar sind, kommt nicht einmal andeutungsweise so etwas wie eine distinkt wahrgenommene Folge von verschiedenen Stufen der Entwicklung oder deutlich unterschiedene Epochen der Urzeit je direkt zur Sprache, noch ist aus all dem, was sonst über die Aranda bekannt ist, anzunehmen, daß – wenn auch unausgesprochen – eine solche Vorstellung auch nur ahnungsweise für sie vorhanden war. Hier – wie so oft – hat man den Eindruck, daß fremden Beobachtern jeweils vor allem die Einzelheiten einer völlig andersartigen Kultur, aber nicht das letztlich wohl unfaßbare geistige Band zwischen ihnen zugänglich ist, und daß dann das dadurch in vielem verbindungslose Gemenge von Einzelteilen nach dem Muster der eigenen Bezugssysteme zusammengefügt werden muß. Sicher lassen sich für und durch unser Denken die Fakten der Aranda-Überlieferung im Sinne von Spencer und Gillen zusammenfassen und systematisieren; in sich ist dieses Verfahren wohl unanfechtbar und sein Ergebnis im Sinne modern naturwissenschaftlich, positivistisch logischen Denkens und Ordnens möglicherweise auch nicht falsch. Nur erhebt sich die Frage, welchen Wert die so gewonnenen Aussagen für das Kennenlernen, Erfassen und Beurteilen der Aranda-Welt haben können, und welcher Stellenwert bei dieser Bemühung um ein Verständnis der fremden Welt solchen Strukturzusammenhängen zukommen mag, die auf so kulturfremde Weise eruiert wurden. Wenn diese auch aus lauter autochthonen Elementen gewonnen wurden, so stehen sie in ihrer wesensfremden Art offenbar doch so ganz außerhalb der je erlebten oder auch nur erahnten Wirklichkeit der betreffenden Kulturträger, daß sie fast mehr dazu geeignet scheinen, über die Welt der Forschung als über die des Erforschten Auskunft zu geben.

3.5.2. Die Entwicklungsstufen von Spencer und Gillen

Die von Spencer und Gillen angeführten Entwicklungsstufen sind ein Beispiel einer solchen Verallgemeinerung, die sich als Vorstellung der Eingeborenen darstellt, dabei aber möglicherweise von außen in diese hineinprojiziert wurde. Das Problem soll hier genauer betrachtet werden. Abgesehen davon, daß es beispielhaft für jede derartige Aussage stehen kann, die von Seiten der Forschung über die Vorstellungswelt von Menschen in archaischem Kulturzustande geäußert wird, ist es von zentraler Bedeutung für das Thema dieser Arbeit. Möglicherweise ergeben sich daraus Einsichten, die für die allgemeine Beurteilung der tiermenschlichen numinosen Gestalt wichtig sein können. Denn im Zusammenhang mit diesen Entwicklungsstufen kommt den „semi-animal ancestors" die gleiche Stellung als Zwischenglied zwischen Tier und Mensch zu, wie sie die ägyptische Mischgestalt in einigen Darstellungen der ägyptischen Religionsgeschichte einnimmt[475]. Und immer wieder wurde dieser Übergang vom Tier zum Menschen als genereller religionsgeschichtlicher Vorgang in Anspruch genommen, als ‚Rezept', nach dem sich gemischte Gottesvorstellungen überhaupt entwickelt hätten. Für die Beantwortung der Frage nach der Allgemeingültigkeit einer solchen Deutung aber können die Verhältnisse in einem Stamme wie dem der Aranda klärende Hinweise geben. Darum soll im folgenden untersucht werden, ob und wie weit der Gedanke an Entwicklungsstufen und Zwischenglieder im Bewußtsein der Aranda wirklich lebendig war.

3.5.2.1. Stufen der Urzeit

Deutlich und direkt als Annahme der Eingeborenen dargestellt, erscheint in Spencers und Gillens Bericht die Vorstellung von

---
[475] Vgl. hier nach Anm. 19.

entwicklungsgeschichtlich sich folgenden Stufen der Urzeit. Es ist sicher nicht daran zu zweifeln, daß auch für die Aranda einzelne zusammengehörige Ereignisse hintereinander und nacheinander geschehen sind und geschehen mußten. Es ist aber fraglich, ob daraus eine allgemeine Vorstellung einer Gliederung der Urzeit im Sinne sich ‚historisch' folgender Epochen resultierte. Wenn dem so wäre, dann hätte, zum Beipiel, allen Aranda, ganz besonders aber den Leuten des Wildkatzen-Totems, bewußt sein müssen, daß deren Tradition später einsetzt, als die der Kleinhabicht(Ullakupera)-Leute[476]. Das scheint aber wenig wahrscheinlich zu sein. Erstens hätte dies eine weitgehend durchorganisierte Abgestimmtheit der verschiedenen Totemtraditionen aufeinander zur Voraussetzung gehabt, die angesichts der Situation der sakralen Überlieferung bei den Aranda nun gerade ausgesprochen nicht gegeben zu sein scheint. Zweitens stellte sich die Frage, ob in einem Stamm, der so ausdrücklich als nicht hierarchisch geordnet geschildert wird, nicht jedes Totem – und vor allem ein zumindest im mythischen Bereiche offensichtlich so wichtiges und einflußreiches wie das Wildkatzen-Totem – gleiche Ursprünglichkeit und Dignität des Alters für sich und seine Tradition in Anspruch genommen haben wird.

3.5.2.2. Stufen bei der Entstehung der Totemvorfahren

Nicht nur für den Verlauf der Urzeit haben Spencer und Gillen bei den Aranda evolutionistische Vorstellungen festgestellt. Auch die arandische Ansicht über die Entstehung der Vorfahren und der Menschen haben sie ausdrücklich als durch die Vorstellung aufsteigender Entwicklungsstufen geprägt dargestellt.

Spencer und Gillen nennen die Alcheringa-Vorfahren „the actual transformations of animals and plants, or of such inanimate objects

---

[476] Spencer und Gillen machen diese Annahme ganz explizit: „Concerned with the middle Alcheringa people, but coming at a later date than the Ullakupera men, who introduced the use of the stone knife at Lartna (Beschneidung), we meet with traditions concerning certain early Achilpa, or wild cat men, who in their turn introduced the ceremony of Ariltha, or sub-incision" (Spencer/Gillen, Native Tribes S. 402). Hervorhebung von mir.

as clouds or water, fire, wind, sun, moon and stars"[477]. Diese Vorfahren nun, die mehrmals als ‚Verwandlungen' bezeichnet werden[478], sind von den beiden Forschern als „semi-human" oder als „semi-animal" charakterisiert worden[479]. Ausdrücklich heißt es von den „semi-animal ancestors", daß sie „the direct descendants or transformations of the animals, the names of which they bore"[480], gewesen seien. Die „semi-animal ancestors", von denen die Menschen abstammen, werden also als etwas Sekundäres geschildert, das sich aus einer anderen Erscheinung geformt hat, die deshalb vor ihnen da gewesen sein muß und zwar als die ‚reine' Form des entsprechenden Totem-Phänomens, besonders auch des Totemtiers. Damit wird hier die Linie vom Tier zum Menschen über die Mischgestalt als arandische Vorstellung dargestellt.

Nun ist aber auffällig, daß sowohl in dem von Spencer und Gillen als auch in dem von der übrigen Forschung überlieferten Mythenmaterial jeder Hinweis — mit einer Ausnahme — auf die ‚Stufe' mit den ‚reinen' Totemphänomenen vor den Mischwesen ebenso wie auf den Übergang zu ihnen fehlt. Nur für das Witchetty-Raupen-Totem geben die beiden Autoren zwei Beispiele von Vorfahren an, die aus den entsprechenden Raupen entstanden sind[481]. Doch handelt es sich in beiden Fällen ausdrücklich um Überlieferungen, die sich auf zwei ganz bestimmte Witchetty-Totemplätze beziehen, also mit dem Herkommen zweier lokaler Gruppen, nicht aber mit der Entstehung des Witchetty-Totems im allgemeinen verbunden sind.

Sonst aber kommt die Stufe der ‚reinen' Totemphänomene nicht einmal andeutungsweise vor. Ja, im Grunde schließen Spencer und Gillen die Möglichkeit einer solchen Vorstufe selber auch wieder ausdrücklich aus. Sie sagen nämlich, daß sich die Aranda nichts vorstellen könnten, das der Urzeit, dem Alcheringa vorausgegangen wäre[482], sie finden aber andererseits seit Beginn der ersten der von

---

[477] Spencer/Gillen, Native Tribes S. 127. [479] Vgl. hier bei Anm. 408.
[478] aaO. S. 228, S. 229, S. 399. [480] Spencer/Gillen, Native Tribes S. 228.
[481] aaO. S. 123 und S. 424.
[482] Sie schreiben: „It is useless to try and get further back than the Alcheringa; the history of the tribe as known to the natives commences then" (Spencer/Gillen, Native Tribes S. 119).

ihnen aufgezählten Perioden der Vorzeit bereits Vorfahren vor. Damit wird es völlig unklar, wo in der arandischen Wirklichkeit der ‚Urzustand‘, der einer Stufe der Verwandlung logischerweise vorausgegangen sein muß, seinen Platz gehabt haben könnte.

Aus den Aranda-Mythen, wie sie Spencer und Gillen wiedergeben, geht — mit Ausnahme der beiden Beispiele aus der Witchetty-Tradition — überhaupt nicht hervor, wie die Totemvorfahren entstanden sind. Denn ausführlich wird nur die Entstehung von **Männern und Frauen** in der ersten Periode der Vorzeit geschildert[483]. Die Vorfahren aber der mythischen Erzählungen sind zum Teil einfach da, zum Teil jedoch wird ihre Entstehung erwähnt. Dies geschieht aber durchgehend in wenig konkreten, allgemeinen Ausdrücken wie „to originate", „to spring off", „to spring into existence" und „to arise". All diese Ausdrücke sagen zwar deutlich, daß diese Vorfahren nicht schon immer da waren, aber sie geben wenig Auskunft über die Art ihrer Entstehung. Immerhin weisen sie mehr auf ein unmittelbares, erst-ursprüngliches Ins-Dasein-Treten hin, als auf Abstammung und Herkunft durch Verwandlung und Übergang. Doch bezieht sich diese Auslegung auf die Bedeutung der englischen Wörter und erlaubt deshalb keine Schlüsse auf arandische Gegebenheiten.

Spencer und Gillen nennen die Vorfahren „transformations". Nun steht außer Frage, daß ein Wechsel von Gestalt und Erscheinungsform in der Urzeit oft vorkommt[484]. Nur ist es fraglich, ob diese Verwandlungen im Erleben der Aranda die Rolle eines Überganges zwischen Stufen der Entwicklung spielen, ob sie ein Herkommen — und damit zugleich ein Sich-Lösen und Überwinden — von etwas Früherem und grundsätzlich anders Gestaltetem bedeuten konnten.

Später wird noch zu bedenken sein, ob es Anzeichen dafür gibt, daß die Aranda die Vorstellung von Zwischengliedern für das Verständnis totemistischer Verbundenheit zwischen Menschlichem und Außermenschlichem brauchten, ja, ob sie in ihrer Welt über-

---

[483] Spencer/Gillen, Native Tribes S. 388 ff.
[484] Vgl. hier I. 3.4.3.2.

haupt möglich war[485]. Aber zuerst sollen die Richtungen der Verwandlungen im Hinblick auf die ‚Evolution vom Tier zum Menschen' hin betrachtet werden. Dabei ist für die vorliegende Frage die Tatsache von grundlegender Wichtigkeit, daß die Verwandlungen in allen Richtungen erfolgen können: Aus tierischen Formen entstehen menschliche Erscheinungsweisen, aber auch aus menschlichen Gestalten gehen tierische Wesen hervor. Hier ist nun vor allem letzteres interessant. Die beiden Ungambikula, die zwei außergewöhnlichen Wesen, die am Anfang von Spencers und Gillens erster Stufe stehen und die ersten Inapertwa zu vollständigen menschlichen Gestalten formten, verwandelten sich am Ende ihrer Tätigkeit in Eidechsen[486]. Von ausdrücklich als „parakeet people" bezeichneten Wesen heißt es: „The Alexandra parakeet people have, since that time, been changed into the bird which is supposed to inhabit caves underground, out of which it comes every now and then in search of grass seed"[487], und Witchetty-Raupen können sich nicht nur in Männer, sondern auch in Vögel verwandeln[488]. Am erstaunlichsten aber mutet in diesem Zusammenhang das bereits zitierte Beispiel des Stachelschweinmannes[489] an, der nach einem unerhörten Frevel von seinen Verfolgern von Speeren durchbohrt wurde, die sich in seinem Rücken in Stacheln verwandelten, so daß seit dieser Zeit die Stachelschweine, die vorher einen glatten Rücken hatten, mit Stacheln versehen sind. So kann sich sogar eine heutige tierische Form als Umwandlung eines menschengestaltigen Wesens erweisen.

Alle Fälle der Verwandlung von Menschen in Tiere, besonders aber das Beispiel des Stachelschweinmannes sprechen zusammen mit dem völligen Fehlen der ‚Urstufe' deutlich dafür, daß die Mythen der Aranda nicht einen gerichteten Evolutionsvorgang vom Tier zum Menschen darstellen. Zumindest für die Nord-Aranda ist ja auch durch die Überlieferung von T. G. H. Strehlow deutlich

---

[485] Vgl. hier nach Anm. 530.
[486] Spencer/Gillen, Native Tribes S. 389.
[487] aaO. S. 441.
[488] aaO. S. 447.
[489] Vgl. hier nach Anm. 436.

bezeugt, daß ‚im Anfang' nicht das — in unserem Sinne — ‚reine' tierische Totemphänomen stand, sondern der merkwürdige Urahne, der wie die Verkörperung der entsprechenden ‚Ursubstanz' wirkt, die alle Erscheinungsmöglichkeiten, die tierische und die menschliche, umfaßt und in sich trägt[490]. Doch soll die Frage nach dem Übergang vom Tier zum Menschen auch noch am zweiten Beispiel betrachtet werden, das Spencer und Gillen in dieser Art vorführen, an der Entwicklung der Inapertwa-Wesen nämlich, der unfertigen menschlichen Wesen, die erst durch Eingriffe bestimmter Vorfahren zu Männern und Frauen werden.

3.5.2.3. Stufen bei der Entstehung des Menschen

In den Urzeit-Schilderungen der Aranda treten — auch nach C. Strehlow — unausgeformte menschengestaltige Wesen auf, die nach Spencer und Gillen „Inapertwa creatures" heißen und „rudimentary human beings or incomplete men"[491] sind, „who were transformed into men and women"[492]. Von diesen „Inapertwa creatures" wird nun gesagt, daß sie „in the first place evidently a crude attempt to describe the origin of human beings out of non human creatures" seien, und daß sie als „intermediate stages in the transition of an animal or plant ancestor into a human individual"[493] angesehen werden müssen.

Es ist nicht völlig zweifelsfrei, ob die Inapertwa-Tradition für die Aranda tatsächlich eine Exemplifizierung eines Entwicklungsvorganges mit fixierter Zwischenstufe bedeutet hat. Aber selbst wenn dies der Fall gewesen wäre, hätte es sich dabei für sie nicht um ein allgemeingültiges Gesetz über die Entstehung des Menschen handeln können, sondern nur um eine Möglichkeit der Beziehung, denn es gibt Totems — und zwar solche, die in den Mythen der Urzeit eine bedeutende Rolle spielen — die keine solche Überlieferung kennen. „In the case of others such as, for example, the Udnirringita or

---

[490] Vgl. hier I. 3.4.3.2 und I. 3.4.3.3.
[491] Spencer/Gillen, Native Tribes S. 388.
[492] aaO. S. 650.
[493] aaO. S. 392.

witchetty grub totem, there is no tradition relating to the Inapertwa stage"[494]. Abgesehen davon haben Spencer und Gillen an anderer Stelle ausdrücklich festgehalten: „To the Australian native there is no difficulty in the assumption that an animal or a plant could be transformed directly into a human being"[495].

Aber auch da, wo die Inapertwa eine Rolle spielen, ist es fraglich, ob die Aranda sie wirklich als Zwischenstufe gesehen haben. Genauso wie bei den Vorfahren fehlt nämlich auch bei den Inapertwa — ebenfalls mit einer Ausnahme — die ‚Urstufe' mit den Pflanzen und Tieren, aus denen die Inapertwa entstanden wären, und aus dem gleichen Grunde wie bei den Vorfahren schließt sich eine solche ‚Urstufe' auch für die Inapertwa grundsätzlich aus, weil auch die Inapertwa schon gleich zu Beginn der ersten Periode der Urzeit, der für die Aranda nichts vorangegangen sein könne[496], vorkommen.

Es sind Spencer und Gillen selber, welche das einzige Beispiel bringen, das ausdrücklich den Weg vom Totem-Phänomen zu den mit ihm verbundenen Inapertwa-Wesen schildert. Ein kurzer Bericht über mythische Überlieferungen des Feuer-Totems beginnt: „In the Alcheringa a spark of fire ascended into the sky ... and was blown by the north wind to a spot now indicated by a large mountain . . .. Here it fell to earth and a great fire sprang up which by and by subsided, and from the ashes came out some Inapertwa creatures — the ancestors of the people of the fire totem. These Inapertwa were after a time discovered by two wild duck men who flew over from the west . . .. They . . . made the Inapertwa into men and women, after which they flew back to their camp in the west"[497]. Obwohl hier die Linie vom Totem-Phänomen zu den Inapertwa-Wesen und dann zu Mann und Frau ausdrücklich geschildert ist, vermag dieses Beispiel doch kaum die fragliche Annahme einer Vorstellung von ‚Zwischenstufen' im Sinne entwick-

---

[494] aaO. S. 389.
[495] aaO. S. 127 / Mit „Australian natives" sind hier in erster Linie die Aranda gemeint. Die Autoren sprechen im Vorangehenden von arandischen Vorstellungen und fahren dann ausweitend fort, daß diese auch bei anderen australischen Eingeborenen zu finden seien.
[496] Vgl. hier bei Anm. 482.
[497] Spencer/Gillen, Native Tribes S. 445f.

lungsgeschichtlicher Übergänge zu stützen. Gerade hier wäre es fast absurd, die unvollständigen Menschenwesen als Zwischenstufe zwischen Feuer und Menschen zu betrachten.

Ebenso wie die ‚Urstufe‘, der die Inapertwa als Zwischenstufe folgen sollen, nicht greifbar wird, wird auch ihre Stellung in der ‚Entwicklung‘ des Totems nicht klar. Spencer und Gillen erzählen, wie Vorfahren des Kleinhabicht-Totems durch das Land reisen und viele Inapertwa in menschliche Wesen verwandeln[498]. In vielen Fällen existieren dabei aber neben den Inapertwa bereits Totemleute, die offenbar schon fertig entwickelt sind und für die Gäste die nötigen Zeremonienplätze vorbereiten. In welchem Verhältnis diese Totemleute zu den Inapertwa stehen, kommt nirgends zum Ausdruck. Vollends unklar aber wird das Wesen der Inapertwa auf Grund der folgenden Stelle: „Here also they met with a number of extraordinary-looking Inapertwa creatures of the honey-ant totem, who were engaged in performing an Engwura ceremony"[499]. Die Inapertwa, die völlig hilflose, nur rudimentäre menschliche Formen sein sollen, sind hier ganz unerwarteterweise fähig, die wichtige Zeremonienfolge, welche die erste, allgemeine Initiation abschließt, zu feiern. Und dabei bedürfen sie der Verwandlung trotzdem noch, denn der Bericht fährt fort: „These they made into men and women"[500]. Auf Grund dieser Stelle könnte man sich fragen, ob die Vorstellungen vom Inapertwa-Zustand und der folgenden Verwandlung nicht vielleicht aus dem Vorstellungskreis der Initiationsriten stammen, die ja den unfertigen Eingeborenen nicht phylogenetisch entwicklungsgeschichtlich, wohl aber anthropologisch individuell verwandeln und erst zum erwachsenen Stammesmitglied machen.

Eine gesicherte Deutung der Inapertwa-Tradition dürfte auf Grund des vorliegenden Aranda-Materials sehr schwierig sein und kann auf jeden Fall nicht hier erfolgen. Daß aber die Inapertwa für die Aranda Zwischenstufen im Sinne eines allgemeinen Evolutionsgeschehens waren, kann wohl mit ziemlicher Sicherheit ausgeschlossen werden. Die Tatsache, daß nicht alle Totems diese Art des

---

[498] aaO. S. 396 ff.
[499] aaO. S. 401 / Hervorhebung von mir.
[500] aaO. S. 401.

Herkommens von Mann und Frau kennen, daß bei praktisch allen einschlägigen Beispielen jeglicher Hinweis auf die ‚reine' Vorstufe fehlt, und daß Wesen und Stellung dieser Inapertwa im Totem der Vorzeit so schwer durchschaubar bleiben, scheinen die Vorstellung der Inapertwa-Wesen als ‚Zwischenstufen' eines allgemeinen Entwicklungsgeschehens vom Tier zum Menschen doch eher als europäische Deutung arandischer Fakten, denn als arandischen Bewußtseinsinhalt zu erweisen.

Unbezweifelbar spielen die verschiedenen Erscheinungsweisen des Lebendigen und die Wechsel zwischen ihnen eine große Rolle in den Mythen der Aranda. Aber entwicklungsgeschichtlich ‚aufsteigende' Linien in unserem Sinne lassen sich kaum daraus herauslesen, da alle Formen gleichzeitig und gleich ursprünglich vorhanden und die Umwandlungen in allen Richtungen möglich zu sein scheinen, so daß vielmehr dieser Zustand einer kulturinternen Deutung bedarf, die im folgenden anhand der Ansichten der Eingeborenen über die Herkunft der arandischen Welt und des arandischen Menschen und der Formen ihres Vorstellens und Erlebens versucht werden soll.

3.5.3. Die Herkunft des Bestehenden

Daß das Bild von stufenweiser Entwicklung im Sinne westlich naturwissenschaftlicher Evolution in der Welt der Aranda kaum vorkommen konnte, geht auch daraus hervor, wie die Urzeit, wie ‚Anfang' und ‚Ursprung' allgemein hier gesehen wurden.

Die Welt wie sie heute besteht, ist nicht so sehr das Ergebnis eines aufsteigend sich entfaltenden Entstehungsprozesses, als weit mehr eines weitgehenden Umformungsvorganges. Das bedeutet, daß ‚im Anfang' schon eine Fülle von Erscheinungen vorhanden war, die dann mannigfache Umwandlungen erfuhren; Bereicherungen, wie etwa in der Landschaft, deren offenbar wenig geformtes Vorhandensein erst durch das Wirken der Vorfahren ihre heutige charakteristische Prägung erhielt; aber auch Verkümmerungen, wie etwa im Bereich des Lebendigen, wo so machtvolle Wesen, wie es die Vorfahren darstellten, nicht mehr so direkt und sichtbar in Erscheinung treten.

Vom Gedanken und vom Problem der creatio ex nihilo sind die Urzeitmythen der Aranda weit entfernt. Zwar macht T. G. H. Strehlow, wenn er zusammenfassend von den Vorstellungen spricht, welche sich die nördlichen Aranda vom Urzustand der Welt gemacht haben, Angaben, nach welchen im Anfang nur der Himmel, eine völlig leere Erde und schlafende Vorfahren bestanden hätten: „In the beginning there was only the sky and the earth; and the earth was formless and empty of life, a void level waste waiting for the awakening of the ancestors from their eternal sleep underneath the sheltering crust"[501]. In merkwürdigem Kontrast dazu steht aber der Bandicoot-Mythos, den der gleiche Verfasser in zwar gekürzter, aber sonst, wie er betont, originaler Form überliefert[502]. Dort ist zwar von der ewigen Dunkelheit des Anfangs und vom endlos in ihr schlafenden Vorfahren die Rede, aber auch davon, daß über diesem mythischen Schläfer und offenbar in aller Dunkelheit die Erde mit roten Blumen und grünem Gras bedeckt war[503].

Das stimmt nun mit den anderen Berichten überein. Oft und oft setzen die Mythen – zumindest so wie sie die Forschung überliefert – mit vollem ‚Bestand' an Handelnden und an Umwelt ein. Und wenn ein Werden und Entstehen geschildert wird, dann handelt es sich immer um ein bestimmtes Phänomen, dem der Mythos gilt, und das sich dann immer sogleich in einer bereits bestehenden voll ausgebildeten Welt vorfindet. So schildert der erwähnte Bandicoot-Mythos die Herkunft der Bandicoot-Leute und -Tiere, die dann sofort in einer Welt sind und handeln, die vorhanden ist, ohne daß deren Entstehung ihrerseits zur Sprache kommt; so liegt der schlafende Witchetty-Raupen-Vorfahre, aus dem die Witchetty-Leute und -Tiere entstehen, unter Witchetty-Buschwerk, das ebenfalls offenbar gleich ursprünglich einfach vorhanden ist[504], und in das Leben dieser sich mehrenden Sippe tritt plötzlich ein Fremder, der von weit her kam[505], ohne daß dessen

---

[501] T. G. H. Strehlow, Traditions S. 26.
[502] Vgl. hier nach Anm. 454.
[503] T. G. H. Strehlow, Traditions S. 7.
[504] aaO. S. 15.
[505] aaO. S. 16.

Existenz irgendwelche Erklärung findet und einer solchen wohl eben auch gar nicht bedurfte. Es wäre übrigens ganz allgemein nur schwer vorstellbar, wie in einem Stamm, der aus totemistischen Gruppen besteht, deren sakrale Tradition sich vorwiegend, vielleicht sogar ausschließlich mit der Herkunft und dem Wesen ihres eigenen, einen, bestimmten Totem-Phänomens beschäftigt, eine gesamte Weltwerdung aus vollständig kahlem Grund hätte dargestellt und erlebt werden können, aber ebenso schwer vorstellbar ist es, wie aus dieser Art, die Anfänge der Welt zu sehen, sich autochthon die Vorstellung von aufsteigend gegliederten allgemeinen Entwicklungsperioden hätte bilden können.

3.5.4. Die Herkunft des Menschen

Auf den ersten Blick scheint es, als gäben alle Autoren einfache und unmißverständliche Erklärungen darüber, wie sich die Aranda die Entstehung des Menschen vorstellen. Nach T. G. H. Strehlow gehen sie zusammen mit den zum gleichen Totem gehörigen Tieren aus dem „Großen Vater" hervor; nach C. Strehlow entstehen sie generell aus den unfertigen menschengestaltigen Wesen, was nach Spencer und Gillen nur zum Teil zutrifft, da diese Forscher auch noch den direkten Übergang vom Tier zum Menschen kennen, abgesehen von dem weiter nicht näher beschriebenen Hervorgehen und In-die-Existenz-Treten und dem völlig selbstverständlich unerklärten Einfach-Vorhanden-Sein.

Aber bei genauerer Betrachtung der Mythen fällt auf, daß im Grunde nie so ganz klar wird, von welcher Art Wesen in ihnen eigentlich die Rede ist. Eindeutig müssen die Gestalten, welche die unfertigen Menschen zuende formen oder aus denen direkt Menschen hervorgehen, als übermenschlich machtvolle Wesen gesehen werden. Wo aber sind die so entstandenen ‚Menschen' einzuordnen, wenn man die Rolle betrachtet, die sie nach ihrer Entstehung in der Urzeit spielten?

Praktisch problemlos stellt sich das bei C. Strehlow dar. Der zusammenfassende Schöpfungsbericht sagt eindeutig, daß ein „Totem-Gott" die unentwickelten Menschen zu vollständigen Menschen machte, denen er Sitten und Gebräuche gab, die später von anderen Lehrern noch vervollständigt wurden[506]. In der folgenden Mythensammlung treten dann aber die Menschen als Menschen in keiner Weise auf[507]. Sie enthält ausschließlich Erzählungen über die „Totem-Götter". Die Frage könnte auftauchen, wo sich unter diesen Umständen die ‚Menschen' in der Urzeit aufgehalten und welche Rolle sie damals gespielt hätten, doch würde dies kaum geschehen, wenn nicht in den anderen Berichten diesbezüglich Widersprüchliches unübersehbar deutlich würde.

Das Zuende-Formen unfertiger Menschen spielt in Spencers und Gillens Urzeit-Berichten nicht nur in der Zusammenfassung eine Rolle, sondern kommt auch immer wieder in den mythischen Erzählungen vor, in denen an konkreten Beispielen ersichtlich wird, was aus Inapertwa-Wesen weiter wird. Und da zeigt es sich immer wieder, daß aus den Inapertwa zwar offensichtlich Totem-Leute, aber nicht Totem-Menschen im Sinne unserer menschlichen Existenz entstanden, denn auch sie vollbringen plötzlich Übermenschliches und verwandeln sich vor allem am Schluß ihres urzeitlichen Erdendaseins in tjurungas; ein Vorgang, der eindeutig und grundlegend den machtvollen Vorfahren zukommt.

So berichten Spencer und Gillen zum Beispiel, daß viele Eidechsen-Leute, die aus Inapertwa entstanden sind, von bösen Wesen verschlungen wurden. Dieser Vorgang scheint klar auf eine Menschwerdung in unserem Sinne hinzudeuten, die Kräfteverteilung wäre angemessen gewahrt, wenn man die bösen Wesen dem Reich des Übermächtigen zuordnet. Aber einer dieser Eidechsen-Männer überlebt zufällig mit seiner Frau das Verderben. Aus Angst versteckt er seine Frau in seinem Kopfschmuck aus Federn, spricht mit dem abgetrennten Haupt seines Bruders, bis dieser wieder zu vollem neuen Leben erwacht, tötet mit ihm zusammen die Feinde und geht

---

[506] Vgl. hier bei Anm. 465.
[507] Nur in einem Mythos werden die rella manerinja, die unentwickelten Menschen, erwähnt, aber nur als relative Zeitangabe: „In der ältesten Zeit, als die Menschen noch zusammengewachsen waren und ein elendes Dasein führten, ..." (C. Strehlow, I, S. 28) und als Objekt der Handlung, da sie wiederholt, in ihrem unfertigen Zustand, halbrohes Fleisch zur Nahrung erhielten.

zum Schluß mit Frau und Bruder in tjurungas ein[508]. Die Erscheinungen, die zuerst so eindeutig Menschen zu sein schienen, enden wiederum eindeutig als machtvolle Vorfahren.

Auch in der Darstellung durch T. G. H. Strehlow ist die Beschaffenheit der ‚menschlichen' Erscheinungen in der Urzeit nicht sicher zu fassen. Zwar scheinen die Söhne des „Großen Vaters", wie zum Beispiel im Bandicoot-Mythos von Ilbalintja, irgendwie dem ‚menschlichen' Menschen gleichzukommen. „Let us now look at the Ilbalintja myth in detail, and examine closely those portions of it upon which the interest of the native is particularly directed. Consider, firstly, the interest taken by native myth-makers in speculations about the origin of life. All human beings, by reason of the prevailing system of totemism, are held to have originated from one or other of these legendary ancestors"[509]. Aber eben diese Nachkommen werden auch alle zusammen von einer großen Flut weggetragen und unter dem Boden an einen Ort geschwemmt, an dem sie sich mit einem zweiten großen Vorfahren vereinigen[510]. Das Weggeschwemmtwerden von der großen Flut, ohne dabei umzukommen, und die Fortbewegung unter der Erde gehören aber wiederum zu den häufigen und eindeutig den Rahmen des uns bekannten Menschlichen sprengenden Erlebnissen und Fähigkeiten der Vorfahren.

In der Urzeit der Aranda begegnen wir also dem Menschen in unserem Sinne nicht und finden auch keine Anfänge, die in unserem Sinne als Ausgangspunkt von menschlichen Generationenfolgen gelten könnten. Der Gedanke einer aufsteigenden Entwicklungsfolge als arandische Vorstellung, der schon bei der Betrachtung der Entstehung der Urzeitwesen unsicher erschien, wird nun auch vom ‚Ergebnis' des Vorganges her in Frage gestellt: Die Vorstellung von Stufen und Zwischenstufen dürfte in einem Geschehen völlig wesensfremd sein, das weder bestimmte Anfänge noch bestimmte Ergebnisse kennt, sondern sich im Sinne unseres Entwicklungsdenkens und unserer Kategorien in einem Raume gänzlicher Unbe-

---

[508] Spencer/Gillen, Native Tribes S. 390f.
[509] T. G. H. Strehlow, Traditions S. 10.
[510] aaO. S. 9.

stimmtheit bewegt. Wiederum stellt sich so mit der ‚Menschwerdung' ein wesentlicher Vorgang von Entstehung und Leben in einer Weise dar, die für unsere diesbezüglichen Vorstellungen kaum verständlich ist. Was es damit auf sich haben könnte, kann erst deutlicher werden, wenn wir betrachten, wie die Eingeborenen die totemistische Abstammung darstellen, und wie sie sich selbst als Mensch in der arandischen Welt und im Verhältnis zur Urzeit erleben, soweit solche schwierigen Einsichten durch das Medium der Forschung überhaupt möglich sind.

3.6. Weisen des Vorstellens und Erlebens

3.6.1. Totemistische Abstammung

Für unser Empfinden zeigen die arandischen Mythen keine direkte Abstammung des Menschen vom Totem-Vorfahren, denn die in den sakralen Überlieferungen erwähnten ‚menschlichen' Nachkommen der ersten Vorfahren erweisen sich immer ebenfalls als Vorfahren, die am Ende ihres Erdendaseins in tjurungas eingehen. Kein Stammbaum läßt sich damit in unserem Sinne rückwärts bis hinauf in die Urzeit verfolgen. Es gibt keine zusammenhängenden Generationenfolgen, wie sie für uns den Nachweis direkter Abstammung darstellen. Aus unserer Sicht der Dinge könnte sich ein Eingeborener gar nie als direkter Nachkomme seines Totemvorfahren fühlen.

Andererseits scheint gerade dieses Gefühl besonders stark und hervorstechend gewesen zu sein. Dies wird einsehbar und erklärlich, wenn man die arandischen Vorstellungen über die Entstehung der Kinder und damit über die Abstammung des Menschen betrachtet. Diese unterscheiden sich grundlegend von den unsern. Zwar kennen die Aranda, wie von den Forschern betont wird, den Zusammenhang zwischen Zeugung und Geburt, aber ihnen erscheint ein anderer, weniger offenkundiger und greifbarer Vorgang für die Entstehung neuen Lebens wichtiger, ja, nicht nur wichtiger, sondern allein bedeutungsvoll zu sein.

Wie in der Urzeit geht ihrer Vorstellung nach auch heute noch alles Leben von den Vorfahren aus. Diese ‚starben' nicht, wenn ihre Zeit der gestaltenden und handelnden sichtbaren Existenz zuende ging. Ihre Lebenskraft blieb erhalten in den heiligen Felsen, Bäumen und Steinen, in den tjurungas, die überall dort entstanden, wo sich ein bedeutsames Ereignis in der Urzeit abspielte. Und durch und aus diesen tjurungas geht nach wie vor alles Leben von den Vorfahren aus[511]. Wie man sich diesen Vorgang von unseren Denkstrukturen her ungefähr vorstellen könnte, formuliert T. G. H. Strehlow so: „The ancestor represents the sum total of the living essence of the witchetty grubs – both animal and human – regarded as a whole. Every cell, if we may be allowed to phrase it thus, in the body of the original ancestor is a living animal or a living human being: if the ancestor is a ‚witchetty grub man', then every cell in his body is potentially either a separate living witchetty grub or a separate living man of the witchetty grub totem"[512].

Neues Leben entsteht nun aus solchen Lebenskeimen, die aus den tjurungas hervorgehen, und damit stammt jeder Mensch immer direkt und ohne lange genealogische Ableitung von seinem Urzeit-Vorfahren ab. Das menschliche Leben nimmt seinen Anfang an dem Ort, an welchem die Mutter das erste Anzeichen der Schwangerschaft fühlt. Dies ist das Zeichen dafür, daß ein Lebenskeim in sie eingedrungen ist. Und er stammt von dem Totemvorfahren, dem in der Nähe ein sakraler Totemplatz oder eine der zahlreichen, über das ganze Land verstreuten tjurungas zugehört.

Die Art der Beziehung zwischen dem Menschen und seinem Vorfahren haben die Forscher unterschiedlich dargestellt. Spencer und Gillen sprechen durchgehend und konsequent davon, daß die Aranda sich als Reinkarnation ihrer Vorfahren erlebten, was C. Strehlow ausdrücklich bestreitet[513]. Gerade für solche Fragen muß man sich aber wohl erneut ganz besonders der Schwierigkeiten der Verständigung zwischen dem europäischen Forscher und dem australischen Eingeborenen bewußt werden. Wie sollen solche

---

[511] Vgl. hier bei Anm. 462.
[512] T. G. H. Strehlow, Traditions S. 17.
[513] C. Strehlow, II, S. 56 und Anm. 1.

Probleme zur Sprache gebracht, wie sollen solche Unterschiede der Beziehung zum Vorfahren im Gespräch mit den Eingeborenen für sie verständlich formuliert und geklärt werden? Der Eingeborene muß in solchen Fällen ja etwas bewußt und explizit verstehen und ausdrücken, was mit größter Wahrscheinlichkeit für ihn nie Gegenstand distinkter Überlegung gewesen ist und möglicherweise im Rahmen seiner Denkstrukturen dies gar nicht sein kann. In solchen Fällen ist dann die Gefahr ganz besonders groß, daß die Antwort durch die Frage beeinflußt und geprägt wird. Dazu schienen in dieser Kontroverse zwischen den Autoren der ersten Forschergeneration wiederum starke regionale Unterschiede eine Rolle zu spielen, denn T. G. H. Strehlow sagt dann später: „In Western Aranda territory a man is less frequently looked upon as a direct reincarnation of a particular ancestor than in the Northern area"[514].

Ob nun alle Menschen direkte Reinkarnationen ihres Vorfahren darstellen, oder ob dies nur bei einigen der Fall ist, während die übrigen nur gleichsam ein verkörperter Teil seiner großen Lebenskraft sind, ist möglicherweise für die Aranda selbst keine eindeutig zu beantwortende Frage. Und für die vorliegende Betrachtung spielt sie keine Rolle, weil es nur um das Prinzip der direkten Abstammung des Menschen von einem aus einer tjurunga stammenden Lebenskeim geht. Und dieses Prinzip bleibt sich gleich, ob der Mensch als völlige Reinkarnation oder nur als Verkörperung eines Teils des Lebensprinzips des Vorfahren gesehen wird.

Die durch solche Abstammung gegebene Verbindung mit dem Vorfahren scheint der Eingeborene in seinem Leben sehr ausgeprägt zu fühlen. Spencer und Gillen sagen dazu: „The identity of the human individual is often sunk in that of the animal or plant from which he is supposed to have originated"[515], und wiederholt sagen sie: „The totem of any man is regarded, just as it is elsewhere, as **the same thing as himself**"[516]. Und auch C. Strehlow, dessen Forschung ergeben hat, daß die Aranda sich nicht als Reinkarnation

---

[514] T. G. H. Strehlow, Traditions S. 118.
[515] Spencer/Gillen, Native Tribes S. 119.
[516] aaO. S. 202 / Hervorhebung von mir.

ihrer Vorfahren fühlen, hat doch auch eine ungewöhnlich enge Verbindung festgestellt: „Das Totem, der Totem-Vorfahre und der Totem-Abkömmling, d. h. der Darsteller, erscheinen in den tjurunga-Liedern als eine Einheit. Ohne die untrennbare Einheit des Totems, des Vorfahren und des Kinderkeims immer im Auge zu behalten, sind manche tjurunga-Lieder überhaupt nicht verständlich"[517].

Wiederholt spricht auch T. G. H. Strehlow von der engen Verbindung zwischen Vorfahre und Nachkommen. Allgemein heißt es bei ihm: „The Aranda conception of reincarnation ... implies the total identification of a living individual with an original totemic ancestor"[518], und: „The native in actual life, on all occasions, completely identifies a man with his totem: a man who is the reincarnation of a bandicoot ancestor regards himself as a bandicoot, and the bandicoots ... as his own brothers"[519]. Er führt auch Beispiele an, wie selbstverständlich und ganz konkret diese Identifikation vollzogen wurde. Während einer Einweihungszeremonie wird einem jungen Mann ganz direkt gesagt: „You are the great Tjenterama himself"[520]. Und ein Eingeborener erzählte dem Forscher „about his kangaroo ancestor who had his leg broken; hence he himself was ‚suffering from a weak leg, and could not run as quickly as other men'". Und dabei war der Mann nicht einmal selber ein Känguruh-Mann! Aber sein Großvater war einer gewesen, und nach dem Tode seines Vaters hatte er dessen tjurunga und auch die damit verbundene Schwäche geerbt[521]! In einem anderen Fall sieht ein Mann sich ganz direkt als der große Vorfahre selber an: „I remember a fine old man ... proudly telling me how at the beginning of time, when he was the tjilpa ancestor of Kolba, he had peopled the whole district with his sons and daughters"[522]. Damit ergeben sich Einheiten und Verschmelzungen, die uns völlig fremd

---

[517] C. Strehlow, III, I, S. 6 / Hervorhebung von mir.
[518] T. G. H. Strehlow, Traditions S. xiv / Hervorhebung von mir.
[519] aaO. S. 15.
[520] aaO. S. 116 / Tjenterama ist ein großer Bandicoot-Vorfahre.
[521] aaO. S. 133f.
[522] aaO. S. 11, Anm. / Hervorhebung von mir / tjilpa ist eine Katzenart.

sind: „The story of his own totemic ancestor is to the native the account of his own doings at the beginning of time, at the dim dawn of life, when the world as he knows it now was being shaped and moulded by allpowerful hands. He himself has played a part in that first glorious adventure, a part smaller or greater according to the original rank of the ancestor of whom he is the present reincarnated form"[523].

Solche Aussagen geben auch Hinweise für die Beantwortung der Frage nach der Beziehung zwischen den Ausführenden eines sakralen Rituals und dem Vorfahren, dem jenes gewidmet ist. Die Riten zeigen Taten und Handlungen der Vorfahren und Vorkommnisse aus ihrem Erdendasein. Sie werden ausgeführt von den eingeweihten Angehörigen einer Totemgruppe. Nach allgemeinem westlichem Sprachgebrauch, der auf den dazugehörigen Ansichten über Welt und Mensch beruht, ‚stellt' in solchen Riten ein Eingeborener einen Vorfahren ‚dar', und konsequenterweise sagen Spencer und Gillen in diesen Fällen immer: „he represents an ancestral individual"[524], und auch C. Strehlow sagt, daß in einem solchen Ritus das „Totemtier in seinen Bewegungen nachgeahmt"[525] werde und betont in einer Anmerkung zu der bereits zitierten Stelle über die Einheit von Totem, Totem-Vorfahre und Darsteller[526] ausdrücklich, daß eine „eigentliche Inkarnation des Vorfahren in den Darsteller während der Kultusaufführung" nicht angenommen werde[527].

Wenn die Dinge und Erscheinungen nach westlichen Kategorien geordnet und gesehen werden, kann das gemeinte Phänomen der rituellen Handlung möglicherweise tatsächlich als ‚Darstellung' bezeichnet werden. Die Frage aber, als was sich der Darsteller selber fühlte und erlebte, und was er den anderen Teilnehmern am Ritus im Moment der sakralen Handlung war, was also das Phänomen für jene Welt bedeutete, aus der es stammt, bleibt damit noch offen.

---

[523] aaO. S. 30f.
[524] Spencer/Gillen, Native Tribes S. 228.
[525] C. Strehlow, III, I, S. 5.
[526] Vgl. hier bei Anm. 517.
[527] C. Strehlow, III, I, S. 6, Anm. 1.

In einer Welt, in der sich der einzelne allgemein als identisch mit seinen Vorfahren fühlt, dürfte für die Bezeichnung der Beziehung zum Vorfahren in der gesteigerten Situation der kultischen Handlung der Begriff des ‚Repräsentierens' auf jeden Fall weit mehr meinen und beinhalten als ein bloßes Darstellen und Stehen-Für. Und dies umso mehr, wenn man bedenkt, daß in diesem Moment dem ‚Darsteller' nach dem Glauben der Eingeborenen höchste und außergewöhnliche Kräfte zukommen. Viele sakrale Handlungen dienen der Erhaltung und Steigerung der Fruchtbarkeit des Totems, und bei ihrer Ausführung geht nun neues Leben von denen aus, die sie ausführen. So erzählt ein alter Mann: „We rubbed the aroa[528] tjurunga ... to the chanting of the verses; we were enabled thereby to create rock wallabies"[529], und an anderer Stelle heißt es: „The present day native chief, who during the increase ceremonies of the euro totem intones the euro chants in a particularly twisted metrical form, believes that he is at that very moment bringing into existence thousands of euros"[530]. Solche ‚Darsteller', welche sich im Moment der kultischen Handlung selbst und persönlich als befähigt fühlen, ihr Totem zu vermehren, und offensichtlich überzeugt sind, daß sie das tun, sind zweifelsohne mehr als das, was unser Sprachgebrauch unter ‚Darsteller' versteht.

Diese Art, wie die Aranda ihre totemistische Abstammung erleben, in der Form einer so weitgehenden Identifikation mit dem Vorfahren, daß sie sich dessen Taten als der eigenen erinnern und sich befähigt fühlen können, wie er, im Ritus Exemplare der eigenen Totemgattung hervorzubringen, zeigt noch einmal von einer anderen Seite, daß der Gedanke an Zwischenglieder zwischen Tier und Mensch und zwischen Vorfahre und Nachkommen hier nicht nur nicht nötig, sondern überhaupt nicht möglich ist. Die von Spencer und Gillen gefundenen Perioden und Zwischenstufen scheinen nicht der Welt der Aranda zu entstammen, sondern aus der Form europäisch naturwissenschaftlicher Wirklichkeitserfassung in sie hineinprojiziert

---

[528] aroa bedeutet wallaby, also ein kleines Känguruh.
[529] T. G. H. Strehlow, Traditions S. 98 / Hervorhebung von mir.
[530] aaO. S. xiiif.

worden zu sein. Sie wären damit ein besonders eindrückliches Beispiel dafür, daß der Mensch nicht die ‚Wirklichkeit' erkennt, sondern nur das Netz, das er über sie spannt, um sie zu erkennen[531].

3.6.2. Identität mit sakralen Gegenständen

Das vorangehende Kapitel hat gezeigt, daß die Aranda die Fähigkeit besitzen, sich mit ihren Vorfahren zu identifizieren, und daß die diesbezüglichen Erlebnisse einen Realitätsgrad erreichen, der über das überall und in jeder Kultur schrankenlose Reich der bloßen Vorstellungen hinausgeht, indem sie sich zu vollkommen gegenwärtiger Konkretheit und Wirksamkeit verdichten. Daß die Eingeborenen sich selbst nicht nur in ihrer gegenwärtigen Person, sondern darüberhinaus auch in für uns völlig ichfernen Phänomenen finden und erleben können, zeigt sich auch eindrücklich in ihrer Beziehung zu den sakralen Gegenständen, zu den tjurungas.

C. Strehlow führt aus: „Das Wort tjurunga bedeutet: der eigene geheime; tju . . . ist ein veraltetes Wort und bedeutet: versteckt, verborgen, geheim; runga heißt: der eigene, mein eigener"[532] und fährt dann weiter: „Aus dem Wort tjurunga selbst geht zunächst soviel mit Bestimmtheit hervor, daß sie (die Hölzer und Steine) mit einer Person eng verbunden sind und geheim gehalten werden. Nun geht aber aus den Sagen hervor, daß die Leiber der meisten Totem-Vorfahren sich in solche tjurunga verwandelt haben. . . . Als ferner Mangarkunjerkunja die unvollkommenen Geschöpfe zu Menschen gebildet hatte, gab er auch einem jeden eine tjurunga und bezeichnete dieselbe als den Leib des mit ihr Verbundenen. So gab er z. B. einem Känguruh-Mann ein (sic!) tjurunga und sprach zu ihm: Das ist der Leib eines Känguruhs (ara); aus dieser tjurunga bist du entstanden. Aus Vorstehendem geht hervor, daß die tjurunga in enger Verbindung mit Totem-Vorfahren und Mensch stehend gedacht wird. Genauer ausgedrückt: die tjurunga gilt als der gemeinsame Leib des Menschen und seines Totem-Vorfahren, sie verbindet

---

[531] Vgl. hier bei Anm. 700.
[532] C. Strehlow, II, S. 75 / Vgl. auch hier Anm. 374.

das Individuum mit seinem persönlichen Totem-Vorfahren und gewährleistet ihm den Schutz, den der iningukua[533] verleiht, während der Verlust der tjurunga dessen Rache nach sich zieht. Die tjurunga verbindet aber den Menschen nicht nur mit seinem Totem-Vorfahren, sondern auch mit seinem Totem (Tier, Pflanze usw.) selbst und gibt ihm die Möglichkeit, dieses zu vermehren und fett zu machen, wie dies ja auch schon die Totem-Vorfahren getan haben"[534].

Während die eben zitierte Formel des Mangarkunjerkunja („Das ist der Leib eines Känguruhs; aus dieser tjurunga bist du entstanden") den Totemangehörigen der Vorzeit nur in ein Verhältnis der Abstammung mit der tjurunga gebracht hat, erlebte der Aranda der Jahrhundertwende offenbar eine Beziehung der völligen Identifikation mit seiner tjurunga, denn C. Strehlow berichtet: „Später führt dann der Großvater den ins Mannesalter Getretenen zu der arknanaua (Heiligtum), in der die tjurunga seines Totem-Vorfahren aufbewahrt wird, und zeigt ihm dieselbe mit den Worten: . . . Dies ist dein Körper, dies ist dein zweites Ich. Wenn du diese tjurunga an einen anderen Ort nimmst, wirst du Schmerzen empfinden!"[535]. Verlust oder Entweihung der tjurunga aber hat Krankheit oder sogar den Tod zur Folge[536].

Die Angaben von C. Strehlow finden volle Bestätigung durch die Beobachtungen von T. G. H. Strehlow. In der Urzeit besteht eine Einheit zwischen dem Vorfahren und der tjurunga: „The ancestor regards the tjurunga which he owns as portion of his own being; and he is ever anxious lest strangers should come and rob him of these symbols of the very essence of his life"[537]. Diese Einheit erleben auch noch die neuzeitlichen Nachfahren. Der Forscher schildert eine Zeremonie, in welcher ein junger Mann zum ersten Mal seiner tjurunga begegnet: „The father of the young initiate then

---

[533] Als iningukua wird der bestimmte Vorfahre bezeichnet, von dessen verwandeltem Leib der ratapa (Kinderkeim) ausgeht, durch den der betreffende Mensch entstand (C. Strehlow, II, S. 53). Vgl. hier bei Anm. 462.
[534] C. Strehlow, II, S. 76.
[535] aaO. S. 81.
[536] aaO. S. 81.
[537] T. G. H. Strehlow, Traditions S. 18.

takes the hand of his son, leads him to the cluster, and places the smooth round stone into his hands. Having obtained the permission of the other old men present, he tells his son: This is your own body from which you have been re-born. It is the true body of the great Tjenterama, the chief of the Ilbalintja storehouse. The stones which cover him are the bodies of the bandicoot-men who once lived at the Ilbalintja Soak. You are the great Tjenterama himself"[538]. Dieser so bedeutungsvolle Vorgang wird sogar noch ein zweites Mal aus einer anderen Totem-Tradition ausführlich belegt: „When they are all assembled behind the windbreak, they call the young man. They say to him: ‚Young man, see this object. This is your own body. This is the tjilpa ancestor who you were when you used to wander about in your previous existence. Then you sank down to rest in the sacred cave nearby. This is your own tjurunga. Keep close watch over it'"[539].

Die Zeugnisse dieser beiden Forscher ergänzen und vertiefen sich gegenseitig. In unvereinbarem Gegensatz dazu aber stehen die diesbezüglichen Äußerungen von Spencer und Gillen. Nach ihnen ist die tjurunga zwar „intimately associated with the idea of the spirit part of some individual"[540], aber fern von jeder Identifikation. In der Vorzeit waren die tjurunga „the dwelling place of the spirit of the Alcheringa ancestors"[541], aber ausdrücklich soll das in der Neuzeit nicht mehr der Fall gewesen sein. „At the present day the Arunta native does not regard the Churinga as the abode of his own spirit part, ... If anything happens to it − if it be stolen − he mourns over it deeply and has a vague idea that some ill may befall him, but he does not imagine that damage to the Churinga of necessity means destruction to himself. In the native mind the value of the Churinga, at the present day, ..., lies in the fact that each one is intimately associated with, and is indeed the representative of, one of the Alcheringa ancestors, with the attributes of whom it is

---

[538] aaO. S. 116 / Hervorhebung von mir.
[539] aaO. S. 119 / Hervorhebung von mir.
[540] Spencer/Gillen, Native Tribes S. 123.
[541] aaO. S. 138.

endowed. When the spirit part has gone into a woman and a child has, as a result, been born, then that living child is the reincarnation of the particular spirit individual"[542].

Es kann sein, daß bei diesen sich widersprechenden Angaben wiederum regionale Unterschiede vorliegen, daß die Aranda im Osten ein anderes Verhältnis zu ihrer tjurunga hatten, als die im Westen und im Norden. Allerdings ist dieser wesentliche Unterschied in Bezug auf etwas so Zentrales sehr auffallend. Doch sind die beiden Aussagen vielleicht gar nicht so weit voneinander entfernt, wie es auf den ersten Blick erscheinen mag. Sicher stellen Spencer und Gillen eindeutig in Abrede, daß die Eingeborenen die tjurunga als Sitz des eigenen „spirit part" betrachten. Aber sie sprechen doch durchgehend davon, daß der Mensch mit seiner tjurunga „intimately associated" sei. Worin die enge Verbindung genau bestehen soll, wird nie ganz klar. Dagegen nähern sich aber einige Aussagen verblüffend stark dem, was die anderen Forscher gesagt haben. Im eben zitierten Text wird die tjurunga als „indeed the representative of one of the Alcheringa ancestors" genannt, der Mensch aber ist, nach der Darstellung dieser beiden Forscher, die Reinkarnation dieses Vorfahren!

Spencer und Gillen sagen auch, daß die Bäume und Sträucher, die an der Stelle entstehen, wo Vorfahren in die Erde eingingen, von den „spirits" zum Aufenthaltsort gewählt und dann „the spirit's Nanja" genannt werden. Unter dem Stichwort „Nanja" heißt es aber im „Glossary of Native Terms Used": „Nanja — The term applied to some natural object, such as a tree or stone which arose to mark the spot where an ancestor of the mythical past went into the ground, leaving behind his spirit part associated with his Churinga. The tree or stone is the Nanja of that spirit and also of the human being in the form of whom it undergoes reincarnation. The Churinga is the Churinga nanja of the human being"[543]. Neben der ausdrücklichen Ablehnung der tjurunga als Sitz der Seele finden sich also auch bei Spencer und Gillen selber indirekte und

---

[542] aaO. S. 138.
[543] aaO. S. 652 / Hervorhebung von mir.

sogar eine ganz direkte Aussage, die den Charakter der engen Verbindung zwischen Mensch und tjurunga doch als ähnlich beschaffen wie den von den beiden Strehlows festgestellten erscheinen lassen[544], so daß die Fähigkeit zur Identifikation mit sakralen Gegenständen wohl mit guten Gründen als gelebte und erlebte Realität der Aranda allgemein betrachtet werden kann.

3.6.3. Magie

Das Problem der Magie auf dieser Kulturstufe braucht hier nicht im einzelnen betrachtet zu werden. Aber in großen Zügen sollen die bei den Aranda üblichen Formen der Magie erwähnt werden, weil sie helfen, das Bild jener Welt zu vervollständigen, in der mischgestaltige mythische Wesen in zentraler Bedeutung in Erscheinung treten.

Magische Handlungen können bei den Aranda nicht nur von den Medizinmännern ausgeführt werden. Spencer und Gillen berichten in Übereinstimmung mit C. Strehlow, daß jeder Eingeborene – zum Teil auch die Frauen – Hölzer und Knochen in ganz bestimmter Weise zubereiten und mit Sprüchen besingen, um sie so magisch wirksam zu machen. Wenn jemand aus dem Verborgenen mit solchen Gegenständen auf ein ‚Opfer‘ zielt, bewirkt die so ausgestrahlte magische Kraft Krankheit und Tod. Ebenso können magische Kräfte auf Kampfeswaffen übertragen werden. Und so intensiv leben die Aranda in diesen Vorstellungen, daß sie – wie selbst von kritischer europäischer Forschung vielfach bestätigt wird[545] – tatsächlich an Wunden, die nach westlich medizinischer Beurteilung harmlos sind, sterben, wenn sie überzeugt sind, daß sie ihnen von einer verzauberten Waffe zugefügt wurden.

Während jeder Aranda in eigener Mächtigkeit schädliche Wirkungen auf andere ausüben kann, vermögen nur initiierte Medizin-

---

[544] In diesem Zusammenhang muß man sich auch noch einmal vergegenwärtigen, wie schwierig es ist, einen an sich schon so äußerst diffizilen Tatbestand im Gespräch mit kulturfremden Partnern bei gegenseitig unsicherer sprachlicher Verständigung klarzustellen. Wie kann in einer in Pidgin-Englisch geführten Konversation fragend herausgefunden werden, ob eine intim enge Verbundenheit oder eine Identifikation mit einem sakralen Gegenstand erlebt wird?
[545] Spencer/Gillen, Native Tribes S. 537 / C. Strehlow, IV, II, S. 34.

männer solchen Einflüssen entgegenzuwirken. Und solche Einflüsse sind häufig; magisches Wirken ereignet sich für die Aranda dauernd, da Krankheit und Tod fast ausnahmslos als die Folge schädlicher Feindeskräfte angesehen werden. Im Falle des Todes kann der Medizinmann den Übeltäter ermitteln, im Falle von Krankheit kämpft er gegen die bösen Kräfte, saugt die aus dem Verborgenen auf den Kranken geschossenen und unsichtbar in seinen Körper eingedrungenen schädlichen Steine und Hölzer aus dem Körper und läßt seinerseits magische Steine als ‚Gegengift‘ aus seinem Körper in den des Kranken eindringen[546].

Seine außergewöhnlichen Kräfte verdankt der Medizinmann in hohem Maße dem Besitz dieser geheimnisvollen Steine, in den er im Laufe seines Werdeganges als Medizinmann gelangt. Dieser Werdegang wird unterschiedlich beschrieben. Spencer und Gillen kennen drei verschiedene Arten[547]. Die zwei ersten sind sich im Wesentlichen gleich. Hier geht der Eingeborene seinen Weg gleichsam selber und allein. Er legt sich in der Nähe geheimnisvoller Höhlen zum Schlafen nieder und erlebt darauf seine Einführung durch verschiedenartige Geister. Sie entführen ihn in die Unterwelt, stoßen Speere durch seinen Kopf und seine Zunge, öffnen seinen Leib, entfernen die Eingeweide und setzen neue ein und verteilen im ganzen Körper die geheimnisvollen, magisch wirksamen Steine. Von der ganzen Behandlung bleibt sichtbar nur ein Loch in der Zunge zurück. Neben dieser Einführung durch die Geister selbst gibt es eine durch bewährte Medizinmänner, welche die Haut des Adepten mit Steinen ritzen, um auf diesem Weg die kraftverleihenden Steine in seinen Körper einzuführen, und die ihm ein Loch in die Zunge schneiden.

Wie immer auch die entscheidenden Kräfte und ihre Zeichen, die Steine und das Loch in der Zunge, dem jungen Medizinmann zukamen, in jedem Falle lernt er die Praktiken und Verhaltensweisen, das Heraussaugen schadenbringender Partikel, das Beschwören, das Bannen feindlicher Einflüsse und die Ermittlung von böswilligen Schadenstiftern bei erfahrenen Medizinmännern.

---

[546] Spencer/Gillen, Native Tribes S. 531.
[547] aaO. S. 522ff.

Auch im Zusammenhang mit der Magie erweist sich die Welt der Aranda als entscheidend anders geartet als die unsere. Ebenso wie mit dem tjurunga-Glauben der Bereich dessen, was als eigene Leiblichkeit erlebt wird, sich weit über das bei uns Bekannte und Nachvollziehbare ausdehnt, so kennt der arandische Eingeborene auch einen viel weiteren Umkreis, in welchem ihm die Möglichkeit zukommt, als Individuum machtvollen Einluß auf andere Leben auszuüben. Aber auch auf diesem Gebiet liegt nicht uferlose, uneinsichtige Phantastik vor; auch hier herrscht eine Ordnung, wenn auch eine für uns fremdartig gegliederte. Von einem Allmachtgefühl, das sich unkontrolliert der Illusion unbeschränkten Einflusses hingäbe, läßt sich hier in keiner Weise spechen. Zwar nehmen die Eingeborenen weitgespannte Möglichkeiten persönlichen Wirkens in Anspruch, wenn sie über Tod und Krankheit anderer durch magische Rituale zu entscheiden glauben; aber sie anerkennen gleichzeitig enge Grenzen ihrer eigenen Mächtigkeit, wenn sie sich widerstandslos in das Walten eines gegen sie gerichteten Zaubers ergeben. Eine solche Haltung ist weit entfernt von einer erkenntnisunfähigen Einbildung schrankenloser Eigenmächtigkeit. Das ist die Art, wie die arandische Kultur auf die Situation geantwortet hat, die wohl als grundsätzliche menschliche Gegebenheit angesprochen werden darf, daß der Mensch nämlich in seiner Welt immer und überall genötigt und zugleich befähigt ist zu lebenserhaltendem und -förderndem, wirkendem Handeln, und daß gleichzeitig seinen Möglichkeiten immer wieder enge und unüberwindliche Grenzen gesetzt sind, ob der Mensch die Welt mit totemistisch magischen oder mit naturwissenschaftlich technischen Praktiken zu meistern versucht.

3.6.4. Die Urzeit als Traumzeit

Für den Versuch, die arandischen Erlebensweisen zu erfassen und zu verstehen, liefern auch die Auseinandersetzungen der Forscher um die Bedeutung des Wortes altjira interessante Hinweise. Daß Spencer und Gillen die Verwendung des Wortes zur Bezeichnung eines individuellen höchsten Wesens, wie sie in C. Strehlows Werk vorkommt, als falsch ablehnen, wurde bereits dargelegt[548]. Es herrscht aber auch Unstimmigkeit über die Frage, ob das Wort auch die Bedeutung von Traum habe.

In ihrem Werk über die Aranda geben Spencer und Gillen als Bedeutung des Wortes Alcheringa nur an: „Name given to the far past times in which the mythical ancestors of the tribe are supposed to have lived"[549]. Im Bericht über eine weitere Expedition, die sie einige Jahre später von Zentralaustralien nordwärts nach dem Golf von Carpentaria geführt hatte, wird der Begriff zwar im Text im erwähnten Sinne gebraucht, im Glossar aber mit weiteren Bedeutungen versehen: „Name applied by the Arunta, Kaitish, and Unmatjera tribes to the far past, or dream times, in which their mythic ancestors lived. The word alchéri means dream"[550]. In der Anmerkung, in welcher C. Strehlow sich mit dem Wort altjira befaßt, nimmt er Bezug auf die eben zitierte Stelle bei Spencer und Gillen und lehnt die Behauptung, daß alchéri träumen heiße, als nicht zutreffend ab. Nach ihm heißt träumen „altjirerama, abgeleitet von altjira (Gott) und rama (sehen), also: ‚Gott sehen'". Nach weiteren sprachlichen Ausführungen schließt er dann mit den Worten: „Von einer ‚Traumzeit' als Zeitperiode weiß übrigens der Eingeborene nichts; gemeint ist die Zeit, in der die Altjiranga mitjina (Die Vorfahren) auf Erden wanderten"[551].

Als Spencer zwanzig Jahre später nach nochmaligen Nachforschungen in Alice Springs den ersten Forschungsbericht über die Aranda überarbeitete, ging er ausführlicher auf diese Frage ein. Das Wort Alcheringa wird jetzt sprachlich als „Alchera and ringa, of or belonging to"[552] erklärt und dann an zahlreichen Beispielsätzen die Bedeutung von alchera, die Urzeit und Traum umfassen soll, demonstriert. Abschließend heißt es dann: „From the above it is evident that the word Alchera is not applied to any individual and, further, that one of its two fundamental meanings is ‚dream'. It is

---

[548] Vgl. hier bei Anm. 394.
[549] Spencer/Gillen, Native Tribes S. 645.
[550] Spencer/Gillen, Northern Tribes S. 745.
[551] C. Strehlow, I, S. 2, Anm.
[552] Spencer/Gillen, Arunta Bd. 1, S. 304.

also very significant to find that natives who can speak English . . . when referring to a man's Alchera and everything associated with it in the far past mythic times, always call it ‚his dreaming'"[553].

Wenn die Forscher auch nicht einig sind über die Bedeutung des Wortes altjira und seiner Ableitungen, so wird doch auf beiden Seiten etwas grundlegend Ähnliches sichtbar, und zwar, daß offensichtlich zwischen dem Traum und der sakralen Welt eine Beziehung besteht. Dies trifft sowohl zu, wenn für das Wort altjira gleichzeitig die Bedeutung von ‚der Urzeit zugehörig' und ‚Traum' in Anspruch genommen wird, als auch wenn das arandische Wort für Traum als eine Zusammensetzung erklärt wird, die „den altjira sehen" bedeutet, wobei übrigens C. Strehlow noch ausdrücklich daraufhinweist, daß damit nicht „der höchste Gott des Himmels, sondern nur ein Totem-Gott"[554] gemeint sei.

Leider gehen beide Berichte abgesehen vom Streit um die Bedeutung der Wörter nicht weiter auf diesen interessanten Zusammenhang zwischen Urzeit und Traum ein. Doch findet er einige Erläuterung durch die Ausführungen anderer Forscher, in denen nicht die etymologische Frage weiter verfolgt, sondern erklärend auf den als Tatsache hingestellten Befund der sich deckenden Bedeutung von Urzeit und Traum eingegangen wird. T. G. H. Strehlow weist in seiner Grammatik darauf hin, daß die Vorfahren für den Eingeborenen reale Existenz hatten: „He had seen them with his own eyes when he was dreaming and dreaming to the native was an experience just as real or realistic as eating or walking or hunting"[555].

Wie es sich auch mit den sprachlichen Befunden bei Spencer und Gillen und bei C. Strehlow verhalten mag, deren abweichende Ergebnisse bis zu einem gewissen Grade auch noch von sprachlichen und kulturellen Unterschieden zwischen den verschiedenen von ihnen untersuchten Aranda-Gruppen herrühren mögen, so entsprechen sie je offenbar doch wesentlichen arandischen Gegebenheiten.

---

[553] aaO. Bd. 1, S. 306.
[554] C. Strehlow, I, S. 2, Anm.
[555] T. G. H. Strehlow, Grammar, Oceania 13, S. 194 / Hervorhebung von mir, außer „own".

Die Welt des Traumes scheint bei diesem Stamm eng mit den Vorstellungen über die Urzeit verbunden zu sein, und der Traum scheint die Möglichkeit zu gewähren, den Totem-Vorfahren wirklich zu begegnen. Und selbst die Aussage von C. Strehlow, daß die Aranda keine „Traumzeit als Zeitepoche" kennen, erhält eine gewisse Richtigkeit, wenn man Traum im europäischen Sinne des Wortes nimmt. Von einer Traumzeit im Sinne einer bloßen Phantasie- und Vorstellungswelt, deren Formen kategorial von denen der realen Welt getrennt sind, scheinen die Aranda tatsächlich nichts zu wissen. Die Traumwelt der Aranda ist nicht vergleichbar mit unseren Traumwelten. Im Zusammenhang mit der vielfachen Bedeutung von altjira schreibt A. P. Elkin, der das gleiche Phänomen weit herum in Australien gefunden hat: „Over at least two-thirds of Australia the word for dreaming has a connotation for which our own culture does not prepare us"[556]. Das Erleben des und das Verhalten zum Traumgeschehen ist damit ein weiteres Beispiel dafür, wie sehr die Erlebniswelt der Aranda von der des neuzeitlichen Westens unterschieden und dementsprechend in ihrem eigentlichen Sinn und Wesen schwer zu verstehen und nachzuvollziehen ist.

3.7. Die Mischgestalt in der arandischen Kultur

Das Ziel dieser Betrachtung war, nach der Existenz von numinosen Mischgestalten auf archaischer Kulturstufe zu fragen und Auskunft darüber zu erhalten, wie sie von den betreffenden Menschen erlebt werden, welche Bedeutung ihnen innerhalb des betreffenden Weltgefüges zukomme.

Es hat sich gezeigt, daß die Mischgestalt in der arandischen sakralen Tradition eine große Rolle spielt. Sie kommt zwar in direkter Beschreibung kaum vor, aber häufig, ja sogar durchgehend, wurde sie als eindeutig erkennbare Vorstellung aus dem Verhalten der mythischen Vorfahren sichtbar. Die Interpretation dieses Tatbestandes sollte nun auf Grund und im Rahmen der arandischen Vorstellungs- und Erlebnisweisen erfolgen, soweit diese sich über-

---

[556] Elkin, Nature S. 139.

haupt aus einem Bewußtsein, das durch eine völlig andere Kultur geprägt wurde, und ausschließlich mit Hilfe von Sekundärliteratur erfassen lassen. Dazu mußte das Bild betrachtet werden, das sich der Eingeborene von der Urzeit, dem eigentlichen Existenzbereich der Mischwesen, machte. Gleichzeitig wurden dabei die Vorstellungen sichtbar, die er sich von der Herkunft der gesamten arandischen Welt macht. Dann mußte untersucht werden, wie die Aranda diese Bilder und sich selbst in ihnen erleben, was sie ihnen bedeuten und was ihnen davon zu konkreter Wirklichkeit wird.

Die Darlegungen der Forscher zeigen übereinstimmend, daß die Aranda die Welt und das Leben in vielem anders erleben als der westliche Mensch des zwanzigsten Jahrhunderts. Grenzen, die für diesen klar und eindeutig in Raum und Zeit und im Bereich genau umschriebener Begriffe festgelegt sind, bestehen für jene offensichtlich nicht. Was deshalb für diesen Überschreitungen von ‚gegebenen' Ordnungen sind, sind für jene selbstverständliche Zu- und Zusammengehörigkeiten.

Daß nun gewisse Schranken, die im ordnenden Bild der Welt des modernen Menschen allgemeine Gültigkeit haben, bei den zentralaustralischen Aranda nicht vorkommen, kann aber auf keinen Fall bedeuten, daß diese Menschen in einer von ihnen als unbestimmt und dämmerig ungestaltet erlebten Welt dahinvegetieren. Ihre Welt muß für sie zweifelsohne eine in sich stimmige und geordnete sein. Wie uns unsere, so gibt ihnen ihre Weltsicht die Möglichkeit, die Gegebenheiten und Vorkommnisse von Welt und Leben als so oder so beschaffene zu erkennen und einem ganzen Seinszusammenhang einzuordnen. Menschen, die leben, der Umwelt standhalten und ihre Sitten und Gebräuche pflegen, haben immer und müssen klare und bestimmte Vorstellungen von den Erscheinungen des Lebens und der Welt haben. Wer Werkzeuge und Waffen macht, Tiere jagt und bestimmte Verhaltensweisen – mögen wir sie nun zauberisch, magisch oder religiös nennen – den ‚Mächten' gegenüber kennt, dessen Welt hat notwendigerweise Strukturen, die für ihn einsehbar und folgerichtig sind, und die ihm erst ermöglichen, sich im Sein und Handeln adäquat zu verhalten. Die arandische Welt dürfte wohl für die Aranda ebenso klar und gleichzeitig ebenso verschlossen rätselhaft sein, wie die unsere für uns, aber die erlebten Formkräfte jener Weltordnung entsprechen nicht denjenigen der naturwissenschaftlich technisierten Weltsicht.

Die von der abendländischen so völlig verschiedene Art, die Erscheinungen zu sehen und zu beurteilen, gibt auch der Mischgestalt eine veränderte Bedeutung. Dies zeigt sich zuerst und grundlegend darin, daß der Ausdruck Mischgestalt hier eigentlich gar nicht verwendet werden kann, wenn damit die Mischung von ‚normalerweise' nicht Zusammengehörigem bezeichnet werden soll. Mensch und Tier gehören in ungetrennter Einheit zusammen. Die gleichzeitige Teilhabe an menschlicher und an tierischer Erscheinungsweise gehört sogar sosehr zu den Gegebenheiten der arandischen Welt, daß sie nicht nur den mythischen Wesen, sondern auch den neuzeitlichen Nachkommen zukommt. Die Mischgestalt als Vereinigung von Elementen aus kategorial getrennten Bereichen kann damit bei den Aranda gar nicht existieren und vorkommen.

Damit können für die Welt der Aranda aber auch unsere allgemeinen deutenden Erklärungen über die Mischgestalt nicht zutreffen. Daß die Mischgestalt hier nicht Übergangsstufe in der Entwicklung vom Tier zum Menschen sein kann, wurde ausführlich dargestellt[557]. Aber sie kann hier auch nicht als Versuch des Menschen gesehen werden, tierische und menschliche Eigenschaften bewußt und in Abhebung von den auf seine Gattung beschränkten Möglichkeiten des Menschen zu addieren, um so das ‚Übernatürliche' und Unfaßbare des Numinosen bildhaft sichtbar zu machen, weil Menschliches und Tierisches hier nicht als grundsätzlich getrennt erscheinen und die offenbar gleichzeitige Verbundenheit von für uns getrennten, verschiedenen Bereichen hier offenkundig zur ‚Natur' der Welt gehört. Ebenso kann sie auch nicht interpretiert werden als der Versuch, das Ungeheure und Erschreckende des Numinosen in schreckenerregender Gestalt zu konkretisieren, da die Gleichzeitigkeit von Menschlichem und Tierischem hier ja gleichsam als selbstverständliche ‚condition humaine' gilt und damit an sich nicht den Charakter des Erschreckenden haben kann. Natürlich kann und soll damit nur gesagt sein,

---

[557] Vgl. hier I. 3.5.2.

daß in dieser Kultur offenbar die Vermischung, oder vielleicht besser ausgedrückt, die Gleichzeitigkeit verschiedener Erscheinungsweisen nicht schon allein für sich Ausdruck des Außergewöhnlichen oder Erschreckenden sein kann; das soll aber auf keinen Fall heißen, daß der mythische Bereich überhaupt nicht den Aspekt des Übermächtigen und des Schreckengebietenden habe. Die bedeutungsschwere, gewichtige Ernsthaftigkeit, mit der alle sakralen Dinge behandelt werden, bezeugt im Gegenteil, wie sehr und tief die Aranda die ehrfurchtgebietende, außergewöhnliche Mächtigkeit des Sakralen erleben.

Die Annahme, daß für die Aranda solche Gestalten, die an tierischer und an menschlicher Erscheinungsweise teilhaben, nicht ‚Misch'-gestalten sein können, in denen sich zwei sonst getrennte Bereiche mischen, wird gestützt durch einen sprachlichen Befund. T. G. H. Strehlow sagt, daß die Sprache der Aranda zwar sehr viele genaue Bezeichnungen für verschiedene Einzelerscheinungen, aber nur sehr wenige Gattungsnamen kenne und insbesondere keine Ausdrücke besitze, die alle Tiere oder alle Pflanzen umfassen würden[558]. Die Erscheinungsvielfalt der Welt wurde hier also nie nach Merkmalen geordnet und erfaßt, aus welchen sich die Gesamtheit der Tiere oder der Pflanzen im Sinne einer Bildung von Oberbegriffen ergeben hätte. Dabei ist natürlich nicht daran zu zweifeln, daß die scharf beobachtenden Eingeborenen die einzelnen Tiere und Pflanzen genau kennen und unterscheiden können, und daß sie nicht Mensch, Tier und Pflanze unterscheidungslos als in jeder Beziehung identisch erleben. Die Unterschiede der Erscheinungsweisen sind auch für die Aranda vorhanden; denn wenn sie überhaupt nicht gesehen würden, gäbe es keine Mythen, die davon erzählen, daß gewisse Wesen tagsüber als Tier erscheinen, des Nachts aber Menschengestalt annehmen, und dann hätten sich vor allem die Aranda ganz praktisch in der realen Begegnung mit Mensch, Tier und Pflanze nicht wirklichkeitsentsprechend verhalten können. Die Einzelheiten, die zusammen zur landläufigen westlichen Abgrenzung des Begriffes Tier führten, sind den Eingeborenen je für

---

[558] T. G. H. Strehlow, Grammar, Oceania 13, §§ 19, 20, 87.

sich sicher bekannt. Aber eine Zusammenfassung und Gruppierung nach westlichem Muster wurde offensichtlich nie als notwendig oder als sinnvoll erfunden. Das für uns spezifisch Tierische[559] ist von zweitrangiger Bedeutung anderen Beziehungsformen gegenüber, die hier konstituierend sind für den Sinnzusammenhang der Welt. Ebenso kennen die Aranda den Zusammenhang zwischen Zeugung und Geburt. Da aber das Erlebnis der Verbundenheit mit dem Totem so überaus mächtig und wichtig ist, bestimmen die damit verbundenen Vorstellungen die Ansicht von der Abstammung des Menschen vollkommen, während die durchaus vorhandene Kenntnis des biologischen Vorganges in diesem Zusammenhang wesen- und funktionslos bleibt.

Nicht nur in Bezug auf menschliche und tierische Erscheinungsweisen sind die abendländischen Vorstellungen klarer Grenzen sehr verschieden von den umfassenden Erlebnisweisen der Aranda. Wenn vorher gesagt wurde, daß die Teilhabe an verschiedenen Erscheinungsweisen nicht nur den mythischen Ahnen, sondern auch ihren neuzeitlichen Nachfahren zukomme, so ist diese Formulierung bereits fragwürdig, weil sie die Vorstellung einer klaren Trennung zwischen den Ahnen und den Nachkommen vermittelt. Diese Trennung aber kann sich den Aranda gar nicht klar und eindeutig darstellen, da sie sich ja in hohem Maße mit ihren Vorfahren identifizieren können und diese sich umgekehrt wieder in ihnen reinkarnieren. Und in eins damit ist auch die Vergangenheit der Urzeit kein völlig abgeschlossenes Gewesen-Sein, da wirkende Urzeit sich immer neu ereignen kann und ereignet. Wiederum kann dies sicher nicht bedeuten, alle diese Vorstellungen seien breiartig durcheinander vermischt. Genauso, wie die Eingeborenen jedes bestimmte Tier und jede

---

[559] Dabei ist zu bedenken, daß in unserer Kultur zwar im Umgangsverständnis die Unterteilung in Mensch-Tier-Pflanze geläufig und klar, daß sie aber von hoher Fragwürdigkeit ist. Ein Wurm und ein Elefant haben eigentlich herzlich wenig gemeinsam, außer der Tatsache, daß sie beide nicht zur menschlichen Art gezählt werden können. Gerade dieses ausschlaggebende Merkmal ist aber im Bereich der spontanen Empfindung weit weniger gültig. Die ‚niederen Tiere‘ stehen uns im allgemeinen trotz unserer naturwissenschaftlichen Aufgeklärtheit unendlich ferner als etwa ‚hoch entwickelte‘ Säugetiere, mit denen ein emotional verstehender Austausch möglich ist.

bestimmte Pflanze genau als solche kennen, und doch nicht den allgemeinen Begriff von Tier oder Pflanze geprägt haben, sehen sie sicher klare Unterschiede zwischen den Urzeitahnen und sich selbst und erleben ihre Gegenwart nicht durchgehend als identisch mit der Urzeit. Ihre Sprache besitzt Ausdrücke für heute, gestern und morgen, und sie weist nach T. G. H. Strehlows Darstellung in der Grammatik einen ausgeklügelten Formenreichtum für Zeitformen des Tätigkeitswortes auf[560]. Daß es neben dem Jetzigen auch Verflossenes und Geschehenes sowie noch zu Erwartendes gibt, ist – wie dies die vielen Formen des Verbs belegen – auch für die Aranda eine Realität. Aber Vergangenheit, Gegenwart und Zukunft haben offenbar im Erleben der Aranda entscheidend andere Aspekte und stehen zueinander in einem ganz anderen Verhältnis als für uns.

Ganz zu Beginn hatte sich die Frage gestellt, wie wohl der Mensch je dazu kommen konnte, das Numinose in Mischgestalt darzustellen, also getrennte Erscheinungsweisen des Lebendigen künstlich zu mischen und zu einer Form zu vereinen, der er in der konkreten Umwelt nie begegnet. Die Beschäftigung mit den Aranda hat gezeigt, daß diese Fragestellung – zumindest für diese Kultur – falsch ist. Die Gleichzeitigkeit von Menschlichem und Tierischem ist hier keine Mischung von sonst kategorial Getrenntem, weil hier diese Bereiche noch nicht existenziell getrennt sind. Aber auch die Frage nach der realen Begegnung stellt sich hier in einem anderen Lichte dar. Für unsere Art der Welthabe bleibt die Tatsache weiterbestehen, daß der Eingeborene der Mischgestalt in der Realität nicht begegnen kann, unabhängig davon, ob er sie als ‚Mischung' oder als

---

[560] Im allgemeinen ist die Sprachwissenschaft skeptisch, wenn in archaischen Sprachen für das Verb Strukturformen gefunden werden, die Ähnlichkeit haben mit denjenigen der lateinischen Schulgrammatik. Man vermutet dann, daß Europäisches in die fremde Welt hineinprojiziert wurde. Ob dies auch bei T. G. H. Strehlow der Fall ist, müßte abgeklärt werden, falls dies heute noch möglich und irgend jemand dazu in der Lage wäre. Es kann sein, daß auch dieser Forscher unbemerkt eigene Strukturen in die Arandasprache hineingedacht hat. Andererseits scheint seine Verbindung zur und Verbundenheit mit der Kultur der Aranda so tief und eng zu sein, daß doch auch mit der Möglichkeit zu rechnen ist, daß die Beobachtung stimmen könnte und das Arandische tatsächlich eine Sprache aus archaischen Kulturverhältnissen ist, die über einen so strukturierten Formenschatz des Verbs verfügt.

‚Normalfall' erlebt. Aber selbst diese Annahme wird für eine Kultur wie die der Aranda zweifelhaft. Denn wie Tier und Mensch, Ahne und Nachkomme, Vergangenheit und Gegenwart zwar je einzeln vorhanden, aber nicht nach unseren Vorstellungen getrennt sind, so werden auch die beiden Bereiche, die wir als Traum und Realität scharf trennen, hier ganz anders erlebt. Das Traumgeschehen hat hier die Qualität wirklicher und wirkender Realität. Im Traume sieht der Aranda seine Ahnen voll und wirklich. Damit ist aber für das Erleben dieser Kultur sogar die Begegnung mit ‚mischgestaltigen' Wesen durchaus als konkrete Realität möglich; denn daß solche Mischwesen im Traum erscheinen, werden selbst wir zubilligen, daß aber dieses Traumgeschehen hier als ganz konkrete Realität erlebt wird, hat sich deutlich gezeigt. In ähnlich konkreter Weise wird der Aranda übrigens auch noch an anderer Stelle, im kultischen Ritual, der ‚Mischgestalt' ganz wirklich beggnen können, denn auch in dieser Situation ereignet sich für ihn ja offenkundig echte Realität.

Die Mischgestalt hat sich in der archaischen Kultur der Aranda dominierend und reich vorgefunden, aber sie hat ihren Charakter als Mischgestalt, als Mischung von Gattungen, verloren. Sie wurde hier nicht bewußt und künstlich aus Elementen getrennter Bereiche aufgebaut um Außerordentlichkeit darzustellen, sie steht auch nicht am Übergangspunkt irgendwelcher Entwicklungslinien vom Tier zum Menschen. Sie erweist sich hier als Bild, das dem Selbsterleben des Menschen dieser Kultur entspricht, und als eine Form, die für ihn Realität ist und in dieser ganz konkret vorkommt.

Zweiter Teil: Deutung

1. Verbreitung des Phänomens

Die Mischgestalt fand sich im Bereich der numinosen Kräfte sowohl in einer archaischen Hochkultur, in Ägypten, als auch bei einer Menschengruppe, die auf äußerst niedriger materieller Kulturstufe lebt, bei den Aranda in Australien. Die Mischgestalt als Form und Erscheinung konnte zurückverfolgt werden bis in die Anfänge der ägyptischen bildlichen Zeugnisse und sogar bis zu den ersten faßbaren bildlichen Darstellungen der Menschheit überhaupt in der Eiszeit.

Die Tatsache, daß die Erscheinung der tiermenschlichen Mischform bereits unter den ersten Gestaltungen des Lebendigen, die uns erhalten sind, auftaucht und in so unterschiedlichen Kulturbereichen wie im alten Ägypten und bei den zentralaustralischen Ureinwohnern eine bedeutende Rolle spielt im Zusammenhang mit den wichtigsten Mächten, die das Leben bewegen, weist auf eine allgemeine Bedeutsamkeit dieser Form in der Vorstellung der Menschheit hin. Tatsächlich findet sich die Mischgestalt weltweit verbreitet fast in jeder Kultur; denn wo sie nicht zu den zentralen numinosen Mächten gehört, da erscheint sie doch zumindest praktisch überall noch im Bereich des Dämonischen und Spukhaften. Auf die weite Verbreitung im Südseeraum wurde schon in der Einleitung zum Kapitel über die Aranda hingewiesen[561]. In gleicher Weise, als bloßer Hinweis auf die Existenz dieser Form, ohne auf die je einzelne spezifische Bedeutung und Stellung einer solchen Erscheinung im Rahmen der betreffenden Kultur einzugehen und ohne die Verbindlichkeit der betreffenden Überlieferung abzuklären, sollen einige Beispiele aus verschiedenen Zeiten und Ländern als Zeugen für die universale Verbreitung der tiermenschlichen Mischgestalt angeführt werden.

[561] Vgl. hier I. 3.1.

1.1. Hinweise auf weltweites Vorkommen

Im Zweistromland, wo im Bereich von Ur, Babylon und Assur die andere archaische Hochkultur des vorderen Orients in den frühen vorchristlichen Jahrtausenden blühte, tritt die Götterwelt zwar ausgeprägter in Menschengestalt auf als zur gleichen Zeit am Nil, doch fehlt auch hier die Mischgestalt nicht. Schon früh tritt sie direkt oder in Form von Tieren, die sich menschlich gebärden, auf, zum Beispiel in einer „Einlegearbeit auf der Stirnseite einer Harfe" aus den Königsgräbern von Ur. Die Darstellungen zeigen von oben nach unten: „Dumuzi mit zwei Stiermenschen; Leopard (?) und Löwe beim Servieren von Speisen und Getränken; Tierkapelle mit harfespielendem Esel, die Harfe stützendem Bären und Fuchs mit Sistron; Skorpionenmensch und Gazelle mit Bechern vor großem Tonkrug"[562]. Den Skorpionmenschen finden wir auch als Bogenschützen auf einem Kudurru (Grenzstein) Nebukadnezars I.[563]. Häufig ist der Löwe oder sogar der Flügellöwe mit Menschenkopf, wie er z. B. am Palaste Assurnasirpals II.[564] vorkommt. Und sogar der Gott Assur kann mischgestaltig abgebildet werden[565].

Auch in „Gilgamesch" spielt die Verquickung des tierischen und des menschlichen Bereichs eine Rolle. Von Enkidu heißt es, wie er vom Berge gekommen ist, „beständig frißt mit dem Wild er das Gras"[566], aber „sein Wild wird ihm untreu, das aufwuchs mit ihm in der Steppe"[567], nachdem er menschliche Wollust erlebt hat. Über Enkidus Abstammung sagt Gilgamesch: „Enkidu, mein Freund, deine Mutter, die Gazelle, / Dein Vater, der Wildesel, haben dich gezeugt."[568] Zweimal gehören in diesem Epos Mischgestalten in die Sphäre des Furchterregenden, nämlich die Skorpionmenschen, „deren Furchtbarkeit ungeheuer ist, deren Anblick Tod ist"[569] und

---

[562] Schmökel, Ur S. 277 / Taf. 31.
[563] aaO. S. 281 / Taf. 69.
[564] aaO. S. 284 / Taf. 85.
[565] James, Gods, Illustration 31.
[566] Gilgamesch S. 20, Taf. 1, III, 6 = ANET 74 = AOT S. 152, Z. 106.
[567] aaO. S. 21, Taf. 1, III, 45 = ANET 75 = AOT S. 153, Z. 145.
[568] aaO. S. 65, Taf. 8, I, 3f.
[569] aaO. S. 69, Taf. 9, II, 6f. = ANET 88 = AOT S. 168, Z. 41.

der Mann, der dem Enkidu die Gestalt eines Totengeistes verleiht: „Dem Anzû-Vogel glich sein Antlitz, / Eine Löwentatze war seine Tatze, / Adlerklauen waren seine Klauen"[570] und „da hat er mich ganz und gar in eine Taube verwandelt, / Daß mir die Arme wie Vögeln befiedert sind. / Er ... führt mich zum Hause ... / ... / Wo Erdstaub die Nahrung ist, Lehm die Speise, / Man Flügelgewänder trägt wie Vögel"[571].

Auch die hinduistische Welt kennt die Mischgestalt. Am bekanntesten dürfte der elephantenköpfige Ganesha sein, aber auch Vishnu hat an beiden Bereichen teil, wenn er „mehrfach auf Erden in tierischer oder menschlicher Gestalt" erscheint und in der vierten Inkarnation sogar die Gestalt eines „Mann-Löwen"[572] annimmt. Zu den Halbgöttern, die den Übergang zu den höheren Wesen des Pantheons bilden[573], gehören auch die Gandharvas. „,Les' Gandharva sont des êtres portant une tête de cheval sur un tronc d'homme"[574]. Im Epos Ramayana spielt der Affenkönig Hanuman eine wichtige Rolle; er taucht als Affe mit einem langen Schwanz auf, kann fliegen, kann sich klein wie eine Katze oder wie eine Bremse machen, handelt und redet aber wie ein Mensch[575].

Im fernsten Osten finden sich die Mischgestalten ebenfalls. Der Geist des Gelben Flusses wird in einem Kommentar als „großer Mann mit weißem Gesicht und Fischleib"[576] beschrieben. Im Shanhai ching fallen vor allem „die Gestalten (auf), unter denen die Gottheiten oder Geister auftreten. Sie sind Kombinationen aus Mensch- und Tierkörper oder auch nur aus Tierkörpern"[577]. In großer Zahl erscheinen hier auch „Wesen mit Menschenhaupt und Schlangenleib"[578].

---

[570] aaO. S. 62, Taf. 7, IV, 18—19 (= ANET 87 = AOT S. 165, Z. 18f., beide unvollständiger).
[571] aaO. S. 63, Taf. 7, IV, 31—32, 37—38 = ANET 87 = AOT S. 166, Z. 2 u. 7f.
[572] Glasenapp, Nichtchristliche Religionen S. 164.
[573] aaO. S. 161.
[574] Dumézil, Mitra-Varuna 33ff., zit. nach Alföldi, Struktur S. 96.
[575] Winternitz, Geschichte S. 293, 417.
[576] Eichhorn, Religionen S. 46.
[577] aaO. S. 70.
[578] aaO. S. 71.

In Amerika tritt die mischgestaltige Darstellung und Vorstellung sowohl bei den Hochkulturen wie bei den einfachen Indianerstämmen auf. Die ‚vorklassische' La Venta-Kultur hat Figuren mit eigenartigen Gesichtszügen hervorgebracht. „Obwohl es unter den südlichen mexikanischen Indianern noch heute ähnliche Typen gibt, gehen manche Züge dieser Darstellung, vor allem die Mundpartie, nicht auf reale Vorbilder zurück, sondern sind durch Angleichung des Menschen- an ein Jaguargesicht entstanden. Das Volk der La Venta-Kultur muß von der Dämonie der Jaguarvorstellung geradezu besessen gewesen sein, denn man findet auf seinen Skulpturen die Verwandlung des Raubtiers in einen Menschen in allen Stadien"[579].

Bei den Azteken ragt „aus der Vielzahl der oft mischgestaltigen Götter . . . immer noch die Gottheit der Federschlange hervor"[580]. Bei den Maya verrät „tierische Herkunft . . . das Gesicht des ‚Langnasigen Gottes', dessen Nase sich wie ein Rüssel nach unten biegt, und aus dessen Mund krumme Hauer nach vorn und hinten ragen"[581], während der schwarze Gott Ekchuah „mit einem Skorpionschwanz dargestellt"[582] wird und ein Sonnengott „an seinen Händen Adlerkrallen hat"[583].

In der Mochica-Kultur im nördlichen Küstengebiet Perus erscheinen „die dargestellten mythischen Wesen . . . gerne in Tiergestalt (so gibt es mythische Boten mit Flügeln und in der Maske des Kolibri)"[584], und jenseits der Anden gibt es in den mythischen Erzählungen der Uitoto eine Schlange, „die in der Nacht ein Mädchen beschläft" und „Tiere, die sich in Menschengestalt um Mädchen bewerben"[585]. Hier ist es „ganz gewöhnlich", daß in den Mythen „Tiere oder Pflanzen als Menschen auftreten. Ja, man weiß oft nicht, ob die Stämme mit Tier- und Pflanzennamen menschliche Stämme vorstellen oder nicht, denn es wird gar kein Gegensatz

---

[579] Krickeberg, Religionen S. 8.
[580] Kutscher, Völker S. XXV.
[581] Krickeberg, Religionen S. 65.
[582] aaO. S. 72.
[583] aaO. S. 82.
[584] Trimborn, Religionen S. 133.
[585] Preuss, Religion S. 37.

zwischen ihnen und Menschen aufgestellt, und sie werden zuweilen sogar als Vorfahren bezeichnet"[586]. Ein Mädchen heiratet hier einen Fisch-Mann, der sie mit sich unter das Wasser nimmt, wo sie mit seinen Verwandten zusammenkommt, die als Wasserspinne, Sardinen und Alligator bald in tierischer, bald in menschlicher Gestalt auftreten[587]. Merkwürdig ist das Verhältnis von Mensch und Tier in der mythischen Welt der Luiseno in Südkalifornien. Hier steht auffallender Weise die menschliche Gestalt an erster Stelle. „Damals in der Urzeit (waren) alle Tiere noch Menschen. Der Frosch war damals noch eine sehr schöne Frau, Wiskun, das Eichhörnchen, war der stärkste Mann, das Glühwürmchen eine alte Frau"[588].

Ähnliches wie bei den Uitoto ereignet sich ganz im Norden, im Mythos der Eskimos des Behring-Meer-Gebietes. Das junge Mädchen Sedna wird „von einem Mann zur Frau genommen, der eigentlich ihres Vaters Hund war. Mit ihm hatte sie mehrere Kinder, von denen einige als Menschen, einige als Hunde geboren wurden". Nach dem Tode ihres Hundegatten wurde Sedna die Frau des Sturmvogels, aus dessen Wohnung ihr Vater sie mit dem Kajak entführte. Der Sturmvogel aber ließ „einen gewaltigen Sturm entstehen. Um sich ... zu retten, mußte der Vater seine Tochter über Bord werfen. Diese aber klammerte sich verzweiflungsvoll mit ihren Händen an das Boot. Ihr Vater hieb darauf mit seinem Messer ihre Finger ab. Sie fielen ins Wasser und wurden zu Seehunden und Walen". Sedna aber „sank auf den Grund des Meeres und wurde die dortige Herrscherin"[589]. Der Mensch-Tier-Charakter der mythischen Wesen wird auch ersichtlich in der Schilderung der Urzeit der Netsilik-Eskimos, in welcher „die Tiere oft Menschen und alle lebendigen Dinge einander sehr ähnlich waren"[590].

Ebenfalls im hohen Norden, allerdings im nordeurasischen Raum, wohnen nach der Auffassung der Tschuktschen „die ‚Herren' ... der verschiedenen Tierarten, d. h. die Artgeister oder kollektiven

---

[586] aaO. S. 38.
[587] aaO. S. 62.
[588] Jensen, Mythos S. 195.
[589] Hultkrantz, Religion S. 392f.
[590] Jensen, Mythos S. 195.

Schutzwesen der einzelnen Tierspezies, zusammen mit den Tieren in der Wildnis. Jede Tierart hat einen ‚Herrn', den man sich . . . als ein übernatürliches Wesen mit theriomorph-anthropomorpher Gestalt, d. h. teils mit tierischen, teils mit menschlichen Zügen ausgestattet, vorgestellt hat"[591].

Die universale Verbreitung der Mischgestalt – und zwar rein als Phänomen, was immer es im einzelnen auch bedeutet haben mag – dürfte genügend belegt sein durch diese rund um die Erde und durch alle Zeiten hindurch gesammelten Beispiele, die fast beliebig durch weitere Einzelfälle vermehrt werden könnten. Doch hat sich die Vermischung des Menschlichen mit dem Tierischen nicht nur praktisch überall vollzogen, sondern sich auch erstaunlich vital und selbstverständlich erhalten, sogar noch auf Kulturstufen, deren Götterwelt der allgemeinen Erscheinung nach als völlig vermenschlicht gilt, wie etwa bei den Griechen oder bei den Germanen[592].

Gerade das griechische Pantheon gilt für uns im allgemeinen als Inbegriff einer anthropomorphen Göttergesellschaft. Die literarischen Schilderungen dieser Götter, vor allem bei Homer, als Wesen, die sich durchaus menschlich, ja sogar oft nur allzu menschlich verhalten, und die berühmten Werke der klassischen darstellenden Kunst mit ihren menschengestaltigen Götterbildern, die über Jahrtausende hinweg immer wieder geradezu das Ideal menschlicher Erscheinung prägten, lassen das Anthropomorphe geradezu als den Charakterzug der griechischen Göttergestalt erscheinen. Nun ist die menschliche Form sicher ein zentraler Aspekt der griechischen Göttererscheinung, aber umso erstaunlicher ist es, wie viel an Vermischung mit Tierischem sich unangefochten durch alle Zeiten hindurch daneben zu erhalten vermochte, und zwar nicht nur abgedrängt in die Sphäre der niederen Dämonenwelt, sondern völlig frei und locker integriert auch im Kreis dieser hochmenschlichen Götter selbst.

Die obersten Götter des griechischen Pantheons erscheinen nicht körperlich mischgestaltig, aber einigen von ihnen steht sowohl die

---

[591] Paulson, Religionen S. 69.
[592] Vgl. auch hier nach Anm. 766.

menschliche wie die tierische Gestalt wechselweise zur Erscheinung zur Verfügung. An erster Stelle muß hier Zeus, der höchste Gott des Olymps, selber genannt werden. Er verwandelt sich in einen Stier, um sich der Europa, in einen Schwan, um sich der Leda zu nahen, als Adler aber hat er Ganymed entführt. Auch Athene erscheint in Tiergestalt. Mag die Stelle bei Homer „und eilend / Flog sie wie ein Vogel davon"[593] und auch diejenige: „schnell wie ein breitgeflügelter Falke, mit kreischendem Rufe / Stieß sie vom Himmel herab durch den Äther"[594] vielleicht als Vergleich und nicht als Gestaltwechsel gemeint sein[595], so ist eindeutig eine echte Verwandlung beschrieben, wenn es heißt: „Also redete Zeus' helläugige Tochter und schwebte, / Plötzlich ein Adler, empor"[596] oder „Auch Apollo mit dem silbernen Bogen und Pallas Athene / Setzten sich, gleich an Gestalt zween mächtigen Geiervögeln, / Hoch auf die ragende Eiche des wetterleuchtenden Vaters"[597]. Hier erscheint auch Apollon als Geier, der sonst weit mehr mit dem Wolf verbunden ist, der sich aber auch „an Körperbau einem Delphin gleichend"[598] einem Schiff nähern kann. Poseidon hingegen „gleicht sich einem Hengst an"[599], als Demeter sich in eine Stute verwandelt hat, um sich vor seinen Nachstellungen zu retten. Proteus aber kann sich sogar „in alles verwandeln, was auf der Erde / Lebt und webt"[600].

Wenn auch die obersten Götter des Pantheons nur als Mensch oder Tier auftreten, so fehlt doch in der griechischen Mythologie die gemischte Erscheinungsform nicht, selbst nicht im Bereich des Göttlichen. Flußgötter wie Acheloos erscheinen regelmäßig als Stier mit bärtigem Menschenhaupt[601]. Pan aber, der alte Hirtengott,

---

[593] Odyssee 1, 319f.
[594] Ilias 19, 350f.
[595] Vgl. Dirlmeier, Vogelgestalt, und de Visser, Götter.
[596] Odyssee 3, 371f. / genaue Übersetzung: „Als sie so gesprochen hatte, ging sie hinweg, die helläugige Athene: einem Seeadler gleichend, und ein Staunen erfaßte alle Achaier" (W. Schadewaldt).
[597] Ilias 7, 58ff.
[598] Apollonhymnus 400–403 / Übersetzung H. Troxler.
[599] Pausanias 8, 25. 5f. / Übersetzung H. Troxler.
[600] Odyssee 4, 417f.
[601] H. P. Isler, Acheloos, 1969. Vgl. auch Dionysos mit Stierhörnern, z. B. Euripides, Bacchen 920f.

hat Ziegenfüße, oft auch einen Ziegenkopf, zumindest aber Hörner und Bocksbart. Der attische Lokalheros Kekrops ist halb Mensch, halb Schlange. In mythischen Wesen wie den Kentauren oder dem Minotauros vermischen sich mit menschlichen Aspekten solche des Pferdes und des Stieres. Vielfältig sind die Mischformen im Dämonischen und Spukhaften. Hier finden sich die Sirenen, auf deren Vogelleibern Mädchenköpfe sitzen, die schlangenhaarigen Erinyen und die verwandlungsreiche eselhafte Empuse sowie die Satyrn und Silene mit ihren Ohren, Schwänzen und Hufen vom Pferd.

Nicht aus eigener Kraft, doch durch die Macht der Götter können auch Menschen in Tiere verwandelt werden. Mit Ausnahme von Io finden sie aber nie mehr zurück in ihre frühere Gestalt und bleiben Tiere. Das Motiv der Verwandlung kann Rache sein, wie bei Io, die zur Kuh wird, oder Strafe, wie bei Aktaion, Kallisto und Lykaon, die zum Hirsch, zur Bärin und zum Wolf werden.

1.2. Germanen

Während aus der hellenischen Welt eine Fülle von Dokumenten aller Art vorliegt, sind die Zeugnisse der germanischen Kultur spärlicher und schwerer zu deuten. Die archäologischen Funde sind nicht allzu zahlreich, und auch aus historischer Zeit gibt es nicht sehr viele Beispiele germanischer bildender Kunst. Die Deutung dieses an sich schon eher beschränkten Materials aber wird unendlich erschwert durch den Umstand, daß direkte schriftliche Zeugnisse aus Zeiten unverfälschten germanischen Lebens fast vollständig fehlen. Was an germanischer Mythologie auf uns gekommen ist, wurde ja erst in einer Zeit aufgeschrieben, in welcher diese Glaubensvorstellungen ihre allgemein verbindliche Gültigkeit unter dem dominierenden fremden Einflusse des Christentums längst verloren hatten. „Unmittelbarer Ausdruck heidnischer Anschauungen"[602] wird nur in den Runeninschriften faßbar, die deshalb von entsprechend großer Bedeutung sind. Aber ihre Aussagen sind beschränkt und oft nicht leicht zugänglich, denn sie reden eine „wortkarge und dunkle Sprache"[603];

[602] de Vries, Religionsgeschichte Bd. 1, § 24, S. 37. [603] aaO. Bd. 1, § 18, S. 30.

dazu ist „in mehreren bedeutsamen Fällen die Übersetzung nicht einwandfrei"[604].

Über die Religion der Südgermanen gibt es dazu noch Zeugnisse aus der Zeit, „in der diese im großen und ganzen noch rein von fremden Elementen gewesen ist"[605]. Aber dabei handelt es sich um Schriften lateinischer Autoren wie Caesar und vor allem Tacitus. Damit liegen hier zwar Belege aus der Blütezeit vor, aber sie stammen von fremden Beobachtern. Sie beruhen nicht auf eigenem Erleben, aber auch sicher nicht auf umfassenden Studien über die germanische Religion durch diese Autoren, sondern hängen von deren mehr oder weniger zufälligen Erfahrungen und Informationen ab und werden dazu im fremden Medium lateinischer Sprache und römischer Religionsvorstellungen wiedergegeben. Die eigentliche ‚germanische' literarische Überlieferung aber setzte erst ein, nachdem der alte Glaube seine lebendige Kraft und offizielle Geltung verloren hatte und schwer absehbaren Einflüssen der Veränderung ausgesetzt gewesen war. Dieser Sachlage entsprechend schwierig sind Einsichten in die germanischen Vorstellungen von der Gestalt ihrer Götter zu gewinnen[606].

Auch aus dem germanischen Kulturbereich sind Funde aus der frühen schriftlosen Zeit bekannt. Zu den ältesten gehören die Felsbilder des Nordens, die sogenannte arktische Kunst. Auch im Norden Europas finden sich Felsmalereien und Gravierungen. Sie sind bedeutend weniger alt als die westeuropäischen, aber sie scheinen, wenigstens in ihren Anfängen, einer vergleichbaren Kulturstufe zu entstammen. Erst nach dem Rückgang des Inlandeises, ungefähr ab 10 000 v. Chr., konnte der Norden langsam besiedelt werden. Ungefähr von 5000 v. Ch. an entstehen die Werke

---

[604] aaO. Bd. 1, § 24, S. 37.
[605] aaO. Bd. 1, § 18, S. 29.
[606] Keine Beachtung wird hier dem Problem geschenkt, daß ‚germanische' Götter weitgehend ein modern wissenschaftliches Abstraktum darstellen. Die Vorstellungen in den einzelnen Teilen der Germania dürften sich beträchtlich voneinander unterschieden haben. Doch spielt das hier keine Rolle, da es in diesem Kapitel nur um das Phänomen der Mischgestalt geht, so daß es, wenn es festgestellt werden sollte, ohne Bedeutung ist, welchem Bereich des germanischen Kulturbereiches es entstammt.

der arktischen Kunst[607]. „Bemerkenswert sind die naturalistischen steinzeitlichen Felszeichnungen, die in mehreren Teilen von Norwegen und in Nordschweden oft in besonders wilder und öder Umgebung gefunden werden. Sie deuten auf eine Jagdmagie, die vielleicht an solchen Orten geübt wurde, die man als Aufenthalt der über das Wild waltenden Mächte betrachtet hat. Sie stehen jedenfalls in einem besonders nahen (auch wohl historischen) Zusammenhang mit den paläolithischen Bildern von Südwesteuropa"[608].

Auch in dieser Kunst dominiert eindeutig das Tier. Das gilt für die nordnorwegischen Funde[609], für die westnorwegischen in Vingen, wo „die alles überwiegende Menge der Bilder . . . Tiere des Hirschgeschlechtes"[610] darstellen, wie auch für die weiter östlich gelegenen in Karelien[611].

Menschliche Bilder finden sich weit weniger häufig, aber sie fehlen nicht. „Die Darstellung des Menschen ist in der arktischen Kunst, abgesehen von den russischen Felsbilderzentren, eher selten und unterscheidet sich von den Tierzeichnungen im allgemeinen durch ihre Ungeschlachtheit oder stärkere Schematisierung"[612].

Die Mischgestalt fehlt praktisch ganz. Nur im Osten kommt sie vor: „Merkwürdig sind einzelne anthropomorphe Figuren auf karelischen und westsibirischen Bildern, die man als dämonische Wesen, vermummte Zauberer, Maskentänzer oder getarnte Jäger deuten kann"[613]. Doch führt das wohl zu weit aus dem germanischen Kulturbereich hinaus, besonders angesichts der Tatsache, daß es sogar umstritten ist, ob und wie weit die steinzeitlichen Funde aus Skandinavien mit der germanischen Kultur zusammengebracht werden können und dürfen, denn „(wir haben) keine Sicherheit dafür, daß die vorhistorischen Stämme, die in jetzt von Germanen bewohnten Gegenden ansässig waren, ebenfalls als Germanen anzusprechen sind; es ist ja möglich, daß in einer gewissen Periode der

---

[607] Bandi/Maringer, Kunst S. 163.
[608] de Vries, Religionsgeschichte Bd. 1, § 71, S. 96f.
[609] Bandi/Maringer, Kunst S. 143.
[610] Bøe, Felszeichnungen S. 26.
[611] Bandi/Maringer, Kunst S. 143.
[612] aaO. S. 152.
[613] aaO. S. 154.

vorgeschichtlichen Zeit gar kein indogermanisches Volk in Nordeuropa gewohnt hat"[614].
Selbst für die Zeugnisse aus der Bronzezeit, „die um 1500 v. Zw. begonnen haben wird"[615], ist der germanische Ursprung in Frage gestellt worden, doch ist das Problem ungeklärt und die Zugehörigkeit zum indogermanisch-germanischen Kulturkreis auch entschieden bejaht worden[616]. Aus dieser Bronzezeit nun stammen Felszeichnungen, die sich „besonders in Südschweden bis etwa zum 60. Breitengrad und weiter im angrenzenden Teil des südöstlichen Norwegens" finden. Sie „enthalten neben vielen Menschen- und Tierfiguren auch Bilder von Schiffen, Wagen und Pflügen"; dabei erscheinen „die Tierbilder zusammen mit bewaffneten Männern, die zuweilen als speerschleudernd oder pfeilabschießend dargestellt werden"[617].

Aus dieser Zeit stammen auch „die ersten Beispiele für menschengestaltige Holzidole"[618], und auf den Felszeichnungen hat man „einen germanischen Bocksgott wiederfinden wollen"[619]. Ob diese Bilder numinose Bedeutung haben oder ‚bloß' Jagdszenen wiedergeben, ist jedoch umstritten. Unter den menschlichen Figuren gibt es solche, „die sich durch eine besondere Größe von den übrigen unterscheiden"[620]. Dies scheint auf eine ganz besondere Sinngebung hinzuweisen, und so wurden diese auffallenden Figuren denn von Almgren „als Darstellungen menschlicher Götter gedeutet"[621]. Das steht zwar einerseits „in schroffem Gegensatz zu der bei den meisten Forschern vorherrschenden Meinung, daß es in der Bronzezeit noch keine menschlich gedachten Götter gegeben habe", doch besteht andererseits auch die Ansicht, daß die Möglichkeit, „sich die höheren Mächte . . . in Menschengestalt zu denken . . ., keinesfalls

---

[614] de Vries, Religionsgeschichte Bd. 1, § 62, S. 83.
[615] aaO. Bd. 1, § 72, S. 97.
[616] Zu dieser Frage siehe zusammenfassend de Vries aaO. Bd. 1, § 7, S. 11 f. und §§ 62 ff., S. 83 ff.
[617] aaO. Bd. 1, § 75, S. 102 f.
[618] aaO. Bd. 1, § 83, S. 117.
[619] aaO. Bd. 2, § 418, S. 113.
[620] aaO. Bd. 1, § 87, S. 125.
[621] aaO. Bd. 1, § 87, S. 125.

eine späte Errungenschaft in der religiösen Entwicklung (ist), sondern das, was der menschlichen Vorstellung am meisten entspricht"[622].

Fragwürdig ist, ob sich unter den bronzezeitlichen Bildern auch Darstellungen von Mischwesen finden. Die schematische, die Form oft mehr andeutende denn genau realisierende Technik dieser Bilder hat die verschiedensten Kopfformen menschengestaltiger Wesen entstehen lassen, die sich zum Teil weit vom natürlichen Umriß eines menschlichen Kopfes entfernen. Es gibt Figuren, deren Kopfform fast eindeutig tierisch anmutet, wie zum Beispiel diejenige eines „Hammergottes"[623] oder wie diejenige der schwanzlosen Partner in Darstellungen von „kultischen Hochzeiten"[624], die sich in ihrer länglich spitzen Form von den runden und menschlich anmutenden Köpfen ihrer Partner deutlich unterscheiden und Assoziationen an tierische Formen wecken. Da daneben aber auch Formen vorkommen, die an keine Entsprechung weder im menschlichen noch im tierischen Bereich erinnern[625], ist wohl nicht zu entscheiden, wo andeutend abkürzende und damit bis ins Gegenständliche verfremdende Verfahrensweisen und wo absichtliche Gestaltung einer nicht-menschlichen Kopfform vorliegen.

Deutlicher scheint auf den Steinplatten von Kivik, die „nach der darauf abgebildeten Axtform in die 2. Periode der Bronzezeit"[626] gehören, kein zufälliger, sondern ein ganz bewußter gestalterischer Unterschied zwischen verschiedenen Kopfformen aufrechtgehender Wesen angestrebt zu sein. Neben klar und deutlich rein menschlichen Gestalten treten auf zwei dieser Platten auch Wesen auf, deren Haltung durchaus menschlich aufgerichtet ist, deren Kopfform aber, vogel- oder schnauzenartig zugespitzt, deutlich über den Bereich des Menschlichen hinausweist. Ihre Bedeutung bleibt unklar, sie sind schon „als Weiber" aber auch „als Ahnengeister vorstellende (Vogel-?) Masken"[627] aufgefaßt worden.

---

[622] aaO. Bd. 1, § 87, S. 126f.
[623] aaO. Bd. 2, S. 125, Abb. 20, Figur rechts.
[624] aaO. Bd. 1, S. 106, Abb. 2b und c.
[625] aaO. Bd. 1, S. 101, Abb. 1b und S. 107, Abb. 3b.
[626] aaO. Bd. 1, § 84, S. 119.   [627] aaO. Bd. 1, § 84, S. 120.

Ein eindeutig mischgestaltiges Wesen zeigen die Helmbeschläge von Torslunda, auf denen ein „Mann mit Wolfskopf, in der rechten Hand ein Schwert, in der linken einen Speer haltend"[628] abgebildet ist. Auch die Abbildungen auf den Goldhörnern von Gallehus und die Darstellungen auf dem Silberkessel von Gundestrup zeigen Vermischungen und Verflechtungen von Menschlichem und Tierischem, doch sind beide Stücke so deutlich sichtbar von außergermanischen Vorstellungen beeinflußt und ist ihre Stellung im germanischen Kulturbereich so unsicher[629], daß sie in solchem Zusammenhang außerhalb der Betrachtung bleiben müssen.

Auch auf den bildlichen Darstellungen im germanischen Kulturbereich treten also — wie bei der Eiszeitkunst — schon auf den ersten faßbaren Zeugnissen Menschen und Tiere auf. Die Mischgestalt ist sehr unsicher und selten bezeugt und ist eindeutig nur ganz ausnahmsweise anzutreffen. Nun sind aber bildliche Darstellungen überhaupt nicht häufig. Daß nicht nur aus der frühesten Zeit, sondern aus der ganzen germanischen Epoche vergleichsweise wenig Werke bildender Kunst auf uns gekommen sind, hängt vielleicht damit zusammen, daß die Germanen wie die anderen indogermanischen Stämme „in den frühesten Perioden ihrer Geschichte einen sehr wenig entwickelten Bilderkult hatten"[630] und sie, nach Tacitus, ihre Götter sogar überhaupt nicht in menschlicher Form dargestellt haben, weil das „ihrer Anschauuung von der Größe der Himmlischen nicht entspreche"[631]; es kann aber auch durch die Ungunst der Überlieferung bedingt sein, indem viele Werke verloren gegangen, solche aus verderblichem Material auch zerstört worden sein mögen. Wie dem im einzelnen auch sei, frei von Bildern des Numinosen ist die germanische Kultur sicher nicht. Schon für die Bronzezeit sind Darstellungen menschlich gesehener göttlicher

---

[628] aaO. Bd. 1, § 335, S. 498/Taf. XI, neben S. 448.
[629] aaO. Bd. 1, §§ 112f., S. 150ff.
[630] aaO. Bd. 1, § 270, S. 385.
[631] Germ. 9: „ceterum nec cohibere parietibus deos neque in ullam humani oris speciem assimulare ex magnitudine caelestium arbitrantur."/Vgl. aber dazu Jankuhn in Muchs Kommentar zur „Germania" S. 182ff./Vgl. auch hier bei Anm. 618.

Mächte als höchst wahrscheinlich anzunehmen und auch aus der späteren Zeit gibt es „noch mancherlei Beispiele. In Dänemark hat man aus der Zeit um 500 n. Zw. . . . ein Idol gefunden, das einen sitzenden bärtigen Mann darstellt, der die Hände gefaltet im Schoß hält"[632]. Neben weiteren erhaltenen Werken ist die Existenz germanischer Götterbilder vor allem auch aus Beschreibungen von Missionaren und Chronisten bekannt.

Zur Deutung des bildlichen Materials ist die germanische schriftliche Überlieferung unerläßlich, auch wenn sie erst aus der Zeit stammt, in welcher der germanische Raum bereits christianisiert war, und sie, am Rande der Germania, auf Island, entstanden, wohl in erster Linie westnordische Vorstellungen festhält[633]. Eines der Hauptprobleme der eddischen Überlieferung ist die Frage, ob und wieweit christliche Vorstellungen das alte Gedankengut bereits beeinflußt haben. Das bedürfte im Falle jedes einzelnen Motivs einer eigenen Untersuchung. Generell aber kann wohl festgehalten werden, daß sich in dem Bereich, nach dem hier gefragt ist, demjenigen der tierischen Aspekte des Göttlichen, durch christlichen Einfluß wohl eine abschwächende, aber fast unmöglich eine verstärkende Wirkung denken läßt. Sollten sich Verknüpfungen oder gar Vermischungen des Göttlichen mit Tierischem in der eddischen Überlieferung finden, so darf wohl sicher angenommen werden, daß dieser Zug der germanischen Welt entstammt, ja sogar stark genug war, sich gegen die solchen Erscheinungen gegenüber sicher ablehnende Haltung der Kirchenlehre in der erzählenden Tradition lebendig zu erhalten.

Die körperliche Mischgestalt findet sich im germanischen Pantheon der schriftlichen Überlieferung nicht. Selbst wenn es sie in den Vorstellungen der frühen Zeit gegeben haben sollte, wäre sie schwerlich in die schriftlichen Zeugnisse eingegangen, denn rein abmalende Beschreibung der äußeren Erscheinung kennt sprachliche mythische Darstellung im allgemeinen nicht. Aber mag auch die

---

[632] de Vries, Religionsgeschichte Bd. 1, § 270, S. 385.
[633] Die Problematik um die Chronologie und Echtheit des in den beiden Edden aufgezeichneten Mythengutes wird hier nicht berührt.

körperliche Mischgestalt nicht in Erscheinung treten, so fehlt es dafür nicht an Vermischungen von Menschlichem und Tierischem in der Erscheinung der Götter.

Am auffälligsten zeigt sich dies Phänomen an Loki, dieser schillernden Gestalt des germanischen Pantheons. Vielfältig sind seine Verwandlungen in Tiere: mit dem Falkengewande Freyjas fliegt er davon, um Idun zu befreien[634], als Fliege dringt er in das verschlossene Gemach der Göttin Freyja[635], und als Lachs sucht er sich der Verfolgung durch die anderen Götter zu entziehen[636]. Am abenteuerlichsten aber mutet seine Verwandlung in eine Stute an, durch welche er den Hengst Swadilfari von einer den Göttern nicht genehmen Arbeit ablenken soll, was er so gründlich tut, daß er nach einiger Zeit das achtbeinige Pferd Sleipnir gebärt[637]. Daneben verwandelt er sich – ebenso wie der Gott Heimdallr – in einen Seehund[638] und in eine Frau[639]; dies alles gehört „zu seiner unbegrenzten Verwandlungsfähigkeit in Tiergestalten, die er als einziger von den skandinavischen Göttern besitzt"[640].

Vielleicht mag Loki als einziger eine Verwandlungsfähigkeit besitzen, die unbegrenzt ist, aber der einzige unter den germanischen Göttern, die sich verwandeln können, ist er nicht, wie dies schon das Beispiel des Gottes Heimdallr gezeigt hat. Vor allem aber besitzt selbst und gerade auch Odin die Fähigkeit zum Gestaltwechsel, auf Grund deren er mit dem indischen Gott Rudra verglichen worden ist, denn neben der gemeinsamen Einäugigkeit lieben es beide, „ihre Gestalt zu wechseln"[641]. Nicht nur ist „die Zahl von Odins Beinamen, die ihn als ein Tier kennzeichnen", in der nordischen Literatur „überraschend groß"[642] und umfaßt die verschiedenartigsten Tiere, sondern der Gott wechselt der Über-

---

[634] Dumézil, Loki S. 8.
[635] aaO. S. 27.
[636] aaO. S. 35f.
[637] aaO. S. 11f.
[638] aaO. S. 26.
[639] aaO. S. 29.
[640] aaO. S. 83.
[641] de Vries, Religionsgeschichte Bd. 2, § 406, S. 95.
[642] aaO. Bd. 2, § 384, S. 64.

lieferung gemäß beim Raub des Skaldenmetes sogar mehrfach seine Gestalt und erscheint zuerst als Schlange, dann als Adler[643]. Das mag auf den ersten Blick so unerwartet und befremdlich erscheinen, daß der Gedanke an spätere märchenhafte Ausgestaltung naheliegt. Doch gerade in dieser mythischen Erzählung scheinen uralte Vorstellungen bewahrt zu sein. „Daß aber der Kern dieses Mythos vom Raub des Skaldenmetes in indogermanische Zeit zurückreicht, hat man nur in der unfruchtbarsten Periode der Mythenforschung bezweifeln können. Es kann ja kein Zufall sein, daß Indra in Adler- oder Falkengestalt den Somatrank aus dem Himmel raubt, und daß Zeus ebenfalls als Adler den Mundschenk der Götter Ganymedes zum Olymp entführt. Wie sehr auch durch spätere Überlieferung in Einzelzügen abgewandelt, hier blickt unverkennbar ein ‚Urmythologem' durch, das die Germanen als Erbe der fernsten Vergangenheit bis zum Untergang ihres heidnischen Glaubens liebevoll bewahrt haben"[644].

Auch in den niederen Regionen der Mächte, die den Menschen umgeben und beeinflussen, sind Verwandlungen in Tiergestalt möglich. Unter den Riesen ist es Thjazi, der in Adlersgestalt die Göttin Idun entführt[645], unter den Zwergen ist es Andvari, der in Hechtsgestalt im Wasserfall lebt, wohin sich sein Bruder Reginn oft in Gestalt eines Otters begibt[646]. Von echter Mischgestalt sind die Wassergeister. „In der altnordischen Literatur begegnen wir ebenfalls halb menschlichen, halb tiergestaltigen Meerwesen; sie sind sowohl männlichen wie weiblichen Geschlechts und heißen marmennill und margýgr"[647].

Daneben treten auch Dämonen oft in Tiergestalt auf. „Ebenso wie die Götter ehemals in der Gestalt von Tieren vorgestellt werden konnten, zeigen auch die Dämonen häufig animalische Züge"[648]. Ihre Zahl scheint groß gewesen zu sein, aber „der eigentliche Dämon

---

[643] aaO. Bd. 2, § 386, S. 67.
[644] aaO. Bd. 2, § 389, S. 71.
[645] Dumézil, Loki S. 8.
[646] aaO. S. 18.
[647] de Vries, Religionsgeschichte Bd. 1, § 187, S. 263.
[648] aaO. Bd. 1, § 188, S. 264.

der Ragnarǫk ist der Wolf Fenrir"[649]. Doch wenn auch von diesem Dämon immer als Wolf die Rede ist, so ist er doch nicht nur und ausschließlich Tier, denn in der Geschichte von seiner Fesselung traut er den Göttern nicht und fordert ein Pfand[650], verhält sich damit also trotz seiner unheimlichen Wolfsgestalt wie ein Mensch.

Beziehungen zwischen dem menschlichen und dem tierischen Bereich werden auch sonst oft bezeugt. „Die altnordischen Quellen erzählen mehrfach davon, daß ein Mensch sich anderen in einer Tiergestalt zeigt. Das war ja der Grund, daß Kveldúlfr seinen Namen bekam: er verwandelte sich abends in einen Wolf"[651]. Reich an Wolfsverwandlungen ist die Vǫlsunga saga. Sie erzählt, „daß die Mutter des Königs Siggeirr in Wolfsgestalt die in Gefangenschaft geratenen Söhne Vǫlsungs zerriß (c. 5); nachher wurden Sigmundr und Sinfjǫtli in Wölfe verwandelt, weil sie in die Wolfspelze geschlüpft sind, die zwei Königssöhne abgelegt hatten (c. 8)"[652]. Doch kommen auch Vermischungen mit anderen Tieren vor: „Es sollen die Scharen der angelsächsischen Eroberer unter Führung der Brüder Hengist und Horsa nach England gekommen sein. Diese Namen sind durchaus durchsichtig und deuten auf die Pferdegestalt der Dioskuren hin"[653]. Ebenfalls zu erwähnen sind in diesem Zusammenhang die Frauen aus dem Nibelungenlied, die an der Donau als Wasservögel baden: „si swebten sam die vogele vor im ûf der vluot"[654], und denen der Raub der Kleider durch Hagen die Rückverwandlung verunmöglicht.

Solche Wechselbeziehungen zwischen menschlicher und tierischer Erscheinung spielen sogar eine ganz besonders ausgeprägte Rolle in der nordischen Überlieferung. Die Berserker, die Bärenhäuter, sind die „eigentlichen Odinskrieger"[655]. Das Wort, zusammengesetzt aus dem „Grundwort anord. serkr ‚Gewand' und dem Bestimmungs-

---

[649] aaO. Bd. 1, § 189, S. 265.
[650] aaO. Bd. 1, § 189, S. 266.
[651] aaO. Bd. 1, § 161, S. 222.
[652] aaO. Bd.1, § 170, S. 237f.
[653] aaO. Bd. 2, § 500, S. 253.
[654] Nibelungenlied, Aventiure 25, Strophe 1536.
[655] de Vries, Religionsgeschichte Bd. 2, § 407, S. 97.

wort *beri ‚Bär'"[656] deutet daraufhin, „daß diese Krieger mit Tierfellen bekleidet waren"[657]. Nicht nur Bärenfelle wurden verwendet. „Die Berserker heißen auch ulfheðnar; sie treten also auch in Wolfsgestalt auf. Hier laufen die Verbindungsfäden zum Werwolfglauben"[658]. Wenn man nicht der Erklärung Kögels folgen will, der ‚wer' mit got. wasjan ‚kleiden' in Verbindung bringt und damit zu der Bedeutung ‚Wolfsgewand' kommt[659], so deutet die Zusammensetzung des Wortes ‚Werwolf' auf Vorstellungen einer echten Verschmelzung von Mensch und Tier hin, denn der „erste Wortteil ist ahd. wer ‚Mann'"[660], so daß der Werwolf also ‚Wolfsmann' bedeutet.

Der Name Berserker scheint für uns verstehbarer auf eine ‚bloße' Verkleidung hinzuweisen. Aber auch eine Verkleidung meint in dieser Kultursphäre mehr als eine rein äußerliche Maskerade. „Wir wissen auch, daß jede Vermummung zu gleicher Zeit eine Identifikation bedeutet"[661]. Die Tiergestalt kann sogar für und anstelle der menschlichen Erscheinung, gleichsam als Verdoppelung des Individuums treten. In der Hrolfssaga kraka schläft Bǫðvar Bjarki während eines Kampfes in der Halle. Mit seinen Waffengenossen kämpft währenddessen ein riesiger Bär. Als Bjarki vermißt wird, wird er gesucht und von Hjalti geweckt. Der menschliche Bjarki geht in den Kampf, der Bär aber verschwindet. „Als Hjalti ihn aus der Betäubung aufweckte, stand er auf ok blés við; diese Worte weisen geradezu auf das Erwachen aus einem Trance-Zustand hin"[662].

Diese Geschichte steht nicht vereinzelt. „Die altnordischen Quellen erzählen mehrfach davon, daß ein Mensch sich anderen in einer Tiergestalt zeigt. ... Die Fähigkeit, eine andere Gestalt anzunehmen", wird mit Ausdrücken benannt, die den Eindruck erwecken, daß man wirklich „die äußere Gestalt wechselte oder in die Haut eines Tieres hineinschlüpfte", wobei nicht das Anlegen der

---

[656] Kluge, Wörterbuch S. 68.
[657] de Vries, Religionsgeschichte Bd. 1, § 310, S. 454.
[658] aaO. Bd. 2, § 407, S. 97.
[659] Stewart, Origin S. 1, Anm. 2.
[660] Kluge, Wörterbuch S. 854.
[661] de Vries, Religionsgeschichte Bd. 2, § 407, S. 97.
[662] aaO. Bd. 2, § 407, S. 97, Anm. 1.

Tierhaut, „sondern die seelische Verwandlung die Hauptsache war"[663].

Solche Phänomene hängen eng mit den germanischen Vorstellungen von den menschlichen Seelenkräften zusammen, die vielfältig gesehen werden und vor allem in ihren verschiedenen Formen immer wieder als Wesen außerhalb des Menschen in Erscheinung treten können. Hugr bedeutet „Geist, Gedanke, Wunsch, Verlangen". Er kann sich unter Umständen „zu einem magischen Wesen verdichten . . ., aus dem Menschen heraustreten und sogar eine sichtbare Gestalt annehmen". Im allgemeinen aber bedeutet hamr die körperliche Gestalt, mit der sich der aus dem Menschen wirkende Gedanke oder Wunsch bekleiden kann. Als „äußere Hülle der Seele, besonders (als) Tiergestalt" kann der Mensch diesen hamr „von sich ausgehen und auf andere einwirken lassen"[664]. So lag auch Odins „Körper regungslos, als ob er schliefe oder tot wäre, und er selbst begab sich als Vogel, Fisch, Schlange oder als ein anderes Tier nach weitentlegenen Gegenden"[665]. Die fylgja aber „ist eine Manifestation eines Menschen vor dem geistigen Auge eines anderen (ausnahmsweise auch seines eigenen), also eine Art Doppelgänger. Die Persönlichkeit zeigt sich oft in der Gestalt eines Tieres". Und diese Vorstellung der Seele als Tier „gehört nicht ausschließlich zum Traum. Hellsichtige Menschen können sie auch tagsüber wahrnehmen"[666].

Diese reichen Zeugnisse von Identifikationen mit und Verwandlungen in Tiere im Zusammenhang mit Vorstellungen von Seelenkräften, die sich zu tierischen Doppelgängern außerhalb des Menschen verdichten können, zeigen, wie eng verbunden die beiden Bereiche des Tierischen und des Menschlichen für das germanische Bewußtsein waren. Gerade diese Vorstellungen aber verbinden die germanische Welt auch mit Erscheinungen, die weltweit verbreitet sind und in die gleiche Kategorie gehören, mit dem allgemeinen Werwolfglauben und dem Schamanismus.

[663] aaO. Bd. 1, § 161, S. 222f.
[664] aaO. Bd. 1, §§ 160–161, S. 220ff.
[665] aaO. Bd. 1, § 161, S. 223.
[666] aaO. Bd. 1, § 162, S. 224ff.

1.3. Werwolfglauben und Schamanentum

Der Glaube an die Existenz von Werwölfen und gewisse Erscheinungen im Schamanentum sind Phänomene, welche zu der Vermischung von Menschlichem und Tierischem, die so vielgestaltig in der numinosen Sphäre vorkommt, die Entsprechung auf der Ebene des Menschen bilden, wobei der Schamane mit seiner Zugehörigkeit zum sakralen Bereich wiederum in die numinose Sphäre verweist. Beide Phänomene sind seit alters bekannt und weit verbreitet.

Besonders der Glaube an Werwölfe ist universell verbreitet und beruht auf der Vorstellung einer Identität von Mensch und Tier[667]. Die Verbindung zwischen Mensch und Tier wird entweder als eine körperliche Identität gesehen, so daß Mensch und Tier eins sind und der menschliche Körper sich in den des Tieres verwandelt, oder als eine magisch-spirituelle Identität, indem die Seele für einige Zeit den schlafenden oder in Trance befindlichen Körper des Menschen verläßt und als Tier umgeht. Die Verwandlung in einen Wolf ist in Europa besonders häufig, das Phänomen ist aber nicht an dieses Tier gebunden. Bei den Nagas in Indien, die einen gemeinsamen Ursprung von Mensch und Tier annehmen, herrschen ausgeprägte Vorstellungen vom ‚Wer-Tiger'[668].

Beispiele sind seit der Antike und aus der ganzen Welt reich bezeugt[669]. Eines der ältesten Beispiele einer Wolfsverwandlung und zugleich eines der bekanntesten ist der griechische Lykaon-Mythos, nach welchem Lykaon dem Zeus, der in Menschengestalt die Erde besucht, das Fleisch eines Knaben vorsetzt. „Zeus vernichtet Lykaon samt seiner Nachkommenschaft mit seinem Blitz. Nach anderer Version wird Lykaon in einen Wolf verwandelt"[670]. Den eigentlichen Werwolf-Aspekt enthält aber erst die diesem Mythos zugehörige Legende von Demarchos. Dieser soll am Opferfest des Zeus Lykaios zum Wolf und dann nach zehn Jahren wieder zum

---

[667] Lévy-Bruhl, Âme S. 192.
[668] aaO. S. 197.
[669] Vgl. Hertz, Werwolf / Leubuscher, Wehrwölfe / Stuart, Origin / Müller, Werwolfsage / Alföldi, Struktur / Burkert, Homo / Zehnder, Volkskundliches S. 448 / für das Werwolf-Motiv in der Dichtung: Völker, Werwölfe.
[670] Hunger, Lexikon S. 238.

Menschen geworden sein. Nach Pausanias war die Bedingung für die Rückverwandlung, „daß stets einer vom Menschen zum Wolf werde durch das Opferfest des Zeus Lykaios, aber nicht für sein ganzes Leben; wenn er in seiner Wolfszeit sich des Menschenfleisches enthalte, werde er – so sagen sie – später im zehnten Jahr wieder vom Wolf zum Menschen; wenn er aber Menschenfleisch koste, bleibe er für immer ein Tier"[671].

Unendlich vielfältig sind die verschiedenen Arten, wie die Verwandlung erfolgen kann, und die Bedingungen für die Rückverwandlung. Eindrücklich aber ist, wie durch alle Zeiten hindurch und überall, selbst in Europa bis nahe an die Gegenwart, der Glaube der ‚Werwölfe' selbst und ihrer Umgebung an die Wirklichkeit dieser Verwandlungen immer wieder bezeugt ist[672]. Besonders prägnante Beispiele dafür geben die Werwolfprozesse aus dem Frankreich des 16. Jahrhunderts[673]. Ausführlich erzählen die Angeklagten ihre Verwandlung und ihr Verhalten im tierischen Zustande. Immer wieder werden auch Leistungen derart Verwandelter erwähnt, die sich nicht aus der bloßen Tatsache der Verkleidung erklären lassen. So gingen im alten Rom die Hirpi Sorani, die „dem Gott des Soracte geweihten Wölfe ... mit bloßen Füßen durch brennende Haufen Holzes ohne sich zu verbrennen und waren darin den nordgermanischen Berserkern durchaus ähnlich"[674].

Eine geheimnisvolle Vermischung des Menschlichen und des Tierischen zeigt sich auch im Schamanismus[675]. Zwar ist der Schamanismus „stricto sensu ... ein par excellence sibirisches und zentralasiatisches Phänomen"[676], aber der Schamane als „Spezialist einer Trance, in der seine Seele den Körper zu Himmel- und Unterweltfahrten verläßt"[677], ist eine Erscheinung, die sich weit über die Erde verbreitet findet.

---

[671] Pausanias 6, 8, 2, zit. nach der Übersetzung bei Burkert, Homo S. 100.
[672] Vgl. auch hier bei Anm. 767.
[673] Hertz, Werwolf S. 97 ff.
[674] de Vries, Religionsgeschichte Bd. 1, § 310, S. 454.
[675] Zur Schwierigkeit der Definition dieses Begriffes vgl. Vajda, Stellung S. 456.
[676] Eliade, Schamanismus S. 14.
[677] aaO. S. 15.

Zu den weit verbreiteten Phänomenen gehört sicher der Aspekt des Schamanismus, den Findeisen als die „Tierschicht" des Schamanentums bezeichnet hat[678]. Zu dieser Schicht gehören merkwürdige Beziehungen zwischen dem Schamanen und dem tierischen Bereich.

Allgemein scheint in der Kultursphäre des Schamanismus Menschliches und Tierisches völlig verschieden von unseren Auffassungen erlebt zu werden. Der Bär wird zum Beispiel als ein Wesen ganz besonderer Art gesehen. „Das Tierfell stellt bei ihm ... nur eine Art Verkleidung dar, unter welcher er eine menschliche Gestalt nebst einer göttlichen Kraft und Weisheit verbirgt"[679]. Wie eng auch hier Mensch und Tier verbunden sind, zeigen „die zahlreichen Erzählungen, ... die von menschlich-tierischen Liebesverbindungen sprechen, wodurch Sippen und ganze Völker begründet werden"[680].

Besonders eng ist nun der Schamane mit dem, was wir Tierreich nennen, verbunden. Mannigfach spielt das Tierische in seinem Werdegang und Handeln eine Rolle. Auf dem schwierigen Weg seiner Initiation treten oft Tiere als Leiter des Vorganges in Erscheinung; so wenn zum Beispiel ein „Mutterraubvogel, der einen Adlerkopf und eiserne Federn hat"[681] den Schamanen „ausbrütet", oder wenn er von einem Adler abstammt, der eine Frau begattet hat[682].

Die Schutz- und Hilfsgeister, die so wesentlich zum Schamanentum gehören, daß „ihr Vorhandensein ... ein Sine-qua-non des schamanistischen Komplexes"[683] ist, erscheinen in wechselnden Gestalten, meist aber als Tiere. „So können sie bei den Sibiriern und den Altaiern in Bären-, Wolfs-, Hirsch-, Hasen- und in jeder Vogelgestalt erscheinen (besonders als Ente, Adler, Eule, Krähe usw.), als große Würmer, doch auch als Gespenster, Wald-, Erd-, Herdgeister usw."[684]. Die Beziehung des Schamanen zu diesen Hilfsgeistern nun

---

[678] Findeisen, Schamanentum S. 19.
[679] aaO. S. 23.
[680] aaO. S. 28.
[681] Eliade, Schamanismus S. 47.
[682] aaO. S. 79.
[683] Vajda, Stellung S. 461.
[684] Eliade, Schamanismus S. 97.

ist sehr eng und damit auch zu ihrer Tiergestalt. „Es sieht so aus, als könnte diese Nachahmung von Tierbewegungen und Tierstimmen als ‚Besessenheit' gelten. Richtiger spräche man vielleicht von einem **Besitzergreifen des Schamanen von seinen Hilfsgeistern;** er selbst verwandelt sich in ein Tier, obwohl er ein ähnliches Resultat erreicht, wenn er eine Tiermaske anzieht. Man könnte auch von einer neuen **Identität** des Schamanen sprechen; er wird Geistertier und ‚spricht', singt oder fliegt wie ein Tier, ein Vogel. ... Die Anwesenheit eines Hilfsgeistes in der Gestalt eines Tieres, das Gespräch mit ihm in einer Geheimsprache oder die Einverleibung dieses Tiergeistes in den Schamanen (Masken, Gesten, Tänze usw.), das alles zeigt wieder die Fähigkeit des Schamanen seine menschliche Verfassung aufzugeben"[685].

Besonders im Schamanenkampf ist die Verwandlung in ein Tier von hoher Bedeutung. „Schamanen kämpfen nie in ihrer menschlichen Gestalt; zum Duell treten vielmehr die tierischen ‚Seelenträger' der Schamanen an "[686]. Dabei sprechen die Berichte nicht von Verkleidungen, sondern von echten Verwandlungen: „**Er verwandelte sich in einen Stier** und traf mit Gebrüll und wildem Schnauben auf seinen Gegner"[687]; und eine andere Erzählung lautet: „Nachdem er das gesagt hatte, kleidete er sich aus und legte sich hin, aber sofort rollte er auf den Boden und begann mit Stiergebrüll die Erde mit den Händen aufzukratzen (wie das der Bulle tut, bevor er sich mit einem Gegner in einen Kampf einläßt). In diesem Moment wuchs ihm aus der Mitte seines Scheitels ein Horn. Indem er fortfuhr, die Erde mit dem Horne aufzuwühlen, grub er ein Loch unter der Türschwelle und begab sich durch diese Öffnung auf den Hof. Hausgenossen beobachteten ihn und sahen, wie er allein, indem er sich als Stier gebärdete, mit schwerem Stöhnen mit einem unsichtbaren Gegner kämpfte. Die von dem Vorfall erschreckten Leute versteckten sich alle"[688].

---

[685] aaO. S. 101f.
[686] Vajda, Stellung S. 472.
[687] aaO. S. 472, Anm. 2.
[688] Findeisen, Schamanentum S. 31.

In dieser Erzählung kommt die fließende Verbundenheit des Menschlichen mit dem Tierischen besonders deutlich zum Ausdruck[689]. Einerseits wird konkret gesagt, daß aus der Stirn ein Horn wuchs, andererseits heißt es, daß sich der Schamane „als Stier gebärdete". Das könnte ein Hinweis darauf sein, daß die Verwandlung des Schamanen als etwas viel Weitergehendes als eine Verkleidung gesehen wurde, daß er aber doch auch nicht völlig alles Menschliche verlor, so daß hier möglicherweise die Schilderung einer echt erlebten Mischgestalt vorliegt.

2. Das Numinose

2.1. Das Mächtige

Die bisherigen Untersuchungen und Überlegungen standen im Dienste der zu Beginn gestellten Frage, ob sich verstehend erahnen lasse, wie dem Menschen das Numinose in tiermenschlicher Gestalt erscheinen konnte. Anhand verschiedener Kulturen wurde einschlägiges Material zusammengestellt und kommentiert. Dabei war ohne weitere Erörterung von Göttern, vom Numinosen, vom Mächtigen die Rede. Bevor nun aber geprüft werden kann, wie weit sich die eingangs aufgeworfene Frage beantworten lasse, muß versucht werden, genauer zu bestimmen, was hier unter dem Göttlichen oder Numinosen verstanden wird, dessen mischgestaltige Erscheinung Gegenstand dieser Betrachtung ist.

Die Frage nach dem, was ‚das Mächtige', ‚das Numinose', ‚das Göttliche' eigentlich sei, was also mit diesen so verschiedenen besprochenen Gestalten dargestellt und gemeint gewesen sein könnte, ist eine Grundfrage der Religionswissenschaft. Sie kann hier nicht in ihrer ganzen Breite und Problematik aufgerollt werden. Seit den Anfängen der Religionsforschung, welche die ‚Gottesvorstellungen' auch fremder Religionen an christlich-monotheistischen Be-

---

[689] Falls die Übersetzung die originalen Vorstellungen wiedergibt.

griffen maßen, bis zu den neuesten Bemühungen, welche die religiösen Vorstellungen des Buddhismus und der archaischen Kulturen ebenso berücksichtigen müssen wie die freien, mehr ästhetisch-religiösen Bestrebungen des modernen Westens, haben sich die entsprechenden Definitionen vielfach gewandelt. Sie mußten immer weiter und umfassender und damit natürlich weniger präzise werden, wenn sie auf alle die vielfältigen Formen, die aus der ganzen Welt bekannt wurden, angewendet werden sollten.

So konnte ‚Gott‘ im Sinne des außerweltlichen Schöpfers, der sich dem in kreatürlicher Abhängigkeit von ihm fühlenden Menschen offenbart und ihm trotz seiner unbegreiflichen Transzendenz personal begegnet, für die vergleichende Religionsgeschichte kein allgemeiner Begriff für das Göttliche sein, sondern nur eine von dessen Möglichkeiten, die in bestimmten religiösen Kulturen auf diese Weise erlebt wird. Um vielen religiösen Phänomenen gerecht zu werden, wurde nach grundlegend Gemeinsamem gesucht. Dies führte zu weitumfassenden Aussagen wie: „‚Gott‘ ist zunächst der Name für ein Erlebnis der Macht"[690].

Das Erlebnis der Macht wird im folgenden als grundlegende menschliche Gegebenheit gesehen. Es gibt Erscheinungen, die sich dem einzelnen und der Gemeinschaft nicht als Folge und Produkt des persönlichen und allgemeinen Seins und Handelns darstellen; es gibt Kräfte, die das menschliche Leben über die persönlichen Pläne und Taten hinaus entscheidend mitbestimmen, die unausweichlich und entscheidend wirksam und fühlbar werden, die sich aber nicht direkt fassen und nur sehr unsicher beeinflussen oder gar beherrschen lassen. Auf allen Kulturstufen, über deren Denken und Vorstellen wir einigermaßen orientiert sind, haben die Menschen die Existenz solcher Kräfte wahrgenommen. Das gilt fraglos von allen Kulturen, die eine religiöse Sphäre kennen und in sakralen Kulten und Riten diesen Mächten begegnen. Aber es stellt sich die Frage, ob dies Erlebnis der wirkenden Kräfte tatsächlich eine allgemein menschliche Gegebenheit sei, die überall zum menschlichen Leben gehört, auch dort, wo das Bewußtsein herrscht, daß Religion aus-

---

[690] Leeuw, Phänomenologie S. 168.

schließlich eine repressive Illusion sei, deren eine aufgeklärte Menschheit nicht bedürfe. Im Laufe ihrer Entwicklung haben ja gewisse Kulturen dem einzelnen Menschen in steigendem Maße eine zentrale Stellung im Weltganzen zugebilligt und ihm ein entsprechendes Selbstbewußtsein ermöglicht.

Besonders die westlich-neuzeitliche technisch-naturwissenschaftliche Zivilisation hat in der Überwindung von früheren Abhängigkeiten Unglaubliches geleistet, hat die alten religiösen und mythischen Vorstellungen und die mit ihnen verbundenen moralischen und sozialen Bindungen weitgehend aufgelöst und dem Menschen enorme Möglichkeiten der Beeinflussung von Leben und Welt in die Hand gegeben. Doch hat sich damit der Traum von der Befreiung und Unabhängigkeit des Menschen und der Menschheit bis jetzt nicht in erwarteter Weise erfüllt. Die weitgehend vom Menschen geschaffenen Lebensbedingungen haben aus sich heraus neue Formen der technischen, wirtschaftlichen und gesellschaftlichen Abhängigkeit produziert, die menschliches Leben einengen und begrenzen, und die sich der Kontrolle und Beherrschung weitgehend entziehen.

Die Realität eines das menschliche Leben beeinflussenden Mächtigen scheint doch schwerer zu überwinden zu sein, als es zu gewissen Zeiten den Anschein erwecken mochte. In Wirklichkeit haben sich wohl nur die Erscheinungsformen solch machtvollen Einflusses ‚von außen‘ und die Erklärungen für seine Ursachen geändert. Seine Existenz an sich ist jedoch eine bis heute unwiderlegbare Tatsache geblieben. Er wirkt zu jeder Zeit, aber man hat ihn jeweils mit neuen Namen versehen, wodurch, zumindest im Moment, für viele das Ungeheure, Unerklärliche weniger bedrohlich und Ohnmachtsgefühle weckend aussieht. Wenn eine anerkannte Form des Mächtigen, aus welchem Grund auch immer, ihre Glaubwürdigkeit zu verlieren beginnt, wird sie immer mehr nur noch als Fessel erlebt und entsprechend bekämpft. Geht sie in diesem Kampf dann unter, dann mag die Erleichterung, zumal bei den Verfechtern des Neuen, so groß sein, daß leicht der Eindruck entstehen kann, als wäre nicht eine Form des Mächtigen, sondern das Mächtige an sich bekämpft und besiegt und sein einengender Einfluß allgemein verringert worden. Dann mag sich wohl das Gefühl von Befreiung einstellen und wohl auch die Illusion auftauchen, als sei die condition humaine grundsätzlich in Richtung von Freiheit und Unabhängigkeit verändert worden. Aber bis zur wunderbaren Realisierung des utopisch herbeigesehnten Paradieses mußten bis heute früher oder später auch die überzeugtesten Anhänger emanzipierter Heilslehren das erleben, was die Menschheit, offenbar seit sie als Menschheit existiert, erlebt hat: die Abhängigkeit von Mächten und Wirkungen, welcher sich der einzelne und die Allgemeinheit nicht entziehen können, die das Leben unabhängig von menschlichen Wünschen und Plänen beeinflussen, und die sich ihrerseits nicht ohne weiteres von ihm beeinflussen lassen[691]. Keine Form von Welthabe vermochte Welt und Leben bisher wirklich haltbar glaubhaft allein aus dem Wesen des Menschen und dem empirisch Faßbaren zu erklären und damit absolut und unumschränkt verfügbar zu machen, denn auch ‚Naturgesetz‘ oder ‚Klassenkampf‘ oder ‚Gesellschaft‘ sind transempirische Größen und stehen dem Menschen, sei er noch so souverän autonom emanzipiert, nicht frei zur Verfügung. Auch sie erweisen sich letztlich nur als verschiedene Formen des unerläßlichen Versuches, Wirksamkeiten, die an sich unfaßbar sind, doch faßbar zu machen.

Zu allen Zeiten mußten es also bisher die Menschen erleben, daß außer ihrem eigenen Wollen, Wünschen und Tun noch andere Kräfte ihr Leben bestimmen. Ob der Tod als Übeltat eines Dämons, als Ratschluß eines gütigen Vaters oder als Erfüllung eines Naturgesetzes gesehen wird, ob die Versagung der Verwirklichung von Wünschen auf das Walten böser Mächte, auf eine notwendig heil-

---

[691] Es gibt zweifelsohne unterschiedliche Grade von Abhängigkeit. Sie scheinen aber mindestens so sehr vom Erleben und der Einstellung des einzelnen wie von ‚objektiven‘ äußeren Gegebenheiten bestimmt zu werden. Je mehr sich der Mensch mit den Gegebenheiten identifizieren, die bestehenden Formen von Abhängigkeit, Einengung und Belastung als im Rahmen seiner Weltsicht richtig und notwendig akzeptieren und sich selbst mit seinem Einsatz und seinen ‚Opfern‘ als Teil der ‚guten Ordnung‘ erleben kann, desto selbstverständlicher und richtiger fühlt er sich selbst; je mehr er sich aber distanziert und eine bestehende gesellschaftliche, soziale und wirtschaftliche Ordnung nicht annehmen kann oder will und sich dagegen wehrt und auflehnt, desto unterdrückter und abhängiger wird er sich fühlen.

same Prüfung eines persönlichen Gottes, auf gesellschaftliche Repression oder auf die Notwendigkeiten des kollektiven Gemeinwohls zurückgeführt wird, dient in jedem Fall in erster Linie dazu, dem, was außerhalb der direkten persönlichen Einflußsphäre liegt, einen Namen zu geben, um damit dessen Wirksamkeit in eine dem betroffenen Bewußtsein faßbare Form zu bringen und damit einigermaßen erträglich zu machen. An der Gegebenheit an sich, an der Tatsache des Todes oder der Versagung und der unabänderlichen Notwendigkeit, dem unentrinnbaren Zwang dieser Phänomene, ändert sich dabei aber nichts.

Die Formen, in denen diese Macht erlebt wird, sind denkbar verschieden und reichen von transzendent personalen Gottheiten über unpersönliche, heilige kosmische Ordnungen bis zu säkularisierten Gesetzesrelationen. Die völlige Verschiedenheit der Formen und Erlebnisweisen hat dazu geführt, daß strenge Trennungen durchgeführt wurden, bei denen vor allem die naturwissenschaftlichen und soziologischen Deutungen von der Welt der Religion getrennt und der Verlust oder die Überwindung der religiösen Komponente bedauernd oder triumphierend festgestellt wurde. Andererseits hat die Tatsache, daß die leitenden Begriffe der neuzeitlichen Weltbilder wie ‚Fortschritt‘, ‚Naturgesetz‘ und ‚Gesellschaft‘ auch keine in der Wirklichkeit faßbare Realitäten, sondern transempirisch erschlossene Größen sind, und daß ein erstaunlicher Glaube an ihre Existenz besteht, immer wieder dazu geführt, sie strukturell den religiösen Phänomenen zuzuordnen und sie zumindest als ‚Religionsersatz‘ zu beurteilen.

Der Entscheid hängt davon ab, was unter Religion verstanden wird. Auch die modernen Haltungen sind Religionen, wenn diese definiert wird als „eine ernstliche und soziale Einstellung von Individuen oder Gruppen zu der Macht oder den Mächten, die ihrer Ansicht nach die letzthinnige Kontrolle über ihre Interessen und Schicksale haben"[692], oder wenn zur religiösen Einstellung drei Züge gezählt werden, „ein Sich-Sehnen nach Werten, eine bewußte Abhängigkeit von einer Macht, die solche Werte aufrechterhält,"

---

[692] J. B. Pratt in Ringgren-Ström, Religionen S. 1.

und „Verhaltensweisen oder Reaktionen, die als geeignet erscheinen, solche Werte mit Hilfe jener Macht zu sichern"[693]. Wenn aber das Wesen der Religion gesehen wird als „die aus der Erfahrung göttlicher Gnade fließende Gemeinschaft des Menschen mit der transzendenten Wirklichkeit"[694], oder wenn Religion „die Erfahrung einer andersartigen, höhern und heiligen Macht und der dauernde Verkehr mit ihr" ist, wobei das „höhere Andere" sich „von mir grundsätzlich unterscheidet"[695], dann stehen viele Beziehungen zum Mächtigen außerhalb der Sphäre des Religiösen.

Die Frage, ob auch die modernen westlichen Weisen der Welthabe einen religiösen Aspekt aufweisen, kann hier unbeantwortet bleiben. Wichtig ist allein das Faktum, daß offensichtlich das Erlebnis eines Mächtigen als dringend fühlbare, ins menschliche Leben eingreifende Wirksamkeit, über die der Mensch – wenn überhaupt – nicht frei und beliebig verfügt, immer und überall zum Dasein[696] gehört. Unabdingbar ist dieses Erlebnis – zumindest bis heute – ein Bestandteil der menschlichen Existenz. So kann nun die Frage weiter verfolgt werden, wie das machtvoll Wirkende wahrgenommen werden kann.

2.2. Die Wahrnehmung des Mächtigen

Die wirkenden Mächte sind vorhanden, als Vorhandenes müssen sie wahrgenommen werden. Diese Wahrnehmung ist wie jede andere an die Bedingungen menschlichen Wahrnehmens gebunden. Diese sind seit der Antike oft untersucht und auf die verschiedensten Weisen erklärt worden. Für die folgenden Gedanken sollen Erkenntnisse der Ganzheits- und Gestaltpsychologie richtungsweisend sein, das heißt, es wird hier angenommen, daß menschliche Wahrnehmung primär ganzheitlich erfolgt. „Ganzheitlich bestimmt sind insbesondere die organischen und psychischen Vorgänge; bei der Vielzahl ihrer wirksamen Bedingungen stehen sie in einem ungemein komplizierten Wirkungszusammenhang, so daß die Ganzheitsbetrachtung als eine

---

[693] Paul E. Johnson in Ringgren-Ström, Religionen S. 1.
[694] Heiler, Erscheinungsformen S. 564.
[695] Goldammer, Formenwelt S. 10.
[696] Dasein im Sinne Heideggers, als Seinsart des Menschen. Vgl. Sein S. 11.

methodische Forderung in Biologie ... und Psychologie angesehen werden kann"[697].

Insbesondere soll die Wahrnehmung hier nicht als ein Vorgang verstanden werden, bei welchem unbestimmte Einzelteile aufgenommen und dann zu einem sinnvollen Ganzen zusammengefügt werden. Wahrnehmung wird hier als ein Vorgang gesehen, in welchem Sinngebung und Deutung immer schon mitgegeben sind, sogar als Bedingung und Voraussetzung, so daß Wahrnehmen immer ein Wahrnehmen von etwas als etwas sein muß. „Es ist grundsätzlich unmöglich, zu einem noch ungeformten, reinen Rohmaterial der Wahrnehmung, zu rein passiv aufgenommenen Empfindungen vorzudringen, um auf ihnen dann voraussetzungslos aufzubauen, es ist darum grundsätzlich unmöglich, ein zeitliches oder sachliches Aufbauverhältnis des Denkens auf der Wahrnehmung festzustellen, sondern jede Wahrnehmung ist immer schon überholt von einem ihr vorauslaufenden Verständnis. Um wahrzunehmen, muß ich immer schon verstehen"[698].

Dies „vorauslaufende Verständnis", welches es ermöglicht, daß etwas als etwas wahrgenommen wird, ist vorgegeben durch die kulturelle Situation, durch die vor allem sprachlich vermittelte und geprägte spezifische Weise des jeweiligen In-der-Welt-Seins[699]. Sie ist damit gebunden und begrenzt durch die Möglichkeiten einer bestimmten Kultur. Menschliche Wahrnehmung kann also nur im Horizonte des jeweiligen Bewußtseins erfolgen. Das Bewußtsein ist keine tabula rasa, in der sich die Gegebenheiten ihrer ‚wirklichen' Form und ihrem ‚wirklichen' Wesen gemäß abzeichnen. Das wahrnehmende Bewußtsein hat bestimmt geformte Strukturen – das „vorauslaufende Verständnis" – und kann die Gegebenheiten der Welt nur ihnen entsprechend geformt und strukturiert wahrnehmen.

---

[697] Dorsch, Wörterbuch S. 125.
[698] Bollnow, Philosophie S. 21.
[699] Vgl. Berger-Luckmann, Konstruktion S. 51: „Eine biologische Natur des Menschen, die als solche sozio-kulturelle Gebilde und ihre Mannigfaltigkeit bestimmte, gibt es nicht. Menschliche Natur gibt es nur in Form anthropologischer Konstanten – zum Beispiel Weltoffenheit und Bildbarkeit des Instinktapparates".

Auch die Wahrnehmung des Mächtigen ist an diese Horizont-Bedingtheit gebunden. Die bewegenden Gründe hinter der gleichen Wirklichkeit können erlebt werden als gütig leitende Gottheit oder als sexuelle Impulse, als freie, begabungsentsprechende Entfaltungsgesetze oder als repressiv-ausbeuterische Herrschaftsverhältnisse, je nachdem, ob ein Christ oder ein Freudianer, ein Liberaler oder ein Progressiver sie wahrnehmen; und dies ganz offensichtlich nun nicht, weil die ‚Wirklichkeit‘ effektiv so oder so wäre, sondern weil das wahrnehmende Subjekt sie nur in den Formen und Aspekten wahrnehmen kann, die seinem Bewußtsein gegeben sind. Jede Erkenntnis schafft sich so mehr oder weniger immer und fortwährend ihre eigene Bestätigung, indem sie naturgemäß die ‚Wirklichkeit‘ im Aspekt der ihr entsprechenden Wahrnehmungsstruktur, im Sinne des „vorauslaufenden Verständnisses" wahrnimmt und wahrnehmen muß. In der Formulierung des Physikers Eddington heißt das, daß wir nicht das Weltall verstehen, sondern bloß das Netz, das wir über das Weltall ausgespannt haben, um es zu verstehen[700].

Sich wechselseitig prägend und zugleich bedingend sind nun auch Bewußtsein und Selbstverständnis des Menschen miteinander verbunden. Das durch die Strukturen des vorauslaufenden Verständnisses geprägte Bewußtsein fundiert das Selbstverständnis des Menschen. In den Formen des Selbstverständnisses aber nimmt der Mensch auch die Welt wahr; die Art dieser Wahrnehmung jedoch bestimmt wiederum – oder ist sogar – zugleich sein Selbstverständnis. Und wohl in ähnlich gegenseitig sich bedingender Abhängigkeit stehen das Selbstverständnis und die Wahrnehmung des Mächtigen. Das Erlebnis des Mächtigen wird in Formen des Selbstverständnisses bewußt[701], und diese Formen prägen ihrerseits das Selbstverständnis[702]. Je nachdem sich der Mensch als Kind Gottes, als Objekt

---

[700] A. E. Eddington, The Nature of the Physical World S. 266; zit. nach Leeuw, Mensch S. 14.
[701] ‚Bewußt‘ soll hier im „weiteren Sinne", als „erlebter seelischer Vorgang" verstanden sein (Hoffmeister, Wörterbuch S. 120).
[702] Auf dieser Tatsache beruhen wohl die Gedanken, die von Xenophanes über Feuerbach, Marx und Freud zum weit verbreiteten modernen Geistesgut gewor-

einer wissenschaftlich erforschbaren Welt von Strukturzusammenhängen oder als Opfer sozialer oder soziologischer Gegebenheiten fühlt, wird er ein entsprechendes Mächtiges erleben, als persönlichen Gott, als Naturgesetz oder als Gesellschaftssystem, während gleichzeitig das so oder so geformte Bewußt-Werden dieses Mächtigen ihn wiederum sein Mensch-Sein in der entsprechenden Gestalt fühlen läßt.

Die enge Beziehung zwischen dem Selbstverständnis und der Wahrnehmung des Mächtigen mag ihren Grund nicht nur in den Bedingungen menschlicher Wahrnehmung haben. Sie hängt wohl auch grundlegend damit zusammen, daß der Mensch sich dem Mächtigen gegenüber verhalten muß. Denn wenn diese Kräfte auch eigenmächtig zu walten scheinen, so hat der Mensch doch allezeit die Vorstellung gehabt, daß er ihnen doch nicht ganz und vollkommen hilflos ausgeliefert sei. Der Glaube oder doch mindestens die Hoffnung, daß wenigstens bis zu einem bestimmten Grade der Mensch seinerseits auf das Mächtige Einfluß nehmen könne, fehlt in keiner Zeit und darf wohl nicht fehlen, wenn nicht völlig tödlich lähmende Verzweiflung den Menschen überfallen soll. Dieser Aspekt scheint sogar von ganz entscheidender Bedeutung zu sein, denn die Urteile über die Richtigkeit oder Falschheit einer bestimmten Vorstellung des Mächtigen richten sich weitgehend danach, in welchem Maße sie das Gefühl vermitteln, daß der Mensch im

---

den sind, wonach das Göttliche als bloßes Phantasieprodukt und als reine Projektion des Menschen gesehen wird. Hier scheinen aus unwiderlegbaren Beobachtungen nicht belegbare Schlüsse gezogen worden zu sein. Zwar kann der Mensch jede Gegebenheit immer nur im Rahmen seiner Bewußtseinsstruktur erfassen, die Formen, die er wahrnimmt, stammen also aus ihm selbst. Aber das beweist nicht, daß er auch die Sache, die er in dieser aus ihm stammenden Form wahrnimmt, selber hergestellt hat, daß auch sie ein Produkt von ihm sei. Die Tatsache der menschlichen Bedingtheit aller wahrgenommenen Formen sagt nichts aus über die Existenz oder Nichtexistenz des so Erfaßten. Das gilt auch für das Göttliche. Auch wenn es Göttliches in realer Existenz tatsächlich gibt, so kann es der Mensch nur in den Formen seines Vorstellungshorizontes wahrnehmen, wie immer es auch ‚an sich' beschaffen sein mag. Der Form nach kann sich im Bewußtsein des Menschen ein reales Göttliches nicht von einer bloßen Phantasie und Projektion unterscheiden, beide sind an die gleichen Gesetze der Wahrnehmung gebunden. Die Tatsache dieser Gebundenheit gibt aber keine Auskunft darüber, ob Göttliches existiert oder nicht.

Zusammenhang mit seinen notwendigen Bedürfnissen mit dem Mächtigen in Kontakt treten, es beeinflussen, sich mit ihm arrangieren kann.

Die Unumgänglichkeit dieser Begegnung mit und Einflußnahme auf das Mächtige macht es nun geradezu grundsätzlich notwendig, daß der Mensch es in Formen seines Selbstverständnisses wahrnehmen muß. Er muß aktiv reagieren, sich sogar tätig verhalten. Handeln aber kann er nur als der, der er ist. Und nur mit einem Gegenüber, das sich vorstellbar, also im Rahmen der jeweiligen menschlichen Möglichkeiten verhält, ist zusammenhängender inhaltbezogener Kontakt möglich. Ein Mensch, der das Leben als rein naturgesetzlich bestimmt erlebt, kann sich nur mit einer Form des Mächtigen auseinandersetzen und sich ihr gegenüber verhalten, die ihrer Grundstruktur nach von Sachgesetzlichkeit bestimmt ist; ein Mensch, der die unerklärliche Führung im Dasein erlebt, wird einer transzendent personalen Form des Mächtigen begegnen.

Die Frage nach dem Erlebnis eines Mächtigen wurde so ausführlich behandelt, um darzulegen, auf Grund welcher Überlegungen es im folgenden als allgemein menschliche Gegebenheit angesehen wird, mit der in jeder Kulturform gerechnet werden soll. Ebenso werden für das folgende die dargestellten Bedingungen der Wahrnehmungen als Grundgegebenheiten menschlicher Existenz betrachtet. Wo Zeugnisse menschlichen Lebens auftauchen, wird also angenommen, daß sie aus einem Umkreis stammen, in welchem wirkende Mächte erlebt wurden, und daß dieses Erlebnis ganzheitlich, im Rahmen eines gegebenen „vorauslaufenden Verständnisses" erfolgte. So soll menschliches Leben immer schon und überall als ein „In-der-Welt-Sein" gesehen werden, wobei angenommen wird, daß „Welt ... in allem Zuhandenen immer schon ‚da'"[703] ist; das Zuhandene aber „immer schon aus der Bewandtnisganzheit her verstanden"[704] wird und daß dieses menschliche Sein, das sich schon immer in einer verstandenen Welt vorfindet, sich auch immer schon verstehend zu diesem seinem eigenen Sein verhält[705].

---

[703] Heidegger, Sein S. 83.   [704] aaO. S. 150.   [705] aaO. S. 53.

Im Sinne der Ontologie von Heidegger wird also eine gemeinsame Basis angenommen für die Art, wie sich der Mensch als Mensch schon immer und zu allen Zeiten in der Welt vorfand und vorfindet. Darin wird das Verbindende gesehen, das eine Kontaktnahme und eine Auseinandersetzung über alle zeitlichen und kulturellen Unterschiede hinweg ermöglicht. Doch wird nur diese grundsätzliche Daseinsverfassung als allgemein menschlich angesehen. Die konkrete Erfüllung der so angelegten Existenz kann auf so grundlegend verschiedene Weise erfolgen, daß für diese Betrachtung hier die deutlich fühlbaren, unüberschreitbaren Grenzen liegen.

Auf dieser theoretischen Grundlage soll nun abschließend an die Frage nach dem Mächtigen in Mischgestalt herangetreten werden. Die allgemeinste Bezeichnung, ‚das Mächtige‘, war notwendig, um das Phänomen der wirkenden Kräfte auch in seinen neuzeitlichen, technisch-wissenschaftlichen Formen zu erfassen. Nun aber soll wieder vom Numinosen die Rede sein, denn sowohl in Ägypten wie in Zentralaustralien tritt die Mischgestalt eindeutig im sakralen Bereich auf und kann und soll deshalb als Numinoses, als sakral erlebtes Mächtiges bezeichnet werden.

3. Die numinose Mischgestalt

Es wurden die Gründe dargelegt, die zur Annahme führten, daß das Mächtige immer nur im Rahmen eines kulturell gegebenen Bewußtseinshorizontes und eines entsprechenden Selbstverständnisses wahrgenommen werden kann.

Sowohl in der archaischen Hochkultur am Nil, wie in der Steinzeitkultur in Zentralaustralien findet sich die Mischgestalt im numinosen Bereich. Die tiermenschlichen Götter der alten Ägypter ebenso wie die wandlungsfähigen, in wechselnder Gestalt erscheinenden mythischen Wesen der Aranda gehören der Sphäre der zentral bedeutungsvollen numinosen Kräfte an und haben teil an menschlichem und an tierischem Sein.

Es stellt sich nun die Frage, ob sich der Bewußtseinshorizont und das Selbstverständnis aufzeigen lassen, in deren Rahmen Numinoses in Mischgestalt wahrgenommen werden kann. Trotz aller Schwierigkeiten der Verständigung bilden die neuzeitlichen archaischen Kulturen die einzige Möglichkeit, entsprechende Einblicke und Auskünfte zu erhalten, während die diesbezüglichen Verhältnisse für die Frühzeit oder gar für die Vorzeit höchstens erschlossen werden können.

3.1. Archaische Kulturen

3.1.1. Aranda

Der tiermenschliche Aspekt der mythischen Wesen der Aranda wurde ausführlich beschrieben. Die direkt geschilderte körperliche Mischgestalt ist zwar äußerst selten, aber umso reicher bezeugt sind andere Formen der gleichzeitigen Teilhabe am menschlichen wie am tierischen Bereich. Im Mythos fliegen scheinbar menschlich gestaltete Wesen durch die Lüfte, während ‚Tiere' menschliche Tätigkeiten ausführen und vor allem auch der Sprache, dieser Grundinstitution menschlichen Daseins, mächtig sind. Häufig wechseln sie auch die Gestalt. Der deutlichste Ausdruck für diese Wesenseinheit von Mensch und Tier aber ist die Vorstellung, daß von den Totemvorfahren sowohl menschliches wie tierisches Leben ausging.

Soweit es möglich ist, über die Sekundärliteratur Einblicke in das ‚erlebte Leben' der Aranda zu bekommen, scheint es nun, daß die Vorstellungen über das Wesen der Vorfahren darin nicht den Charakter des Spielerisch-Phantastischen haben, wie etwa Märchengestalten für einen sich rational aufgeklärt fühlenden Menschen, sondern durchaus und völlig dem Selbstverständnis des eigenen Daseins entsprechen.

Wesentlich für diese Deutung ist der sprachliche Befund. Daß das Arandische kein Wort für ‚Tier' kennt, zeigt, daß die kategoriale Trennung der verschiedenen Bereiche des Lebendigen hier nicht erfolgt ist. Als ‚Mensch' kann sich ein Aranda nicht vom ‚Tier' als solchem abheben. Natürlich kennt er die einzelnen Tiere in ihrem tierischen Verhalten, aber er hat sie nicht generell zu einer von anderen Bereichen der Natur abgehobenen Gattung zusammengefaßt. In der Totembezeichnung tragen Mensch und Tier den gleichen Namen, so daß hier noch einmal der Sprachgebrauch die beiden Reiche vereint.

Die Tatsache allein, daß der Mensch sich mit einem Tiernamen bezeichnet, sagt nichts über sein Verhältnis zum Tier aus; es könnte sich dabei um einen rein metaphorischen Sprachgebrauch handeln. Aus verschiedenen Gründen kann aber eine solche Deutung dieses Sachverhaltes für die Aranda nicht zutreffen.

Rein formal kann metaphorischer Gebrauch der Sprache in unserem Sinne nicht möglich sein in einer Welt, in der das Zeichen voll und ganz für das Bezeichnete stehen kann, in der Bild und Sache identisch sind. Daß dies bei den Aranda der Fall ist, zeigen magische Bräuche, in denen Handlungen an stellvertretenden Objekten, die uns symbolisch erscheinen, als direkte Einwirkungen auf das Gemeinte verstanden werden[706].

Daß gerade auch die Totembezeichnung nicht metaphorisch gemeint sein kann, zeigt das Verhältnis der Aranda zu ihrem Totem. Die Unsicherheit in der Beurteilung durch die Forscher, ob sich die Aranda als direkte Reinkarnation ihrer Vorfahren fühlen, oder nur als direkte Abkömmlinge von ihnen, könnte darauf hinweisen, daß diese Frage sich für die Aranda selbst wohl nie stellte und – wenn sie an sie herangetragen wurde – nicht zu beantworten war, weil die Verbindung wohl so eng und selbstverständlich ist, daß sie sich gar nicht spezifisch definieren läßt, zumal in Begriffen, die Vorstellungen aus ganz anderen Kulturen enthalten, wie dies zum Beispiel bei ‚Wiedergeburt' der Fall ist. Daß es sich um ein Verhältnis der völligen Identifikation, ja der Identität mit diesem Vorfahren, der das ganze entsprechende menschliche und tierische Sein umfaßte, handelt, zeigt das Beispiel jenes Mannes, der erzählte, wie er als

---

[706] Damit soll und kann nicht gesagt sein, daß überall, wo Magie vorkommt, metaphorischer Gebrauch der Sprache unmöglich ist. Magische Bräuche finden sich auch in Hochkulturen, in denen sich längst ein Bewußtsein entwickeln konnte, das metaphorischen Gebrauch der Sprache kennt.

Vorfahre die Gegend mit Söhnen und Töchtern bevölkert habe[707]. So gibt es in der arandischen Welt nicht nur das Wissen um einen gemeinsamen Ursprung von Mensch und Tier, sondern dazu auch noch die Möglichkeit der Identifikation und sogar Identität mit diesem Ursprung selbst.

Damit hat der Aranda teil an den Wesenszügen der Vorfahren. Gerade auch die Zugehörigkeit zum Menschlichen und Tierischen, der Wechsel der Erscheinungsform, scheinen für ihn nun erlebte Wirklichkeit zu sein; nicht nur im Traum, der in dieser Welt ja als reales Geschehen erlebt wird, sondern auch in der kultischen Handlung, wo tierähnliche Verhaltensweisen für die Betreffenden weit mehr sein müssen als ‚Darstellung‘ eines Tieres[708]. Wenn sogar die tjurunga der eigene Körper des Aranda und zugleich seines Vorfahren sein kann[709], wenn eine totale Identität mit dem sakralen Gegenstand möglich ist, so muß wohl in noch viel höherem Maße das lebendige Sein in der Urzeitszene als reale Identität erlebt werden.

Es zeigt sich, daß die für menschliche und tierische Erscheinungen offene Seinsweise der mythischen Gestalten der Aranda einer von diesen selbst erlebten Stellung in der Welt, ihrem Selbstverständnis entspricht. Mischgestaltige Vorfahren können hier nicht das Ergebnis einer rationalen Konstruktion sein, die versucht, verschiedene getrennte Bereiche des Lebendigen in der numinosen Gestalt zu verdichten und zu konzentrieren, sie sind auch nicht Glieder eines Evolutionsvorganges, sondern sie entsprechen einem spontan ganzheitlichen Erleben, welches die wirkenden Kräfte und Mächte in einer dem Selbstverständnis entsprechenden Form und Gestalt wahrnimmt.

3.1.2. Mythische Welt

Daß das Erleben in archaischen Welten wesentlich anders sein muß als in unserer, wie am Beispiel der Aranda gezeigt wurde, ist längst

---

[707] Vgl. hier bei Anm. 522.
[708] Vgl. hier bei Anm. 524.
[709] Vgl. hier bei Anm. 535 und 538.

erkannt worden. Die Religionswissenschaft und die Religionsphilosophie haben das Phänomen ausführlich untersucht und als ‚mythische Welt' beschrieben. Dabei wurde immer wieder deren grundsätzliche Andersartigkeit betont. Einige Einzelzüge, die in diesem Zusammenhang besonders bedeutungsvoll sind, sollen herausgehoben werden, die natürlich alle untereinander zusammenhängen und Ausdruck des gleichen prinzipiell anders erlebten Daseins sind, jener von uns mythisch genannten Welterfassung, welche im Gegensatz zu unserer theoretisch-analytischen für uns so schwer verständlich synthetisch und komplex ist[710].

Wenn den Aranda das Traumgeschehen gleich wirklich ist, wie die Begebenheiten des wachen Lebens, dann ist das Ausdruck davon, daß der mythischen Welt die „Trennung des Ideellen vom Reellen, ... dieser Gegensatz von ‚Bild' und ‚Sache' ... fremd ist"[711]. In ihr „fällt das Zeichen mit dem Gezeigten zusammen"[712]. So ist die tjurunga für den Aranda gleichzeitig seine tjurunga, sein eigener Körper und der seines Vorfahren.

Wir begegnen hier einer „Indistinktion der Begriffe", in der sich die „Grenzen zwischen Körperlichem und Geistigem"[713] verwischen, aber auch die Grenzen zwischen den Bereichen des Gegenständlichen, Pflanzlichen und Tierischen. Das kollektive Empfinden, das so wesentlich zu dieser Kulturform gehört, bezieht sich nicht nur auf das eigentliche Stammesleben, sondern auf jede Art der Kontaktnahme und Begegnung, die sich nicht als individuelle Abhebung vom ‚Objekt', sondern als ein Zusammen-Fühlen mit ihm vollzieht. Darum ist der Mensch hier in der Art seiner Welthabe nicht Individuum in unserem Sinne, sondern „lieu de participations"[714], als welcher er sich aber zweifelsohne als ein ‚Ich-Selbst' fühlt und erlebt.

In keiner Weise ist nun aber die mythische Welt ein nebuloses Traumland verschwommener Irrealität. „Es ist falsch zu meinen, der

---

[710] Cassirer, Sprache und Mythos S. 10.
[711] Cassirer, Denken S. 51.
[712] Heidegger, Sein S. 82.
[713] Maag, Primitivologie.
[714] Lévy-Bruhl, Âme S. 251.

Mensch habe in der Frühzeit seiner Entwicklung in einer chaotischen Welt gelebt"[715]. Die Träger archaischer Kulturen lebten eine menschlich handelnde Existenz[716]. Das ist nur denkbar in einem Weltzusammenhang, der für sie genau so geordnet war, wie der unsere für uns. Es gibt in dieser Welt sogar die gleichen „allgemeinen Kategorien von ‚Ursache' und ‚Wirkung'"[717], aber diese Kategorien werden anders angewandt. Der „Kausalnexus fehlt nicht, aber er ist von anderer Art als der unsere"[718]. Auch diese Welt muß eben erklärt und verstanden sein, wenn immer sie Welt für ein menschlich verstehendes und handelndes Dasein sein soll. „Ainsi les primitifs, tout en obéissant comme nous au besoin de s'expliquer les événements par leur causes, ne le satisfont pas de la même manière"[719].

Nicht nur deshalb, weil die mythische Welt vielfach oberflächlich und falsch gedeutet wurde, muß so ausdrücklich betont werden, daß sie in sich klar geordnet war, sondern ebenso sehr, weil selbst im Versuch, sie verstehend darzustellen, die Begrifflichkeit unserer Sprache bereits in ihrer bloßen Anwendung die Gefahr von Mißverständnissen in sich birgt. So kann zum Beispiel „Indistinktion der Begriffe" nur bedeuten, daß unsere Begriffe dort nicht distinkt getrennt sind. Der Ausdruck kann nur den Eindruck umschreiben, den jene Welt auf uns macht, er erfaßt aber nicht das Lebensgefühl und die Lebenssituation des ‚mythischen Menschen' in seiner Welt, in welcher die dort geltenden eigenen Begriffe notwendigerweise genau und klar unterschieden sein müssen, denn „alle menschlichen Gesellschaften, so einfach sie sein mögen, kennen eine Gesamtinterpretation der Welt und ihrer eigenen Rolle in dieser Welt"[720].

Immer wieder verfälschen so Versuche der Erklärung, die unumgänglich mit den Mitteln unserer Denkweise erfolgen müssen, das,

---

[715] Malinowski, The Foundations of Faith and Morals (London 1936) S. 34, zit. nach Cassirer, Mensch S. 104.
[716] Zur Definition des Menschen als „handelndem Wesen" vgl. Gehlen, Mensch bes. S. 21ff.
[717] Cassirer, Denken S. 57.
[718] Maag, Primitivologie.
[719] Lévy-Bruhl, Mentalité S. 16.
[720] Gehlen, Geschichte S. 21f.

was sie klärend deuten möchten. Ja, der bloße Akt der Benennung gewisser Phänomene aus der mythischen Welt mit Begriffen unserer Sprache kann die Gefahr einer Verfälschung in sich bergen[721]. Tiere, mit denen sich Menschen mythischer Kulturen identifizieren, werden zum Beispiel gerne als ‚alter ego' bezeichnet. Aber Lévy-Bruhl macht darauf aufmerksam, daß ein solches ‚alter ego' im Grunde gar keines ist, da es sich nicht von einem ‚primus ego' unterscheidet, sondern mit ihm identisch ist[722]. Darum betont auch Heidegger ausdrücklich im Anschluß an den eben angeführten Satz über das Zusammenfallen von Zeichen und Gezeigtem: „Das ‚Zusammenfallen' ist keine Identifizierung zuvor Isolierter, sondern ein Noch-nicht-freiwerden des Zeichens vom Bezeichneten"[723].

Selbst unsere bemühtesten Versuche um ein Verständnis der mythischen Welt werden hier an eine Grenze stoßen. Wenn wir das Wesen der mythischen Einheit erfassen möchten, so bleibt uns nichts anderes übrig, als im Geiste rückwirkend Trennungen aufzuheben, die für uns gegeben sind. Aber die Aufhebung dieser Trennungen – sofern sie überhaupt probeweise theoretisch gelingt –, dies Zusammenlegen des für uns Geschiedenen verfälscht wahrscheinlich bereits durch diesen Vorgang in hohem Maße die andere Wirklichkeit, in der sich die Scheidung noch gar nicht vollzogen hatte.

Abgesehen davon, daß die Aufhebung der Scheidung in dem Bewußtsein, das sich dieses Aktes bewußt bleiben muß, unmöglich ein Bild ergibt, das dem Zustand vor der Scheidung entspricht, kann die probeweise Aufhebung der Trennung auch im Konkreten niemals zu einer stimmigen Vorstellung der anders aufgebauten Welt führen[724]. Das Äußerste, was mit einem solchen Gedankenexperiment erreicht werden könnte, wäre vielleicht eine theoretische

---

[721] Vgl. Lévy-Bruhl, Âme S. 31f.
[722] aaO. S. 188.
[723] Heidegger, Sein S. 82.
[724] Vgl. Gehlen, Urmensch S. 117: „Nach unserer Ansicht können wir aber weder die archaische Mentalität, noch den archaischen Außenwelt-Aspekt nachvollziehen, und folglich können wir nur versuchen, gewisse Kategorien des fraglichen Verhaltens herauszufinden, ohne die Möglichkeit, sie von innen her inhaltlich echt zu besetzen."

Aufhebung aller eigenen kategorialen Grenzen, die zu einem Bild von allgemeiner nebuloser Verschwommenheit führen müßte. Doch eine solche würde sicher am allerwenigsten dem gesuchten Bewußtseinsstand entsprechen. Denn etwas Grundlegendes hat die mythische Vorstellungswelt sicher mit der unseren gemeinsam und muß es gemeinsam haben, wenn der Mensch sich tätig handelnd verhalten können soll: Sie erlaubt die Welt als gegliedertes Ganzes wahrzunehmen. Wenn wir auch nicht wissen, w i e die Welt des mythischen Menschen geprägt ist, so kann doch mit Entschiedenheit gesagt werden, daß sie auch ohne unsere kategoriale Struktur auf irgend eine Weise konkret und bestimmt g e p r ä g t ist, die erlaubt die einzelnen Erscheinungen einem Weltbild einzuordnen, um ihnen begegnen zu können.

Wesentliche Aussagen der Religionswissenschaft und der Philosophie über die mythische Welt werden durch das bestätigt, was am Beispiel der Aranda bei Betrachtung des durch die Forschung überlieferten Materials festgestellt werden kann. Die Überprüfung am konkreten Fall scheint die allgemeinen Aussagen zu bestätigen, und der Einzelfall durch die Übereinstimmung mit dem Allgemeinen zum gültigen Vertreter des Typus zu werden.

Dabei darf aber der Aspekt des Zirkelschlusses, der dieser Argumentation innewohnt, nicht übersehen werden. Die Theorie über die geistige Struktur der archaischen Kulturen basiert in hohem Maße auf den Forschungsberichten der Ethnologie, wobei gerade auch die Darstellungen der Welt der Aranda im allgemeinen große Beachtung gefunden haben. Die Ethnologie aber ihrerseits erfolgt unvermeidlich in Relationen zu bestehenden Theorien über die archaische Welt.

Die Beweiskraft der Übereinstimmung von Theorie und Feldforschung darf deshalb nicht überbewertet werden. Andererseits darf doch angenommen werden, daß wichtige Aspekte dessen, was dann ‚mythische Welt' genannt wurde, erfaßt worden sind, zu deren wesentlichsten wohl die Einsicht gehört, daß in einer archaischen Kultur Welt und Dasein nicht nur in Einzelheiten, sondern in grundlegenden Strukturen des Bewußtseins und des Selbstverständnisses anders erlebt werden als in unserer. Besonders im Hinblick auf diesen Tatbestand wurden die Ergebnisse über die Aranda mit den allgemeinen Aussagen über die mythische Welt verglichen und stehen die Aranda hier beispielhaft für eine derartige Form menschlicher Existenz.

3.2. Vor- und Frühzeit

Für die Beantwortung der Frage nach dem Selbstverständnis von Menschen, die ihr Numinoses mischgestaltig darstellen, geben die Dokumente der Vorzeit überhaupt keine Auskunft, und auch aus den Frühzeiten fehlt praktisch jeglicher direkte Hinweis, weil auch die ersten schriftlichen Denkmäler in dieser Beziehung im allgemeinen stumm sind. Eine Deutung kann nur vergleichend versucht werden mit Hilfe von ethnologischem Material und durch Rückschlüsse aus den historischen Dokumenten. Die Ergebnisse müssen dabei immer der strengen Beweiskraft entbehren, denn es ist nicht sicher, ob äußerlich ähnliche Kulturzustände unbedingt auch mit einer ähnlichen Bewußtseinslage verbunden sind und ob die Kriterien des Rückschließens, die notwendigerweise aus der Welt des Forschers stammen, den Gegebenheiten des Erforschten auch tatsächlich entsprechen und ihnen gerecht zu werden vermögen.

3.2.1. Die Eiszeit

Fragen nach dem Selbstverständnis der prähistorischen Schöpfer der Eiszeitbilder müssen sich ganz im Vagen verlieren. Sie sind jedoch auch für die hier gestellte Problematik nicht von Belang, weil jede Möglichkeit fehlt, zu prüfen, in welcher Gestalt die wirkenden Mächte in dieser Kultur in Erscheinung traten. Wenn das Numinose von den Eiszeitmenschen in lebendiger Gestalt wahrgenommen wurde, dann konnte es der Möglichkeit nach in jeder der hier zur Rede stehenden Formen erscheinen, denn sie kommen alle in der Eiszeitkunst vor, sind also als Formen des Bewußtseins der Menschen dieser Epoche bezeugt.

Eine Evolution vom Tierbild zum Menschenbild kann nicht festgestellt werden. Tiere und Menschen, und möglicherweise auch die Mischgestalten, sind in ihr von Anfang an greifbar. Daß die Tierbilder weit häufiger sind, hat mit dieser Tatsache nichts zu tun. Sollte der oft besprochene Vorgang vom Tier als erstem Objekt bildlicher Darstellung mit dem Übergang über die Mischfigur zur Menschengestalt tatsächlich in die Kulturgeschichte der Menschheit gehören, so müßte er in noch ferneren, völlig unbelegten Vorzeiten stattgefunden haben.

3.2.2. Ägypten

Um den Erscheinungen der ägyptischen Welt in ihrem Sinne gerecht werden zu können, muß versucht werden zu verstehen, was sie dem Ägypter bedeutet haben könnten. Aber wer ist oder war ‚der‘ Ägypter? Das Wesen eines solchen hypothetischen Vertreters des durchschnittlich Repräsentativen eines Volkes oder einer Kultur ist schon für Verhältnisse, mit denen ein lebendiger Kontakt und Austausch möglich ist, kaum konkret faßbar zu machen. Umso unbestimmter und ungesicherter muß der Versuch damit für längst vergangene Kulturen ausfallen. Deshalb ist es nicht erstaunlich, daß gerade auch hier ganz unterschiedliche Ergebnisse vorliegen, die vom „nüchternen und zugleich heiteren Sinn"[725] und „natürlichen . . . Wesen"[726] des Ägypters bis zur „phantastischen, schauerlichen, unwirklichen und dunklen Stimmung" reichen, die sich „über das ganze ägyptische Leben"[727] ausgebreitet haben soll. Was von besonderem Interesse wäre, nämlich Kenntnisse vom Wesen der früh- und vorzeitlichen Ägypter, ist am allerunzugänglichsten. „Für das Verständnis des Ägypters, seiner Kultur und seiner Denkweise wäre es ungemein wichtig, seine geistige Situation zu Beginn der Geschichte bestimmen zu können". Doch bietet „das vor- und frühgeschichtliche Material zu wenig Anhaltspunkte dafür"[728], so daß alle einschlägigen Versuche nur hypothetischen Charakter haben können.

---

[725] Wolf, Kulturgeschichte S. 21.
[726] Wolf, Welt S. 12.
[727] Kolpaktchy, Totenbuch, Einführung S. 14.
[728] Hornung, Einführung S. 130.

Zur Beurteilung der Gottesgestalt in einer Kultur wäre es nun aber von größter Wichtigkeit, etwas über das Selbstverständnis ihrer Träger zu wissen. Für das vorgeschichtliche Ägypten sind da höchstens Vermutungen möglich. Auch für die historische Zeit wurde dieses Problem von der Ägyptologie kaum behandelt. „Die elementare Frage nach dem Selbstverständnis des Menschen steht allerdings so wenig im Blickpunkt der Ägyptologie, daß unsere bisherigen Nachschlagewerke (Bonnet, Helck-Otto, Posener) auf ein Stichwort ,Mensch' verzichten und die Gesamtdarstellungen der ägyptischen Religion das Problem allenfalls am Rande erwähnen"[729].

Trotz der Schwierigkeiten und Unsicherheiten sucht Hornung eine Antwort auf die Frage nach dem Selbstverständnis des Niltalbewohners zu Beginn der Geschichte zu finden. Er tut dies anhand der Schlachtfeldpalette. „Wie der vorgeschichtliche Ägypter das Verhältnis von Tier und Mensch gesehen hat, zeigt wohl am deutlichsten die Schlachtfeldpalette .... Die Napfseite dieser Schminktafel zeigt ein Schlachtfeld, das mit den verrenkten Körpern besiegter Feinde bedeckt ist; weitere Feinde werden gefangen und gefesselt abgeführt. Nackt, ohne Kleider und Waffen bietet die unterlegene Partei — in menschlicher Gestalt! — ein Bild völliger Wehrlosigkeit. Die Sieger, denen sie hilflos preisgegeben ist, erscheinen als tiergestaltige Mächte: Löwe, Raubvögel, vogelgekrönte Standarten. ... So viel scheint aber sicher, daß sich die Menschen dieser Zeit um 3000 v. Chr. ohne Verkleidung in ein Tier wehrlos fühlen. Noch ist das Tier, wie es scheint, der mächtigste Träger von Wirkung auf die Welt, dem Menschen in allen Fähigkeiten weit überlegen"[730].

Abgesehen davon, daß die Schlachtfeldpalette nicht unbestritten der Vorzeit angehört und auch der Zeit der zweiten Dynastie zugerechnet wird[731], stellt sich das Problem, ob sich auch das andere vorgeschichtliche Material in diese Deutung einordnen läßt. Wenn für die Vorzeit die Annahme stimmen sollte: „Wo uns Menschen begegnen, sind sie entweder durch Jagdmasken, umgebundene Tier-

---

[729] aaO. S. 64.
[730] Hornung, Der Eine S. 94 ff.
[731] Vgl. hier nach Anm. 104.

schwänze, Federn oder ähnliche Attribute als Tier verkleidet oder sie sind, nackt und hilflos, als unterliegende ‚Feinde' der siegreichen Tiermächte gekennzeichnet (Schlachtfeldpalette)"[732], dann müßten alle die zahlreichen Statuetten und Abbildungen von Menschen ohne tierische Merkmale, die aus der Vorzeit auf uns gekommen sind, als Darstellungen der ausgelieferten Hilflosigkeit der menschlichen Existenz gelten. Da die Funde der Vorzeit zumeist aus Gräbern stammen, wäre diese Möglichkeit theoretisch denkbar, aber sie scheint doch wenig wahrscheinlich zu sein. Gerade auch die Darstellung ithyphallischer Männer ohne sichtbare Tierattribute, die im Rund- und Flachbild der Vorzeit erscheinen, deuten wohl eher auf die Möglichkeit hin, daß auch menschliches Sein an sich als machtvoll und krafterfüllt erlebt werden konnte.

Zudem gibt es auch Darstellungen von kämpferischen Auseinandersetzungen, auf denen alle Beteiligten, auch die ‚Sieger' ohne tierische Attribute sind. Auf dem Messergriff von Gebel el Arak[733] sind die Vertreter zweier kämpfender Parteien nackt bis auf einen Gürtel mit Penistasche[734]. In der obersten Reihe führt einer dieser rein menschlichen Krieger einen anderen, offenbar einen besiegten Gegner, am Arm, in ähnlicher Weise, wie dies auf der Schlachtfeldpalette die tierischen Standarten tun. Ohne tierische Attribute erscheint hier ein Mensch als der starke, überlegene Sieger. Ein ähnliches Beispiel findet sich unter den Funden aus Hierakonpolis. Dort wurden zylindrische, elfenbeinerne Stücke[735] gefunden, auf denen eine große, rein menschliche Gestalt einen kleinen, gefesselten, wahrscheinlich nackten Mann vor sich am Haarschopf festhält[736]. Der ‚Sieger' trägt nur einen Lendenschurz und keinerlei sichtbare Tierattribute. Der Haltung nach erinnert diese Gestalt auffällig an den siegreichen König auf der Narmerpalette[737], an dessen Gürtel

---

[732] Hornung, Bedeutung S. 73.
[733] Petrie, Making pl. XXXV.
[734] aaO. S. 65.
[735] „Some of them were probably fitted together as an ivory sceptre". Quibell, Hierakonpolis I, S. 7.
[736] aaO. I, pl. XV.
[737] Quibell interpretiert denn auch: „The king smiting the bound enemy", aaO. I, S. 7.

ein langer Tierschwanz hängt, während auf dem Zylinder von Hierakonpolis gar nichts Tierisches sichtbar ist.

Andererseits kann auch der mit dem Tierattribut versehene Mensch hilflos unterliegen. Auf der Narmerpalette sind zehn gefesselte und enthauptete Männer dargestellt. Neun der abgeschlagenen Köpfe, die zwischen den Beinen der Hingerichteten liegen, tragen eine Kopfbedeckung mit zwei Hörnern[738]. Nach Petrie handelt es sich um Stierhörner. Nicht nur, daß hier also auch der mit der Tierheit verbundene Mensch als überwunden und hilflos dargestellt wird, sondern die Unterlegenen haben offenbar sogar im gleichen Zeichen gekämpft wie der Sieger, denn auf der gleichen Palette erscheint die siegreiche Macht als Stier, der in eine Stadt einbricht, und der Gürtel des siegenden Königs ist mit den gleichen hörnerstarken Hathorköpfen geschmückt, welche auf beiden Seiten je zweimal dominierend die Palette krönen.

Nicht nur solche eben doch vereinzelten Zeugnisse, sondern auch Überlegungen grundsätzlicher Art machen es fraglich, ob sich der Ägypter, besonders aber derjenige der Früh- und Vorzeit, tatsächlich als Mensch dem Tier schlechthin unterlegen fühlte. Eine solche Haltung würde voraussetzen, daß die Erscheinungen der Welt in kategorial scharf getrennten Klassen wahrgenommen wurden. Wenn sich ‚der Mensch' in seinem Menschsein grundsätzlich ‚dem Tier' in seinem Tiersein unterlegen gefühlt haben soll, dann muß das Menschliche als Menschliches und das Tierische als Tierisches begrifflich kategorial erfaßt und getrennt gewesen sein. Eine solche Welterfassung wäre für eine archaische Kultur etwas Außergewöhnliches. Sie würde in ihrer strengen gattungsmäßigen Begrifflichkeit gegen die allgemeinen Erkenntnisse sein, die über die mythische Welt gewonnen wurden.

Nun sind diese Erkenntnisse ja nicht absolut und können immer nur höchstens Hinweise, aber keine stichhaltigen Beweise für die Verhältnisse in einer bestimmten Kultur sein, ganz abgesehen davon, daß die Zuordnung der frühen ägyptischen Kultur in die Bereiche der mythischen Welt auch nur eine Annahme sein kann, die zwar

---

[738] Petrie, Palettes S. 17.

vieles für sich hat, sich aber nicht streng beweisen läßt. Doch werden in diesem Falle die allgemeinen Hinweise durch Gegebenheiten der ägyptischen Kultur bestätigt. Denn auch die ägyptische Sprache hat „im Laufe ihrer langen Entwicklungsgeschichte kein besonderes Wort für ‚Tier‘ geprägt"[739] und auch in der Schrift begegnet keine „Begriffsgruppe ‚Tier‘ mit einheitlichem Deutzeichen"[740].

Wie in der arandischen fehlt also auch in der ägyptischen Sprache der Begriff ‚Tier‘. Er fehlt damit auch dem ägyptischen Bewußtsein, denn eine kategoriale Unterscheidung ohne den entsprechenden sprachlich geformten und festgehaltenen Begriff ist undenkbar[741]. Daß sich ‚der Mensch‘ als Gattung ‚dem Tier‘ als Gattung unterlegen fühlt, ist nicht vorstellbar und nicht möglich in einer Kultur, welche keinen Ausdruck für den Begriff ‚Tier‘ kennt. Und ‚Mensch‘ und ‚Tier‘ wurden offenbar in Ägypten nicht kategorial getrennt erlebt. „Eine deutliche Trennung zwischen Tier und Mensch . . . hat der Ägypter nicht erstrebt. Stets hielt er die Grenze offen und nährte den Wunsch, durch Verwandlung in ein Tier die Skala seiner Seinsmöglichkeiten zu erweitern"[742]. Wenn Frankfort sagt: „It would seem that animals as such possessed religious significance for the Egyptians. Their attitude might well have arisen from a religious interpretation of the animals' otherness"[743], so muß diese Deutung an ägyptischer Wirklichkeit vorbeizielen, denn wie sollen „die Tiere als solche" und gattungsmäßiges „Anderssein" in der Vorstellung realisiert worden sein, wenn die Begriffe zu dieser Unterscheidung fehlten? Und daß diese Begriffe fehlen, zeigt, daß die Unterscheidung in unserem Sinne nicht gemacht wurde.

Nun könnte sich wenigstens der Mensch als Mensch abgehoben haben von einem Reich der Natur, das in seinen verschiedenen anderen Erscheinungen nicht mehr weiter differenziert worden wäre. Aber auch das scheint nach dem Zeugnis der Sprache nicht der

---

[739] Hornung, Bedeutung S. 69.
[740] aaO. S. 70.
[741] Vgl. hier bei Anm. 792.
[742] Hornung, Bedeutung S. 69.
[743] Frankfort, Religion S. 12f.

Fall gewesen zu sein. Es gibt in der ägyptischen Sprache verschiedene Begriffe, „die im Laufe der Zeit den allgemeinen Sinn von ‚Mensch' und ‚Menschheit' erlangten"[744]. Aber schon der wichtigste von ihnen, der „unstreitig und unbestritten die Bedeutung ‚Mensch' erlangte", bedeutet ursprünglich „Ägypter"[745]. Und auch verschiedene andere Begriffe aus diesem Bedeutungsumkreis waren ursprünglich „auf politisch-volklich umgrenzte, auch religiös beleuchtete Einheiten bezogen"[746] und bedeuteten zuerst „any Egyptians whatsoever who had shown hostility toward the kingdom of Hieraconpolis"[747] oder „‚sun-people' or ‚sun-folk'"[748] oder „the patricians"[749] oder „the autochthonous inhabitants of Egypt"[750].

Der Ägypter hat also nie einen Begriff für ‚Tier' gekannt und im Anfang seiner Geschichte auch keinen für ‚Mensch' im biologischen Sinne. Die sprachlichen Verhältnisse der Vorzeit sind natürlich unbekannt, doch dürften sie in dieser Beziehung denen des Beginns der Geschichte entsprochen haben. Die Annahme, daß die Sprache der Vorzeit die begriffliche Teilung der Welt in klar getrennte Gattungen gekannt habe und daß diese dann im Verlauf der Entwicklung

---

[744] Morenz, Religion S. 49.
[745] Gemeint ist äg. rmṯ / Morenz, Religion S. 50f.
[746] aaO. S. 49.
[747] = äg. rḫyt / Gardiner, Onomastica I, S. 105*.
[748] = äg. ḫnmm.t / aaO. I, S. 112*.
[749] = äg. pʻt / aaO. I, S. 108* / Vgl. auch Gardiner, Grammar S. 565.
[750] = äg. pʻt / aaO. I, S. 110* / Dieser Begriff wird allerdings auch als Mensch in Gegensatz zu Tieren und Menschen gedeutet (Erman/Grapow, Wörterbuch I, S. 503). Da jedoch ein so gewichtiger Autor wie Morenz sagt, daß alle diese Begriffe erst später die Bedeutung von Mensch im allgemeinen erlangten (Morenz, Religion S. 49f.) und auch Faulkner in seinem „Dictionary" als Übersetzung an erster Stelle „patricians" und dann erst „mankind" (S. 88) anführt, scheint diese Abhebung von anderen Seinsbereichen doch erst späterer Gebrauch zu sein. Gardiner bestätigt dies: Nach ihm ist die Festlegung von pʻt als „mankind" beeinflußt von einer Verwendung des Begriffes in einem zusammengesetzten Ausdruck, der als „human face" übersetzt wird. Er läßt sich zwar bis auf die Sargtexte zurückverfolgen „and probabely is older still" (Gardiner, Onomastica I, S. 109*). Aber in den Pyramidentexten gibt es einen Spruch von „outstanding importance" (Pyr. Spell 268, 370–371), in welchem „the Pēʻet are regarded as the very flesh and blood of Horus, in fact, as the people of the dynastic race" (Gardiner, Onomastica I, S. 109*). Faulkner übersetzt an der Stelle mit „the nobles" (Faulkner, Texts, S. 76).

verloren gegangen sei, wäre von höchster Unwahrscheinlichkeit. In der Vorzeit und in der Frühzeit scheint also der Ägypter eine kategoriale Abgehobenheit von Mensch und Tier nicht gekannt zu haben.

Diesem Befund entspricht auch, daß der Ägypter offenbar keine scharfe Trennung zwischen der Natur und ihren verschiedenen Seinsformen kannte. Mensch und Natur wurden als Einheit erlebt: „Das Reich der Natur (wurde) nicht von dem Menschen geschieden. . . . Einen Gegensatz zwischen Mensch und Natur kannten sie (die Alten) nicht, weshalb es auch nicht nötig war, die beiden nach verschiedenen Denkkategorien zu begreifen"[751]. Die ganze Welt wurde als ein großer Ordnungszusammenhang erlebt: „Gods, men, animals, plants and physical phenomena all belonged to the same great order. There were no distinct realms of being"[752].

Ein weiteres Zeichen dafür, daß der Mensch als Mensch für den Ägypter nicht abgehoben war von den anderen Bereichen der Schöpfung, mag auch sein, daß aus Ägypten keine gültige allgemein bedeutungsvolle Anthropogonie bekannt ist. „It is interesting that we lack a specific account of the creation of mankind, except in the most allusive way. A ram-god, Khnum, is referred to as forming mankind on his potter's wheel, or the sun-god is called the ‚discoverer of mankind'. But no story of separate creation of man is necessary, for a reason which we shall discuss more fully later; that reason is that there was no firm and final dividing-line between gods and men. Once a creation was started with beings, it could go on, whether the beings were gods, demigods, spirits, or men"[753]. Es gibt also keine speziell betonte, eigene Menschwerdung, wie sie zum Beispiel die Genesis kennt, und durch welche dem Menschen eine spezielle, ausgezeichnete Stellung zukommt, aber auch keine besondere Betonung der Tierwerdung, in der ein generelles Inferioritätsgefühl des menschlichen Seins seinen Ausdruck gefunden hätte. Den Ägypter hat offenbar vor allem das Problem der Schöpfung, der

---

[751] Frankfort, Frühlicht des Geistes S. 10, zit. nach Junker, Geisteshaltung S. 13.
[752] Clarc, Myth S. 26.
[753] Wilson, Egypt S. 54f.

Entstehung des ersten Schöpfergottes beschäftigt, für das sogar mehrere Lösungen gefunden wurden[754]. Was aber dann den ersten Anfängen folgte, scheint sich ihm ganz natürlich ergeben zu haben und keine einzelne Seinsform einer besonderen Erklärung ihrer Existenz bedürftig gewesen zu sein, was wiederum darauf hindeutet, daß ihm keine, auch seine eigene nicht, in ihrem Sein und in ihrer Beziehung zu den anderen in irgend einer Weise außergewöhnlich erschienen wäre.

Angesichts dieser Sachlage mag sich auch die Frage nach dem menschengestaltigen Göttlichen bei den alten Ägyptern in einem etwas andern Lichte darstellen. Die Vorstellung, daß in der frühen Vorzeit das Göttliche in jeder Form, nur gerade nicht in der menschlichen erscheinen konnte, und daß die menschliche Gestalt erst später eine ganz neue, ungewohnte Möglichkeit göttlicher Erscheinung geworden sei, läßt sich auf der Basis der erwähnten sprachlichen und mythologischen Befunde kaum mehr nachvollziehen. Wie hätte der grundsätzliche kategoriale Ausschluß dieser Form erfolgen sollen, wenn die Erscheinungen der Natur nicht in getrennten Kategorien gesehen und wahrgenommen wurden? Es ist auch ganz allgemein schwer vorstellbar, wie ausgerechnet die dem Menschen so naheliegende Gestalt seines eigenen Wesens nicht in die Vorstellungen vom Göttlichen hätte eingehen sollen. Ob das Göttliche in Menschengestalt auch dargestellt wurde, ist eine offene Frage; die Figuren der Vorzeit zeigen, daß wenigstens formal mit dieser Möglichkeit zu rechnen ist. Daß das Göttliche aber in der Vorstellung neben allen anderen Erscheinungsmöglichkeiten auch menschliche Züge annehmen konnte, das ist nicht nur möglich, das scheint sogar geradezu nicht anders vorstellbar zu sein.

Wenn dem Ägypter der Vor- und Frühzeit Gattungsbegriffe für ‚Mensch‘ und ‚Tier‘ fehlten, stellt sich auch die Frage neu, wie es sich mit dem verhält, was in unserer Sprache als ‚rein menschliche‘ Göttererscheinung bezeichnet wird. Der Begriff ‚rein menschlich‘ konnte in der damaligen ägyptischen Sprache nicht vorkommen, er kann in seiner alle anderen Lebensformen ausschließenden Einseitig-

---

[754] aaO. S. 50.

keit zumindest lange Zeit keine Denkmöglichkeit dieser Kultur gewesen sein. Trotzdem könnte ein unausgesprochener Tatbestand diesem Begriff entsprochen haben. Aber es zeigt sich, daß für die als im allgemeinen ‚rein menschlich' bekannten Götter oft nicht einmal die bildliche Gestalt und Darstellung vollkommen und ausnahmslos menschlich ist. Viel wichtiger aber ist, daß der Begriff ‚rein menschlich' sich — wenn er sinnvoll angewendet werden soll — nicht nur auf die bildliche Darstellung beziehen kann, sondern den ganzen Bereich des Ausdrucks und der Seinsart einer Gottheit umfassen muß, besonders wenn er als Unterscheidungskriterium für grundlegende Einteilungen und Unterscheidungen gelten soll. ‚Rein menschliche' Götter aber, die engste synkretistische Verbindungen mit Tieren und Mischgestalten eingehen, deren Ehepartner und Kinder tierische und tierköpfige Gestalt haben können, denen Gegenstände und Tiere so eng zugeordnet werden, daß die Entscheidung, ob es sich um eine Zuordnung oder eine Identifikation handle, schwierig oder sogar unmöglich wird, solche Götter werden kaum im Sinne modernen Sprachgebrauchs als rein menschlich angesprochen werden können. Im Sinne des abendländischen Menschenbildes mit seiner Abgehobenheit von allen anderen Erscheinungen der Natur sind offensichtlich keine ägyptischen Göttergestalten oder Bereiche des Numinosen ‚rein menschlich' gewesen, was wiederum zu dem Tatbetand passen würde, daß der Sprache ein genau umschriebener Begriff für ‚Mensch' fehlte.

Daß ägyptische Gottheiten im Grunde gar nicht ‚rein menschlich' sein können, hängt mit einer anderen Eigenschaft zusammen, auf die immer wieder hingewiesen worden ist, nämlich auf ihre Wandlungsfähigkeit, auf die Offenheit ihrer Gestalt und Erscheinung. „Gestalt, Name und Beinamen ägyptischer Gottheiten scheinen unbegrenzt wandlungsfähig und weitgehend austauschbar"[755]. Schon an der Wende zur historischen Zeit zeigt sich dies eindrücklich auf der berühmten Narmerpalette[756]. Und noch in ganz später Zeit kann „Thoth gleichzeitig und gar auf demselben Denkmal als Ibis und ibis-

---

[755] Hornung, Der Eine S. 90.
[756] Vgl. hier bei Anm. 151.

köpfiger Mensch, außerdem als Pavian dargestellt"[757] werden. Nicht nur die Formen, auch die Wesenheit der Götter ist nicht festgelegt, die gleichzeitig Aspekte der Einheit und der Vielheit haben kann, wie Hornung in seiner Darstellung der ägyptischen Gottesvorstellungen überzeugend dargelegt hat[758].

Wenn man von der Seinsweise der numinosen Mächte Schlüsse ziehen darf auf das Selbstverständnis der Menschen, die sie verehrten, weist die reich bezeugte Offenheit der Erscheinungsweise der ägyptischen Götter auf ein Daseinsverständnis der Niltalbewohner hin, das in wesentlichen Aspekten demjenigen der mythischen Welt entspricht. Gerade auch der Titel von Hornungs erwähnter Darstellung, „Der Eine und die Vielen", kann in direkten Zusammenhang gebracht werden mit philosophisch-theoretischen Ausführungen von Cassirer über die mythische Welt, in welchen er „die **funktionelle Einheit des Bewußtseins, der das theoretische Denken zustrebt**", abhebt von der „**substantiellen mythischen Denkweise**", die entweder „das Viele zum Einen oder das Eine zum Vielen"[759] macht. Das deutet zentral für das ägyptische Göttliche auf diese Indistinktion von für uns klar abgegrenzten Begriffen, die ein wesentliches Merkmal der mythischen Welt darstellt.

Wiederum muß klar betont werden, daß der Befund ‚Indistinktion der Begriffe' sich auf unsere moderne Begriffswelt bezieht und nicht einen generellen Zustand im alten Ägypten meinen kann. Denn daß die Welt der Ägypter eine in sich stimmige und vernünftige gewesen sein muß, daß aber die Wege ihrer Vernunft anders liefen als die der unseren, wurde längst erkannt. „Entweder setzen wir logisches Denken mit zweiwertiger Logik gleich, dann ist ägyptisches Denken unleugbar ‚unlogisch' oder ‚prälogisch'; oder wir geben die Möglichkeit einer andersgearteten, aber in sich widerspruchsfreien Logik zu, die dann nur eine mehrwertige sein kann"[760]. Im System einer solchen mehrwertigen Logik könnten Aussagen, die für uns widersprüchlich sind, als „komplementäre

---

[757] Morenz, Religion S. 21.
[758] Hornung, Der Eine.
[759] Cassirer, Denken S. 198, Anm. 1.
[760] Hornung, Der Eine S. 236.

Aussagen" aufgefaßt werden, „deren Wahrheitsgehalt sich im System einer mehrwertigen Logik nicht ausschließt, sondern zur ganzen Wahrheit ergänzt"[761].

Wenn die Rückschlüsse richtig sind, die den Ägypter der Frühzeit in einer mythischen Welt erscheinen lassen, in welcher die Zusammenhänge der Welt im System einer „mehrwertigen Logik" erfaßt werden, dann kann und muß auch die Mischgestalt als Phänomen dieser Form von Welthabe gesehen werden, in welcher in komplexer Einheit Verbindungen organisch möglich sind, die für uns von höchster Widersprüchlichkeit sein müssen. Die Befunde der Sprache weisen darauf hin, daß in der Frühzeit und damit wohl sicher auch in der Vorzeit in der ägyptischen Welt ‚Tier' und ‚Mensch' nicht als Gattungen voneinander und von anderen Erscheinungen der Natur abgehoben waren. Das erlebte Weltbewußtsein in einer Kultur ohne kategoriale Trennung der verschiedenen Bereiche des Lebendigen muß uns allerdings besonders im Hinblick auf eine so fremde Erscheinung wie die der Mischgestalt rätselhaft bleiben. Damit verlieren die vordem scheinbar so klaren Fragen, ob ‚die Mischgestalt'[762] für ‚den Ägypter' Realität oder Sinnbild war, an konkreter Bestimmtheit. In dem Grade, in welchem unsicher wird, ob und in welcher Weise für die damalige Welt in den ‚Mischgestalten' tatsächlich eine Mischung vorlag, wird auch unsere Frage nach ihrer Realitätsentsprechung unsicher und vage, ganz abgesehen davon, daß uns heute allgemein jedes Wissen davon fehlen muß, was überhaupt vom damaligen Ägypter als Realität erlebt wurde.

Wenn auch nicht damit zu rechnen ist, daß es unter den gegebenen Umständen möglich wird zu erkennen und nachzuvollziehen, was die Mischgestalt im alten Ägypten bedeutete, so kann doch fast mit Sicherheit angenommen werden, daß sie, in einer Welt, die Mensch und Tier nicht gattungsmäßig getrennt erlebte, viel weniger als für uns den Bereichen des Absonderlichen, Grotesken und Abstrusen angehörte, sondern weit näher beim Natürlichen und Selbst-

---

[761] aaO. S. 239.
[762] Nach Auskunft des Wörterbuches von Erman/Grapow (Bd. 6) kannte das Ägyptische auch keinen Ausdruck für ‚Mischgestalt' o. ä.

verständlichen war; und dies nicht primär, weil man sich an sie als an etwas an sich befremdlich Merkwürdiges einfach durch lange kultische Tradition gewöhnt hatte, sondern weil sie nicht aus dem Rahmen der als natürlich empfundenen Denk- und Begriffsformen fiel. Das würde auch mithelfen zu erklären, wieso sich die Mischgestalt durch die ganze lange ägyptische Kulturgeschichte hindurch als lebendiges Formprinzip erhalten konnte.

Wenn die Mischgestalt der Frühzeit als Ausdruck der mythischen Welt und des ihr entsprechenden Selbstverständnisses gesehen werden kann, dann verliert auch die Frage an Bedeutung, ob sie aus Unter- oder aus Oberägypten, aus der Welt der Nomaden oder derjenigen der Bauern ‚stammt'. Sie gehört dann in einen weit umfassenderen Zusammenhang und ist nicht das Produkt einer lokalen oder wirtschaftlichen Gegebenheit. Sie gehört dann in eine Welt, die ganz Ägypten und Nomaden und Bauern umfassen kann.

3.3 Deutung und Nachleben der numinosen Mischgestalt

Die vorliegende Darstellung hat vor allem am Beispiel der Aranda gezeigt, daß die numinosen Mächte, die in tiermenschlicher Mischgestalt erscheinen, Ausdruck eines Selbstverständnisses sein können, in welchem sich der Mensch teilhabend eingebettet fühlt in ein alles umfassendes Reich der Natur, das nicht in naturwissenschaftlicher Weise in streng getrennte Kategorien unterteilt ist.

Damit werden einige Theorien über die Mischgestalt als grundsätzlich allgemeine Erklärung des Phänomens fragwürdig. Ausdruck des göttlichen ‚Ganz Anderen' kann die Mischgestalt in einer Welt nicht sein, in der auch Identifikationen des Menschen mit der numinosen Macht möglich sind, in welcher die erlebte Einheit offenbar so groß und umfassend ist, daß nichts, nicht einmal das Numinose als grundsätzlich ‚Ganz Anderes' aus ihr herausfallen kann. Ebensowenig kann die Mischgestalt als Versuch gesehen werden, das furchtbar Schreckenerregende des Numinosen darzustellen, denn wie soll das so erschreckend sein, was als allgemeine Daseinsform erlebt und empfunden werden kann? Auch die Deutung der Mischgestalt als ‚vergöttlichte' Maskenträger führt nicht weiter. Erstens vermag sie alle die vielfältigen Mischungen der Bereiche nicht zu deuten, die es neben dem Tierkopf auf dem Menschenkörper noch gibt, und zweitens sind Masken in der mythischen Welt wohl nie Requisiten einer Verkleidung. Eliade nennt es ein wohlbekanntes Gesetz der Religionsgeschichte, daß „man wird, was man darstellt. Die Träger der Masken sind wirklich die durch diese Masken dargestellten mythischen Ahnen"[763]. Und auf jeden Fall müssen die Maskentheorien die Frage offen lassen, in welchem Verhältnis der Maskenträger zum mischgestaltigen Numinosen steht. Es läßt sich nicht generell nachweisen, ob Mächtiges wirklich in sekundärer Gestaltgebung mischgestaltig gesehen wurde, weil sein sakraler Repräsentant sich eine Tiermaske aufgesetzt hat, oder ob dieser zuerst die Vorstellung einer mischgestaltigen Macht in sich hatte und sich als Folge ihr dann mit Hilfe der Maske nachgebildet hat.

Die häufigste Erklärung aber ist die der Mischgestalt als Übergang vom Tiergott zum Menschengott. Daß die meist gleichzeitig genannte Entwicklung vom Tierbild zum Menschenbild sich nicht belegen läßt, wurde schon erwähnt. Ebenso wenig findet sich aber irgendwo religionsgeschichtlich signifikant die Reihe vom Tiergott über die Mischgestalt zum Menschengott. Gerade in Ägypten hat sich gezeigt, daß einerseits eine der frühesten sicher als göttliche Darstellung bekannten Figuren menschengestaltig ist, während andererseits die ersten sicheren göttlichen Mischgestalten aus späterer Zeit stammen. In keinem einzigen Falle läßt sich die Linie von der tierischen über die mischgestaltige zur menschlichen Erscheinung aufweisen und verfolgen. Angesichts der schon so früh bezeugten menschlichen Gottesgestalt und der Offenheit und Wandelbarkeit der Erscheinung der ägyptischen Götter an sich kann auch die Tatsache, daß einige Götter, wie Anubis, in der frühesten Zeit als Tier und dann erst als Mischgestalt dargestellt werden[764], nicht als Beweis für eine allgemeine Entwicklung gelten, besonders weil die Weiterentwicklung zur Menschengestalt fehlt.

Abgesehen von diesen konkret faßbaren Befunden lassen viele Zeugnisse aus der mythischen Welt auch grundsätzlich und allge-

---

[763] Eliade, Schamanismus S. 176.   [764] Helck/Otto, Lexikon Sp. 327.

mein eine solche Entwicklung als unwahrscheinlich erscheinen. Die Bereiche der Natur sind nicht in unserem Sinne kategorial getrennt, wie nur schon der sprachliche Befund an vielen Beispielen beweist. Das Tierische kann sich damit gar nicht als ausgezeichnete Kategorie für das Numinose abheben und von anderen Seinsweisen unterscheiden. Ebenso wenig kann sich der Mensch als Mensch in einem gattungsmäßigen Minderwertigkeitsgefühl dem ‚Tierischen' unterlegen fühlen. Dieser Vorgang ist angesichts der so reich bezeugten Identifikationen mit allen möglichen Tiergattungen gar nicht vorstellbar. Und wenn das Totem-‚Tier' als numinose Macht wahrgenommen wird, wird eben gerade nicht ein Tier in unserem Sinne wahrgenommen, sondern ein Wesen, das ebenso sehr zum menschlichen wie zum tierischen Bereich gehört, und der Mensch, der dieses Wesen als numinose Macht erlebt, fühlt sich selber auch beiden Reichen verbunden.

Der Bezugspunkt praktisch aller Theorien über das tierische und mischgestaltige Numinose ist die rein menschliche Gottesgestalt, wenn nicht gar deren vergeistigte Überhöhung, die körperlos nur noch geistig menschliche Züge hat, soweit sie überhaupt noch faßbar ist. Aber selbst wenn man an diesem Bezugspunkt festhält und eine Entwicklung auf ihn zu wahrnimmt, darf der Vorgang wohl nicht als Prozeß von einer Form zur anderen gesehen werden. Der Unterschied zur reinen menschlichen Gestalt des Göttlichen scheint nicht ein Zustand zu sein, in welchem nur das Tierische Ausdruck des Numinosen war, sondern ein Zustand, in welchem viele Formen – Mensch, Tier und Pflanze – Erscheinungsbild der numinosen Macht sein konnten. Das ausschließlich menschlich gesehene Göttliche ist nicht an die Stelle eines ausschließlich tierisch gesehenen Numinosen getreten, sondern an die Stelle einer Vielzahl und Fülle von Erscheinungsmöglichkeiten. Wenn ein Entwicklungsvorgang vorliegt, dann nicht der von einem dominierenden Typus zum anderen, sondern derjenige von der Offenheit der Gestalt zur Einschränkung auf die Ausschließlichkeit einer einzigen, der menschlichen. Die reine Menschengestalt des Göttlichen muß mit einem Wandel im Selbstverständnis des Menschen verbunden sein. Sie kann der Loslösung des Menschen aus einer alles umfassenden Natureinheit zu einer Sonderstellung in ihr entsprechen und ist wohl gleichzeitig deren Ausdruck; sie kann mit dem Schwinden der Fähigkeit des Menschen zusammenhängen, sich auch in anderer Gestalt als der des eigenen Körpers realisiert zu fühlen und in eins damit Ausdruck dieses Schwindens sein.

Theorien, die irgend etwas rational Konstruiertes in der Mischgestalt sehen, sei es als bewußte Abhebung von anderen Formen, sei es als künstliche Summierung von Einzelteilen oder als erst halb geglückter Übergang, stammen ihrem Wesen nach nicht aus dem synthetisch-komplexen Denken der mythischen Welt, der die Mischgestalten angehören, sondern aus dem analytisch-theoretischen der unseren. Gerade aber die Wahrnehmung des Numinosen ist wohl in besonders hohem Maße eine ganzheitliche, die selbst in unserer Welt – sofern sie überhaupt noch erfolgt – eher in Formen geschehen muß, die der mythischen Welt nahe sind, als in zerlegend rationalen.

Rein bewußt erdachte Konstruktionen werden als Formen des Numinosen kaum von vitaler Kraft sein. Die Mischgestalt in ihrer weitesten Form aber ist durch lange Zeiten und praktisch überall auf der Erde eine lebendig wirksame numinose Erscheinung gewesen. Als konstruiertes Gebilde dieser oder jener Provenienz hätte sie aber diese lebendige, weite Verbreitung kaum finden können. Ebenso belegt auf der Ebene des Menschen nur schon der unglaublich weit verbreitete Glaube an die reale Existenz von Werwölfen und ähnlichen Doppelgängern, wie tief verwurzelt ganz allgemein in der Menschheit das Gefühl für die geheimnisvolle Verbindung zwischen Mensch und Tier ist.

Die Theorien, die für die allgemeine Deutung des Phänomens der Mischgestalt abgelehnt werden müssen, können zweifelsohne für bestimmte Einzelfälle zutreffen. Dann kann wohl die tiermenschliche Erscheinung als das ‚Ganz Andere‘ oder als eine ‚künstliche Summierung von Einzelteilen‘ gesehen oder gar ganz bewußt auf irgend eine bestimmte Aussage hin konstruiert worden sein. Eine späte Form des ägyptischen Chnum dürfte ein Beispiel einer solchen konstruierten Veränderung sein. Ursprünglich als Gott des Wassers und der Zeugung gesehen, weitet sich sein Wesen immer mehr aus. „Eigen wird dabei das Wesen des Gottes umschrieben, ‚Es ist vereinigt aus vier Göttern, die man die vier lebenden Bas nennt . . .: dem Herrn der Anfangsstadt . . . als Ba des Re, dem Ba des Schu als Herrn von Esne, dem Ba des Osiris als Herrn von Hypselis, dem Ba des Geb an der Spitze von Herur'. So sind die Chnum-Götter der vier großen Kultstätten zu einem Chnum-Gott verwoben. In ihm, der darum vierköpfig dargestellt wird, ist ihrer aller Wesensfülle gesammelt, und diese umspannt die ganze Welt des Kosmos"[765]. Die Gestalt dieses vierköpfigen Chnum dürfte wirklich das Ergebnis einer bewußt gestalteten theologischen Konstruktion sein und kaum einem primären Formerlebnis von diesem Gott entsprechen. Hier wurde wohl auf Grund rationaler Überlegungen eine Möglichkeit gesucht und gefunden, die vielfältigen Wesenszüge der verschiedenen Chnum-Götter in einer einzigen Form symbolhaft bildlich darzustellen.

In sehr vielen Fällen hat das Mischgestaltige auch tatsächlich den Charakter des grauenerregend Schrecklichen. Doch dürfte auch dies wiederum eine sekundäre Erscheinung sein. Wenn das Tierische nicht mehr Ausdruck für das Göttliche sein kann, verschwindet es meist nicht einfach mühelos aus der religiösen Sphäre. Es wird dann zusammen mit der Mischgestalt aus dem positiven numinosen Bereich in den negativen des Dämonischen gedrängt. Die nicht mehr verstandene Form, die dann auch keinem Selbstverständnis mehr entspricht, erhält eine neue Deutung. Als gesunkene Gottheit lebt sie dann im düsteren Bereich des Dämonischen weiter. „Es ist keine Seltenheit, sondern meist der normale Ablauf, daß die göttliche Gestalt einer vorangegangenen Kulturepoche als ‚böser Geist' weiter lebt"[766].

Als gesunkene Gottheiten haben die Mischgestalten auch in unserer Kultur in vielfältiger Weise bis heute fortgelebt. Die gleichzeitige Teilhabe an menschlichem und tierischem Sein — deren häufigste Form wohl das sprechende Tier ist — und der Wechsel der Gestalt gehören ausschließlich der Sphäre des Spukhaften und

---

[765] Bonnet, Reallexikon S. 137f.
[766] Jensen, Mythos S. 170.

Unheimlichen an, wie dies vor allem die Märchen und Sagen in reichem Maße bezeugen. In den Bereich des gefährlich Dämonischen gehören die Werwolfvorstellungen, die bis in die Neuzeit auch in Europa lebendig geblieben sind[767] und der Glaube, daß Hexen sich in Tiere verwandeln können[768].

Gerade der Hexenglaube zeigt auch, wie sehr und wie lange sich Vorstellungen verwischter Grenzen zwischen dem Menschlichen und dem Tierischen bis in die Sphäre der anerkannten Religion zäh am Leben erhalten haben. Als markantes Beispiel aus der Zeit des ausgehenden Mittelalters sei dafür der „Hexenhammer" angeführt, in welchem das Problem der Verwandlung von Menschen in Tiere auf theologischer Ebene ernsthaft und ausführlich behandelt wird. Die Erörterung geht zwar von einer kanonischen Erklärung aus, die den Glauben an solche Verwandlungen verwirft[769]. Diese Ansicht wird auch umständlich belegt, dann aber doch wieder so sehr relativiert, bis an anderer Stelle den Dämonen doch die Macht zugestanden wird, Verwandlungen bewirken zu können[770].

Der Zwiespalt zwischen dem, was die offizielle Lehre verkündete, und dem, was als Volksglaube offenbar noch überaus lebendig war und sich vor allem in Hexenwahn und Aberglauben äußerte, zeigt sich auch im Werk des Luzerner Apothekers und Stadtschreibers Renward Cysat, der an der Wende vom 16. zum 17. Jahrhundert in seinen „Collectanea" eine für die Geistes- und Kulturgeschichte seiner Zeit unschätzbare Sammlung „eines vielschichtigen, reichen Volksgutes"[771] schriftlich niedergelegt hat. Wenn er auch viele Volksüberlieferungen „für einfelltig fabeln und armsäliges larvenwerck, wodurch der pöffel sich äffen und bethören lasse"[772] hält, so steht er doch sichtbar selber noch, zumindest mit einer Schicht seines Wesens, dem Reich des geheimnisvoll Gespensterhaften lebendig nahe, auch wenn ihm im Grunde bewußt ist, daß dies der

---

[767] Vgl. hier II. 1.3.
[768] Vgl. Murray, Witch-Cult S. 230 ff.
[769] Hexenhammer I, S. 146.
[770] aaO. II, S. 89 und S. 101.
[771] Cysat, Collectanea I, I, 1, S. XXXV.
[772] aaO. I, 1, S. XXXV.

offiziellen Lehre, besonders derjenigen der „wolgeleerten andächtigen herren der societet Jesu"[773] widerspricht. So weiß er von einem „spillman" zu berichten, der „greüwlich schwartze geißfüeß hatt"[774], und von einer Frau, die einige nicht-menschliche, sondern tierische Kinder geboren habe, welche gleich nach der Geburt nach tierischer Art hin und her liefen und hüpften[775]. Cysat ist sicher nicht als Ausnahme zu betrachten. Wie sehr auch im nahen Umkreis der anerkannten kirchlichen Lehre Aspekte einer ihr fremden Geisteswelt lebendig bleiben konnten, zeigt das Bild des ‚christlichen' Teufels, der weit herum mit Hörnern und Pferde- oder Bocksfüßen vorgestellt wird.

Ein Beispiel dafür, in welchem Maße noch zu Beginn unseres Jahrhunderts Geschichten, in denen sich Tierisches und Menschliches vermischen, in einem Schweizer Bergtal lebendig waren, sind die von Josef Müller gesammelten „Sagen aus Uri". Da tritt der Teufel als Hund[776], als Gehörnter[777] und mit Bocks- oder Pferdefüßen[778] auf, da wimmelt es von Geistern in Tiergestalt[779], da verwandeln sich – nicht nur im Zusammenhang mit den reich vertretenen Hexen – immer wieder Menschen in Tiere und umgekehrt[780], und da treten sogar echte Mischwesen in Erscheinung: Ein Hund mit einem Menschengesicht[781], aber auch noch viel grauslichere Gestalten wie ein Ungeheuer, das „Hinterbeine, Füße und Kopf eines Pferdes, Arme und Hände eines Menschen"[782] oder eines, das „vier Roßbeine und Roßfüße und den Kopf eines Menschen"[783] hat, und eine

---

[773] aaO. I, 2, S. 554a.
[774] aaO. I, 2, S. 613a.
[775] „Tum etiam uxor aliquoties iam pregnans et parturiens, partus quosdam non humanos sed ferinos edit et profert, qui confestim in terram descendentes, animalium more hinc inde discurrentes et saltantes ceu bestie ..." (aaO. I, 2, S. 740a). Vgl. auch aaO. I, 2, S. 555, 557, 600f., 741f., 746, 748.
[776] Müller, Sagen Nr. 323.
[777] aaO. Nr. 324.
[778] aaO. Nr. 1240a und c.
[779] aaO. Nr. 480–613.
[780] aaO. Nr. 118 und 542.
[781] aaO. Nr. 505.
[782] aaO. Nr. 603.
[783] aaO. Nr. 918. 1.

baumlange Schlange mit dem Kopf eines Mannes[784]. Es wird auch von einem angeschossenen Hasen erzählt, der auf der Flucht die Spuren von zwei Menschenfüßen hinterläßt[785].

Diese letzte Geschichte ist nun besonders interessant, weil der Gewährsmann sie als eigenes Erleben deklariert und ausdrücklich erklärt, daß dies kein Märchen sei, daß ihm das passiert sei, „das derfet iähr de scho i ds Wuchäblatt tüe"[786]. Dies ist nicht der einzige Hinweis darauf, daß derartige Phänomene als reale Vorkommnisse erlebt wurden. Im Vorwort betont der Verfasser, wie verblüfft er gewesen sei, noch Personen getroffen zu haben, „die noch ernstlich im Hexenwahn befangen waren, sich selben nicht einmal ausreden ließen"[787]. So entpuppt sich in einer Geschichte ein sonderbares Füchslein nicht als irgend eine Frau, sondern als „Katharina Wyrsch"[788] und eine 1914 erzählte Jagdgeschichte, in der ein wiederholter Gestaltwechsel vom Tier zum Menschen vorkommt, beginnt: „Fünfzehn Jahre vielleicht mögen seither verflossen sein"[789].

Völlig überraschend außergewöhnlich sind solche Aussagen nicht. Es ist allgemein bekannt, daß das aufgeklärt naturwissenschaftliche Weltbild mit seinen sauber getrennten Kategorien der Naturbereiche längst nicht das Erleben der ganzen westlichen Bevölkerung durchgehend bestimmt. Und noch vor wenigen Jahren suchte eine in keiner Weise auffällige Bewohnerin einer kleineren Schweizer Stadt in echter Not Rat bei ihrem Nachbarn: Sie wußte nicht, was sie mit ihrem Fußschemel machen sollte. Sie konnte ihn nicht mehr benützen, aber auch nicht fortwerfen, weil ihr Enkelkind ihn am Vortag als Puppe gebraucht hatte. „Dä isch jetz doch läbigä"[790] war ihr durchaus ernstgemeinter, hilfloser Kommentar.

Nicht nur in solchen Formen lebt die Vermischung der Bereiche des Lebendigen weiter. Allgemein werden auch im Bilden und Gestalten und damit im Vorstellen des Zwanzigsten Jahrhunderts

---

[784] aaO. Nr. 1286.
[785] aaO. Nr. 220.
[786] aaO. Nr. 220 / „Das dürft ihr dann schon ins Wochenblatt tun".
[787] aaO. Bd. I, S. VII.
[788] aaO. Nr. 230.
[789] aaO. Nr. 542.
[790] „Der ist doch jetzt lebendig."

überraschend häufig tierische Elemente zur Charakterisierung des Menschen verwendet, und zwar — im Sinne der ‚gesunkenen Gottheit' — immer zur Zeichnung des Bösen. Hofmannsthal, der in der Gestalt des Olivier im „Turm" eine Inkarnation des Satanischen gezeichnet hat, bedient sich zu deren Kennzeichnung fast ausschließlich tierischer Attribute. Ebenso braucht Rolf Hochhuth in den Szenenangaben zu seinen „Guerillas" bei der Beschreibung der Personen, die zur herrschenden Klasse gehören und damit als das Böse und als Urgrund allen Übels dastehen sollen, auffällig oft tierische Vergleiche und erreicht dadurch, daß sie sich in gewünschter Weise von den vorzugsweise mit edlen menschlichen Charakteristika vorgestellten Revolutionären drastisch abheben. Und nach wie vor zeigen politische Kampfplakate verschiedenster Provenienz den Vertreter des ‚bösen Feindes', der für alles Elend in der Welt allein und ausschließlich verantwortlich sein soll, gerne und genüßlich mit einem Schweinskopf oder mit Tigerpranken.

Das vielfältige Weiterleben der Vermischung von Menschlichem mit Tierischem in Zeiten und Kulturräumen, die scheinbar längst mythische Bewußtseinsstrukturen verloren haben, zeigt, wie tief die Vorstellung von der Gemeinsamkeit dieser beiden Bereiche in den Bewußtseinsmöglichkeiten des Menschen allgemein verankert ist.

Seine zentrale, echte Seinsweise aber dürfte dem Mischwesen in der gelebten und erlebten mythischen Welt zukommen. Dort wird es nicht nur als lebendiges Phänomen faßbar, dort findet sich auch ein Selbstbewußtsein des Menschen, das die Mischgestalt, die gleichzeitige Teilhabe an verschiedenen Bereichen des Lebendigen, organisch als Seinsmöglichkeit erleben kann.

Wenn auch die Mischgestalt als vitale Vorstellungsmöglichkeit der mythischen Welt zugeordnet werden kann, so bleibt doch die Frage nach ihrer Bedeutung in dieser Welt schwer beantwortbar. Denn wenn auch ein theoretisches Wissen um die Andersartigkeit des mythischen Bewußtseins vorhanden ist, so fehlt dem modernen Menschen doch die Möglichkeit, dieselbe für sich herzustellen und lebendig rekonstruieren zu können[791].

---

[791] Vgl. hier nach Anm. 719.

Nur schon dadurch, daß wir die Mischgestalt in Formen unserer Sprache bezeichnen, evozieren wir Vorstellungen, die so in mythischen Kulturen nicht existieren können. Ebensowenig ist der Ausdruck ‚tier-menschliche Gestalt' hier möglich, zumindest nicht bei den Aranda und den alten Ägyptern, die kein Wort für ‚Tier' kennen. Und das Fehlen dieses Begriffes ist nun weit mehr als eine kleine Eigenheit des Wortschatzes, denn die Existenz einer Bedeutung in einer Kultur ist vom entsprechenden Wort abhängig. „Von ‚Bedeutungen an sich' zu sprechen, ist sinnwidrig; Bedeutungen sind nicht vom Wort ablösbar"[792]. Ebensowenig gibt es eine ‚Wahrnehmung an sich', im Wahrnehmen wird immer etwas als etwas wahrgenommen. „Wenn wir in dieser Weise alles, was wir wahrnehmen, schon immer ‚als etwas' wahrnehmen, in den Mitteln eines vorgezeichneten Verständnisses, als Tisch, als Stuhl usw., so besteht dieses ‚als was' ich das mir Begegnende wahrnehme, nicht in abstrakten Begriffen, sondern ist bedingt durch den Vorrat an Wörtern, den mir meine Sprache zur Verfügung stellt, und so wird alle Wahrnehmung schon immer durch die Sprache geleitet. **Nur das, wofür ich ein Wort habe, kann ich dann in der Welt auch vorfinden**, und es gilt ganz grundsätzlich der Humboldtsche Satz, daß der Mensch, nachdem er die Sprache aus sich herausgesponnen hat, er sich zugleich in diese eingesponnen hat und zur Wirklichkeit keinen anderen Zugang mehr hat als so, wie die Sprache sie ihm zuführt"[793]. Was die Sprache uns nicht zur Verfügung stellt, ist nicht verfügbar. „Wir erfassen die Wirklichkeit grundsätzlich nur im Medium der Sprache. Sie bestimmt von vornherein die Auswahl und Deutung der Dinge, mit denen wir leben"[794]. Die Sprache liefert nicht Etiketten für Bestehendes. Sie ist nicht „Verwendung, sondern Erzeugung von Bedeutungen"[795] und „die Unterscheidung zwischen dem Existierenden und dem Nichtexistierenden wird ... erst durch die Sprache ermöglicht"[796].

[792] Hoffmeister, Wörterbuch S. 103.
[793] Bollnow, Philosophie S. 20f. / Hervorhebung von mir.
[794] aaO. S. 58.
[795] Coseriu, Mensch S. 121.
[796] Coseriu, Phänomen S. 138.

So entzieht sich das Phänomen, das wir ‚tier-menschliche Mischgestalt' nennen, in Entscheidendem unseren Verständnis- und Deutungsmöglichkeiten. Von der „numinosen Mischgestalt" zu sprechen, schien zu Beginn eine Selbstverständlichkeit zu sein; das Problem war, wie sie entstanden sein und was sie bedeutet haben könnte. Nun erweist es sich, daß schon der Gebrauch der Ausdrücke ‚Mischgestalt' und ‚tier-menschlich' im Zusammenhang mit den Kulturen, in denen das Phänomen lebendig auftritt, problematisch ist. Unmöglich können sich für das Erleben des mythischen Menschen in der ‚Mischgestalt', wie für uns, Teile aus zwei getrennten Bereichen vermischen. Um eine Verbindung von an sich nicht Zusammengehörigem kann es sich hier nicht handeln. Andererseits werden auch in der mythischen Welt wohl kaum Vorstellungen von reinen Menschen oder Tieren und solche von ‚Mischgestalten' als identisch erlebt. Die Vereinigung von Aspekten eines bestimmten Tieres mit denjenigen eines Menschen wird wohl als solche gesehen werden. Aber die Erlebnisqualität dieser Wahrnehmung läßt sich wiederum nicht nachvollziehen, da der mythische Mensch sich ja in hohem Maße mit einem bestimmten Tier — und sicher besonders stark mit demjenigen der ihm bedeutungsvollen ‚Mischgestalt' — identifizieren konnte.

Ein konkret inhaltlicher Nachvollzug des Erlebnisses des Phänomens ‚Mischgestalt' im Sinne des mythischen Bewußtseins, das Mensch und Tier noch nicht kategorial trennt, ist uns nicht möglich. Was das Erlebnisäquivalent für die ‚mischgestaltige' Wahrnehmung war, ob das für uns Gemischte als ganz natürlich selbstverständliche Einheit, oder ob es doch als ein Zusammenfließen von zwar Verschiedenem, aber nicht kategorial Getrenntem erlebt wurde, das muß sich unserem Verstehen und Fühlen entziehen. Wir können höchstens formal erkennen, daß die ‚Mischgestalt' des Numinosen in der mythischen Welt einem Selbstverständnis des Menschen entspricht, welches sich in für uns grundsätzlich nicht nachvollziehbarer, rätselhafter Weise, bei völlig klarem Verstand und klar gegliederten Weltvorstellungen in umfassender Einheit allen Formen und Bereichen der Natur teilhabend verbunden fühlt.

Liste der benutzten Literatur

Alföldi, Struktur
: Alföldi, Andreas
Die Struktur des voretruskischen Römerstaates
= Bibliothek der klassischen Altertumswissenschaften, neue Folge, 1. Reihe, Band 5
Heidelberg 1974

Anthes, Mythlogie
: Anthes, Rudolf
Mythologie und der gesunde Menschenverstand in Ägypten
in: Mitteilungen der Deutschen Orient-Gesellschaft zu Berlin 96 (1965) 8–40

Apollonhymnus
: Homeri opera
rec. Thomas W. Allen, tom. V Hymnos... continens
Oxford 1946[2]

Bandi/Maringer, Kunst
: Bandi, Hans Georg/Maringer, Johannes
Kunst der Eiszeit
Levantekunst, Arktische Kunst
Basel 1955[2]

Baumgartel, Cultures
: Baumgartel, Elise J.
The Cultures of Prehistoric Egypt
London 1955, revised edition (zwei Bde. in einem Bd.)

Berger/Luckmann, Konstruktion
: Berger, Peter L./Luckmann, Thomas
Die gesellschaftliche Konstruktion der Wirklichkeit
Eine Theorie der Wissenssoziologie
übersetzt von Monika Plessner
(= Conditio humana. Ergebnisse aus den Wissenschaften vom Menschen, hgg. v. Thure von Uexküll und Ilse Grubrich-Simitis)
Frankfurt am Main 1974[4]

von Bissing, Friedrich Wilhelm
Ägyptische Kunstgeschichte von den ältesten Zeiten bis auf die Eroberung durch die Araber, I
Berlin 1934

Bleeker, Geburt
: Bleeker, C. Jouco
Die Geburt eines Gottes
Eine Studie über den ägyptischen Gott Min und sein Fest
= Studies in the history of religions, Supplements to Numen, vol. 3
Leiden 1956

Liste der benutzten Literatur

Bollnow, Philosophie
: Bollnow, Otto Friedrich
Philosophie der Erkenntnis
1. Das Vorverständnis und die Erfahrung des Neuen
= Urban Bücher 126
Stuttgart 1970

Bonnet, Reallexikon
: Bonnet, Hans
Reallexikon der ägyptischen Religionsgeschichte
Berlin 1952, Neudruck 1971

Breuil, Siècles
: Breuil, Henri, Abbé
Quatre cent siècles d'art pariétal
Les Cavernes Ornées de l'Age du Renne
Montignac 1952

Brunner, Hellmut
Die altägyptische Schrift
in: StG 18 (1965) 756–769

Brunner-Traut, Tiergeschichte
: Brunner-Traut, Emma
Altägyptische Tiergeschichte und Fabel
Gestalt und Strahlkraft
in: Saeculum 10 (1959) 124–185
Nachdruck Darmstadt 1974[4]

Budge, E. A. Wallis
From Fetish to God in Ancient Egypt
London 1934

Burkert, Homo
: Burkert, Walter
Homo necans
Interpretationen altgriechischer Opferriten und Mythen
= Religionsgeschichtliche Versuche und Vorarbeiten, hgg.
  v. Walter Burkert und Carsten Colpe, Bd. XXXII
Berlin/New York 1972

Bøe, Felszeichnungen
: Bøe, Johannes
Felszeichnungen im westlichen Norwegen
I: Die Zeichnungsgebiete in Vingen und Henøya
= Bergens Museums Skrifter 15
Bergen 1932

Capell, Arthur C.
A New Approach to Australian Linguistics
Handbook of Australian Languages, Part I
= Oceania Linguistic Monographs No. 1
  (Editors A. Capell and S. Wurm)
Sydney 1956

Capell, Arthur C.
Some Linguistic Types in Australia
Handbook of Australian Languages, Part II
= Oceania Linguistic Monographs No. 7
  (Editors A. Capell and S. Wurm)
Sydney 1962

Cassirer, Sprache und Mythos	Cassirer, Ernst Sprache und Mythos Ein Beitrag zum Problem der Götternamen = Studien der Bibliothek Warburg 6 Leipzig/Berlin 1925
Cassirer, Denken	Cassirer Ernst Philosophie der symbolischen Formen 1. Teil: Die Sprache 2. Teil: Das mythische Denken 3. Teil: Phänomenologie der Erkenntnis Tübingen/Oxford 1954²
Cassirer, Mensch	Cassirer, Ernst Was ist der Mensch? Versuch einer Philosophie der menschlichen Kultur Übersetzung der (amerikanischen) Originalausgabe durch Wilhelm Krampf Stuttgart 1960
Clark, Myth	Clark, Robert Thomas Rundle Myth and Symbol in Ancient Egypt Myth and Man London 1959
Coseriu, Mensch Coseriu, Phänomen	Coseriu, Eugenio Der Mensch und seine Sprache und Das Phänomen der Sprache und das Daseinsverständnis des heutigen Menschen beide in Tübinger Beiträge zur Linguistik, hgg. v. Gunter Narr Bd. 2: Eugenio Coseriu, Sprache — Strukturen und Funktionen, XII Aufsätze zur allgemeinen und romanischen Sprachwissenschaft. In Zusammenarbeit mit Hansbert Bertsch und Gisela Köhler hgg. von Uwe Petersen, 109—124 und 131—155 Tübingen 1971²
Cysat, Collectanea I	Cysat, Renward Collectanea Chronica und denkwürdige Sachen pro Chronica Lucernensi et Helvetiae 1. Abteilung: Stadt und Kanton Luzern, 1. Band, 1. und 2. Teil (durchpaginiert) und 3. Teil, mit Glossar, bearb. v. Josef Schmid Luzern 1961 (Glossar), 1969—1972
Dirlmeier, Vogelgestalt	Dirlmeier, Franz Die Vogelgestalt homerischer Götter = Sitzungsberichte der Heidelberger Akademie der Wissenschaften, phil.-hist. Klasse 1967. 2

Dixon, Oceanic	Dixon, Roland B. Oceanic = The Mythologie of All Races (Louis Herbert Gray, editor) vol. IX New York 1964
Dorsch, Wörterbuch	Dorsch, Friedrich Psychologisches Wörterbuch Hamburg/Bern 1963[7]
Dumézil, Loki	Dumézil, Georges Loki aus dem Französischen übersezt von Inge Köck Darmstadt 1959
Durkheim, Formes	Durkheim, Emile Les formes élémentaires de la vie religieuse Le système totémique en Australie = Travaux de l'année sociologique Paris 1912
Eichhorn, Religionen	Eichhorn, Werner Die Religionen Chinas = Die Religionen der Menschheit, hgg. v. Chr. M. Schröder, Bd. 21, Stuttgart 1973
	Eitrem, Samson Tierdämonen in: Paulys Realencyclopädie der classischen Altertumswissschaft VI A I (2. Reihe, 11. Halbband) Sp. 862.61–921.45 Stuttgart 1958
Eliade, Schamanismus	Eliade, Mircea Schamanismus und archaische Ekstasetechnik (Übertragung von „Le Chamanisme" ... durch Inge Köck) Zürich/Stuttgart 1957
	Elkin, Adolphus Peter The Australian Aborigines, how to understand them Sydney 1954[3]
Elkin, Nature	Elkin, Adolphus Peter The Nature of Australian Languages in: Oceania 8 (1937) 127–170
Elkin, Development	Elkin, Adolphus Peter The Development of Scientific Knowledge of the Aborigines, in „Studies" 3–28
Erman, Religion	Erman, Adolf Die Religion der Ägypter Ihr Werden und Vergehen in vier Jahrtausenden Berlin/Leipzig 1934

Ermann/Grapow, Wörterbuch	Erman, Adolf/Grapow, Hermann Wörterbuch der ägyptischen Sprache 6 Bde. in 11 Teilen Leipzig 1937–1961, Nachdruck Hildesheim 1971
Eylmann, Eingeborene	Eylmann, Erhard Die Eingeborenen der Kolonie Südaustralien Berlin 1908, Nachdruck New York 1966
Faulkner, Dictionary	Faulkner, Raymond Oliver A Concise Dictionary of Middle Egyptian Oxford 1962
Faulkner, Texts	Faulkner, Raymond Oliver The Ancient Egyptian Pyramid Texts translated into English by R. O. F. Oxford 1969
Findeisen, Schamanentum	Findeisen, Hans Schamanentum Dargestellt am Beispiel der Besessenheitspriester nordeurasiatischer Völker = Urban Buch 28 Stuttgart 1957
Frankfort, Kingship	Frankfort, Henri Kingship and the Gods A Study of Ancient Near Eastern Religion as the Integration of Society and Nature An Oriental Institute Essay London 1948
Frankfort, Religion	Frankfort, Henri Ancient Egyptian Religion = Lectures on the History of Religions, sponsored by the American Council of Learned Societies, new ser. no. 2 New York 1949[2] Frankfort, Henri The Birth of Civilisation in the Near East London 1951 Frankfort, Henri The Archetype in Analytical Psychology and the History of Religion in: Journal of the Warburg and Courtauld Institutes, London, 21 (1958) 166–178 Frankfort, Henri/Frankfort, Henriette Antonia Myths and Reality in: Before Philosophy. The Intellectual Adventure of Ancient Man; an Essay on Speculative Thought in the Ancient Near East, by H. F. and H. A. F. and others, 3–27, Chigaco 1957[4]

Frazer, James George
Totemism and Exogamy
A Treatise on Certain Early Forms of Superstition and Society
4 vols.
London 1910

Freud, Sigmund
Totem und Tabu
= Gesammelte Werke Bd. 9
London 1948[2]

Frobenuis, Ekade
Frobenius, Leo
Ekade Ektab
Die Felsbilder Fezzans
Ergebnisse der 10. Deutsch-Innerafrikanischen Forschungsexpedition nach Tripolitanien und Ostalgier usw.
= Veröffentlichungen des Forschungsinstitutes für Kulturmorphologie
Leipzig 1937

Gardiner, Onomastica
Gardiner, Alan H.
Ancient Egyptian Onomastica
3 vols.
London 1947

Gardiner, Grammar
Gardiner, Alan H.
Egyptian Grammar
Being an Introduction to the Study of Hieroglyphs
London 1957[3], Nachdruck 1973

Gehlen, Geschichte
Gehlen, Arnold
Zur Geschichte der Anthropologie, 1957
in: Gehlen, Arnold, Anthropologische Forschung
    Zur Selbstbegegnung und Selbstentdeckung des Menschen
= rowohlts deutsche enzyklopädie 138, 7−25
Reinbek bei Hamburg 1961

Gehlen, Urmensch
Gehlen, Arnold
Urmensch und Spätkultur
Philosophische Ergebnisse und Aussagen
Frankfurt am Main 1964[2]

Gehlen, Mensch
Gehlen, Arnold
Der Mensch, seine Natur und seine Stellung in der Welt
Frankfurt am Main 1966[8]

Giedion, Entstehung
Giedion, Siegfried
Ewige Gegenwart, ein Beitrag zu Konstanz und Wechsel
Bd. 1: Die Entstehung der Kunst
Zürich 1962 und Köln 1964

Liste der benutzten Literatur 283

Gilgamesch
Das Gilgamesch-Epos
Neu übersetzt und mit Anmerkungen versehen von Albert Schott, ergänzt und teilweise neu gestaltet von Wolfram von Soden
= Reclams Universal-Bibliothek 7235/35a
Stuttgart 1974

von Glasenapp, Helmut
Die nichtchristlichen Religionen
= Das Fischer Lexikon, Enzyklopädie des Wissens, Bd. 1
Frankfurt am Main 1957

Goldammer, Formenwelt
Goldammer, Kurt
Die Formenwelt des Religiösen
Grundriß der systematischen Religionswissenschaft
= Kröners Taschenausgabe Bd. 264
Stuttgart 1960

Grahmann/Müller-Beck, Urgeschichte
Grahmann, Rudolf/Müller-Beck, Hans-Jürgen
Die Urgeschichte der Menschheit
Stuttgart 1967[3]

Grapow, Hermann
Die bildlichen Ausdrücke des Ägyptischen
Vom Denken und Dichten einer Altorientalischen Sprache
Leipzig 1924

Grönbech, Wilhelm
Kultur und Religion der Germanen
2 Bde.
Hgg. v. Otto Höfler. Ins Deutsche übertragen von Ellen Hoffmeyer.
Darmstadt 1961[6]

Haensch, Wolf Günther
Die paläolithischen Menschendarstellungen aus der Sicht der somatischen Anthropologie
= Antiquitas, Reihe 2, Abhandlungen aus dem Gebiet der Vor- und Frühgeschichte, hgg. v. Andreas Alföldi und Kurt Tachenberg, Bd. 8
Bonn 1968

Heidegger, Sein
Heidegger, Martin
Sein und Zeit
Tübingen 1963[10]

Heiler, Erscheinungsformen
Heiler, Friedrich
Erscheinungsformen und Wesen der Religion
= Die Religionen der Menschheit, hgg. v. Chr. M. Schröder, Bd. 1,
Stuttgart 1961

Helck, Ägypten
Helck, Wolfgang
Ägypten, Die Mythologie der alten Ägypter
in: Haussig, Hans Wilhelm, Wörterbuch der Mythologie,

	Bd. 1: Götter und Mythen im Vorderen Orient, Stuttgart 1965, S. 313–406
Helck/Otto, Lexikon	Helck, Wolfgang/Otto, Eberhard Lexikon der Ägyptologie Bd. 1, A–Ernte Wiesbaden 1975
Hertz, Werwolf	Hertz, Wilhelm Der Werwolf Beitrag zur Sagengeschichte Stuttgart 1862
Hexenhammer	Sprenger, Jacob/Institoris, Heinrich Der Hexenhammer Zum ersten Male ins Deutsche übertragen und eingeleitet von J. W. R. Schmidt 3 Teile (in einem Band) Berlin 1906, Nachdruck Darmstadt 1974
Hoffmeister, Wörterbuch	Hoffmeister, Johannes Wörterbuch der philosophischen Begriffe hgg. v. J. H. = Meiners Philosophische Bibliothek Bd. 225 Hamburg 1955²
	Hofstätter, Peter R. Psychologie = Das Fischer Lexikon, Enzyklopädie des Wissens, Bd. 6 Frankfurt am Main 1957
Homer, Ilias und Odyssee	Homer Ilias und Odyssee Zweisprachige Ausgabe des Tempel-Verlages Berlin und Darmstadt o. J.
Hornung, Einführung	Hornung, Erik Einführung in die Ägyptologie Stand. Methoden. Aufgaben = Die Altertumswissenschaft. Einführungen in Gegenstand, Methoden und Ergebnisse ihrer Teildisziplinen und Hilfswissenschaften Darmstadt 1967
Hornung, Bedeutung	Hornung, Erik Die Bedeutung des Tieres im alten Ägypten in: StG 20 (1967) 69–84
Hornung, Der Eine	Hornung, Erik Der Eine und die Vielen Ägyptische Gottesvorstellungen Darmstadt 1971¹, 1973²

	Huard, Paul Recherches sur les traits culturels des chasseurs anciens du Sahara Centre Oriental et du Nil in: Revue d'Égyptologie, Paris, 17 (1965) 21–80
Hultkrantz, Religion	Hultkrantz, Åke Die Religion der Amerikanischen Arktis = Die Religionen der Menschheit, hgg. v. Chr. M. Schröder, Bd. 3: Die Religionen Nordeurasiens und der Amerikanischen Arktis Stuttgart 1962
Hunger, Lexikon	Hunger, Herbert Lexikon der griechischen und römischen Mythologie Wien 1959⁵ und Reinbek bei Hamburg 1974
	Isler, Gotthilf Die Sennenpuppe Eine Untersuchung über die religiöse Funktion einiger Alpensagen = Schriften der Schweizerischen Gesellschaft für Volkskunde, Bd. 52, Basel 1971
	Jacobsohn, Helmuth Gestaltwandel der Götter und des Menschen im Alten Ägypten in: Eranos Jahrbuch, Zürich, 38 (1969) 9–43
James, Gods	James, Edwin Oliver The Ancient Gods The History and Diffusion of Religion in the Ancient Near East and the Eastern Mediterranean = History of Religion London 1960
Jensen, Mythos	Jensen, Adolf E. Mythos und Kult bei den Naturvölkern Religionswissenschaftliche Betrachtungen = Studien zur Kulturkunde, begr. v. Leo Frobenius, hgg. v. Ad. E. Jensen, Bd. 10 Wiesbaden 1951
	Jéquier, Gustave Considérations sur les religions égyptiennes Neuchâtel 1946
Johansen, Studies	Johansen, J. Prytz Studies in Maori Rites and Myths = Historisk-filosofiske Meddelelser udgivet af det Kongelige Dansk Videnskabernes Selskab 37.4 København 1958

Jung, Carl Gustav
Zur Psychologie westlicher und östlicher Religion
= Gesammelte Werke, Bd. 11
Zürich/Stuttgart 1963

Junker, Hermann
Pyramidenzeit
Das Wesen der altägyptischen Religion
Einsiedeln/Zürich/Köln 1949

Junker, Geisteshaltung   Junker, Hermann
Die Geisteshaltung der Ägypter in der Frühzeit
= Österreichische Akademie der Wissenschaften, phil.-hist. Klasse, Sitzungsberichte Bd. 237.1
Wien 1961

Kaiser, Bemerkungen   Kaiser, Werner
Einige Bemerkungen zur ägyptischen Frühzeit
ZÄS 84 (1959) 119—132
    85 (1960) 118—137
    86 (1961) 39—61
    91 (1964) 86—125

Kaplony, Peter
Die Inschriften der ägyptischen Frühzeit
Bde. 1—3 = Ägyptologische Abhandlungen 8, Wiesbaden 1963
Supplement = Ägyptologische Abhandlungen 9, Wiesbaden 1964

Kaplony, Peter
Steingefäße mit Inschriften der Frühzeit und des Alten Reichs
= Monumenta Ägyptica 1
Bruxelles 1968

Kees, Hermann
Totenglauben und Jenseitsvorstellungen der Alten Ägypter, Grundlagen und Entwicklung bis zum Ende des Mittleren Reiches
Leipzig 1926, Berlin 1956[2]

Kees, Hermann
Probleme ägyptischer Vorgeschichte
in: Göttingische Gelehrte Anzeigen 201 (1939) 485—495

Kees, Götterglaube   Kees, Hermann
Der Götterglaube im Alten Ägypten
= Mitteilungen der Vorderasiatisch-Ägyptischen Gesellschaft, Leipzig, 45
Leipzig 1941

Liste der benutzten Literatur 287

          Keller, Wilhelm
          Einführung in die philosophische Anthropologie
          (= Vom Wesen des Menschen,
           Beiheft 1 zum Jahrbuch der Schweizerischen Philosophischen Gesellschaft, Basel 1943)
          = Uni-Taschenbuch 87
          Bern 1971

Klaatsch, Schlußbericht Klaatsch, Hermann
          Schlußbericht über meine Reise nach Australien in den Jahren 1904—1907
          in: Zeitschrift für Ethnologie, Berlin, 39 (1907) 635—690

Kluge, Wörterbuch Kluge, Friedrich
          Etymologisches Wörterbuch der deutschen Sprache
          bearbeitet von Walter Mitzka
          Berlin 1967^{20}

Knibbs, Handbook Knibbs, George Handley (Editor)
          Federal Handbook (for Australia)
          prepared from the British Association for the Advancement of Science, ed. by G. H. K.
          Melbourne 1914

Kolpaktchy, Totenbuch Kolpaktchy, Gregoire
          Ägyptisches Totenbuch
          übersetzt und kommentiert von G. K.
          München 1970 und Zürich 1975

Krickeberg, Religionen Krickeberg, Walter
          Die Religionen der Kulturvölker Mesoamerikas
          = Die Religionen der Menschheit, hgg. v. Chr. M. Schröder, Bd. 7: Die Religionen des alten Amerika
          Stuttgart 1961

Kühn, Menschen-   Kühn, Herbert
darstellungen   Menschendarstellungen im Paläolithikum
          in: Zeitschrift für Rassenkunde, Stuttgart, 4 (1936) 225 bis 247

Kühn, Spuren   Kühn, Herbert
          Auf den Spuren des Eiszeitmenschen
          Wiesbaden 1956^3

Kühn, Kunst   Kühn, Herbert
          Die Kunst Alteuropas
          Stuttgart 1958

Kutscher, Völker   Kutscher, Gerdt
          Völker und Kunststile Altmexikos
          in: Kunst der Mexikaner
           Ausstellung im Kunsthaus Zürich, 24. 1. bis 15. 3. 1959
           Zürich o. J. (1959) S. XXII—XXXII.

Lacau/Lauer, Pyramide	Lacau, P./Lauer, Jean-Philippe Fouilles à Saqqarah La pyramide à degrés Tome V: Inscriptions à l'encre sur les vases Institut Français d'Archéologie Orientale Paris 1965
van der Leeuw, Soul	van der Leeuw, Gerardus External Soul, Schutzgeist und der ägyptische Ka in: ZÄS 54 (1918) 56—64
	van der Leeuw, Gerardus Der Mensch und die Religion Anthropologischer Versuch = Philosophia universalis, hgg. v. Herman Schmalenbach, Bd. II Basel 1941
van der Leeuw, Phänomenologie	van der Leeuw, Gerardus Phänomenologie der Religion = Neue Theologische Grundrisse, hgg. v. Rudolf Bultmann Tübingen 1970³
	Lehmann, Edvard Erscheinungs- und Ideenwelt der Religion in: Lehrbuch der Religionsgeschichte, begründet von P. D. Chantepie de la Saussaye, hgg. v. Alfred Bertholet und Edvard Lehmann, Bd. I, 23—130 Tübingen 1925⁴
	Leisegang, Hans Denkformen Berlin 1951²
Leroi-Gourhan, Kunst	Leroi-Gourhan, André Prähistorische Kunst Die Ursprünge der Kunst in Europa = Große Epochen der Kunst, Ars Antiqua Übertragung aus dem Französischen von Wilfried Seipel Freiburg i. Br./Basel/Wien 1971
Leubuscher, Wehrwölfe	Leubuscher, Rudolf Über die Wehrwölfe und Thierverwandlungen im Mittelalter Ein Beitrag zur Geschichte der Psychologie Berlin 1850
Lévi-Strauss, Ende	Lévi-Strauss, Claude Das Ende des Totemismus = Edition Suhrkamp 128 Frankfurt am Main 1965

Lévi-Strauss, Claude
Strukturale Anthropologie
übersetzt aus dem Französischen von Hans Naumann
= Suhrkamp Taschenbuch 15
Frankfurt am Main 1967

Lévy-Bruhl, Âme
Lévy-Bruhl, Lucien
L'âme primitive
= Travaux de l'année sociologique, bibliothèque de philosophie contemporaine
Paris 1927²

Lévy-Bruhl, Mentalité
Lévy-Bruhl, Lucien
La mentalité primitive
The Herbert Spencer Lecture 1931
Oxford 1931²

Lommel, Andreas
Fortschritt ins Nichts
Die Modernisierung der Primitiven Australiens
Beschreibung und Definition eines psychischen Verfalls
Zürich 1969

Loret, Victor
L'Égypte au temps du totémisme
= conférence faite au Musée Guimet, extrait de la Bibliothèque de vulgarisation du Musée Guimet, t. XIX.
Paris 1906

Lyons, John
Einführung in die moderne Linguistik
aus dem Englischen übertragen von W. und G. Abraham
München 1971, 1972²

Maag, Victor
Unsühnbare Schuld
in: Kairos, Zeitschrift für Religionswissenschaft und Theologie, Salzburg, 8 (1966) 90—106

Maag, Primitivologie
Maag, Victor
Primitivologie
Vorlesung, gehalten an der Universität Zürich im Sommer-Semester 1968

MacCulloch, John Arnott
Eddic
= The Mythology of All Races, Louis Herbert Gray, editor, vol. II
New York 1964

Maringer, Religion
Maringer, Johannes
Vorgeschichtliche Religion
Religionen im steinzeitlichen Europa
Einsiedeln/Zürich/Köln 1956

Liste der benutzten Literatur

McCarthy, Ecology	McCarthy, F. D. Ecology, Equipment, Economy and Trade, in: „Studies", 171–192
	Mensching, Gustav Die Religion Erscheinungsformen, Strukturtypen und Lebensgesetze Stuttgart 1959
	Mercer, Samuel A. B. The Religion of Ancient Egypt London 1949
Mercer, Texts	Mercer, Samuel A. B. The Pyramid Texts in Translation and Commentary, 2 vols. New York/London/Toronto 1952
Morenz, Religion	Morenz, Siegfried Ägyptische Religion = Die Religionen der Menschheit, hgg. v. Chr. M. Schröder, Bd. 8 Stuttgart 1960
Morenz, Gott	Morenz, Siegfried Gott und Mensch im alten Ägypten Leipzig 1964
Müller, Kunstwerke	Müller, Hans Wolfgang Ägyptische Kunstwerke, Kleinfunde und Glas in der Sammlung E. und M. Kofler–Truniger, Luzern = Münchner Ägyptologische Studien, Bd. 5 München 1964
Müller, Sagen	Müller, Josef Sagen aus Uri Bde. 1–3 = Schriften der Schweizerischen Gesellschaft für Volkskunde, Bd. 18 (1926), 20 (1929), 28 (1945) Nachdruck Basel 1969
Müller, Werwolfsage	Müller, Konrad Die Werwolfsage Studien zum Begriff der Volkssage Diss. Marburg 1937 Karlsruhe 1937
	Müller, W. Max Egyptian Mythology = The Mythology of All Races, Louis Herbert Gray, editor, vol. XII New York 1964
Müller, Religionen	Müller, Werner Die Religionen der Indianervölker Nordamerikas

Liste der benutzten Literatur 291

    = Die Religionen der Menschheit, hgg. v. Chr. M. Schröder,
       Bd. 7: Die Religionen des alten Amerika
    Stuttgart 1961

Murray, Witch-Cult   Murray, Margaret Alice
    The Witch-Cult in Western Europe
    Oxford 1921, 1971[4]

Nachtigall,   Nachtigall, Horst
Völkerkunde   Völkerkunde von Herodot bis Che Guevara
    Naturvölker und Entwicklungsvölker
    Stuttgart 1972

Nevermann,   Nevermann, Hans/Worms Ernest H./Petri, Helmut
Religionen   Die Religionen der Südsee
    = Die Religionen der Menschheit, hgg. v. Ch. M. Schröder,
       Bd. 5, 2
    Stuttgart/Berlin 1968

Nibelungenlied   Das Nibelungenlied
    Übersetzung von Simrock mit gegenübergestelltem Urtext,
    in zwei Teilen hgg. . . . von Walter Freye
    Berlin/Leipzig/Wien/Stuttgart o. J.

Otto, Stierkulte   Otto, Eberhard
    Beiträge zur Geschichte der Stierkulte in Ägypten
    = Untersuchungen zur Geschichte und Altertumskunde
       Ägyptens, hgg. v. Kurt Sethe und Hermann Kees, Bd. 13
    Leipzig 1938, Nachdruck Hildesheim 1964

Otto, Beitrag   Otto, Eberhard
    Ein Beitrag zur Deutung der ägyptischen Vor- und Frühgeschichte
    in: WdO 1 (1947–1952) 431–453

    Otto, Eberhard
    Altägyptischer Polytheismus
    Eine Beschreibung
    in: Saeculum, Jahrbuch für Universalgeschichte, Freiburg/
       München, 14 (1963) 249–285

    Otto, Rudolf
    Das Heilige
    Über das Irrationale in der Idee des Göttlichen und sein
    Verhältnis zum Rationalen
    Breslau 1917, 1923[10]

    Oxenstierna, Eric, Graf
    Die Nordgermanen
    = Große Kulturen der Frühzeit, hgg. v. Helmuth Th.
       Bossert
    Zürich 1957, Stuttgart 1965[4]

Paulson, Religionen	Paulson, Ivar Die Religionen der nordasiatischen Völker = Die Religionen der Menschheit, hgg. v. Chr. M. Schröder, Bd. 3: Die Religionen Nordeurasiens und der amerikanischen Arktis Stuttgart 1962
Pausanias	Pausanias Des Pausanias Beschreibung von Griechenland, hgg. v. Hermann Hitzig und Hugo Blümner, Bd. I–III Leipzig 1896–1910
	Petrie, William Matthew Flinders The Royal Tombs of the Earliest Dynasties Part II = Egypt Exploration Society, Memoir 21 London 1901
	Petrie, William Matthew Flinders Abydos Part I and II = Egypt Exploration Society, Memoirs 22 and 24 London 1902/03
	Petrie, William Matthew Flinders Tarkhan I and Memphis V = Publications of the British School of Archeology in Egypt, vol. 23 London 1913
	Petrie, William Matthew Flinders Tarkhan II = Publications of the British School of Archaeology in Egypt, vol. 26 London 1914
	Petrie, William Matthew Flinders Prehistoric Egypt illustrated by over 1000 objects in University College, London = Publications of the British School of Archaeology in Egypt, vol. 31 London 1920
Petrie, Making	Petrie, William Matthew Flinders The Making of Egypt London 1939
Petrie, Palettes	Petrie, William Matthew Flinders Ceremonial Slate Palettes Flinders Petrie Centenary 1953 = Publications of the British School of Egyptian Archeology, vol. 66 (A) London 1953

	Preuss, Konrad Theodor Die geistige Kultur der Naturvölker = Aus Natur und Geisteswelt, Bd. 452 Leipzig/Berlin 1914
Preuss, Religion	Preuss, Konrad Theodor Religion und Mythologie der Uitoto = Quellen der Religionsgeschichte, Gruppe 11: Amerikanische Religionen 10 und 11 Göttingen 1921/23
Quibell, Palette	Quibell, James Edward Slate Palette from Hierakonpolis in: ZÄS 36 (1898) 81–84
Quibell, Hierakonpolis	Quibell, James Edward Hierakonpolis I, Part I = Egyptian Research Account, Memoir 4 London 1900
	Quibell, James Edward/Green, F. W. Hierakonpolis II, Part II = Egyptian Research Account, Memoir 5 London 1902
	Quibell, James Edward Archaic Objects 2 tomes = Catalogue général des antiquités égyptiennes du Musée du Caire Le Caire 1904 (Tome II), 1905 (Tome I)
Ringgren/Ström, Religionen	Ringgren, Helmer/von Ström, Åke Die Religionen der Völker Grundriß der allgemeinen Religionsgeschichte, (erweiterte) deutsche Ausgabe von Inga Ringgren und Christel Matthias Schröder = Kröners Taschenausgabe, Bd. 291 Stuttgart 1959
Roeder, Name	Roeder, Günther Der Name und das Tier des Gottes Set in: ZÄS 50 (1912) 84–86
	Roeder, Günther Urkunden zur Religion des Alten Ägypten übers. u. eingel. v. G. R. = Religiöse Stimmen der Völker, Bd. IV Jena 1923
Saccasyn, Figures	Saccasyn-della Santa, Elisabeth Les figures humaines du paléolithique supérieur eurasiatique, Anvers 1947

	Sainte Fare Garnot, Jean L'hommage aux dieux sous l'ancien empire égyptien d'après les Textes des Pyramides Paris 1954
Schäfer, Kunst	Schäfer, Heinrich Von ägyptischer Kunst Eine Grundlage bearb. u. hgg. v. Emma Brunner-Traut Wiesbaden 1963[4]
	Scharff, Alexander Die Archäologischen Ergebnisse des vorgeschichtlichen Gräberfeldes von Abusir EL-MELEQ nach den Aufzeichnungen Georg Möllers bearbeitet = Wissenschaftliche Veröffentlichungen der Deutschen Orientgesellschaft, 49 Leipzig 1926
Scharff, Altertümer I und II	Scharff, Alexander Die Altertümer der Vor- und Frühzeit Ägyptens Teile I und II = Mitteilungen aus der ägyptischen Sammlung der Staatlichen Museen zu Berlin, Bde. IV und V Berlin 1929 (Bd. V) und 1931 (Bd. IV)
Scharff, Felsbilder	Scharff, Alexander Die frühen Felsbilderfunde in der ägyptischen Wüste und ihr Verhältnis zu den vorgeschichtlichen Kulturen des Niltals in: Paideuma, Mitteilungen zur Kulturkunde, Leipzig, 2 (1941/1943) 161–177
Scharff, Ausbreitung	Scharff, Alexander Die Ausbreitung des Osiriskultes in der Frühzeit und während des Alten Reiches = Sitzungsberichte der Bayerischen Akademie der Wissenschaften, phil.-hist. Klasse 1947, 4 München 1948
Scharff, Geschichte	Scharff, Alexander Geschichte Ägyptens von der Vorzeit bis zur Gründung Alexandreias in: A. Scharff und Anton Moortgart, Ägypten und Vorderasien im Altertum, S. VII und 1–192 = Weltgeschichte in Einzeldarstellungen München 1950
	Schmidt, Heinrich Philosophisches Wörterbuch begründet von H. S., ab 15. Auflage neubearbeitet von G. Schischkoff = Kröners Taschenausgabe, Bd. 13 Stuttgart 1969[18]

Schmidt, P. Wilhelm
Die Gliederung der australischen Sprachen
Geographische, bibliographische, linguistische Grundzüge der Erforschung der australischen Sprachen
Wien 1919

Schmidt, P. Wilhelm
Der Ursprung der Gottesidee
12 Bde. (Bd. 1², ab Bd. 11 hgg. v. P. Fritz Bornemann)
Münster i. W. 1926–1955

Schmökel, Ur   Schmökel, Hartmut
Ur, Assur, Babylon
= Große Kulturen der Frühzeit, hgg. v. Helmuth Th. Bossert
Zürich 1955

Schott, Mythe   Schott, Siegfried
Mythe und Mythenbildung im alten Ägypten
= Untersuchungen zur Geschichte und Altertumskunde Ägyptens, hgg. v. Kurt Sethe und Hermann Kees, Bd. 15
Leipzig 1945, Nachdruck Hildesheim 1964

Schweitzer, Löwe   Schweitzer, Ursula
Löwe und Sphinx in Ägypten
= Ägyptologische Forschungen, Heft 15
Glückstadt und Hamburg 1948

Schwimmer, World   Schwimmer, Eric
The World of the Maori
Wellington 1966

Sethe, Kurt
Amun und die acht Urgötter von Hermopolis
Eine Untersuchung über Ursprung und Wesen des ägyptischen Götterkönigs
= Abhandlungen der Preußischen Akademie der Wissenschaften 1929, phil.-hist. Klasse Nr. 4
Berlin 1929

Sethe, Urgeschichte   Sethe, Kurt
Urgeschichte und älteste Religion der Ägypter
= Abhandlungen für die Kunde des Morgenlandes, 18. Bd., Nr. 4
Leipzig 1930

Sethe, Kurt
Übersetzung und Kommentar zu den altägyptischen Pyramidentexten, 6 Bde.
Glückstadt und Hamburg 1935–1962

Sethe, Kurt
Vom Bilde zum Buchstaben
Die Entstehungsgeschichte der Schrift

Mit einem Beitrag von Siegfried Schott
= Untersuchungen zur Geschichte und Altertumskunde Ägyptens, hgg. v. Kurt Sethe und Hermann Kees, Bd. 12
Leipzig 1939, Nachdruck Hildesheim 1964

Söderblom, Nathan
Das Werden des Gottesglaubens
Untersuchungen über die Anfänge der Religion
Deutsche Ausgabe von Rudolf Stübe
Leipzig 1926²

Spencer/Gillen, Native Tribes
Spencer, Baldwin/Gillen, F. J.
The Native Tribes of Central Australia
London 1899

Spencer/Gillen, Northern Tribes
Spencer, Baldwin/Gillen, F. J.
The Northern Tribes of Central Australia
London 1904

Spencer/Gillen, Arunta
Spencer, Baldwin/Gillen, F. J.
The Arunta
A Study of a Stone Age People
2 vols.
London 1927, Nachdruck Oosterhout N. B. 1966
(= Anthropological publications)

Stewart, Origin
Stewart, Caroline Taylor
The Origin of the Werewolf Superstition
= The University of Missouri Studies, Social Science Series II. 3
Columbia Mo. 1909
deutsch: Die Entstehung des Werwolfglaubens
in: Zeitschrift des Vereins für Volkskunde, Berlin, 19 (1909) 30—51

Stock, Ostdelta
Stock, Hanns
Das Ostdelta Ägyptens in seiner entscheidenden Rolle für die politische und religiöse Entwicklung des Alten Reiches
in: WdO 1 (1947—1952) 135—145

Stöhr, Religionen
Stöhr, Waldemar/Zoetmulder, Piet
Die Religionen Indonesiens
= Die Religionen der Menschheit, hgg. v. Chr. M. Schröder, Bd. 5, 1
Stuttgart 1965

Strehlow, Carl
Die Aranda- und Loritja-Stämme in Zentral-Australien, bearbeitet (I. Teil—III. Teil, I. Abt.) von Moritz Freiherr von Leonardi

C. Strehlow, I.
I. Teil (1. Heft): Mythen, Sagen und Märchen des Aranda-Stammes in Zentral-Australien

C. Strehlow, II.	II. Teil (2. Heft): Mythen, Sagen und Märchen des Loritja-Stammes / Die totemistischen Vorstellungen und die Tjurunga der Aranda-Loritja III. Teil: Die totemistischen Kulte der Aranda- und Loritja-Stämme
C. Strehlow, III, I.	I. Abteilung (3. Heft): Allgemeine Einleitung / Die totemistischen Kulte des Aranda-Stammes
C. Strehlow, III, II.	II. Abteilung (4. Heft): Die totemistischen Kulte des Loritja-Stammes IV. Teil: Das soziale Leben der Aranda- und Loritja-Stämme
C. Strehlow, IV, I.	I. Abteilung (5. Heft)
C. Strehlow, IV, II.	II. Abteilung (6. Heft)
C. Strehlow, V.	V. Teil: Die materielle Kultur der Aranda- und Loritja-Stämme / Anhang: Erklärung der Namen = Veröffentlichungen aus dem Städtischen Völker-Museum Frankfurt am Main, hgg. v. d. Direktion Frankfurt am Main 1907–1920
T. G. H. Strehlow, Grammar	Strehlow, Theodor Georg Heinrich Aranda Grammar in: Oceania 13 (1942/1943) 71–103, 177–200, 310–361 Oceania 14 (1943/1944) 68–90, 159–181, 250–256
T. G. H. Strehlow, Traditions	Strehlow, Theodor Georg Heinrich Aranda Traditions Melbourne 1947
T. G. H. Strehlow, Commentary	Strehlow, Theodor Georg Heinrich Commentary in: „Studies", 248–251
T. G. H. Strehlow, Culture	Strehlow, Theordor Georg Heinrich Culture, Social Structure, and Environment in Aboriginal Central Australia in: Aboriginal Man in Australia, Essays in Honour of Emeritus Professor A. P. Elkin, ed. Ronald M. and Catherine H. Berndt, 121–145 Sydney/London/Melbourne 1965
Studies	Australian Aboriginal Studies; a symposion of papers presented at the 1961 Research Conference, Helen Sheils, editor, London 1963
Tacitus, Germania	Tacitus, Cornelius Die Germania des Tacitus Erläutert von Rudolf Much, 3., beträchtlich erweiterte Auflage, unter Mitarbeit von Herbert Jankuhn hgg. v. Wolfgang Lange Heidelberg 1967

Trimborn, Religionen	Trimborn, Hermann Die Religionen des südlichen Mittelamerika und des nördlichen und mittleren Andenraumes = Die Religionen der Menschheit, hgg. v. Chr. M. Schröder, Bd. 7: Die Religionen des alten Amerika Stuttgart 1961
Ucko, Felsbildkunst	Ucko, Peter J./Rosenfeld, Andrée Felsbildkunst im Paläolithikum = Kindlers Universitäts-Bibliothek München 1967
Ucko, Figurines	Ucko, Peter J. Anthropomorphic Figurines of Predynastic Egypt and Neolithic Crete with Comparative Material from the Prehistoric Near East and Mainland Greece = Royal Anthropological Institute, Occasional Paper No. 24, London 1968
Vajda, Stellung	Vajda, László Zur phaseologischen Stellung des Schamanismus in: Ural-Altaische Jahrbücher (Fortsetzung der „Ungarischen Jahrbücher"), Wiesbaden, 31 (1959) 456–485
Vandier, Manuel	Vandier, Jacques Manuel d'archéologie égyptienne Tome premier: Les époques de formation/La préhistoire Paris 1952
	Vatter, Ernst Der australische Totemismus = Mitteilungen aus dem Museum für Völkerkunde, Hamburg, 10, Hamburg 1925
Vercoutter, Ägypten	Vercoutter, Jean Ägypten in: Fischer Weltgeschichte Bd. 2: Die Altorientalischen Reiche I: Vom Paläolithikum bis zur Mitte des 2. Jahrtausends Frankfurt am Main 1965
de Visser, Götter	de Visser, Marianus Will Die nicht-menschengestaltigen Götter der Griechen Leiden 1903
Völker, Werwölfe	Völker, Klaus Von Werwölfen und anderen Tiermenschen Dichtungen und Dokumente, hgg. v. K. V. = Bibliotheca Dracula München 1972

de Vries, Religionsgeschichte	De Vries, Jan Altgermanische Religionsgeschichte 2 Bände = Grundriss der Germanischen Philologie, begründet von Hermann Paul, hgg. v. Werner Betz, Bd. 12, I und II Berlin 1970³ (Bd. I), 1957² (Bd. II)
	Whorf, Benjamin Lee Sprache, Denken, Wirklichkeit Beiträge zur Metalinguistik und Sprachphilosophie, hgg. und übersetzt von Peter Krausser = rowohlts deutsche enzyklopädie 174 Reinbek bei Hamburg 1963
Wilson, Egypt	Wilson, John Albert Egypt in: Before Philosophy, the Intellectual Adventure of Ancient Man; an Essay on Speculative Thought in the Ancient Near East, by Henri and Henriette Antonia Frankfort and others, 31–121 Chicago 1957⁴
Winkler, Völker	Winkler, Hans Alexander Völker und Völkerbewegungen im vorgeschichtlichen Oberägypten im Lichte neuer Felsbilderfunde Stuttgart 1937
Winkler, Rock-Drawings	Winkler, Hans Alexander Rock-Drawings of Southern Upper Egypt I Sir Robert Mond desert expedition, season 1936–1937 (vol. 1, and) 1937–1938 (vol. 2, including ‚Uwenat'), preliminary reports = Egypt Exploration Society, Memoirs 26/27 London 1938/1939
Winternitz, Geschichte	Winternitz, Moriz Geschichte der indischen Literatur, Bd. I Leipzig 1908

Wirz,
Marind-anim
	Wirz, Paul
	Die Marind-anim von Holländisch-Süd-Neu-Giunea
	1. Band, Teil I: Die materielle Kultur der Marind-anim
	             Teil II: Die religiösen Vorstellungen und Mythen der Marind-anim
	2. Band, Teil III: Das soziale Leben der Marind-anim
	             Teil IV: Die Marind-anim in ihren Festen usw.
	= Hamburgische Universität. Abhandlungen aus dem Gebiet der Auslandkunde Bd. 10 und Bd. 9
	Hamburg 1922 (Bd. 10) und 1925 (Bd. 9)

	Wolf, Walther Die Kunst Ägyptens Gestalt und Geschichte Stuttgart 1957
Wolf, Kulturgeschichte	Wolf, Walther Kulturgeschichte des Alten Ägypten = Kröners Taschenausgabe, Bd. 321 Stuttgart 1962
Wolf, Welt	Wolf, Walther Die Welt der Ägypter = Große Kulturen der Frühzeit, hgg. v. Helmuth Th. Bossert Stuttgart 1965[6]
Worms, Religionen	Worms, Ernest A. Australische Eingeborenen-Religionen = Die Religionen der Menschheit, hgg. v. Chr. M. Schröder, Bd. 5, 2 Die Religionen der Südsee und Australiens Stuttgart/Berlin 1968
Zehnder, Volkskundliches	Zehnder, Leo Volkskundliches in der älteren schweizerischen Chronistik = Schriften der schweizerischen Gesellschaft für Volkskunde, Bd. 60 Basel 1976

Register

Das Inhaltsverzeichnis ergänzt das Register. Vollständigkeit ist nicht angestrebt, Namen und Begriffe, die im Text ohne weitere Erläuterung nur erwähnt werden, wurden nicht in das Register aufgenommen.

Abri Mège 82
Adlermythos 153 ff., 158 f.
Admiralitätsinseln 93
Ägypten
    Archäologisches Material XIII, 5 f., 13, 21, 37, 69
    Chalkolithikum 23
    Einheit der vorgesch. Kultur 21–25, 34
    Gaue 7, 9
    Gottkönig 7, 18, 39 f., 45
    Historische Denkmäler 10, 15
    Jungpaläolithikum 22
    Mesolithikum 22
    Neolithikum 23 f.
    Paläolithikum 22
    Pantheon 3 f., 47, 53, 56
    Reichseinigung 7, 35
    Übergang zur hist. Zeit 5, 10, 23, 26, 33, 35, 54, 255
    Vorzeit XII, 5, Anm. 45, 21–25
Alice Springs 101, 104, Anm. 309, 107, 111
Alcheringa 161, 169, 176 f., 201
Alter Ego 252
Altjira 142–149, 171, 200–203
Amerika 216 f.
Amulett 25, 32, 42
Amun 3 f., 9, Anm. 144
Angst und Mischgestalt 8, 52
Anubis 3, 61 f., 64, 267
Apis 3, 53
Apollon 219
Aranda
    Auflösungserscheinungen der Kultur 116, 135 f.
    Kinderkeime 168, 189
    Kontakt mit Weißen 98 ff., 102, 105–108, 135 f.
    Kulturelle Unterschiede innerhalb des Stammes 116
    Menschen der Vorzeit 160 f., 180–183, 185–188
    Reinkarnation der Ahnen 189 f., 248
    Sprache 106, 109, 115, 118, 133, 146, 153
    Totem 126, 136 f., 155, 159 f., 176, 185, 190 f., 248
    ‚Übernatürliches' 162 f.
    Unfertige Menschen 167–170, 185–188
Athene 219
Atum 3 f., 9
Australien 94 f.
    Besiedlung 101
    Kulturkontakt 101
    Mischgestalten 91 f.

Badari 23–26, 37, 43
Bandicoot-Mythos 152, 158 f., 165, 184, 187, 196
Berserker 229 f.
Bewußtsein
    B. und Wahrnehmung 242
    Begriff und B. 259
    erweitertes Ich-B. 194, 200
    Gegensatz mythisches-modernes B. 85, 129, 174, 191 ff. 202–209, 230, 249–253, 264, 266–276
    Kulturbedingtheit des B., 242 f.
    kulturell gegebener Bewußtseinshorizont 72, 242, 246 f.
Borneo 91, 93 f.

Botokudische Darstellung des Christentums 123 ff.
China 215
Chnum 3 f., 269 f.
Christ 243
Collectanea 271 f.
Creatio ex nihilo 184

Dämon 56, 228 f., 239, 270 f.
Darstellung
  kultische D. als Realität, Anm. 252, 192 f., 249, 267
  sprachliche D. von Mischgestalten XIV f.
Delta, Nil 16, 22
Dema 92 f.
Denken
  analytisch-theoretisch 250, 264, 269
  synthetisch-komplex 250, 264, 269
  und Wahrnehmung 242
Deutung
  religiöse XII, 8, 239 f., 243 ff.
  soziologische XII, 7, 243 ff.
  tiefenpsychologische XII, 243 ff.
  aus heutiger (naturwissenschaftlicher) Sicht 12, 29 f., 42, 60, 62, 64, Anm. 277, 81, 85, 96 f., 174–183, 187, 202–209, 240
  im Sinne der betreffenden Kultur 13, 29 f., 45, 94 f., 174–183, 202–209, 241 ff.

Edda 221, 226 f.
Echidna-Mythos 158, 164, 179, 186
Eidechsen-Mythos 168 f., 179
Eiszeit
  Aurignacien 77 f.
  Chronologie der Zeugnisse 76 f.
  Flachrelief 79, 87 f.
  Kunst 71, 87 f.
  Raumvorstellung 85
  Totem 86
Emu-Mythos 157
Engwura-Zeremonie 111, 127, 182
Enten-Mythos 152, 167
Eskimo 217
Ethnologie XII, 95 f., 101, 253

Euro-Mythos 193
Evolution vom Tier- zum Menschenbild XIV, 10 f., 50, 54 f., 88 f., 174 ff., 179, 183, 193 f., 205, 249, 254, 267 f.

Feldforschung 95 f., 114, 253
Fellachen 7, 17
Felsbilder
  ägyptisch 15, 25 f., 28, 38, 45, 61
  arandisch 100
  arktisch 221 f.
  eiszeitlich 71, 88
Fetisch 8 ff., 14, 19, 54 f.
Feuertotem-Mythos 152, 181 f.
Fidschiinseln 91, 93, 95
Forschung
  Beeinflussung des Erforschten 111
  Initiation von Forschern 127 f., 130, 135
  Schwierigkeiten der Verständigung 90, 108 ff., 118–125, 189 f., Anm. 544
  Subjektivität der F. XII 13 f., 52, 59, 96 f., 145–149, 253
  Verhältnis zur erforschten Kultur 50, 128–133
Franko-kantabrisch 75 f., 87
Freudianer 243
Fortschritt 240

Ganzheitliches Erleben 49, 51, 241, 245
  Mischgestalt ganzheitlich erlebt 249, 269
Gauzeichen 16, 33, 42
Gebel el Arak, Messergriff 257
Gemischtes Verhalten
  allgemein XVI, 151
  Aranda 151–155, 162 f.
  Germanen 228 f.
  Schamanismus 233 ff.
  Südsee 92
Genealogische Mischungen
  allgemein XVI
  Ägypten 263
  Aranda 159–162
  Schamanismus 234
  Südsee 93
Germanen
  archäologisches Material 220 ff.

Register

Bronzezeit 223
lat. Überlieferung 221
Menschendarstellungen 222–226
Mischgestalt 222–226
Steinzeit 222
Gerzeh-Palette 20, 35, 38
Gesellschaft XII, 239f., 244
Gestaltpsychologie 241
Gestaltwechsel
  allgemein XVI, 95, 270f.
  Aranda 156–158, 163f.
  Germanen 227, 229ff.
  Griechen 219
  Schamanismus 233ff.
  Südsee 92f.
Gestirn-Rind 20, 38
Gilgamesch 214f.
Gleichzeitigkeit verschiedener Erscheinungsweisen
  allgemein 268, 270, 274
  Ägypten 58
  Aranda 205f., 247
  Germanen 229f.
Gott
  Definition 236f.
  personal 240, 245
  Darstellungsmöglichkeiten für das Göttliche XI
  Gesunkene Gottheiten 270, 274
  Größe der Darstellung und Göttlichkeit 44f., 223
  Hieroglyphenzeichen für ‚Gott' 54f.
  Zeichen für Göttlichkeit 28f., 37, 89
Grabfunde 30f., 70
Grenzen
  der Begriffe 200, 209, 250f., 264f.
  der Einflußmöglichkeiten 200, 237
  der Nachvollziehbarkeit XII, 68, 200, 203, 246, 252f., 265, 274, 276
Great Father 148f., 165f., 185, 187

Hamitisch 6, Anm. 34, 17
Hathor 10, 38, 47, 57
Hathor-Palette (siehe Gerzeh-Palette)
‚Hathor'-Vase 27, 47
Hermannsburg 102, 104, 113f., 146

Hexen 271ff.
Höchstes Wesen 143–149

Identität
  bei kultischer Darstellung Anm. 252, 230f., 192f., 267
  mit dem schamanistischen Hilfsgeist 235
  mit sakralen Gegenständen 194–198, 249
  zwischen Bild und Dargestelltem 67f.
  zwischen Ahne und Nachkomme 190f., 207, 248
Idol
  ägyptisch 8
  germanisch 242, 245
Inapertwa-Wesen, siehe Aranda, unfertige Menschen
Indien 215
In-der-Welt-Sein 242, 245
Indistinktion der Begriffe 250, 264
Informanten
  Vertrauenswürdigkeit 112, 114, 134
  Zuständigkeit 128, 134, 138f., 140
Initiation 127, 133f.
  Verschwiegenheit als Voraussetzung 134
  von Medizinmännern 199, 234
Isis 3, 5, 7

Känguruh-Mythos 152, 157f., 191
Kategoriale Trennung zwischen Mensch und Tier 8ff., 205–209, 247, 258–262, 266, 268
Kausalnexus 251
Klassenkampf 239
‚Kofler'-Statue 46, 52, 267
Konstruktion von Göttergestalten 7f., 50
Kosmos 6f.
Kosmische Erscheinungen 7, 14
Kosmische Mächte 9, 12, 14f., 17–21
kosmische Ordnungen 240
Kult
  kultische Darstellung 192f., 249
  kultlose Götter 9f., 14f.
  Kultobjekte der Aranda, siehe Tjurunga

Photographien von Kulthandlungen 111, 132, Anm. 372
Kultur
kulturentsprechendes Erleben XII, XV, XVII, 69, 174, 192f., 203–209
kulturentsprechendes Verstehen XI, 13, 61, 174–183, 249–253, 262–269
Gesamtdarstellung einer Kultur XV, 96, 142

La Ferrassie 81
La Magdeleine 80
Laussel 77, 79, 87
Les Combarelles Anm. 277
Les Trois-Frères 80, 82, 84, 87
Levante Kunst 75
Liberaler 243
Logik 68, 264f.
Loki 227
Lourdes 82
Lykaon-Mythos 232f.

Macht 11, 237
  Machtträger 18, 32
  Abhängigkeit von Mächten 238f., 241, 244
  Einfluß auf das Mächtige, 238f., 244f.
  Einfluß des Mächtigen 238f., 241
  Erlebnis der Macht 39f., 237, 243, 245
  Formen des Mächtigen 3f., 6f., 8f., 11, 17, 238, 244, 268
  Verhalten dem Mächtigen gegenüber 200, 204, 237
Magie 32f., 43, 155, 198–200, 222, 248
Mann-Strauß-Palette 26, Anm. 170
Maori 92f., 95
Marind-anim 92
Maske und Mischgestalt
  allgemein 61, 266f.
  Ägypten 60–64
  Eiszeit 83
Mensch
  Wort für 260, 264
  als handelndes Wesen 200, 204, 245, 251, 253

menschliche ‚Natur' Anm. 699, 245f.
Menschengestalt, rein
  allgemein XVI, 268f.
  Ägypten 9f., 12, 15f., 17, Anm. 39, 262f.
  Griechen 218
  Germanen 218, 223
  Höherer Wert der M. 50, 261
Min 3f., 15, 46, 55, Anm. 179
Min-Palette 35
Min-Statuen Anm. 12, Anm. 33
Mischgestalt
  ästhetische Wertung 59f.
  erweiterter Begriff XVIf., 92
  als Ausdruck des Ganz Anderen XI, 266, 269
  als Ausdruck des Schreckerregenden XI, 205, 266, 270
  als Dämon, 213, 220, 228
  als Fabelwesen 8, 52, 80, 247
  als Konstruktion 6, 51f., 249, 269
  als Mischung von Gattungen 205, 208, 249, 265, 276
  als Realität 64, 66–68, 84, 86, 209, 236, 265, 273
  als Sinnbild 64–66, 68, 265
  als Summierung von Einzelteilen XI, 205, 269
  als Überhöhung 51
  als Zwischenstufe XI, 11, 49f., 175, 178, 180–183
Mission 104
Missionar 95f., 102, 109, 114, 145
Mythos
  Myth. Daseinsverständnis 264, 266
  myth. Einheit 191f., 250–253, 264, 266, 276
  myth. Welt 250–253, 267f.
  Zusammenfassung von Mythen 160, 166, Anm. 463, 171f.

Narmer-Palette 26, 35, 39f., 47, 257f.
Naturgesetz 239f., 244f.
Naturwissenschaft 238
  naturwissenschaftlich-technische Zivilisation 238, 273
Negade
  Negade I, 23ff., 27, 61

Negade II, 8, Anm. 45, 23f. 44
Neuguinea 91
Nomaden 7, 12, 266
Nordaranda 98, 117, 165f., 179, 190, 197
Nordeurasien 217f., 233f.

Oberägypten 6f., 14f., 17, 21−25, 34
Odin 227f.
Ortsgötter 8ff., 14, 17−21
Osiris 3, 7, 16
Ostaranda 101, 104, 145−148, 197
Ostdelta 6, 16

Pech-Merle 77, 81
Personifikation 9f., 57
Phantasie und Mischgestalt 8, 52, 81
Pidginenglisch 110, 115−125, Anm. 544
Privatbesitz an Produktionsmitteln Anm. 382
Profan 19ff., 28, 33f., 70
prof. Darstellungen in arch. Kulturen 39, 41, 72, 223
Prunkpaletten 25f., 33−36, 65
Ptah 3f., Anm. 12, 46
Pyramidentexte 4f., 36, 55, 65ff.
Progressiver 243

Religion 33, 237f., 240
Definition 240f.
Religionsersatz 240
religionspsychologisch 15, 49f., 56
Religionswissenschaft 236, 250, 253
Renina-Schlangen-Mythos 152
Repit-Schrein 47f.

Salomoneninseln 91
Schlachtfeldpalette 26, 39ff., 256f.
Schminkpaletten 25, 31, 34
Selbstverständnis
und Bewußtsein 243, 249
und Erlebnis des Mächtigen 243, 268f.
und Mischgestalt 209, 247, 249, 266, 274, 276
und Wahrnehmung 243f.
der Ägypter 39, 255−266

der Aranda 108, 141, 174, 191ff., 247−249
der Eiszeit 254f.
Semitisch 7, 17
Sittich-Mythos 179
Sprache
und Wahrnehmung 242
metaphorischer Gebrauch 248
Verfälschung durch kulturfremde Begriffe 208f., 251f., 262f., 265, 275f.
Standarten 26, 42, 44, 65
Statuetten, Ägypten 26f., 32f., 43, 48, 257
Eiszeit 71, 76f., 87
Steinzeitkulturen, Vergleichbarkeit von prähist. und rezenten St. 69, 86, 90, 254
Stierpalette 39
Südaranda 98f., 117
Sumatra 93

Tasa 23
Teufel 272
Theologie 4f., 10, 94, 270
Thot 3f., 11, Anm. 38, 58
Tier
Tierbestattung 37, 47, 70
Tierkult 53, 56
Tierverkleidung 60, 83
Wort für Tier 206f., 247f., 259f., 264, 275
Tjilpa-Mythos 191, 196
Tjurunga Anm. 374, 157, 164, 168, 186, 189ff., 194−198, 250
tjuruŋa 134, 138
Torresinseln 93
Transzendenz 240f., 245
Traum
Traum und myth. Vorzeit 201
Traumgeschehen als Realität 202f., 249f.

Udnirringita-Mythos 161, 181
Uitoto 216f.
Ullakupera-Mythos 151f., 176
Unterägypten 7, 14f., 17, 21−25, 34

Urner Sagen 272 f.
Ursache und Wirkung 251

Vasenbilder 25 f., 31, 44, 48
Verkleidung 230, 234, 236, 267
Vermenschlichung 10 f., Anm. 39, Anm. 45, 49, 51 ff., 56, 58
Verstehen
 und Wahrnehmung 242
 verstandene Welt 245, 251
 im kulturellen Kontext XII, 95 f., 125 ff.
 mit kulturfremden Kriterien XII, 174—183
Verwandlung 176—182, 220, 227—236, 271
Vorauslaufendes Verständnis 242 f., 245

Wahrnehmung
 und Bewußtsein 243
 von etwas als etwas 242, 275
 Bedingungen der W. 241 f.
 Horizontbedingtheit der W. 242 f., 275, (Siehe auch Forschung, Subjektivität)
Wandermythen 129, 139 f.
Wandlungsfähigkeit 11 f., 227—235, 263 f., 267

Welt
 erlebte Welt 15, 19, 49 ff., 56, 64, 142, 174—183, 188, 238, 249, 274
 als gegliedertes Ganzes 200, 204, 207 f., 253, 276
 von Strukturzusammenhängen 244
 geordneter Weltzusammenhang 251
 Gesamtinterpretation der W. 251
Werwolf 230, 232 f., 269, 271
Westaranda 102, 145—148, 190, 197
Wilder Hund-Mythos 152
Wildkatzentotem 176
Wirklichkeit
 erlebte 249
 Ursachen einer W. 243
 Grenzen der W.serfassung 193 f.
 Erfassung durch Sprache 275
Witchetty-Mythos 156 f., 159, 161, 165, 177, 181, 184

Zeichen-Bezeichnetes 54, 250, 252
Zeus 219, 228, 232 f.
Zirkelschluß 59, Anm. 157, 243 f., 253
Zoomorphes Zeitalter 73,
Zuhandenes 245
Zwei Hunde-Palette 26, 35, 41, 48, 62
Zweistromland 214

Walter de Gruyter
Berlin · New York

Religionsgeschichtliche Versuche und Vorarbeiten

F. Schwenn — **Die Menschenopfer bei den Griechen und Römern**
Oktav. VIII, 202 Seiten. 1915. Unveränderter Nachdruck 1966. Ganzleinen DM 28,− ISBN 3 11 005254 7 (Band 15,3)

O. Weinreich — **Triskaidekadische Studien**
Beiträge zur Geschichte der Zahlen
Groß-Oktav. X, 124 Seiten. 1916. Unveränderter Nachdruck 1967. Ganzleinen DM 24,− ISBN 3 11 005659 8 (Band 16,1)

O. Casel — **De philosophorum Graecorum silentio mystico**
Oktav. VIII, 166 Seiten. 1919. Unveränderter Nachdruck 1967. Ganzleinen DM 24,− ISBN 3 11 005258 X (Band 16,2)

P. R. Arbesmann — **Das Fasten bei den Griechen und Römern**
Oktav. VIII, 131 Seiten. 1929. Unveränderter Nachdruck 1966. Ganzleinen DM 22,− ISBN 3 11 005255 5 (Band 21,1)

L. Vidman (Colleg.) — **Sylloge inscriptionum religionis Isiacae et Sarapiace**
Oktav. XVII, 373 Seiten. 1969. Ganzleinen DM 98,− ISBN 3 11 002656 2 (Band 28)

L. Vidman — **Isis und Sarapis bei den Griechen und Römern**
Epigraphische Studien zur Verbreitung und zu den Trägern des ägyptischen Kultes
Oktav. VI, 189 Seiten. 1970. Ganzleinen DM 52,− ISBN 3 11 006392 1 (Band 29)

Preisänderungen vorbehalten

Walter de Gruyter
Berlin · New York

Religionsgeschichtliche Versuche
und Vorarbeiten

H. G. Kippenberg — **Garizim und Synagoge**
Traditionsgeschichtliche Untersuchungen zur samaritanischen Religion der aramäischen Periode
Oktav. XIV, 374 Seiten. 1971. Ganzleinen DM 88,–
ISBN 3 11 001864 0 (Band 30)

K. Schippmann — **Die iranischen Feuerheiligtümer**
Oktav. XII, 555 Seiten. Mit 1 Faltkarte (Landkarte Iran) und 3 Falttafeln in Rückentasche und 85 Abbildungen. 1971. Ganzleinen DM 148,– ISBN 3 11 001879 9 (Band 31)

W. Burkert — **Homo Necans**
Interpretationen altgriechischer Opferriten und Mythen
Oktav. XII, 356 Seiten. 1972. Ganzleinen DM 88,–
ISBN 3 11 003875 7 (Band 32)

F. Graf — **Eleusis und die orphische Dichtung Athens in vorhellenistischer Zeit**
Groß-Oktav. XII, 224 Seiten. 1974. Ganzleinen DM 68,– ISBN 3 11 004498 6 (Band 33)

Chr. Elsas — **Neuplatonische und gnostische Weltablehnung in der Schule Plotins**
Oktav. XVI, 356 Seiten. 1975. Ganzleinen DM 92,–
ISBN 3 11 003941 9 (Band 34)

G. A. Wewers — **Geheimnis und Geheimhaltung im rabbinischen Judentum**
Oktav. XIV, 394 Seiten. 1975. Ganzleinen DM 68,–
ISBN 3 11 005858 8 (Band 35)

Preisänderungen vorbehalten